高等学校应用型本科经济管理类专业创新型教材

经 济 学 基 础

主　编　赵高送

副主编　白　银　黄　玲

参　编　李静珂　苗娜娜　韩娟娟

　　　　王慧娟　刘　淼

西安电子科技大学出版社

内 容 简 介

本书是高等学校应用型本科经济管理类专业"十三五"规划教材之一。全书共13章,主要内容包括绪论、价格理论、效用理论、生产理论、成本理论、市场理论、分配理论、市场失灵与微观经济政策、国民收入核算理论、国民收入决定理论、失业与通货膨胀、经济周期与经济增长、宏观经济政策。各章均设有知识目标、能力目标、案例导读、知识拓展等项目。全书理论与实践密切结合,逻辑严谨,充分体现了应用型本科教学的特色。

本书可供高等学校应用型本科经济管理类专业的学生使用,也可供高职高专相关专业学生以及经济爱好者阅读。

图书在版编目(CIP)数据

经济学基础/赵高送主编. —西安:西安电子科技大学出版社,2018.5
(2024.8 重印)
ISBN 978-7-5606-4831-6

Ⅰ. ①经⋯ Ⅱ. ①赵⋯ Ⅲ. ①经济学—高等学校—教材 Ⅳ. ①F0

中国版本图书馆 CIP 数据核字(2018)第 015923 号

策　　划　刘小莉
责任编辑　刘小莉　马晓娟
出版发行　西安电子科技大学出版社(西安市太白南路 2 号)
电　　话　(029)88202421　88201467　　邮　　编　710071
网　　址　www.xduph.com　　　　　电子邮箱　xdupfxb001@163.com
经　　销　新华书店
印刷单位　陕西日报印务有限公司
版　　次　2018 年 5 月第 1 版　2024 年 8 月第 4 次印刷
开　　本　787 毫米×1092 毫米　1/16　印张 19.5
字　　数　462 万字
定　　价　45.00 元
ISBN 978-7-5606-4831-6

XDUP 5133001-4

*＊＊如有印装问题可调换＊＊＊

前　言

　　经济学基础是高等院校经济管理类专业的一门必修课程，是一门理论性强、实践能力要求高的综合性课程。通过本课程的学习，学生应能够运用相关经济理论，深刻理解现实经济中经济现象的内在规律和各种现象之间的联系，掌握市场经济运行的基本规律，能够对国家及政府为实现经济发展和充分就业等宏观目标而运用的多项手段以及可能存在的问题有深刻的认识，认清市场机制和政府的作用及其局限性，并结合我国基本国情和实际加以借鉴。

　　经济学包含的内容非常广泛，包括微观经济学、宏观经济学、数理经济学、动态经济学、福利经济学、经济思想史等。其主要内容是微观经济学和宏观经济学。微观经济学是研究家庭、厂商和市场合理配置经济资源的科学，它以单个经济单位的经济行为为对象，以资源的合理配置为主要问题，以价格理论为中心理论，以个量分析为方法，其基本假定是市场出清、完全理性、充分信息。宏观经济学是研究国民经济的整体运行中充分利用经济资源的科学，它以国民经济整体的运行为对象，以资源的充分利用为主要问题，以收入理论为中心理论，以总量分析为方法，其基本假定为市场失灵、政府有效。本书除绪论外共分为两个部分，前七章是微观经济学部分，其内容主要包括价格理论、效用理论、生产理论、成本理论、市场理论、分配理论、市场失灵与微观经济政策。后五章是宏观经济学部分，其内容主要包括国民收入核算理论、国民收入决定理论、失业与通货膨胀、经济周期与经济增长、宏观经济政策。为了帮助本书的使用者更好地学习和理解知识，章前引入案例导读，章节中间设有知识拓展，章后设有本章小结及习题。习题除了传统的选择题、计算题、简答题外，还增加了案例分析题。

　　参与本书编写的教师都是长期从事一线教学工作的高校教师。本书由赵高送担任主编，白银、黄玲担任副主编，具体分工如下：赵高送编写绪论、第十章、第十二章，白银编写第一章、第二章，黄玲编写第五章，苗娜娜编写第三章、第七章，韩娟娟编写第四章、第六章，王慧娟编写第十一章，刘淼编写第八章，李静珂编写第九章。在编写过程中，编者也吸收和借鉴了国内外大量经济学方面的著作和研究成果，在此向这些专家和学者表示衷心感谢。由于编者知识水平有限，加之时间仓促，书中难免会有一些疏漏之处，还请使用本书的师生与读者批评指正，以便后续修订、完善。

编者

2017 年 12 月

目　录

绪论·· 1
    第一节　西方经济学的含义和研究对象·· 2
    第二节　西方经济学的研究内容··· 4
    第三节　西方经济学的研究方法··· 7
    第四节　西方经济学的发展历程··· 8
    本章小结·· 9
    本章习题··· 10
第一章　价格理论·· 11
    第一节　需求分析··· 11
    第二节　供给分析··· 15
    第三节　均衡价格的决定与变动·· 19
    第四节　弹性理论及其应用··· 24
    本章小结··· 35
    本章习题··· 36
第二章　效用理论·· 39
    第一节　效用论概述·· 40
    第二节　基数效用论·· 42
    第三节　序数效用论·· 49
    第四节　消费者均衡的变动··· 57
    第五节　替代效应和收入效应··· 59
    本章小结··· 64
    本章习题··· 65
第三章　生产理论·· 68
    第一节　企业概述··· 68
    第二节　生产与生产函数··· 72
    第三节　短期生产函数··· 74
    第四节　长期生产函数··· 78
    第五节　规模经济··· 86
    本章小结··· 89
    本章习题··· 90
第四章　成本理论·· 93
    第一节　成本··· 93
    第二节　短期成本分析··· 97

第三节　长期成本分析 ………………………………………………… 106

本章小结 ………………………………………………………………… 112

本章习题 ………………………………………………………………… 112

第五章　市场理论 ……………………………………………………… 116

第一节　完全竞争市场 ………………………………………………… 117

第二节　垄断市场 ……………………………………………………… 129

第三节　垄断竞争市场 ………………………………………………… 136

第四节　寡头垄断市场 ………………………………………………… 143

本章小结 ………………………………………………………………… 144

本章习题 ………………………………………………………………… 145

第六章　分配理论 ……………………………………………………… 146

第一节　生产要素的价格决定 ………………………………………… 147

第二节　工资、地租、利息和利润理论 ……………………………… 152

第三节　洛伦兹曲线与基尼系数 ……………………………………… 159

本章小结 ………………………………………………………………… 160

本章习题 ………………………………………………………………… 161

第七章　市场失灵与微观经济政策 …………………………………… 163

第一节　市场失灵及原因 ……………………………………………… 163

第二节　垄断的经济效应与反垄断 …………………………………… 166

第三节　外部性的经济效应 …………………………………………… 169

第四节　公共物品及公共选择 ………………………………………… 173

第五节　非对称信息与市场失灵 ……………………………………… 176

本章小结 ………………………………………………………………… 178

本章习题 ………………………………………………………………… 178

第八章　国民收入核算理论 …………………………………………… 179

第一节　国内生产总值及相关概念 …………………………………… 180

第二节　国民收入的核算方法 ………………………………………… 183

第三节　国民收入的基本公式 ………………………………………… 190

本章小结 ………………………………………………………………… 192

本章习题 ………………………………………………………………… 192

第九章　国民收入决定理论 …………………………………………… 194

第一节　简单国民收入决定理论 ……………………………………… 195

第二节　IS－LM 模型 ………………………………………………… 208

第三节　AD－AS 模型 ………………………………………………… 224

本章小结 ………………………………………………………………… 235

本章习题 ………………………………………………………………… 236

第十章　失业与通货膨胀 ……………………………………………… 238

第一节　失业 …………………………………………………………… 238

第二节　通货膨胀 ……………………………………………………… 243

第三节　菲利普斯曲线 ……………………………………………… 252

本章小结 …………………………………………………………… 257

本章习题 …………………………………………………………… 257

第十一章　经济周期与经济增长 ………………………………… 259

第一节　经济周期 ………………………………………………… 261

第二节　经济增长 ………………………………………………… 267

第三节　经济增长模型 …………………………………………… 270

本章小结 …………………………………………………………… 279

本章习题 …………………………………………………………… 279

第十二章　宏观经济政策 ………………………………………… 281

第一节　宏观经济政策概述 ……………………………………… 282

第二节　财政政策 ………………………………………………… 285

第三节　货币政策 ………………………………………………… 291

第四节　财政政策与货币政策的混合使用 ……………………… 300

本章小结 …………………………………………………………… 303

本章习题 …………………………………………………………… 304

绪 论

【知识目标】

理解西方经济学的研究对象和研究内容；掌握西方经济学的研究方法；掌握西方经济学的发展历程。

【能力目标】

掌握西方经济学的含义；理解并能简单解释一些常见的经济现象。

【案例导读】

理性成就快乐：像经济学家那样思考

在日常生活中，每个人其实都在自觉不自觉地运用着经济学知识。例如，在自由市场里买东西，我们喜欢与小商小贩讨价还价；到银行存钱，我们要决定是存定期还是活期。经济学对日常生活到底有多大作用，有一则关于经济学家和数学家的故事可供参考。

故事说的是三个经济学家和三个数学家一起乘火车去旅行。数学家讥笑经济学家没有真才实学，弄出了一堆诸如"人都是理性的"之类的假设条件；而经济学家则笑话数学家过于迂腐，脑子不会拐弯，缺乏理性选择。最后经济学家和数学家打赌看谁完成旅行花的钱最少。三个数学家于是每个人买了一张票上车，而三个经济学家却只买了一张火车票。列车员来查票时，三个经济学家就躲到了厕所里，列车员敲厕所门查票时，经济学家们从门缝里递出一张票说，买了票了，就这样蒙混过关了。三个数学家一看经济学学们就这样省了两张票钱，很不服气，于是在回程时也如法炮制，只买了一张票，可三个经济学家一张票也没有买就跟着上了车。数学家们心想，一张票也没买，看你们怎么混过去。等到列车员开始查票的时候，三个数学家也像经济学家们上次一样，躲到厕所里去了，而经济学家们却坐在座位上没动。过了一会儿，厕所门外响起了敲门声，并传来了查票的声音。数学家们乖乖地递出车票，却不见查票员把票递回来。原来是经济学家们冒充查票员，把数学家们的票骗走，躲到另外一个厕所去了。数学家们最后还是被列车员查到了，乖乖地补了三张票，而经济学家们却只掏了一张票的钱，就完成了这次往返旅行。这个故事经常被经济学教授们当作笑话讲给刚入学的大学生听，以此来激发学生们学习经济学的兴趣。实际上在包括经济学初学者在内的大多数人看来，经济学既枯燥又乏味，充满了统计数字和专业术语，远没有这则故事生动有趣，而且经济学总是与货币有割舍不断的联系，因此，人们普遍认为经济学的主题内容是货币，其实这是一种误解。经济学真正的主题内容是理性，其隐而不彰的深刻内涵就是人们理性地采取行动的事实。经济学关于理性的假设是针对个人而不是团体。经济学是理解人们行为的方法，它源自这样的假设：每个人不仅有自己的目标，而且还会主动地选择正确的方式来实现这些目标。这样的假设虽然未必总是正确，但很实用。在这样的假设下发展出来的经济学，不仅有实用价值，能够指导我们的日常生活，而且这样的学问本身也由于充满了理性而足以娱人心智，令人乐而忘返。尽管我们在日常生活中时常有意无意地运用了一些经济学知识，但如果对经济学知识缺乏基本的了解，就容易在处理日常事务时理性不足，给自己的生活平添许多不必要的烦扰。例如，刚刚买回车子，没过两天，这款车子却降价了，大部分人遇到这种情况的时候都垂头丧气，心里很郁闷；倘若前不久刚刚买了房子，该小区的房价最近却上涨了，兴高采烈是一般购房者的正常反应。这些反应虽然符合人之常情，但跌价带来的郁闷感觉却是错误的。

经济学认为，正确的反应应该是：无论是跌价，还是涨价，都应该感觉更好。经济学认为，对消费者而言，最重要的是消费的是什么——房价、车价以及其他商品的价格是多少。在价格变动以前，你所选择的商品组合（房子、车子加上用收入余款购买的其他商品）对你来说就是最好的东西。如果价格没有改变，你会继续这样的消费组合。在价格变化以后，你仍然可以选择消费同样的商品，因为房子、车子已经属于你了，所以，你不可能因为价格变化而感觉更糟糕。但是，由于房子、车子与其他商品的最佳组合取决于房价、车价，所以，过去的商品组合仍然为最佳是不可能的。这就意味着现在还有一些更加吸引人的选择，因此，你的感觉应该更好。新的选择虽然存在，但你却更钟情于原来的最佳选择（原来的商品组合）。

在日常生活中，我们还常常烦扰于别人为什么挣得比我多，总是觉得自己得到的比应得的少，而经济学却告诉我们这样的感觉是庸人自扰，也是错误的。经济学认为别人比自己挣得多是正常的，自己得到的就是应得的，如果自己不能理性地坦然面对，只会给自己的生活带来不必要的烦扰和忧愁。

第一节　西方经济学的含义和研究对象

一、西方经济学的含义

西方经济学是一个内容相当广泛的名词，它可以泛指大量与经济问题有关的各种不同文献、资料和统计报告，总结起来至少包括以下三种领域的文献：

（1）企事业的经营管理的经验和方法总结，如企业质量管理分析。它强调完整的研究体系而非一个具体的操作方法。其特点是偏重于纯粹的管理技术。

（2）对某一领域（部门）专题研究成果，如环境经济学、资源经济学等。其特点是仅涉及经济生活中的某一特定领域，技术分析较上一类少，经济理论成分较上一类多一些。

（3）经济理论的研究。它的主要内容为经济理论及根据经济理论制订的经济政策和有关问题的解决途径，包括对经济的历史性研究，对经济问题的研究方法论体系，对经济现象的纯理论研究。这里涉及的研究主要是纯理论研究中的微观经济学与宏观经济学，且是占主导地位的。本书所指的西方经济学就是这一类。

一般来说，现代西方经济学是指 1930 年以来特别是第二次世界大战后在西方经济理论界有重要影响的（主流的）经济学家的经济学说或基本理论。

二、稀缺性

西方经济学里有著名的大炮与黄油问题。经济学家们常谈论"大炮与黄油的矛盾"，这是指一个社会为了保卫本国的安全或侵略他国，所需要的大炮是无限的；为了提高本国人民的生活水平，所需要的黄油也是无限的。但任何一个社会都只拥有一定量的资源，并用于生产各种物品。由于资源的有限性，用于生产某一种物品的资源多了，用于生产其他物品的资源就会减少。多生产大炮就要少生产黄油，多生产黄油也要少生产大炮。这种大炮与黄油不可兼得的情况就是"大炮与黄油的矛盾"。希特勒在战争年代曾经叫嚣：宁肯要大炮，也不要黄油。但是在和平年代，我们需要更多的黄油，同时保有一定数量的大炮。

生产大炮和黄油需要各种资源（如资本、人力、自然资源等）。如果这些资源是无限的，那么，能生产出来的大炮和黄油是无限的，就没有"大炮与黄油的矛盾"，也就不需要经济学了。

但是，大家都知道，人类社会的资源永远是有限的。在经济学中，这种资源的有限性被称为稀缺性。我们可以给稀缺性下这样一个定义：相对于人类社会的无穷欲望而言，经济物品，或者说生产这些物品所需要的资源总是不足的。这种资源的相对有限性就是稀缺性。值得注意的是，经济学上所说的稀缺性是指相对稀缺性，是指相对于人类欲望的无限性而言，再多的资源也是不足的。

三、经济学研究的三个基本问题

1. 生产什么物品以及生产多少（WHAT）

经济社会要进行抉择：生产大炮还是黄油；或者生产多少大炮，多少黄油，即在大炮与黄油的各种可能组合中选择哪一种。

何谓生产呢？生产是将投入转为产出的活动。投入又被称之为资源。西方经济学家将资源分为四种类型：① 土地，又称为自然资源，它包括土地、森林、矿藏和河流等一切自然资源。狭义的土地则是指土地本身。② 劳动，它是指人类拥有的体力和脑力劳动的总和。③ 资本，亦称资本货物（或资本品），它是指人类生产出来的且用于生产其他产品所需的一切工具、机器设备、厂房等的总称；④ 企业家才能，是指企业家组织生产、经营管理、努力创新和承担风险的能力总和，有时将之简称为企业家或管理才能。以上四种经济资源又被称为生产四要素。

2. 如何生产（HOW）

经济社会要进行抉择：用什么方法来生产上述选定的物品组合。生产方法实际上就是如何对各种生产要素进行组合，是多用资本，少用劳动，即用资本密集型方法来生产，还是少用资本，多用劳动，即用劳动密集型方法来生产。

3. 为谁生产（FOR WHOM）

生产出来的产品如何分配，即全社会生产出来的所有商品和劳务按什么原则在所有社会成员之间分配。

稀缺性是人类社会在各个时期面临的永恒问题，所以，生产什么、生产多少、为谁生产就成为人类社会必须解决的三个基本问题，这三个问题也被称为资源配置问题。

经济学是为解决稀缺性问题而产生的，因此，经济学的研究对象就是由稀缺性而引起的选择问题，即资源配置问题。

四、经济体制和三大基本经济问题的解决

1. 传统经济

传统经济(Traditional Economy)，亦称习惯性经济(Customary Economy)，是指生产方式、交换、收入分配都遵循其习惯的一种经济。生产什么、如何生产以及为谁生产的问题有可能是由世代相传的传统决定的。

2. 计划经济

计划经济(Planned Economy)，亦称指令性经济(Command Economy)，是以计划调节作为资源配置主要工具的一种经济。在计划经济中，所有的经济决策，包括资源利用的水平、生产的组合和分配以及生产的组织形式都是由中央或地方计划当局决定的。企业归政府所有，并按政府的指令进行生产，即由政府决定企业生产什么，如何生产以及为谁生产的问题。

3. 市场经济

在西方学者看来，市场经济(Market Economy)有很多别名，包括自由放任型经济(Laissez‐faire Economy)、自由企业经济(Free Enterprise Economy)等，甚至一度也曾把市场经济等同于资本主义经济(Capitalistic Economy)。

诺贝尔经济学奖的得主、美国麻省理工学院经济学教授萨缪尔逊和诺德豪斯在全世界发行量最大的《经济学》(第16版)教材中对市场经济做了如下简明定义："市场经济是这么一种经济，在这一经济中，(生产)'什么'、'如何'(生产)以及'为谁'(生产)有关资源配置问题主要是由市场供需所决定的"。市场经济是由市场调节作为资源配置的主要手段或工具的一种经济。

市场经济如何解决三大基本经济问题：

(1) 生产什么的问题是由消费者的"货币选票"决定的。消费者选择购买某种商品，就是用货币投这种商品及其商品生者一票。同时，消费者所支付的货币又成为该企业支付生产要素所有者的工资、租金、利息和利润的来源。

(2) 企业之间的竞争决定着如何生产的问题。对生产者来说，迎接价格竞争，实现利润极大化的最佳方法就是采用最有效的生产手段使成本极小化。

(3) 为谁生产的问题是由生产要素的价格决定的。要素市场的供需联合决定着工资、租金、利息和利润，它们被称为生产要素的价格。将所有的要素收益加总便得到总收入，因此，人们的收入分配取决于所拥有的要素数量、质量以及要素的价格。

4. 混合经济

以市场调节为基础，又有政府适当干预的经济制度称为混合经济。混合经济其本质是市场经济，也被称为现代市场经济。

第二节 西方经济学的研究内容

经济学的研究内容划分为微观经济学和宏观经济学。微观经济学(Micro-economics)

与宏观经济学(Macro-economics)是两种不同的数量分析方法。微观经济学采用个量分析法，以市场价格为中心，主要研究特定经济单位的经济活动及其经济变量(如单个消费者、生产者、要素所有者的经济行为，单个物品或产业的需求、供给、价格等)。它"只看树木，不看森林"。宏观经济学采用总量分析法，以国民收入为中心，主要研究整个国民经济的经济活动及其经济变量(如总需求、总供给、总就业、物价水平等)。它"只看森林，不看树木"。微观是在资源总量利用程度既定的前提下，研究各种资源的最优配置，宏观则是在各种资源配置既定的前提下，研究资源总量的充分利用。由于分析方法不同，从微观角度来看是正确的决策，从宏观的角度来看未必正确。例如，个别企业降低工资，可以增加利润，但如果所有企业都降低工资，势必造成社会的购买力下降，有效需求不足，反过来影响企业的利润。

一、微观经济学

1. 微观经济学的含义

微观经济学以单个经济单位为研究对象，通过研究单个经济单位的经济行为和相应的经济变量单项数值的决定来说明价格机制如何解决社会的资源配置问题。

2. 微观经济学的特征

(1) 研究的对象是单个经济单位的经济行为。单个经济单位是指组成经济的最基本的单位：居民户、厂商。居民户又称为家庭，是经济中的消费者。厂商又称为企业，是经济中的生产者。

在微观经济学的研究中，假设居民户与厂商经济行为的目标是实现最大化，即居民户要实现效用(满足程度)最大化，生产者要实现利润最大化。微观经济学研究居民户如何把有限的收入分配于各种物品的消费，以实现效用最大化。厂商如何把有限的资源用于各种物品的生产，以实现利润最大化。单个经济单位还包括单个市场(只有一种商品的市场)。

(2) 中心理论是价格理论。在市场经济中，居民户和厂商的行为要受价格的支配，生产什么、如何生产和为谁生产都是由价格决定的。价格像一只看不见的手，调节着整个社会的经济活动，使社会资源的配置实现最优化。

(3) 解决的问题是资源配置。解决资源配置问题就是要使资源配置达到最优化，即在这种资源配置下能给整个社会带来最大的经济福利。微观经济学从研究单个经济单位的最大化行为入手来解决社会资源的最优配置问题。如果每个经济单位都实现了最大化，那么，整个社会的资源配置也就实现了最优化。

(4) 研究方法是个量分析。个量分析是由研究经济变量的单项数值决定的，即微观经济学的研究对象是由单个经济行为主体决定的。例如，微观经济学中提到的价格、产量、效用和成本等都是该经济变量的单项数值。微观经济学分析这类个量的决定、变动及其相互关系。

3. 微观经济学的基本假设

(1) 市场出清。简言之，就是在价格的自动调节下，供求可以达到均衡，既没有供给过剩，也没有需求过剩，市场正好"出清"。

(2) 完全理性。消费者与生产者都是理性人或者经济人。所谓理性人或者经济人是对在经济社会中从事经济活动的所有人的基本特征的一个一般性抽象。这个被抽象出来的一般特征就是：每一个从事经济活动的人都是利己的。也就是说，每一个从事经济活动的当事人所采取的经济行为都是力图以自己的最小代价去获得自己的最大经济利益。

（3）完全信息。消费者与生产者可以免费而迅速地获得各种市场信息。

4. 微观经济学的基本内容

微观经济学的内容相当广泛，主要有均衡价格理论、消费者行为理论、生产理论、分配理论，一般均衡理论与福利经济学，市场失灵与微观经济政策等。

二、宏观经济学

1. 宏观经济学的含义

宏观经济学以整个国民经济为研究对象，通过研究经济中各有关总量的决定及其变化来说明资源如何才能得到充分利用。

2. 宏观经济学的特征

（1）研究的对象是整个经济系统。宏观经济学要研究整个经济的运行方式与规律，从总体上分析经济问题。

（2）中心理论是国民收入决定理论。宏观经济学把国民收入作为最基本的变量，以国民收入的决定为中心来研究资源利用问题，分析整个国民经济的运行。国民收入决定理论被称为宏观经济学的核心，其他理论则运用这一理论来解释整体经济中的各种问题。

（3）解决的问题是资源利用。宏观经济学把资源配置作为既定的前提，研究现有资源为何未能得到充分利用、达到充分利用的途径以及如何实现增长等问题。

（4）研究方法是总量分析。总量是指能反映整个经济运行情况的经济变量。这种变量有两类：一类是个量的总和。例如，国民收入是组成整个经济的各个单位的收入之和。总消费是各个家庭居民的消费之和。总投资是经济系统之中各个企业和个人的投资之和等。另一类是平均量。例如，物价水平是各种物品与劳务的平均价格。

3. 宏观经济学的基本假设

（1）市场机制是不完善的。

（2）政府有能力调节经济，纠正市场机制的缺点。

三、微观经济学与宏观经济学的联系

1. 互相补充

西方经济学是解决资源配置问题和资源利用问题的一门学科。资源配置即生产什么，如何生产和为谁生产的问题。如前所述，微观经济学从研究单个经济单位的最大化行为入手来解决社会资源的最优配置问题。因为如果每个经济单位都实现了最大化，整个社会的资源配置也就实现了最优化。宏观经济学解决的问题是资源利用，如失业和通胀是资源利用的问题。微观经济学把资源的充分利用作为既定的前提，但是 20 世纪 30 年代的大危机打破了这个神话。这样，资源利用就被作为经济学的另一个组成部分——宏观经济学所要解决的问题。

2. 微观经济学是宏观经济学的基础

整个经济是以单个经济单位作为其组成部分的，微观经济学是宏观经济学的基础。经济学界公认应该以微观经济学为基础构建宏观经济学的"理论大厦"。

第三节　西方经济学的研究方法

以研究的目的为标准，经济学可分为实证经济学与规范经济学。实证经济学要解决"是什么"的问题，即要确认事实本身，研究经济本身的客观规律与内在逻辑，分析经济变量之间的关系，并用于分析与预测。

规范经济学要解决"应该是什么"的问题，即要说明事物本身是好是坏，是否符合某种价值判断，或者对社会有什么意义。这一点也就决定了实证经济学可以避开价值判断，而规范经济学必须以价值判断为基础。微观经济学与宏观经济学都是实证分析。

现代经济学有一套以数量分析为特征的分析方法，主要有实证分析法、边际分析法、均衡分析法、静态分析法、比较静态分析法、动态分析法、长期与短期分析法、个量与总量分析法等。

一、实证分析法

经济学中的实证分析法来自于哲学上的实证主义方法。实证分析是一种根据事实加以验证的陈述，而这种实证性的陈述则可以简化为某种能根据经验数据加以证明的形式。在运用实证分析法来研究经济问题时，就是要提出用于解释事实的理论，并以此为根据做出预测，这也是形成经济理论的过程。

二、边际分析法

边际分析法是利用边际概念对经济行为和经济变量进行数量分析的方法。所谓边际，就是额外或增加的意思，即所增加的下一个单位或最后一个单位。在经济学分析中，简单地说，边际是指对原有经济总量的每一次增加或减少。严格地说，边际是指自变量发生微小变动时，因变量的变动率。

三、均衡分析法

均衡本来是物理学概念，引入经济学后，均衡是指经济体系中各种相互对立或相互关联的力量在变动中处于相对平衡而不再变动的状态。对经济均衡的形成与变动条件的分析，称为均衡分析法。均衡分析法分为局部均衡分析法和一般均衡分析法。局部均衡分析法是在不考虑经济体系某一局部以外因素影响的条件下，分析这一局部本身所包含的各种因素在相互作用中，均衡的形成与变动的方法。一般均衡分析法是相对于局部均衡分析法而言的。它是分析整个经济体系的各个市场、各种商品的供求同时达到均衡的条件与变化的方法。

四、静态分析法、比较静态分析法、动态分析法

静态分析法是指完全抽象掉时间因素和经济变动过程，在假定各种条件处于静止状态的情况下，分析经济现象的均衡状态的形成及其条件的方法。比较静态分析法是对个别经济现象的一次变动的前后以及两个或两个以上的均衡位置进行比较而撇开转变期间和变动过程本身的分析方法。动态分析法是考虑到时间因素，把经济现象的变化作为一个连续过程，对从原有的均衡过渡到新的均衡的实际变化过程进行分析的方法。

第四节 西方经济学的发展历程

经济学从孕育、诞生到现在经历了四个阶段。

一、重商主义：经济学的早期阶段

重商主义产生于 15 世纪，终止于 17 世纪中期，这是资本主义生产方式的形成与确立时期。其主要代表人物有英国经济学家约翰·海尔斯、威廉·斯塔福德、托马斯·曼，法国经济学家安·德·孟克列钦、让·巴蒂斯特·柯尔培等人。其代表作是托马斯·曼的《英国得自对外贸易的财富》。它的基本观点是：金银形态的货币是财富的唯一形态，一国的财富来自对外贸易，增加财富的唯一方法就是扩大出口，限制进口。这一阶段没有系统的理论！

二、古典经济学：经济学的形成时期

从 17 世纪中期开始，到 19 世纪 70 年代前为止，这是经济学的形成时期。其代表人物有英国经济学家亚当·斯密、大卫·李嘉图、西尼尔、约翰·穆勒、马尔萨斯，法国经济学家让·巴蒂斯特·萨伊等人。古典经济学的最重要代表人物是亚当·斯密，其代表作是1776 年出版的《国富论》。

《国富论》的出版被称为经济学史上的第一次革命，即对重商主义的革命。这次革命标志着现代经济学的诞生。以亚当·斯密为代表的古典经济学的贡献是建立了以自由放任为中心的经济学体系。《国富论》集当时一切经济思想之大成，形成了统一和完整的科学体系，亚当·斯密被尊称为经济学的"鼻祖"。他提出"看不见的手"的原理。

三、新古典经济学：微观经济学的形成与建立时期

新古典经济学从 19 世纪 70 年代的"边际革命"开始，到 20 世纪 30 年代结束。这一时期经济学的中心仍然是自由放任。在这种意义上说，它仍是古典经济学的延续。但是，它又用新的方法，从新的角度来论述自由放任思想，并建立了价格如何调节经济的微观经济学体系，所以，在古典经济学前加一"新"字，以示其与古典经济学的不同之处。

19 世纪 70 年代奥地利学派经济学家 K·门格尔，英国经济学家 W·S·杰文斯，瑞士

洛桑学派的法国经济学家 L·瓦尔拉斯分别提出了边际效用价值论，引发了经济学上的"边际革命"，从而开创了经济学的一个新时期。

1890 年英国剑桥学派经济学家 A·马歇尔出版了《经济学原理》，这本书综合了当时的各种经济理论，被称为新古典经济学的代表作。作为一个理论体系，微观经济学是由新古典经济学派建立的。

四、当代经济学：宏观经济学的建立与发展

当代经济学是以 20 世纪 30 年代凯恩斯主义的出现为标志的，分为三个阶段。

第一阶段：凯恩斯革命时期。这一时期是从 20 世纪 30 年代开始，到 20 世纪 50 年代之前结束。新古典经济学论述了市场调节的完善性，但 20 世纪 30 年代的大危机打破了这种神话。英国经济学家 J·M·凯恩斯在 1936 年发表了《就业、利息和货币通论》（简称《通论》）一书。这本书把产量与就业水平联系起来，从总需求的角度分析国民收入的决定，并用有效需求不足来解释失业存在的原因。在政策上则提出了放弃自由放任，主张国家干预经济。凯恩斯被称为现代宏观经济学之父。

第二阶段：凯恩斯主义发展时期。这一阶段是从 20 世纪 50 年代开始，到 20 世纪 60 年代结束。战后西方国家都加强了对经济生活的全面干预，凯恩斯主义得到了广泛的传播与发展。美国经济学家 P·萨缪尔森等人把凯恩斯主义的宏观经济学与新古典经济学的微观经济学结合在一起，形成了新古典综合派。

新古典综合派全面发展了凯恩斯主义，并把这一理论运用于实践，对各国经济理论与政策都产生了重大影响。可以说，直至今日，新古典综合派仍然是经济学的主流派。

第三阶段：自由放任思潮的复兴时期。这一时期是在 20 世纪 70 年代之后。战后西方各国对经济生活的全面干预一方面促进了经济的巨大发展，另一方面也引起了许多问题。20 世纪 60 年代末出现在西方国家的滞胀（经济停滞与通货膨胀并存）引起了凯恩斯主义的危机。

以美国经济学家 M·弗里德曼为首的货币主义是自由放任的拥护者。他去世前曾说："现在我们都是凯恩斯主义者了！"后来又出现了以美国经济学家 R·卢卡斯为首的理性预期学派，这一派以更为彻底的态度拥护自由放任。

除以上三个学派以外，较有影响的还有以拉弗为首的供给学派。20 世纪 80 年代里根总统的经济政策就是以此为基础的。克林顿的经济政策是以新凯恩斯主义（斯蒂格里茨为代表）为基础的。

经济学是为现实服务的，经济学的发展与演变正是现实经济发展的反映。一部经济学发展史说明了一个平凡的真理：存在决定意识。

➡ 本章小结

1. 现代西方经济学是指 1930 年以来特别是第二次世界大战后在西方经济理论界有重要影响的（主流的）经济学家的经济学说或基本理论。

2. 经济学是为解决稀缺性问题而产生的，因此，经济学的研究对象就是由稀缺性而引起的选择问题，即资源配置问题。

3. 西方经济学的研究内容包括微观经济学和宏观经济学。

4. 现代经济学有一套以数量分析为特征的分析方法，主要有实证分析法、边际分析法、均衡分析法、静态分析法、比较静态分析法、动态分析法、长期与短期分析法、个量与总量分析法等。

本章习题

讨论题：

1. 如何理解西方经济学是一门考察稀缺资源合理配置的科学。

2. 西方经济学的理论体系是由哪两部分构成的？它们之间的关系怎样？

3. 试列举生活中常见的经济现象，并初步提出自己的见解。

第一章 价格理论

【知识目标】

理解需求和供给的含义及影响因素；了解均衡价格的形成和作用；理解需求和供给弹性的相关概念；了解需求价格弹性、供给弹性的影响因素。

【能力目标】

掌握需求规律和供给规律；掌握均衡价格的变动及应用；掌握需求价格弹性的应用，会用弹性理论指导消费者和生产者进行决策。

【案例导读】

开封：胡萝卜为何丰产不丰收

2011 年开封胡萝卜又获大丰收。放眼望去，市场和往年一样，地上到处堆放着小山一样的胡萝卜，但与往年形成强烈反差的是，菜农们脸上显出的不是喜悦，而是无奈和沮丧。

"我家种了一亩半胡萝卜，卖了还不到 1000 元钱，这几个月算白忙活了。"汪屯乡马头村村民李素英一边叹息一边对记者说，"挑选好的胡萝卜每公斤能卖到 6 毛，一般的只能卖两毛四，差的每公斤 6 分还没有人要。"另一位菜农说，去年这个时候每公斤最高能卖到 1.6 元，特别不好的也能卖 0.6 元。

"去年外省遭遇干旱，咱这边的胡萝卜就贵了。今年风调雨顺，很多省份胡萝卜都丰收了，咱这边的就不好卖了。"做了十五六年胡萝卜生意的邢女士如此解释今年胡萝卜价格大跌的原因。

2011 年开封的胡萝卜种植面积将近 10 万亩，加上天气晴好，蔬菜产量很高，比 2010 年增加了 1/3，一斤两三分钱的收购价使有的农民干脆让菜烂到地里。

大致估算，一亩地加上种子、化肥等，成本在 600 元左右，2011 年亩产 6000 多斤，按目前的价格，好的一斤卖到三四毛钱，最便宜的一斤两三分钱，一亩地最多卖 500 多元钱，连本都收不回来。

很多农民发出这样的疑问：为什么收成这么好就是不赚钱呢？

第一节 需求分析

一、需求

（一）需求的含义

需求（Demand）是指在一定的时期内，消费者在各种可能的价格水平下愿意而且能够购买的商品数量。根据定义,商品的需求必须满足两个条件:一是消费者要有购买商品的意愿;二是消费者必须具有相应的支付能力。需求是消费者购买欲望和支付能力的统一,二者缺一不可。

需求量(Demand Quantity)是指在一定时期内,消费者在某一价格水平下愿意而且能够购买的商品数量。需求与需求量都是指消费者对商品的需求数量,其区别在于需求是在一系列不同价格水平下消费者对商品的购买数量,而需求量则是在某一特定价格水平下消费者对商品的购买数量。

需求分为个人需求和市场需求。个人需求是指单个消费者对某种商品的需求,市场需求是指市场上所有消费者对某种商品的需求。个人需求是构成市场需求的基础,市场需求是所有个人需求的加总。

(二)影响需求的因素

1. 商品本身的价格

一般来说,一种商品价格的上升,消费者会减少对该商品的需求量;反之,价格下降,消费者会增加对该商品的需求量。

2. 消费者的收入水平

对于大多数商品来说,消费者的收入提高,就会增加对商品的需求量;反之,当消费者的收入下降时,就会减少对商品的需求量。需要说明的是,收入增加虽然会使大多数商品的需求增加,但并不是使所有商品的需求都增加。一般来说,随着收入的增加,消费者对正常品的需求会增加,而对低档品的需求会减少。

3. 消费者的偏好

偏好是消费者对商品的喜爱程度。当消费者对某种商品的偏好程度增加时,就会增加该商品的需求量;当消费者对某种商品的偏好程度减弱时,就会减少该商品的需求量。消费者偏好受许多因素的影响,如广告宣传。广告宣传在一定程度上能够影响偏好的形成,这就是为什么许多厂商不惜血本大做广告的原因。

4. 相关商品的价格

当一种商品本身的价格不变,而与它相关的其他商品的价格发生变化时,这种商品本身的需求量也会发生变化。商品的相关关系分两种:互补关系和替代关系。

替代品是指在消费中相当程度上可以互相替代的商品,如可口可乐和百事可乐。对于替代品而言,如果一种商品的价格上升,消费者将减少该商品的需求量,进而导致其替代品的需求量增加。互补品是指两种商品相互补充,共同满足消费者的一种需要的商品,如羽毛球和羽毛球拍。对于互补商品而言,如果一种商品的价格上升,消费者将减少对该商品的需求量,进而导致其对互补品的需求量也减少。

5. 消费者对商品价格未来的预期

预期是消费者根据现有的条件对未来状况做出的估计。当消费者预计某商品的价格未来会上涨时,就会增加对该商品的现时需求量;而消费者预计某商品的价格未来会下跌时,就会减少对该商品的现时需求量。

6. 其他因素

其他因素如人口数量、人口结构、政府的消费政策、文化习惯等都会影响消费者对商品的需求量。

二、需求的表示

（一）需求表

需求表是表示某种商品的各种价格水平和与各种价格水平相对应的该商品的需求数量之间关系的数字序列表。简单地说，需求表表示在各种不同的价格水平下消费者愿意而且能够购买的商品数量是多少。表1-1是某商品的需求表。

表1-1　某商品的需求表

价格-需求量组合	a	b	c	d	e
价格/元	1	2	3	4	5
需求量	500	400	300	200	100

从表1-1可以清楚地看到某商品的价格与需求量之间的对应关系。如当商品价格为1元时，商品的需求量为500单位；当商品价格为2元时，商品的需求量下降为400单位；当商品价格为3元时，商品的需求量下降为300单位等。

（二）需求曲线

需求曲线是根据需求表中商品不同的价格-需求量组合在平面坐标图上所绘制的一条曲线。图1-1是根据表1-1绘制的需求曲线。

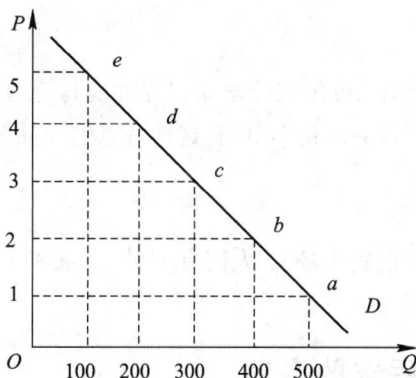

图1-1　某商品的需求曲线

在图1-1中，横轴OQ表示商品的数量，纵轴OP表示商品的价格。应该指出的是，与数学上的习惯相反，在微观经济学分析需求曲线和供给曲线时，通常以纵轴表示自变量P，以横轴表示因变量Q。同时，需求曲线仅表示需求函数为线性时才成为直线形式，而通常需求曲线是非线性的。由图1-1可知，需求曲线有一个明显的特征，向右下方倾斜，斜率为负，该特征表示商品的需求量同价格成反向变动的关系。

（三）需求函数

如果把影响需求的各种因素作为自变量，把需求作为因变量，则可以用函数关系来表示影响需求的因素与需求之间的关系，这种函数称为需求函数，用公式表示，即

$$Q^d = f(a, b, c, d, \cdots\cdots, n) \tag{1.1}$$

式中，Q^d 代表需求；$a, b, c, d, \cdots\cdots, n$ 代表影响需求的因素。

为简化分析，通常假定其他影响需求的因素不变，只考虑商品本身的价格对该商品需求量的影响，并以 P 代表价格，则需求函数可表示为

$$Q^d = f(p) \tag{1.2}$$

公式(1.2)表明某商品的需求量 Q^d 是商品本身价格 P 的函数。

对于线性需求函数，其具体形式为 $Q^d = \alpha - \beta \cdot P$，其中，$\alpha$ 和 β 为常数，且 α、$\beta > 0$。

三、需求定理

需求定理也称为需求规律，是说明商品本身价格与其需求量之间关系的理论，其基本内容是：在其他条件不变的情况下，某商品的需求量与价格之间呈反方向变动，即商品的需求量随价格的上升而减少，随价格的下降而增加。显然，需求定理并不适用于所有的商品，有些商品价格与需求量之间的关系并不符合需求定理的描述。

（一）炫耀性商品

炫耀性商品是指消费者为了显示其地位和财富而购买的价格昂贵的商品，如贵重首饰、名车、名表、豪宅等商品。这种商品只有在高价时才有显示人的社会身份的作用，因此，价格下降时需求反而减少。

（二）吉芬商品

在 1845 年爱尔兰大灾荒时，英国统计学家吉芬发现马铃薯的价格上升，需求量反而增加。在当时这种现象被称为"吉芬之谜"，具有这种特点的商品被称为吉芬商品。

（三）投机类商品

在投机性市场(如证券和期货市场)，人们有一种"买涨不买落"的心理，这与人们对未来价格的预期及投机需要有关。

四、需求量的变动和需求的变动

在经济分析中，要特别注意需求量的变动与需求变动的区别。从图形上来看，需求量主要表现为需求曲线上一个个的点，而需求包含各种可能的价格下所对应的需求量，指的是整条需求曲线。

（一）需求量的变动

需求量变动是指在其他条件不变的情况下，商品本身价格变动所引起的需求量的变

动，它表现为需求曲线上点的变动，如图1-2中的 a、b、c 点所示。

在图1-2中，当价格由 P_0 上升为 P_1 时，需求量从 Q_0 减少到 Q_1，在需求曲线上则表现为由 b 点沿着需求曲线移动到 a 点。当价格由 P_0 下降到 P_2 时，需求量从 Q_0 增加到 Q_2，在需求曲线上则表现为由 b 点沿着需求曲线移动到 c 点。可见，在同一条需求曲线上，需求曲线上的点沿着需求曲线向左上方移动是需求量减少，向右下方移动是需求量增加。

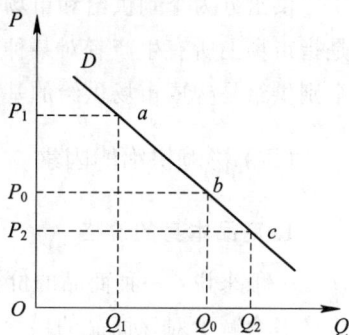

图1-2　需求量的变动

（二）需求的变动

需求的变动是指在商品本身价格不变的情况下，由于其他因素变化所引起的需求的变动，表现为需求曲线的平行移动，如图1-3中的 D_0、D_1、D_2 三条曲线所示。

在图1-3中，由于收入增加，使需求曲线 D_0 上所有的点都向右移动，整体上就表现为需求曲线向右平行移动到 D_2；反之，如果收入减少，使需求曲线 D_0 上所有的点都向左移动，整体上就表现为需求曲线向左平行移动到 D_1。可见，需求增加导致需求曲线向右移动，需求减少导致需求曲线向左移动。

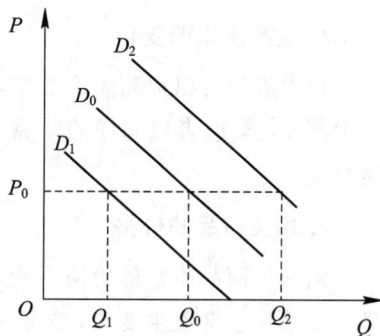

图1-3　需求的变动

第二节　供给分析

一、供给

（一）供给的含义

供给（Supply）是指在一定时期内，生产者（厂商）在各种可能的价格水平下愿意而且能够提供的商品数量。根据定义，一种商品的供给必须满足两个条件：一是生产者要有提供商品的意愿；二是生产者必须具有生产能力。供给是生产者供给欲望和供给能力的统一，二者缺一不可。

供给量（Supply Quantity）是指在一定时期内，生产者（厂商）在某一价格水平下愿意而且能够提供的商品的数量。供给与供给量都是指厂商对商品的供给数量，其区别在于供给是在一系列价格水平下厂商商品的出售数量，而供给量则是在某一特定价格水平下厂商商品的出售数量。

供给分为个别供给和市场供给。个别供给是指单个厂商对某种商品的供给，市场供给是指市场上所有生产者对某种商品的供给。个别供给和市场供给都是对某种商品的供给，个别供给是构成市场供给的基础。

（二）影响供给的因素

1. 商品本身的价格

一般来说，一种商品的价格上升，生产者会增加对该商品的供给量；反之，价格下降，生产者会减少对该商品的供给量。

2. 生产成本

在商品价格不变的条件下，生产成本的提高会减少利润，从而使生产者减少对商品的供给；反之，生产成本下降，供给增加。

3. 生产技术的变化

技术进步可以提高生产效率，降低生产成本，使企业有可能在既定资源条件下更便宜地生产商品，或者说同样的资源生产出更多的商品，所以生产技术水平的提高可以增加供给数量。

4. 相关商品的价格

当一种商品本身的价格不变，而与它相关的其他商品的价格发生变化时，这种商品本身的供给量也会发生变化，这里的相关商品之间的关系也有互补和替代之分。例如，对于某个生产小麦和玉米的农户来说，小麦和玉米是互为替代的。在玉米价格不变而小麦价格上升时，该农户就可能增加小麦的耕种面积而减少玉米的耕种面积。

5. 生产者对商品价格未来的预期

当生产者预计某商品的价格未来会上涨时，就会增加对该商品的供给量；而生产者预计某商品的价格未来会下跌时，就会减少对该商品的供给量。

6. 政府的政策

政府采用鼓励投资或生产的政策（如减税），可以刺激生产者增加供给量；反之，则会减少生产者的供给量。

影响供给的因素要比影响需求的因素复杂得多，在不同的时期、不同的市场上，供给受多种因素的综合影响，如厂商的目标、政府的政策、时间的长短等。

二、供给的表示

（一）供给表

供给表是表示某种商品的各种价格水平和与各种价格水平相对应的该商品的供给数量之间关系的数字序列表。简单地说，供给表表示在各种不同的价格水平下生产者愿意而且能够提供的商品数量是多少。表1-2是某商品的供给表。

表 1-2 某商品的供给表

价格-供给量组合	a	b	c	d	e
价格/元	1	2	3	4	5
供给量	100	200	300	400	500

从表 1-2 可以清楚地看到某商品的价格与供给量之间的对应关系。如当商品价格为 1 元时，商品的供给量为 100 单位；当商品价格为 2 元时，商品的供给量增加为 200 单位；当商品价格为 3 元时，商品的供给量增加为 300 单位等。

（二）供给曲线

供给曲线是根据供给表中商品不同的价格-供给量组合在平面坐标图上所绘制的一格曲线。图 1-4 是根据表 1-2 绘制的某商品的供给曲线。

在图 1-4 中，横轴 Q 轴表示商品的数量，纵轴 P 轴表示商品的价格。应该指出的是，供给曲线仅在供给函数为线性时才成为直线形式，而通常供给曲线是非线性的。由图 1-4 可知，供给曲线有一个明显的特征，向右上方倾斜，斜率为正，该特征表示商品的供给量与价格呈同方向变动的关系。

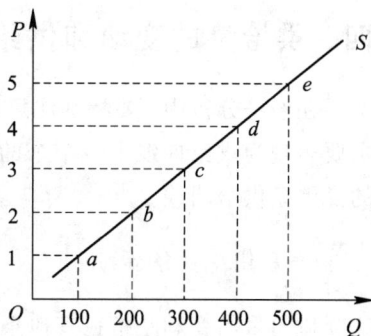

图 1-4 某商品的供给曲线

（三）供给函数

如果把影响供给的各种因素作为自变量，把供给作为因变量，则可以用函数关系来表示影响供给的因素与供给之间的关系，这种函数称为供给函数，用公式表示，即

$$Q^s = f(a, b, c, d, \cdots\cdots, n) \tag{1.3}$$

式中，Q^s 代表供给；$a, b, c, d, \cdots\cdots, n$ 代表影响供给的因素。

为简化分析，通常假定其他影响需求的因素不变，只考虑商品本身的价格对该商品供给量的影响，并以 P 代表价格，则供给函数可表示为

$$Q^s = f(p) \tag{1.4}$$

公式 (1.4) 表明某商品的供给量 Q^s 是商品本身价格 P 的函数。

对于线性供给函数，其具体形式为 $Q^s = -\delta + \gamma \cdot P$，其中，$\delta$ 和 γ 为常数，且 δ、$\gamma > 0$。

三、供给定理

供给定理也称为供给规律，是说明商品本身价格与其供给量之间关系的理论，其基本内容是：在其他条件不变的情况下，某商品的供给量与价格之间成同方向变动趋势，即商品的供给量随价格的上升而增加，随价格的下降而减少。

在理解供给定理时，要特别注意它的假设条件"其他条件一定"。也就是说，供给定理是在假设影响供给的其他条件一定的前提下，研究商品本身的价格与供给量之间的同方向

变动的关系。离开这个假设条件，供给定理也无法成立。例如，目前个人电脑市场产品数量增加，质量不断提高，不是因为价格的上升，其主要原因是生产电脑厂商的技术水平在不断进步。

显然，供给定理并不适用于所有的商品，有些商品的价格与供给量之间的关系并不符合供给定理的描述。例如，对劳动力的供给而言，当劳动力的价格（工资）增加时，劳动力的供给开始时会随工资的增加而增加，但当工资增加到一定程度以后，如果工资继续增加，则劳动力的供给量反而会减少。另外，古董、字画、古玩、土地等由于受到各种环境和历史条件的限制，其供给量是固定不变的。

四、供给量的变动和供给的变动

在经济分析中，要特别注意供给量的变动与供给变动的区别。从图形上来看，供给量主要表现为供给曲线上一个个的点，而供给包含在各种可能的价格下所对应的供给量，指的是整条供给曲线。

（一）供给量的变动

供给量的变动是指在其他条件不变的情况下，商品本身价格变动所引起的供给量的变动，它表现为供给曲线上点的变动，如图 $1-5$ 中的 a、b、c 点所示。

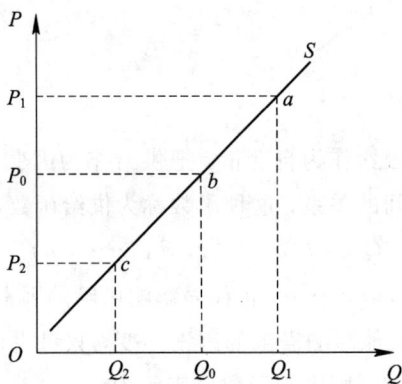

图 $1-5$　供给量的变动

在图 $1-5$ 中，当价格由 P_0 上升为 P_1 时，供给量从 Q_0 增加到 Q_1，在供给曲线上则表现为由 b 点沿着供给曲线移动到 a 点。当价格由 P_0 下降到 P_2 时，供给量从 Q_0 减少到 Q_2，在供给曲线上则表现为由 b 点沿着供给曲线移动到 c 点。可见，在同一条供给曲线上，供给曲线上的点沿着供给曲线向右上方移动是供给量增加，向左下方移动是供给量减少。

（二）供给的变动

供给的变动是指在商品本身价格不变的情况下，由其他因素变化而引起的供给的变动，其表现为供给曲线的平行移动，如图 $1-6$ 中的 S_0、S_1、S_2 三条曲线所示。

在图 $1-6$ 中，由于成本下降，使供给曲线 S_0 上所有的点都向右移动，整体上就表现为供给曲线向右平行移动到 S_1；反之，如果成本上升，使供给曲线 S_0 上所有的点都向左移动，整体上就表现为供给曲线向左平行移动到 S_2。可见，供给增加导致供给曲线向右移动，供给减少导致供给曲线向左移动。

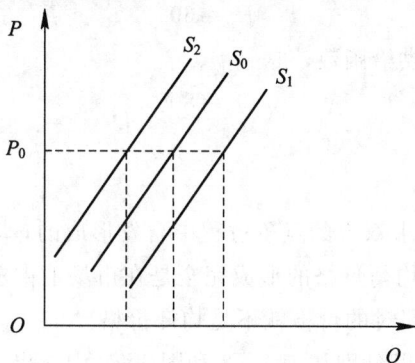

图 1-6　供给的变动

第三节　均衡价格的决定与变动

一、均衡价格

（一）均衡价格的含义

均衡价格(Equilibrium Price)是商品的供给曲线与需求曲线相交时的价格。也就是商品的供给量与需求量相等，商品的供给价格与需求价格相等时的价格。或者说，均衡价格就是消费者为购买一定商品量所愿意支付的价格与生产者为提供一定商品量所愿意接受的供给价格一致的价格。对应于均衡价格的商品数量被称为均衡数量。均衡价格与均衡数量如图 1-7 所示。图中，横轴表示数量(需求量与供给量)，纵轴表示价格(需求价格与供给价格)。D 是需求曲线，S 是供给曲线。需求曲线与供给曲线相交于 E 点，由 E 点所决定的价格 P_0 是均衡价格，数量 Q_0 是均衡数量。

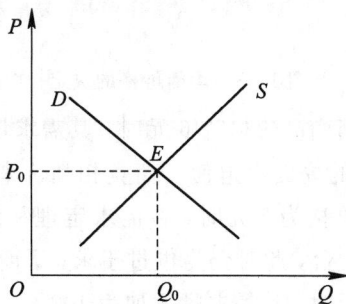

图 1-7　均衡价格与均衡数量

例　假定某商品的需求函数为 $Q^d = 200 - 2P$，供给函数为 $Q^s = -100 + 30P$。求均衡价格 P_0 和均衡产量 Q_0。

解 当 $Q^d = Q^s$ 时，市场达到均衡，即

$$200 - 2P = -100 + 3P$$

$$P_0 = 60$$

将 $P_0 = 60$ 代入需求函数或供给函数，得

$$Q_0 = 80$$

(二) 均衡价格的形成

均衡价格是在市场上供求双方的竞争过程中自发形成的，均衡价格的形成就是价格决定的过程。需要强调的是，均衡价格的形成完全是在市场上供求双方的竞争过程中自发形成的，如果有外力的干预，那时的价格就不是均衡价格。

均衡价格的形成过程可以分别从表 1-3 和图 1-8 中看出，即均衡价格的决定。

表 1-3　某商品市场均衡价格的决定

价格/元	2	3	4(均衡)	5	6
需求量/台	600	500	400	300	200
供给量/台	0	200	400	600	800

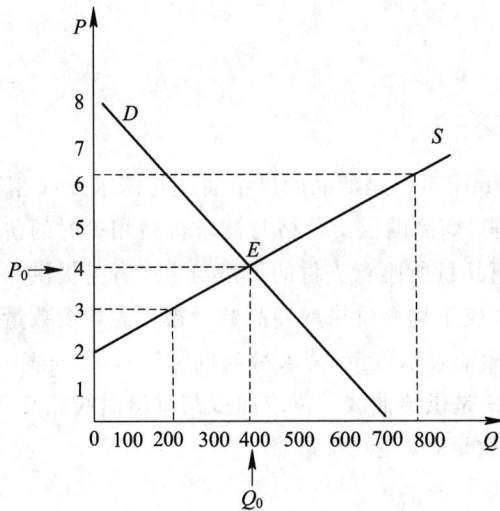

图 1-8　均衡价格的决定

在表 1-3 和图 1-8 中，当商品价格为 6 元时，其需求量为 200 台，供给量为 800 台，此时供给大于需求，供过于求的局面会迫使厂商竞相削价来增加市场对自身商品的需求，于是价格下跌至 5 元；当商品价格为 5 元时，在需求定理和供给定理作用下，其需求量增加为 300 台，供给量减少为 600 台，此时仍为供过于求，厂商继续减价以刺激消费需求，直至价格降至 4 元；当价格为 4 元时，其需求量增加为 400 台，供给量减少为 400 台，供给等于需求，经济即达到了均衡状态，因此，均衡价格为 4 元，均衡数量为 400 台。同理，当商品价格为 2 元时，其需求量为 600 台，供给量为 0 台，此时市场需求无法被满足，导致市场对该商品需求过旺，商品价格开始上升，直至升至 3 元；当商品价格为 3 元时，在需求定理

和供给定理作用下，其需求量减少为 500 台，供给量增加为 200 台，此时仍然供不应求，商品价格继续上升，直至 4 元，达到均衡经济状态，均衡价格为 4 元，均衡数量为 400 台。在上述过程中，经济从非均衡状态到均衡状态的形成过程完全是自发的，这便是市场经济体制当中的价格形成机制。

【知识拓展】

"看不见的手"

230 年以来，无数人渴望从书中挖掘有用的东西，最终发现了一个词"看不见的手"，它在《国富论》中只出现过一次。用亚当·斯密的话来说："每个人都试图应用他的资本，来使其生产的产品得到最大的价值。一般来说，他并不企图增进公共福利，也不清楚增进的公共福利有多少，他所追求的仅仅是他个人的安乐、个人的利益。但当他这样做的时候，就会有双'看不见的手'引导他去达到另一个目标，而这个目标绝不是他所追求的东西。由于追逐他个人的利益，他经常促进了社会利益，其效果比他真正想促进社会效益时所得到的效果大。"众所周知，一部巨著里一个词出现一次，最多只能称其为一个文化信息，这不是经济学思想，更不是理论，亚当·斯密也就没有定性解释过它的本质特性。英国剑桥大学历史与经济中心主任艾玛·乔治娜·罗斯柴尔德（一位罗斯柴尔德家族成员）曾公开否定"看不见的手"，说："'看不见的手'不是亚当·斯密的经济学重要概念，而是在开一个反讽的玩笑。"而现代人则用"看不见的手"来隐喻市场价格机制。

二、均衡价格的变动

既然均衡价格取决于市场需求和供给的相互作用，这就意味着当市场的需求或供给发生变化时，市场的均衡价格水平也会发生相应的变化。换句话说，由于一种商品的均衡价格是由该商品市场的需求曲线和供给曲线的交点决定的，所以，需求曲线或供给曲线的位置移动都会使均衡价格水平发生变动。

（一）供给不变但需求发生变动

在供给不变的条件下，需求增加使需求曲线右移，均衡价格提高，均衡数量增加；而需求减少使需求曲线左移，均衡价格下降，均衡数量减少。需求变动对均衡价格的影响如图 1-9 所示。图中，供给曲线为 S，当需求曲线为 D_0 时，均衡价格为 P_0，均衡数量为 Q_0。如果由于消费者的收入增加导致需求增加，则会使需求曲线右移到 D_1，这时均衡价格上升到 P_1，均衡数量增加到 Q_1；相反，如果由于消费者的收入减少导致需求减少，会使需求曲线左移到 D_2，这时均衡价格下降到 P_2，均衡数量减少到 Q_2。

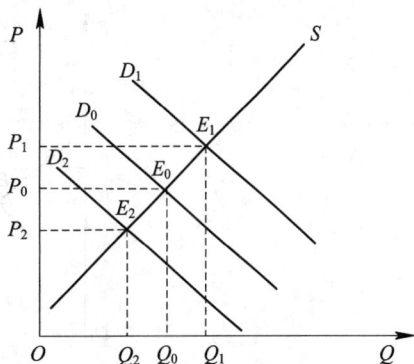

图 1-9 需求变动对均衡价格的影响

（二）需求不变但供给发生变动

在需求不变的条件下，供给增加导致供给曲线右移，使均衡价格下降，均衡数量增加；而供给减少导致供给曲线左移，使均衡价格上升，均衡数量减少。供给变动对均衡价格的影响如图1-10所示。图中，需求曲线为D，当供给曲线为S_0时，均衡价格为P_0，均衡数量为Q_0。如果由于生产要素的价格下降导致供给增加，则会使供给曲线右移到S_1，这时均衡价格下降为P_1，而均衡数量则增加到Q_1；相反，如果由于生产要素价格上升导致供给减少，则使供给曲线左移到S_2，这时均衡价格上升到P_2，而均衡数量则减少到Q_2。

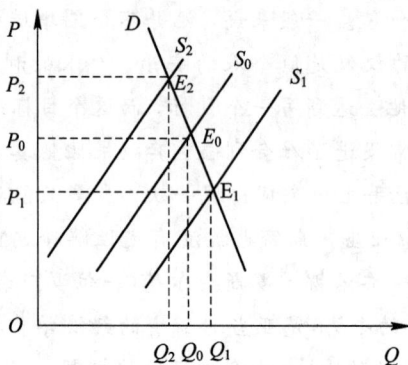

图1-10 供给变动对均衡价格的影响

综上所述，可以得出供求定理：在其他条件不变的情况下，需求的变动分别引起均衡价格和均衡数量同方向的变动；供给变动分别引起均衡价格的反方向变动和均衡数量的同方向变动。

（三）需求和供给同时发生变动

如果需求和供给曲线同时移动，则商品的均衡价格和均衡数量的变化是难以确定的，这要结合需求和供给变化的具体情况来确定。以图1-11为例进行分析，假定消费者收入水平上升引起需求增加，使得需求曲线由D_1向右平移至D_2；同时，厂商的技术进步引起

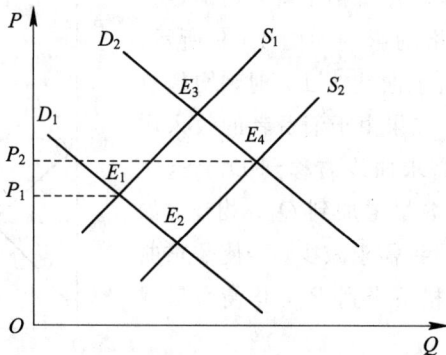

图1-11 供给和需求同时增加的不确定效应

供给增加，使得供给曲线由 S_1 向右移至 S_2。比较 S_1 曲线分别与 D_1 曲线和 D_2 曲线的交点 E_1 和 E_3 可见，收入水平上升引起需求增加，使得均衡价格上升。在比较 D_1 曲线分别与 S_1 曲线和 S_2 曲线的交点 E_1 和 E_2 可见，技术进步引起供给增加，又使均衡价格下降。最后，在这两种因素同时作用下的均衡价格，将取决于需求和供给各自增长的幅度。

具体来说，当供求曲线同方向移动时，均衡数量也会发生与之方向相同的变动；对均衡价格的影响取决于哪条曲线移动的距离更大。如果供求曲线反方向移动，那么均衡价格的变动与需求曲线的移动方向相同；对均衡数量的影响取决于哪条曲线移动的距离更大。

三、均衡价格的应用

从理论上讲，价格在经济运行中可以自发地调节需求和供给，使得供求相等，资源实现最优配置。但价格调节是在市场上自发进行的，有一定的盲目性和滞后性，所以在现实生活中，价格调节并不一定能够达到理论上的完美境界，或者即便是实现了均衡，但却未必符合社会的长远利益。例如，当农产品过剩时，农产品的价格会大幅度下降，这种下降会抑制农业生产。从短期看，这种抑制作用有利于供求平衡，但农业生产周期较长，农产品的低价格对农业产生抑制作用后，将会对农业生产的长期发展产生不利影响。如果农产品的需求增加，农产品供给并不能迅速增加，这样就会影响经济的稳定。再如，某些生活必需品严重短缺时，自发形成的均衡价格会很高，导致收入较低的人无法维持正常的生活，从而容易引发社会动乱。因此，政府有必要采用一定的经济政策来影响供求关系的调整与均衡价格的形成。一般来说，政府干预均衡价格的政策主要有两种：支持价格和限制价格。

（一）支持价格

支持价格也称为最低价格，是指政府为了扶持某一行业的生产而规定的该行业产品的最低价格，如图 1-12 所示。最低价格总是高于市场的均衡价格。

在图 1-12 中，该行业产品由供求所决定的均衡价格为 OP_0，均衡数量为 OQ_0。政府为支持该行业生产而规定的支持价格为 OP_1，$OP_1 > OP_0$，即支持价格一定高于均衡价格。

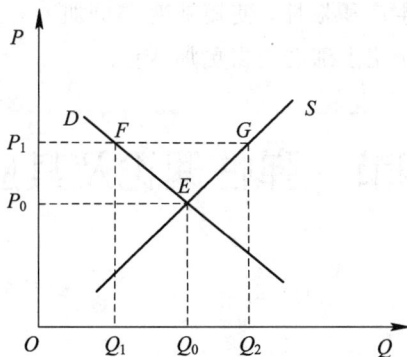

图 1-12 支持价格

这时，需求量为 OQ_1，而供给量为 OQ_2，$OQ_2 > OQ_1$，即供给量大于需求量，$OQ_2 - OQ_1 = Q_1Q_2$，为供给过剩部分。为了维持支持价格，可以采取的措施有：一是政府购买过剩的农产品，用于国家储备或用于出口；二是给生产者补贴。为了销售产品，厂商按照较低的价格出售，政府为了支持该行业的生产，给予差额补贴，从而促进生产。

农产品的支持价格是一些西方国家普遍采取的政策，在实行这一政策时，政府通常收购市场上过剩的农产品。我国实行的"保护价敞开收购"实际也是一种支持价格的做法。从长期来看，支持价格政策确实有利于农业的发展，对农业的发展有着重要的意义。第一，稳定了农业生产，减缓了经济波动对农业的冲击；第二，通过对不同农产品的不同支持价格，可以调整农业结构，使之适应市场的变动；第三，扩大农业投资，促进了农业现代化的发展和劳动生产率的提高。但支持价格政策也会产生一系列问题，首先，对过剩农产品的大量收购，使得政府背上了沉重的债务负担；其次，靠保护成长起来的部门是缺乏生命力的，长期使用支持价格，不能从根本上改变农业的落后状况。另外，政府解决收购过剩农产品的方法之一就是扩大出口，这就会引起国家与国家之间为争夺世界农产品市场而进行贸易战。

（二）限制价格

限制价格也称为最高价格，是指政府为了防止某些商品的价格过高而规定的这类商品的最高价格，如图 1-13 所示。如果说最低限价政策是保护生产者的利益，那么，最高限价政策则是保护消费者的利益。最高价格总是低于市场的均衡价格。

在图 1-13 中，该行业产品由供求所决定的均衡价格为 OP_0，均衡数量为 OQ_0。但在这种价格下，许多人无法得到必需的生活品。政府为了制止过高的价格，规定了限制价格为 OP_1，$OP_1 < OP_0$，即限制价格一定低于均衡价格。这时需求量为 OQ_2，供给量为 OQ_1，$OQ_2 > OQ_1$，产品供给不足，$OQ_2 - OQ_1 = Q_1Q_2$ 为供给不足的部分。当市场短缺很严重时，就可能出现抢购现象或黑市交易。为解决商品短缺，政府可采取的措施是控制需求量，一般采取配给制，发放购物券。但配给制只适用于短时期内的特殊情况，否则，一方面可能使购物券货币化，还会出现黑市交易；另一方面会挫伤厂商的生产积极性，使短缺变得更加严重。一旦放弃价格控制，价格上涨会变得更加严重。

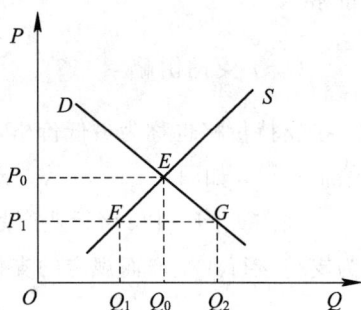

图 1-13　限制价格

第四节　弹性理论及其应用

一、弹性的含义

弹性是指当经济变量之间存在函数关系时，作为因变量的经济变量的相对变化对于作为自变量的经济变量的相对变化的反应程度。也就是说，当自变量变化一个百分点时，因变量会变化几个百分点。

弹性的大小用弹性系数来表示。在经济学中，弹性系数的一般公式为

$$弹性系数 = \frac{因变量的变动比率}{自变量的变动比率}$$

若两个经济变量之间的函数关系为 $Y = f(X)$，以 ΔX、ΔY 分别表示变量 X、Y 的变动量，以 e 表示弹性系数，则弹性公式为

$$e = \frac{\dfrac{\Delta Y}{Y}}{\dfrac{\Delta X}{X}} = \frac{\Delta Y}{\Delta X} \cdot \frac{X}{Y} \tag{1.5}$$

或者，当 $\Delta X \rightarrow 0$，且 $\Delta Y \rightarrow 0$ 时，弹性公式为

$$e = \lim_{\Delta X \to 0} \frac{\dfrac{\Delta Y}{Y}}{\dfrac{\Delta X}{X}} = \frac{\dfrac{\mathrm{d}Y}{Y}}{\dfrac{\mathrm{d}X}{X}} = \frac{\mathrm{d}Y}{\mathrm{d}X} \cdot \frac{X}{Y} \tag{1.6}$$

【知识拓展】

弹　　性

弹性原是应用在物理学和机械学上的一个名词，主要描述一个物体在外力的作用下如何运动或发生形变。

在物理学上，弹性是指物体在外力作用下发生形变，当外力撤销后能恢复原来大小和形状的性质。例如，弹簧在外力作用下会压缩变形，力越大，其变形程度越大，外力消失，则其自然恢复原状。弹性被应用到经济学上，主要用于描述因变量随自变量的变动程度。

弹性包括需求弹性和供给弹性。需求弹性主要有需求价格弹性、需求收入弹性和需求交叉弹性三种类型，供给弹性主要有供给价格弹性。

二、需求弹性

（一）需求价格弹性

需求价格弹性又被简称为需求弹性（或价格弹性），是用来描述一种商品的需求量变动对于该商品的价格变动的反应程度。需求价格弹性系数表示一种商品价格变化一个百分点时会引起该商品的需求量变化几个百分点，其公式为

$$需求价格弹性系数 = -\frac{需求量的变动比率}{价格的变动比率}$$

1. 需求价格弹性的计算

1）需求价格弧弹性

需求价格弧弹性表示某商品需求曲线上两点之间的需求量的变动对于价格变动的反应程度。简单地说，它表示需求曲线上两点之间的弹性。

假定需求函数为 $Q = f(P)$，ΔQ 和 ΔP 分别表示需求量的变动量和价格的变动量，以 e_d 表示需求价格弹性系数，则需求价格弧弹性系数的公式为

$$e_d = -\frac{\dfrac{\Delta Q}{Q}}{\dfrac{\Delta P}{P}} = -\frac{\Delta Q}{\Delta P} \cdot \frac{P}{Q} \tag{1.7}$$

需要注意的是，由于商品的需求量和价格是呈反方向变动的，即 $\dfrac{\Delta Q}{\Delta P}$ 为负值，所以，为了便于比较，在公式(1.7)中加了一个负号，以使需求价格弹性系数 e_d 取正值。

例 假定某商品的价格从 4 元上升到 5 元，使消费者 A 的购买量从 800 个减少为 400 个。求该商品的弹性。

解 根据需求价格弧弹性的计算公式，该商品的弹性为

$$e_d = -\frac{\dfrac{\Delta Q}{Q}}{\dfrac{\Delta P}{P}} = -\frac{\Delta Q}{\Delta P} \cdot \frac{P}{Q} = -\frac{400-800}{5-4} \times \frac{4}{800} = -\frac{-400}{1} \times \frac{4}{800} = 2$$

试想，如果该商品的价格是从 5 元下降到 4 元，而此时的消费者 A 的购买量是从 400 个增加到 800 个，那么弹性还是 2 吗？

$$e_d = -\frac{\dfrac{\Delta Q}{Q}}{\dfrac{\Delta P}{P}} = -\frac{\Delta Q}{\Delta P} \cdot \frac{P}{Q} = -\frac{800-400}{4-5} \times \frac{5}{400} = -\frac{400}{-1} \times \frac{5}{400} = 5$$

由此可以看出，对同一商品而言，涨价和降价的策略不同，需求价格弧弹性就不一样。在上面两步计算中，ΔQ 和 ΔP 的比值是相同的，决定弹性系数不同的关键因素在于 P 和 Q 所取的基数不同，因此，在需求曲线的同一条弧上，涨价和降价产生的需求价格弹性系数值便不相等，所以一定要根据涨价和降价的具体情况来求不同的弹性值。

但是，若仅仅是一般地计算需求曲线上某一段的需求价格弧弹性，而不是具体地强调这种需求价格弧弹性是作为涨价还是降价的结果，则为了避免不同的计算结果，一般通常取两点价格的平均值 $\left(\dfrac{P_1+P_2}{2}\right)$ 和 $\left(\dfrac{Q_1+Q_2}{2}\right)$ 来分别代替弧弹性公式(1.7)中的 P 和 Q 的值，因此，需求价格弧弹性计算公式又可以写为

$$e_d = -\frac{\Delta Q}{\Delta P} \cdot \frac{\dfrac{P_1+P_2}{2}}{\dfrac{Q_1+Q_2}{2}} = -\frac{\Delta Q}{\Delta P} \cdot \frac{P_1+P_2}{Q_1+Q_2} \tag{1.8}$$

公式(1.8)也被称为需求价格弧弹性的中点公式。

根据中点公式，上例中的需求价格弧弹性为

$$e_d = \frac{400}{1} \times \frac{4+5}{800+400} = 3$$

由此可见，需求价格弧弹性的计算可以有三种情况，它们分别是计算涨价、降价和按中点公式计算的弹性系数，至于究竟用哪一种计算方法，这要视具体情况和需要而定。

2）需求价格点弹性

当需求曲线上两点之间的变化量趋于无穷小时，需求价格弹性要用点弹性来表示。也

就是说，它表示需求曲线上某一点上的需求量变动对于价格变动的反应程度，其公式为

$$e_d = \lim_{\Delta P \to 0} -\frac{\Delta Q}{\Delta P} \cdot \frac{P}{Q} = -\frac{\mathrm{d}Q}{\mathrm{d}P} \cdot \frac{P}{Q} \tag{1.9}$$

利用公式(1.9)可以计算需求曲线上某一点的弹性。

例 已知需求函数为 $Q^d = 2400 - 400P$，求当 $P=5$ 时的需求价格点弹性。

解 由 $Q^d = 2400 - 400P$，当 $P=5$ 时，$Q=400$，有

$$e_d = -\frac{\mathrm{d}Q}{\mathrm{d}P} \cdot \frac{P}{Q} = -(-400) \times \frac{5}{400} = 5$$

需要注意的是，在考察需求价格弹性问题时，需求曲线的斜率和需求价格弹性是两个紧密联系又不相同的概念，必须严格加以区分。

首先，经济学使用弹性而不是曲线的斜率来衡量因变量对自变量变化的敏感程度，由于弹性没有度量单位，所以弹性之间大小的比较很方便。不同的是，斜率是有度量单位的，例如，面粉价格的变化（以人民币元计）所引起的面粉需求量的变化（以斤计）等。此外，不同的物品往往又会使用不同的计量单位，所以为了比较不同商品需求量变化对价格变化的敏感程度，度量单位的消除是必要的。其次，需求曲线在某一点的斜率为 $\mathrm{d}P/\mathrm{d}Q$，而根据需求价格点弹性的计算公式，需求价格点弹性不仅取决于需求曲线在该点的斜率的倒数值 $\mathrm{d}Q/\mathrm{d}P$，还取决于相应的价格-需求量的比值 P/Q，所以这两个概念虽有联系，但区别也是很明显的。

由此可见，直接把需求曲线的斜率和需求价格弹性等同起来是错误的。严格区分这两个概念，不仅对于线性需求曲线的点弹性，而且对于任何形状的需求曲线的弧弹性和点弹性来说都是有必要的。

2. 需求价格弹性的五种类型

需求价格弹性可以分为五种类型，如图 1-14 所示。

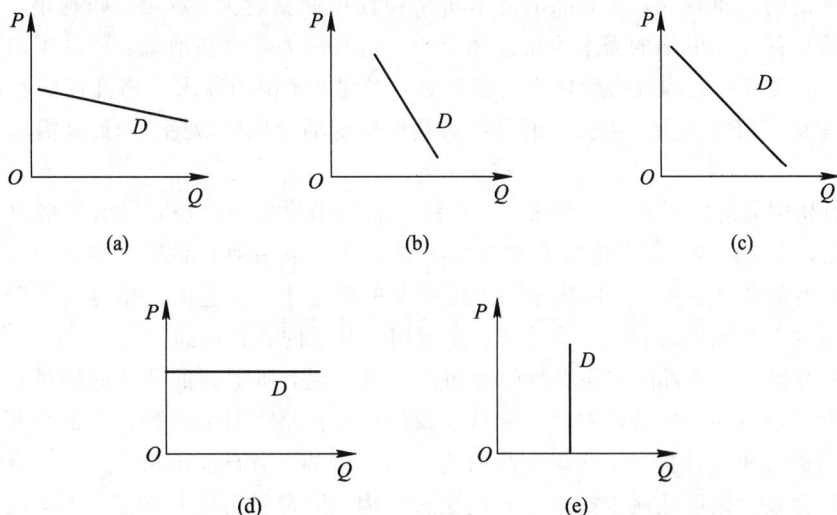

图 1-14 需求价格弹性的五种类型

（1）需求价格弹性系数 $e_d>1$ 的情况，被称为富有弹性，它表示需求量的变动率大于价格的变动率，如图 1-14(a) 所示。

（2）需求价格弹性系数 $e_d<1$ 的情况，被称为缺乏弹性，它表示需求量的变动率小于价格的变动率，如图 1-14(b) 所示。

（3）需求价格弹性系数 $e_d=1$ 的情况，被称为单位弹性，它表示需求量的变动率等于价格的变动率，如图 1-14(c) 所示。

（4）图 1-14(d) 中需求曲线为一条水平线。水平的需求曲线表示在既定的价格水平下需求量是无限的。从需求弹性的角度看，对于水平的需求曲线来说，只要价格有一个微小的变化，就会使无穷大的需求量减少为零。也就是说，相对于无穷小的价格变化率，需求量的变化率是无穷大的，即 $e_d=\infty$，这种情况被称为完全弹性。

（5）图 1-14(e) 中的需求曲线是一条垂直线。垂直的需求曲线表示在任何价格水平下需求量都是固定不变的。从需求弹性的角度看，对于垂直的需求曲线来说，无论价格如何变化，需求量都不发生变化，需求量的变化率总是为零，即 $e_d=0$，这种情况被称为完全无弹性。

3. 影响需求价格弹性的因素

（1）商品对消费者的重要程度。一般来说，生活必需品的需求价格弹性较小，非必需品、奢侈品的需求价格弹性较大。例如，粮食的需求价格弹性小，电影票的需求价格弹性较大。

（2）商品的可替代程度。一般来说，一种商品的可替代品越多，则该商品的需求价格弹性就越大；反之，该商品的需求价格弹性就越小。例如，对于食盐来说，没有很好的替代品，食盐价格的变化所引起的需求量的变化几乎等于 0，所以它的需求价格弹性是极其小的；而消费者对乘飞机旅游的需求往往是富有弹性的，主要是因为有汽车旅行、火车旅行等可替代。

（3）商品的消费支出在消费者总支出中所占的比重。消费者在某商品上的消费支出在总支出中所占的比重越大，该商品的需求价格弹性可能就越大；反之，则越小。例如，牙刷的需求价格弹性比电脑的需求价格弹性要小。这是因为牙刷在消费者的总支出中只占很小的份额，消费者对它的价格变化不会很敏感，因此，牙刷的需求价格弹性较小。电脑支出占消费者总支出的很大一部分，消费者对其价格变动会比较敏感，因而其需求价格弹性较大。

（4）商品用途的广泛性。一般来说，一种商品的用途越是广泛，需求价格弹性就可能越大；反之，用途越少，需求价格弹性就可能越小。如果一种商品具有多种用途，当它价格较高时，消费者只购买较少的数量用于最重要的用途上，当它的价格逐步下降时，消费者的购买量就会逐渐增加，将商品越来越多地用于其他的各种用途上。

（5）所考察的消费者调节需求量的时间。一般来说，所考察的调节时间越长，则需求价格弹性就可能越大。因为消费者决定减少或停止对价格上升的某种商品的购买之前，他一般需要花费时间去寻找和了解该商品的替代品。例如，当石油价格上升时，消费者在短期内通常不会较大幅度地减少需求量。但在长期内，消费者可能找到替代品，因此，石油价格上升会导致石油的需求量较大幅度地下降。

需要指出的是，一种商品需求价格弹性的大小是多种影响因素综合作用的结果，所以在分析一种商品的需求价格弹性的大小时，要根据具体情况进行全面的综合分析。

（二）需求价格弹性的应用

在实际的经济生活中会发生这样一些现象：有的厂商提高自己的产品价格，能使自己的销售收入得到提高，而有的厂商提高自己的产品价格，却反而使自己的销售收入降低了。这意味着以降价促销来增加销售收入的做法对有的产品适用，而对有的产品却不适用。如何解释这些现象呢？这便涉及商品的需求价格弹性的大小和厂商的销售收入两者之间的相互关系。

某种商品的价格变动时，它的需求价格弹性的大小与出售该商品所能得到的总收益是密切相关的。总收益也称总收入，是指厂商出售一定量商品所得到的全部收入，也就是销售量与价格的乘积。在此假定厂商的商品销售量等于市场上对其商品的需求量。因此，厂商的销售收入就可以表示为商品的价格乘以商品的需求量，其公式为

$$TR = P \cdot Q$$

式中，TR 为总收益；Q 为与需求量或销售量；P 为价格。

从总收益的计算公式可以看出，总收益取决于价格和需求量。由于不同商品的需求价格弹性不一样，对总收益的影响势必不相同。

1. 富有弹性的商品与总收益的关系

例　假设电视机的需求价格弹性系数 $e_d = 2$，每台电视机的价格为 2000 元，销售量为 100 台。求：

（1）如果价格下降 10%，厂商收益会如何变化？

（2）如果价格上涨 10%，厂商收益会如何变化？

解　价格调整前的总收益为

$$TR_1 = P_1 \cdot Q_1 = 2000 \times 100 = 200000 (元)$$

（1）如果每台电视机的价格下降 10%，由于 $e_d = 2$，销售量便会增加 20%。

$$P_2 = 2000 \times (1 - 10\%) = 1800 (元)$$
$$Q_2 = 100 \times (1 + 20\%) = 120 (台)$$

其总收益为

$$TR_2 = P_2 \cdot Q_2 = 1800 \times 120 = 216000 (元)$$

与原来的相比，总收益增加了 $TR_2 - TR_1 = 216000 - 200000 = 16000$ 元，这表明价格下降，总收益增加。

（2）如果每台电视机的价格提高 10%，那么销售量会下降 20%。

$$P_3 = 2000 \times (1 + 10\%) = 2200 (元)$$
$$Q_3 = 100 \times (1 - 20\%) = 80 (台)$$

其总收益为

$$TR_3 = P_3 \cdot Q_3 = 2200 \times 80 = 176000 (元)$$

比较涨价前后的总收益，虽然每台电视机的价格提高了，但是总收益并未增加，反而减少了 $TR_3 - TR_1 = 176000 - 200000 = -24000$ 元，这表明价格上涨，总收益减少。

通过计算，可以得出这样的结论：需求富有弹性的商品，它的价格与总收益呈反方向变动。价格上升时，总收益减少；价格下降，总收益增加。

【知识拓展】

薄利多销

"薄利"就是降价,"薄利多销"就是通过降价促使产品多销,进而达到增加销售收入的目的。但是,并不是所有的商品都适合薄利多销。

对于 $e_d > 1$,即富有弹性的商品,需求量的变动比率大于价格的变动比率,这意味着价格下降造成的总收益的减少量必定小于需求量增加带来的总收益的增加量,所以价格下降,总收益最终是增加的,因此薄利多销只适合富有弹性的商品。

2. 缺乏弹性的商品与总收益的关系

例 假设面粉的需求价格弹性系数 $e_d = 0.5$,每千克面粉的价格是 4 元,销售量为 50 千克,求:

(1) 如果价格下降 10%,厂商收益会如何变化?

(2) 如果价格上涨 10%,厂商收益会如何变化?

解 价格调整前的总收益为

$$\text{TR}_1 = P_1 \cdot Q_1 = 4 \times 50 = 200(\text{元})$$

(1) 如果面粉价格下降 10%,由于 $e_d = 0.5$,销售量便会增加 5%。

$$P_2 = 4 \times (1 - 10\%) = 3.6(\text{元})$$
$$Q_2 = 50 \times (1 + 5\%) = 52.5(\text{千克})$$

其总收益为

$$\text{TR}_2 = P_2 \cdot Q_2 = 3.6 \times 52.5 = 189(\text{元})$$

与原来的相比,总收益减少了 $\text{TR}_2 - \text{TR}_1 = 189 - 200 = -11$,这表明价格下降,总收益减少。

(2) 如果面粉的价格提高 10%,那么销售量会下降 5%。

$$P_3 = 4 \times (1 + 10\%) = 4.4(\text{元})$$
$$Q_3 = 50 \times (1 - 5\%) = 47.5(\text{千克})$$

其总收益为

$$\text{TR}_3 = P_3 \cdot Q_3 = 4.4 \times 47.5 = 209(\text{元})$$

比较涨价前后的总收益,虽然面粉价格上升了,但总收益并未减少,反而增加了 $\text{TR}_3 - \text{TR}_1 = 209 - 200 = 9$,这表明价格上涨,总收益增加。

通过计算,可以得出这样的结论:需求缺乏弹性的商品,它的价格与总收益呈同方向变动。价格上升,总收益增加;价格下降,总收益减少。

【知识拓展】

谷贱伤农

在农业生产活动中,存在这样一种经济现象:丰收的年份,农民的收入不但不增加反而减少了,这种现象被人们形象地概括为"谷贱伤农"。造成这种经济现象的根本原因在于农产品是缺乏弹性的。粮食属于正常品中的必需品,无论它的价格如何变动,它的需求量是一定的,所以它的价格弹性小。当粮食丰收,粮食的价格会下降,但相应的粮食的需求量不会因此而增加很多(价格下降幅度大于需求增加幅度),即"利薄"但并未"多销",使得农民在经济上受到损失。

3. 单位弹性的商品与总收益的关系

对于 $e_d=1$,即单位弹性的商品,需求量的变动率等于价格的变动率,因此无论降价还是涨价,厂商的收益都不会发生变化。需求价格弹性与价格变动对销售收入的影响如表1-4所示。

表1-4　需求价格弹性与价格变动对销售收入的影响

销售收入　价格 ＼ 需求价格弹性	$e_d>1$	$e_d=1$	$e_d<1$	$e_d=0$	$e_d=\infty$
降价	增加	不变	减少	同比例于价格的下降而减少	既定价格下,收益可以无限增加,因此厂商不会降价
涨价	减少	不变	增加	同比例于价格的上升而增加	收益会减少为零

三、需求的其他弹性

(一) 需求收入弹性

需求收入弹性是指一定时期内,消费者对某种商品的需求数量的相对变动对于消费者收入的相对变动的反应程度,这也是一个在经济学中被广泛运用的弹性概念。需求收入弹性系数的一般公式为

$$需求收入弹性系数=\frac{需求量的变动比率}{消费者收入量的变动比率}$$

假定某商品的需求量 Q 是消费者收入水平 M 的函数,即 $Q=f(M)$,则该商品的需求收入弹性系数的公式为

$$e_M=\frac{\dfrac{\Delta Q}{Q}}{\dfrac{\Delta M}{M}}=\frac{\Delta Q}{\Delta M}\cdot\frac{M}{Q} \tag{1.10}$$

需求收入弹性系数可正可负,并可据此来判断该商品是正常品还是劣等品。

如果某种商品的需求收入弹性系数是正值,即 $e_M>0$,则表示随着收入水平的提高,消费者对此种商品的需求量也随之增加,该商品即为正常品。正常品又可划分为必需品和奢侈品。当收入增加时,尽管消费者对必需品和奢侈品的需求量都会有所增加,但必需品的需求量增加是有限的,或者是缺乏弹性的,因此 $0<e_M<1$。对奢侈品的需求量增加较多,因此 $e_M>1$。如果某种商品的需求收入弹性系数是负值,即 $e_M<0$,则表示随着收入水平的提高,消费者对此种商品的需求量反而下降,该商品即为低档品。正常品、必需品和奢侈品的需求收入弹性值如表1-5所示。

表 1-5　正常品、必需品和奢侈品的弹性值

商品类型	收入弹性值
正常品和必需品	正值，小于 1
正常品和奢侈品	正值，大于 1
劣等品	负

【知识拓展】

恩格尔定律

在需求收入弹性的基础上，如果具体地研究消费者的收入量的变动和用于购买食物的支出量的变动之间的关系，可以得到食物支出的收入弹性。

1857 年，德国统计学家恩格尔在研究了当时西欧某些居民家庭的收入和食品消费支出的关系后，得出了这样的结论：在一个家庭或在一个国家中，食物支出在收入中所占的比例随着收入的增加而减少。用弹性概念来表述恩格尔定律就是：对于一个家庭或一个国家来说，富裕程度越高，则食物支出的收入弹性就越小；反之，则越大。其原因是人获得生存的首要条件就是吃饭，只有这一层次需求被满足后，消费才会向其他方面扩展。食物支出在全部支出中所占的比例即是恩格尔系数，这从一个侧面反映了生活水平的高低。恩格尔定律也可表述为：随着收入的提高，恩格尔系数是递减的。恩格尔系数可以反映一个国家或者一个家庭的富裕程度与生活水平。一般来说，恩格尔系数越高，富裕程度与生活水平越低；恩格尔系数越低，富裕程度与生活水平越高，如表 1-6 所示。

表 1-6　恩格尔系数表　　　　　　　　　　　　　　%

家　庭	各项支出占总支出比例					
类　型	食物	衣服	住宅	燃料	文化	合计
劳动家庭	62	16	12	5	5	100
中等家庭	55	18	12	5	10	100
富裕家庭	50	18	12	5	15	100

在表 1-6 中，食物支出随着收入的增加而减少；衣服、住宅、燃料的费用支出随着收入的增加而较小幅度增加或不变；文化费用的支出则会随着收入的增加而较大幅度地增加。根据联合国粮农组织提出的标准，恩格尔系数在 59% 以上为贫困，50%～59% 为温饱，40%～50% 为小康，30%～40% 为富裕，低于 30% 为最富裕。

（二）需求交叉弹性

需求交叉弹性是指在一定时期内一种商品的需求量的相对变动对于它的相关商品的价格相对变动的反应程度。需求交叉弹性系数是某商品的需求量的变动率和它的相关商品价格的变动率的比值。其表示为

$$需求交叉弹性系数 = \frac{一种商品的需求量的变动比率}{相关商品的价格的变动比率}$$

假定商品 X 的需求量 Q_X 是它的相关产品 Y 的价格 P_Y 的函数,即 $Q_X = f(P_Y)$,则商品 X 的需求交叉弹性系数公式为

$$e_{XY} = \frac{\dfrac{\Delta Q_X}{Q_X}}{\dfrac{\Delta P_Y}{P_Y}} = \frac{\Delta Q_X}{\Delta P_Y} \cdot \frac{P_Y}{Q_X} \tag{1.11}$$

例 假定在某市场上 A、B 两厂商是生产同种有差异的产品的竞争者,该市场对 A 厂商的需求曲线为 $P_A = 200 - Q_A$,对 B 厂商的需求曲线为 $P_B = 300 - 0.5Q_B$;两厂商目前的销售量分别为 $Q_A = 50$,$Q_B = 100$。如果 B 厂商降价使得 B 厂商的需求量增加为 $Q'_B = 160$,同时使 A 厂商的需求量减少为 $Q'_A = 40$,那么 A 厂商的需求交叉价格弹性系数 e_{AB} 是多少?

解 由 $P_B = 300 - 0.5Q_B$,$Q_B = 100$ 和 $Q'_B = 160$,得

$$P_B = 250, \quad P'_B = 220$$

所以,

$$e_{AB} = \frac{\Delta Q_A}{\Delta P_B} \cdot \frac{P_B}{Q_A} = \frac{Q'_A - Q_A}{P'_B - P_B} \cdot \frac{P_B}{Q_A} = \frac{40 - 50}{220 - 250} \times \frac{250}{50} = \frac{5}{3}$$

需求交叉弹性系数的符号取决于所考察的两种商品的相关关系。

(1) $e_{XY} > 0$,替代品。若两种商品之间存在着替代关系,则一种商品的需求量与它的替代品的价格之间呈同方向的变动,相应的需求的交叉弹性系数为正值。例如,当梨的替代品苹果价格上升时,苹果的需求量减少,而梨的需求量会上升,所以梨的需求交叉弹性系数为正。

(2) $e_{XY} < 0$,互补品。若两种商品之间存在着互补关系,则一种商品的需求量与它的互补品的价格之间呈反方向的变动,相应的需求的交叉弹性系数为负值。例如,当汽油的互补品汽车价格上升时,汽车的需求量减少,而汽油的需求量也会减少,所以汽油的需求交叉弹性为负。

(3) $e_{XY} = 0$,无关系。如果两种商品不存在相关关系,即一种商品的价格变化不影响另一种商品的需求量,则其需求交叉弹性系数为 0。

四、供给弹性

在供给弹性中,主要分析的是供给价格弹性。供给价格弹性简称供给弹性,表示在一定时期内一种商品的供给量的变动对于该商品的价格变动的反应程度。供给价格弹性系数表示在一定时期内当一种商品的价格变化一个百分点时会引起该商品的供给量变化几个百分点,它是商品的供给量变动率与价格变动率的比值,即

$$供给价格弹性系数 = \frac{供给量的变动比率}{价格的变动比率}$$

1. 供给价格弹性的计算

与需求价格弹性一样,供给价格弹性也分为弧弹性和点弹性。供给价格弧弹性表示某商品供给曲线上两点之间的弹性。供给价格点弹性表示某商品供给曲线上某一点的弹性。

假定供给函数为 $Q = f(P)$，以 e_s 表示供给价格弹性系数，则其公式为

$$e_s = \frac{\dfrac{\Delta Q}{Q}}{\dfrac{\Delta P}{P}} = \frac{\Delta Q}{\Delta P} \cdot \frac{P}{Q} \tag{1.12}$$

供给价格点弹性的公式为

$$e_s = \frac{\dfrac{\mathrm{d}Q}{Q}}{\dfrac{\mathrm{d}P}{P}} = \frac{\mathrm{d}Q}{\mathrm{d}P} \cdot \frac{p}{Q} \tag{1.13}$$

在通常情况下，商品的供给量和商品的价格是呈同方向变动的，供给量的变化量和价格的变化量的符号是相同的，所以在上面两个公式中，$\dfrac{\Delta Q}{\Delta P}$ 和 $\dfrac{\mathrm{d}Q}{\mathrm{d}P}$ 两项均大于零，作为计算结果的 e_s 为正值。

2. 供给价格弹性的分类

根据供给价格弹性系数的大小，供给价格弹性可分为五种类型，如图 1-15 所示。

（1）若 $e_s > 1$，表示富有弹性。

（2）若 $e_s < 1$，表示缺乏弹性。

（3）若 $e_s = 1$，表示单一弹性。

（4）若 $e_s = \infty$，表示完全弹性。

（5）若 $e_s = 0$，表示完全无弹性。

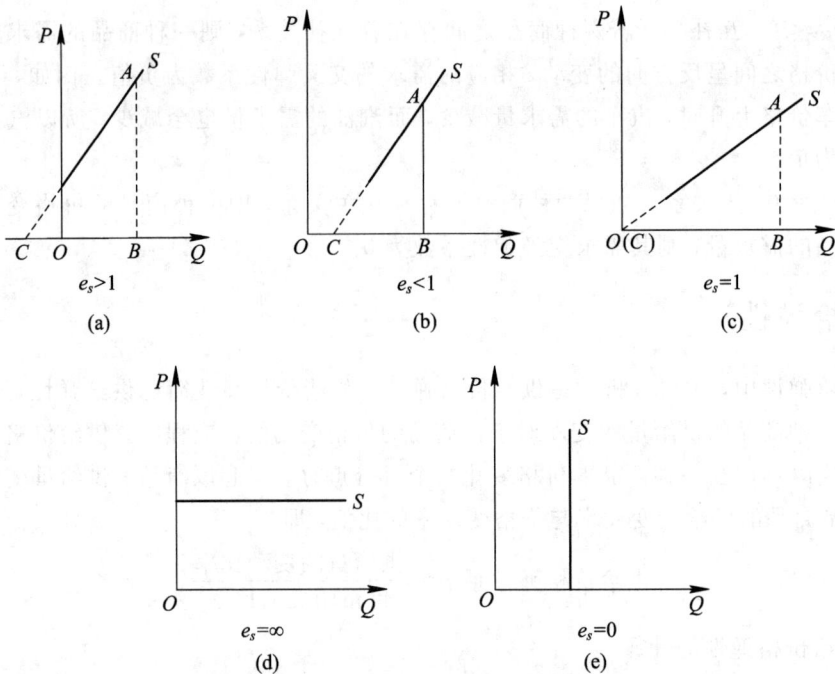

图 1-15　供给弹性的五种类型

【知识拓展】

情人节的玫瑰花与巧克力

西方的情人节不仅仅是一年中最为浪漫的节日，也是一些商家大捞一把的良机，情人节一天的玫瑰花销售量占 2 月份销售量的 50％。近几年来，在美国芝加哥商店一打玫瑰花的价格已由平日的 8 美元上升至情人节的 19.99 美元。情人节另一个畅销货便是糖果，这一天的糖果销量占美国全年销量的 13％ 左右。然而，一包巧克力糖的价格在那天却降价促销。为什么玫瑰花价格猛涨而巧克力价格却下降？因为玫瑰花的供给很难增加，巧克力则没有问题。首先，要增加玫瑰花的供给量就必须使用更多的土地种植玫瑰花，而使用土地的机会成本极大，不可能因只有一天的情人节而大面积种植玫瑰花。而巧克力的供给则可以通过延长工人的劳动时间，扩大生产规模等方法获取。其次，玫瑰花属于季节性植物，其成熟期是固定的，在节日前无法提前储备；其保鲜时间短，摘取之后极易衰败，且储存成本也比较高。巧克力则无上述问题。所以情人节这天，当消费者对玫瑰花和巧克力糖果的需求量同时增加时，玫瑰花的供给增加不大，故出现供不应求的状况，所以价格必增；而巧克力糖果的供给，则因厂商的提前准备、有效的生产实施得以增加，特别是巧克力糖果属于弹性较大的商品，所以厂商为了获得最大的收益，必然通过降价而获得需求量（成交量）的增加。

(资料来源：http://wenda.haosou.com/q/1.578792152066570)

3. 影响供给价格弹性的因素

(1) 生产的难易程度。一般来说，产量易于调整的产品，供给弹性大；产量难于调整的产品，供给弹性小。例如，农业由于受自然力的影响大，难于调整，因而供给缺乏弹性；部分轻工业受自然力的影响小，相对易于调整，因而供给较富有弹性。

(2) 生产成本的变化。如果产量增加时，生产者需要增加的成本很小，那么价格上涨后就会有更多的企业进行生产，从而供给量增加就多，供给就越有弹性；反之，供给则越缺乏弹性。

(3) 产品的生产周期。生产周期较短的产品，可以根据价格变化及时调整产量，供给弹性较大；反之，供给弹性较小。

(4) 时间因素。当商品的价格发生变化时，厂商对产量的调整需要一定的时间。就短期而言，因为生产规模不能调整，所以产量增加比较有限，供给缺乏弹性；在长期内，生产者可以通过调整生产规模改变产量，供给弹性很大。

本章小结

1. 需求是指在一定的时期内，消费者在各种可能的价格水平下愿意而且能够购买的商品数量。市场的需求可以用一条需求曲线来表示。需求曲线一般向右下方倾斜，表示商品的需求量与价格呈反方向变化。

供给是指在一定时期内，生产者(厂商)在各种可能的价格水平下愿意而且能够提供的商品数量。市场的供给可以用一条供给曲线来表示。供给曲线一般向右上方倾斜，表示商品的供给量与价格呈同方向的变化。

2. 其他因素不变，商品本身价格的变化引起需求曲线或者供给曲线上点的移动；商品本身价格不变,其他因素变化引起需求曲线或者供给曲线的移动。

3. 均衡价格是指商品的供给量与需求量相等,商品的供给价格与需求价格相等时的价格。均衡价格是在市场机制的作用下自发形成的。

4. 供给定理:在其他条件不变的情况下,需求的变化引起均衡价格和均衡数量的同方向变化;供给的变化引起均衡价格反方向的变化,均衡数量的同方向变化。

5. 当两个经济变量存在函数关系时,可以用弹性来表示因变量对于自变量变化的反应程度。弹性系数=因变量变动的比率/自变量变动的比率。

6. 需求价格弹性表示一种商品的需求量变动对于该商品价格变动的反应程度。需求价格弹性可以分为弧弹性和点弹性。需求价格弧弹性的计算可以分为三种情况:涨价时;降价时和中点公式。一般地,弹性系数按大小可以归纳为五类:富有弹性、缺乏弹性、单位弹性、完全弹性和完全无弹性。

7. 就需求价格弹性而言,对于富有弹性的商品,商品的价格与厂商的销售收入呈反方向变化;对于缺乏弹性的商品,商品的价格与厂商的销售收入呈同方向变化;对于单位弹性的商品,商品的价格变化对厂商的销售收入无影响。

8. 需求交叉弹性表示在一定时期内一种商品的需求量的相对变动对于它的相关商品的价格的相对变动的反应程度。需求交叉弹性系数是正还是负,取决于所考察的两种商品之间的关系。如果两种商品之间为替代关系,则需求交叉弹性系数大于零;如果两种商品之间为互补关系,则需求交叉弹性系数小于零;如果两种商品之间无相关关系,则需求交叉弹性系数等于零。

9. 需求收入弹性是指一定时期内,消费者对某种商品的需求数量的相对变动对于消费者收入相对变动的反应程度。根据需求收入弹性系数的正负,可以给商品分类。对于正常商品来说,需求收入弹性系数大于零;对于劣等品来说,需求收入弹性系数小于零。在正常品中,必需品的需求收入弹性系数小于1;而奢侈品的需求收入弹性系数大于1。

10. 供给价格弹性简称为供给弹性,表示在一定时期内一种商品的供给量的变动对于该商品的价格变动的反应程度。

→ 本章习题

一、选择题

1. 下列因素哪一种除( )外都会使需求曲线移动。

A. 消费者收入变化   B. 商品价格下降

C. 相关商品价格下降   D. 消费偏好变化

2. 需求规律意味着在其他条件不变的情况下,( )。

A. 随着汽车价格的上升,汽车的需求量将增加

B. 随着汽车价格的上升,汽车的需求量将减少

C. 随着收入的增加,汽车的需求量将增加

D. 随着对汽车需求的增加,价格将上升

3. 在需求和供给同时减少的情况下,( )。

A. 均衡价格和均衡产量都下降   B. 均衡价格下降,均衡产量无法确定

C. 均衡价格无法确定，均衡产量减少　　　　D. 均衡价格上升，均衡产量下降

4. 当政府对一种商品实行限制价格时，经济中会出现（　　）。

A. 生产更多的商品，以缩小供需之间的差距

B. 商品过剩

C. 引起抢购或黑市交易或实行配给制

D. 开辟新的生产途径，将过剩的商品转移出去

5. 如果需求价格弹性系数为 1/3，价格上升 30% 时需求量将（　　）

A. 增加 10%　　　　　　　　　　B. 减少 10%

C. 增加 90%　　　　　　　　　　D. 减少 90%

6. 如果花生酱价格上升 4%，这引起花生酱销售总收益减少 8%，那么花生酱的需求（　　）。

A. 在相关的价格范围内是富有弹性的　　B. 在相关的价格范围内是缺乏弹性的

C. 在相关的价格范围内是单位弹性　　　D. 在相关的价格范围内弹性系数等于 1/2

7. 当两种商品中一种商品的价格发生变化时，这两种商品的需求量都同时增加或减少，则这两种商品的需求交叉弹性系数为（　　）。

A. 正　　　　　　　　B. 负　　　　　　　　C. 0　　　　　　　　D. 1

8. 民航机票经常打折说明飞机旅行需求（　　）。

A. 富有价格弹性　　　　　　　　B. 单位弹性

C. 价格弹性不足　　　　　　　　D. 缺乏收入弹性

9. 如果某商品富有需求价格弹性，则该商品价格上升（　　）。

A. 会使销售收益增加　　　　　　B. 该商品收益不变

C. 会使该商品收益下降　　　　　D. 销售收益可能增加也可能减少

10. 假定某商品的价格从 9 美元下降到 8 美元，需求量从 50 增加到 60，则需求（　　）。

A. 缺乏弹性　　　　　　　　　　B. 富有弹性

C. 单位弹性　　　　　　　　　　D. 不能确定

二、计算题

1. 假定某消费者的需求价格弹性系数 $e_d = 1.3$，需求收入弹性系数 $e_M = 2.2$。试求：

(1) 在其他条件不变的情况下，商品价格下降 2% 对需求数量的影响。

(2) 在其他条件不变的情况下，消费者收入提高 5% 对需求数量的影响。

2. 假定某商品的需求价格弹性系数为 1.6，现售价格为 $P=4$。试求：该商品的价格下降多少，才能使得销售量增加 10%？

3. 假定某消费者关于某种商品的消费数量 Q 与收入 M 之间的函数关系为 $M=100Q^2$。试求：当收入 $M=6400$ 时的需求收入点弹性。

三、讨论题

1. 经济学家认为，降低价格一定会使供给量下降是一条规律，可是这个规律也有例外。例如，1990 年我国十位数字的计算器每台卖 150 元，到 1995 年只卖 50 元，然而销售量却增加了 3 倍。可见，降低价格不一定会使供给量下降。问题：供给规律是否有例外？上面的例子是不是供给规律的例外？

2. 如果以价格比喻外在的环境，需求量表示你自身，会演绎出弹性与人生的某种关

联：弹性人生。你属于哪一种弹性？你认为，哪一种弹性人生更适应现代生活？进一步可以思考：是这个世界在改变我？还是我在改变这个世界？

四、案例分析题

1. 案例一如下：

我国已经入世了，不少汽车厂也在忙着降价，关于汽车进入家庭的话题又多了起来。笔者有两个朋友，一个是蓝领朋友，一个是教授朋友，这两个朋友的实际情况很不相同，但在汽车进入家庭方面却颇为一致，那就是近期不会拥有汽车，这是同果不同因。先说蓝领朋友，蓝领朋友是一家公司的职工，公司离家很远，工作节奏又很紧张。每天乘公共汽车上班，起得大早，太辛苦。从蓝领朋友内心来讲，能拥有自己的一辆汽车，是再好不过的事了。但即使考虑到降价的因素，蓝领朋友盘算一下自己的收入，还是养不起一辆汽车，因此购买计划只能作罢。而教授朋友是一所大学的知名学者，改革开放所启动的尊重知识、尊重人才运动给这位教授朋友提供了施展才华的舞台，经过几年的讲学、办班，教授朋友也成了有钱人。对教授朋友来讲，买车和养车的费用早已不在话下，但教授朋友仍然没有买车的意思。据教授朋友自己讲，他大部分的活动是在家与学校之间，活动半径不超过一公里，即使外边有事，也总有专车接送，所以对他来讲实在没有必要买车。鉴于以上情况，汽车销售公司在开发这两类市场时，必须区别对待。蓝领朋友虽然有强烈的购车意愿，但却受制于支付能力不足，汽车公司要想满足这部分需求，就要解决这部分消费者支付能力不足的问题，如开发经济适用车型以及实行汽车消费贷款等。教授朋友没有形成需求主要在于其购买欲望没有被刺激起来，汽车公司可以考虑通过广告攻势和营销策划来改变他的消费观念，使这部分潜在需求得到开发。

问题：

(1) 汽车对于蓝领朋友和教授朋友来说是他们现实的需求吗？为什么？

(2) 通过该案例，谈谈对需求的认识。

2. 案例二如下：

临近春节，到了老百姓采购年货的高峰期，各大超市和商场也没有放弃这个好机会，纷纷使出了各种招数以吸引顾客购买自己企业的产品。A超市是当地一家市场知名度和市场效益都很好的大型超市，市场部经理小王也在今年刚上任，很想借此机会展示一下自己的才华与天赋，于是在公司中层开会时，提出了自己的策略——薄利多销，所有产品的价格一律打九折销售。因为在小王看来，低价格无疑是吸引消费者最强有力的工具，会上，有人提出了质疑，但均被小王否认。临近年关，超市可谓顾客盈门，一片火热景象，大家都说小王上任这第一把火烧得好，但是在年终结算时，企业今年的收益和利润较之以前却下降了不少，小王百思不得其解。

问题：

(1) 使用弹性理论来分析一下小王的行为。

(2) 小王具体应该怎样做才能实现总收益的最大化？"薄利多销"是不是适合任意一种产品？

第二章　效用理论

【知识目标】

理解基数效用论和序数效用论的差异；掌握基数效用论的边际效用递减规律、消费者均衡的含义及实现条件；掌握序数效用论的无差异曲线、预算线、边际替代率递减规律，以及序数效用论的消费者均衡条件；掌握价格变化和收入变化对消费者选择的影响；了解消费者剩余的含义。

【能力目标】

能够运用基数效用论分析消费者均衡实现的方法；能够运用序数效用论分析消费者均衡；能够运用边际效用递减规律分析生活中的经济现象；能够运用消费者剩余解释某些经济现象。

【案例导读】

垃圾中的边际效用

美国是世界上经济最为强大的国家，人均消费商品数量居世界第一，人均垃圾量也没有一个国家能与之相比。美国的垃圾不但包含各种废弃物，也包含旧了的家具、地毯、衣服、鞋子、炊具，乃至电视机和冰箱。美国是一个提倡消费的社会，它的生产力巨大，产品积压常常成为主要的经济问题。如果每个人将自己生产出来的产品（更精确地讲，是生产出的价值）全部消费掉，经济则正常运转。若生产旺盛消费不足，或者居民由于富裕而增加了储蓄，产品就会积压。但如果有人愿意借用大家的储蓄进行扩大再生产的投资，整个经济仍然运转正常，但是扩大生产的最终目的还是消费，如果多数百姓只愿多储蓄而不愿多消费，投资也受到抑制，所以对于美国来说，医治经济萧条的主要措施是鼓励消费，至少这个理论在过去非常流行，而且至今仍有很大市场。从微观社会，即每个家庭的消费来看，结果是使人们异常地喜新厌旧，动辄弃旧买新，所以淘汰的物品非常多。在美国，旧东西有几条出路：或举办"后院拍卖"，或捐赠给教堂，或捐赠给旧货商店，或当垃圾扔掉，旧东西在美国很不值钱，你可以在后院拍卖中买到1美元的电熨斗，在教堂拍卖中买到10美元一套的百科全书（20本）和5美元一套的西装等。举办后院拍卖的人，一天忙下来也不过卖得50~60美元，也许还不及他一天的工资。可见他们卖东西并不在乎赚多赚少，其目的不仅在于处理多余的东西，而且要使物尽其用。否则单纯为了处理东西，尽可以一扔了之；相反，旧东西在中国就值钱得多了。在大城市，可以看到有人在收购各种旧的生活用品，然后运到贫穷、偏远的农村地区，以几倍的价格卖出。例如，在北京经常有人收购旧鞋，每双鞋几毛到1元，小贩将旧鞋运到北方贫穷的农村，入冬时每双鞋可以卖到2~3元钱。为什么贫穷的中国人愿意花几倍的价钱去买旧的物品，而旧物品在美国的价格却非常低廉？

这个现象也可以用效用理论来解释。由于中美两国富裕程度、政策导向和人们的传统观念、消费理念的不同，从而使中国人和美国人的效用评价具有很大的区别。由于美国的经济发展需要消费来刺激，而且美国人总是热衷于追求新的事物，因此频繁的消费使得人们拥有的物品不断地更新换代，这使得美国人对旧物品不会有过多的留恋，故旧物品对他们所带来的边际效用就很小，所以他们会觉得旧物品的价值低是理所应当的。而对于中国来说，经济水平的相对落后，社会福利水平的整体低下，使得中国许多地区的恩格尔系数较大，甚至连温饱都无法解决，更不要提其他物品的消费了。中国的教育、医疗、住房、养老等支出是每一个人都要精心规划的，在这样的社会经济环境下，中国人为了抵御以后生活中的各种风险或各种不得已的消费，有了余钱通常是放在银行，只有这样心里才会踏实一些，既然钱的边际效用对大多数中国人来说是很大的，那么用钱去换东西，那多不值啊！"旧的东西只要不坏还是可以用的"、"旧的东西也可以用而且还很便宜"。因此，由此产生的恋旧情结，说白了就是中国的老百姓苦惯了，冬天，在北方能穿上一双哪怕是破的鞋子，也比光着脚受冻舒服得多，而且旧鞋的价格相对于新鞋又便宜得多，所以贫困的人们就愿意拿钱去买旧鞋。

中美两国富裕程度的差别而形成的效用评价的差别为两国提供了巨大的贸易机会，即中国可以用极低的价格进口旧用品，其代价主要是收集、分类、运输的成本。如旧汽车是值得进口的，在美国由于人力昂贵，修理费用高，所以报废的标准比较高。美国每年要报废数百万辆汽车，其中有一部分经过修理还可以用上好几年，最后还可以当废钢利用。那么，为什么现在我们很少能买到，甚至很少见到从国外进口的二手车辆呢？原因有两个：一是进口汽车的跨洋运输费用比较高，相对于汽车本身的价值，旧汽车运费更高，而且关税也不低，还有信息不对称所产生的道德风险，这对消费者来说并不划算；二是对我国还处于起步阶段的汽车工业发展不利，如果中国自主品牌不仅要和国外品牌去竞争，同时，汽车市场上还充斥着大量廉价的进口二手车辆，那我们的民族企业将很难与先进国家的汽车业竞争。当然，利用美国报废汽车的最常用的办法，就是进口拆卸的零件或材料，而不是整车。

第一节　效用论概述

一、效用的概念

效用（Utility）是指商品满足人的欲望的能力，或者说，效用是指消费者在消费商品时所感受到的满足程度。

效用这一概念与人的欲望是联系在一起的，是消费者对商品满足自己欲望的能力的一种主观心理评价，没有客观的标准。消费者如果从消费商品中获得的满足程度高，那么效用就大，如果获得的满足程度低，效用就小。当然，如果消费者从消费某种商品中感受到痛苦了，则是负效用。例如，香烟对于吸烟者来说效用很大，而对于不吸烟的人没有效用，甚至为负效用。

效用函数表示某一商品组合给消费者所带来的效用水平。假定消费者只消费两种商品，则其效用函数为

$$U = f(X_1, X_2)$$

式中，X_1 和 X_2 分别为两种商品的数量；U 为效用水平。

【知识拓展】

是穷人幸福还是富人幸福

对于什么是幸福，美国的经济学家萨缪尔森用"幸福方程式"来概括。这个"幸福方程式"就是：幸福＝效用/欲望，从这个方程式中可看到欲望与幸福成反比，也就是说人的欲望越大越不幸福。但人的欲望是无限的，那么多大的效用不也等于零吗？因此在分析消费者行为理论的时候假定人的欲望是一定的，那么在离开分析效用理论时，再来思考萨缪尔森提出的"幸福方程式"，会觉得他对幸福与欲望关系的阐述太精辟了，难怪他是诺贝尔奖的获得者。

在社会生活中对于幸福，不同的人有不同的理解，政治家把实现自己的理想和抱负作为最大的幸福；企业家把赚到更多的钱作为最大的幸福；教书匠把学生喜欢听自己的课作为最大的幸福；无论是什么人，一般把拥有财富的多少看成是衡量幸福的标准，一个人的欲望水平与实际水平之间的差距越大，他就越痛苦；反之，就越幸福。"幸福方程式"使我想起了"阿Q精神"。

鲁迅笔下的阿Q形象是用来唤醒中国老百姓的那种逆来顺受的劣根性。而我要说的是人生如果一点"阿Q精神"都没有，就会感到不幸福，因此"阿Q精神"在一定条件下是人生获取幸福的手段。市场经济发展到今天，贫富差距越来越大，如果穷人欲望过高，那只会给自己增加痛苦。倒不如用"知足常乐"、"阿Q精神"来降低自己的欲望，使自己虽穷却也觉得幸福自在。富人比穷人更看重财富，他会追求更富，如果得不到他也会感到不幸福，因此是穷人幸福还是富人幸福完全是主观感觉。

二、基数效用与序数效用

既然效用表示消费者在消费商品时所感受到的满足程度，那么就产生了满足程度及效用大小的度量问题。对于这一问题，经济学家先后提出了基数效用和序数效用的概念，并在此基础上形成了分析消费者行为的两种方法，即基数效用论者的边际效用分析法和序数效用论者的无差异曲线分析方法。

（一）基数效用

19世纪和20世纪初期，西方经济学家普遍使用基数效用的概念。基数效用论者认为，效用如同长度、重量等概念一样，可以具体衡量，用基数（1，2，3，……）来表示，并可以加总求和。表示效用大小的计量单位被称为"效用单位"。例如，某消费者看一场电影是8效用单位，吃一顿西餐是10效用单位，那么，消费这两种商品的效用总和就等于18效用单位，消费西餐的效用比看电影的效用多出2个效用单位，即可以用具体数字来研究消费者效用最大化的问题。基数效用论采用的分析方法是边际效用分析法。

（二）序数效用

20世纪30年代之后，序数效用的概念被大多数西方经济学家所使用。序数效用论者认为效用是一种主观的满意度，很难用客观的具体数字来衡量与表示，只能根据消费者个人的喜好程度排列出大小先后的顺序，即按序数（第一、第二、第三、……）来反映效用的等级，而不可以具体计量也不能加总求和。例如，在选择消费多种饮料时，某消费者的选择是牛奶第一、果汁第二、可乐第三，这意味着他认为消费牛奶带来的效用大于消费果汁所带来的效用，而消费果汁带来的效用又大于消费可乐所带来的效用。序数效用论采用的分析方法是无差异曲线分析法。

【知识拓展】

效用理论的来源

现代效用理论渊源于功利主义。功利主义是近两个世纪以来西方理性思潮的一大主流。1700 年数理概论学的基本理论开始发展后不久，效用这一概念便产生了。例如，一位聪明的瑞士数学家，丹尼尔·伯努利（Daniel Bernoulli）在 1738 年观察到，人们似乎是在按下列方式行动：在一场公平的赌博中，他们认为所赢到的 1 美元的价值小于他们所输掉的 1 美元的价值。这就意味着人们厌恶风险，并且相继增加的新的美元财富给他们带来的是越来越少的真实效用。

早期将效用概念引入社会科学的人是英国的哲学家吉米·边沁（Jeremy Benthan，1748—1832 年）。他建议，社会应该按效用原则组织起来。他把效用原则定义为：任何客体所具有的可以产生满足、好处或幸福，或者防止痛苦、邪恶或不幸的性质。

随着效用理论的发展，出现了新古典经济学家威廉·斯坦利·杰文斯推广边沁的效用概念，用以解释消费者行为。他认为理性的人应以每一物品所能增添的或边际效用为基础作为他们的消费决策。

第二节　基数效用论

一、总效用与边际效用

基数效用论者将效用区分为总效用和边际效用：

（1）总效用（Total Utility）是指消费者在一定时间内消费一定量某种商品或商品组合所得到的效用量的总和。总效用的大小取决于所消费的商品数量的多少，因此它是所消费商品数量的函数。假定消费者对一种商品的消费数量为 Q，则总效用函数为

$$TU = f(Q) \tag{2.1}$$

（2）边际效用（Marginal Utility）是指消费者在一定时间内增加一单位某种商品的消费所带来的效用量的增加量，也就是指增加一单位某种商品的消费所引起的总效用的增加量。相应的边际效用函数为

$$MU = \frac{\Delta TU(Q)}{\Delta Q} \tag{2.2}$$

当商品的增加量趋于无穷小，即当 $\Delta Q \to 0$ 时有

$$MU = \lim_{\Delta Q \to 0} \frac{\Delta TU(Q)}{\Delta Q} = \frac{dTU(Q)}{dQ} \tag{2.3}$$

　　我们可以利用表 2-1 进一步说明边际效用递减规律及理解总效用和边际效用之间的关系。由表中可见，当商品的消费量由 0 增加到 1 时，总效用由 0 增加为 10 效用单位，总效用的增加量，即边际效用为 10 效用单位（因为 10－0＝10）。当商品的消费量由 1 增加为 2 时，总效用由 10 效用单位上升为 18 效用单位，总效用的增加量，即边际效用下降为 8 效用单位（因为 18－10＝8）。以此类推，当商品的消费量增加为 6 时，总效用达到最大值为 30 效用单位，而边际效用已递减为 0。此时，消费者对该商品的消费已达到饱和点。当商品的消费量再增加为 7 时，边际效用会进一步递减为负值，即-2 效用单位，总效用则下降为 28 效用单位。

表 2-1　某商品的总效用与边际效用

商品数量(1)	总效用(2)	边际效用(3)	价格(4)
0	0		
1	10	10	5
2	18	8	4
3	24	6	3
4	28	4	2
5	30	2	1
6	30	0	0
7	28	－2	

根据表 2-1 所绘制的总效用和边际效用曲线如图 2-1 所示。

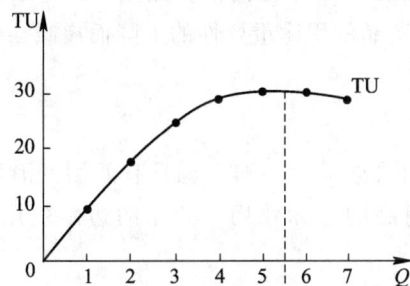

(a) 总效用曲线

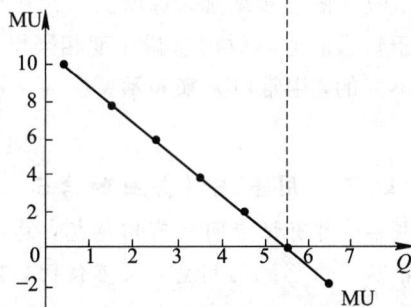

(b) 边际效用曲线

图 2-1　某商品的总效用和边际效用曲线

图 2-1 说明了总效用和边际效用之间的关系。图中横轴表示商品的数量，纵轴表示效用量，TU 曲线和 MU 曲线分别为总效用曲线和边际效用曲线。由于边际效用被定义为消费品的一单位变化量所带来的总效用的变化量，又由于图中的商品消费量是离散的，所以 MU 曲线上的每一个值都记在相应的两个消费数量的中点上。

从图 2-1 中可以看出，MU 曲线因边际效用递减规律而向右下方倾斜，相应地，TU 曲线随着 MU 的变动而呈现先上升后下降的变动特点。总效用曲线和边际效用曲线的关系总结如下：

（1）当 MU>0 时，TU 曲线上升。

（2）当 MU<0 时，TU 曲线下降。

（3）当 MU=0 时，TU 曲线达到最高点。

从数学意义上讲，如果效用曲线是连续的，则每一消费量上的边际效用值就是总效用曲线上相应的点的斜率。

二、边际效用递减规律

边际效用递减规律是指在一定时间内，在其他物品的消费数量保持不变的条件下，随着消费者对某种商品消费量的增加，消费者从该物品连续增加的每一消费单位中所得到的效用增量，即边际效用是递减的。边际效用递减的原因如下：

（1）生理或心理上的原因。随着同一种物品消费数量的连续增加，消费者从每一单位物品消费中所感受到的满足程度和对重复刺激的反应程度是降低的。

（2）物品本身用途多样性。由于一种商品在具有多种用途时，消费者总是将第一单位的消费品用在最重要的用途上，第二单位的消费品用在次重要的用途上，如此等等。因此消费品的边际效用便随着消费品的用途重要性的下降而递减。

三、货币的边际效用

基数效用论者认为，货币如同商品一样，也具有效用。消费者用货币购买商品，就是用货币的边际效用去交换商品的边际效用。商品的边际效用递减规律对于货币也同样适用。

通常，对于一个消费者来说，随着货币收入量的不断增加，货币的边际效用是递减的。这就是说，随着某消费者货币收入的逐步增加，每增加一元钱给该消费者所带来的边际效用一般是越来越小的。但由于货币的边际效用递减速度相当慢，在分析消费者行为时，又通常假定货币的边际效用是不变的，用常数 λ 来表示。

【知识拓展】

边际效用递减对企业的启示

美国总统罗斯福连任三届后，曾有记者问他有何感想，总统一言不发，只是拿出块三明治面包让记者吃，这位记者不明白总统的用意，又不便问，只好吃了，接着总统拿出第二块，记者还是勉强吃了。紧接着总统拿出第三块，记者为了不撑破肚皮，赶紧婉言谢绝。这时罗斯福总统微微一笑："现在你知道我连任三届总统的滋味了吧。"这个故事揭示了经济学中的一个重要的原理：边际效用递减规律。

例如，水是非常宝贵的，没有水，人们就会死亡，但是连续喝超过了人能饮用的数量时，那么多余的水就没有什么用途了，再喝边际效用几乎为零，或是在零以下。现在我们的生活富裕了，我们都有体验——天天吃着山珍海味，也吃不出当年饺子的香味，这就是边际效用递减规律。设想如果不是递减而是递增会是什么结果，吃一万个面包也不饱。所以说，幸亏我们生活在效用递减的世界里，在购买消费达到一定数量后效用递减就会停止下来。

消费者购买物品是为了效用最大化，而且物品的效用越大，消费者愿意支付的价格越高。根据效用理论，企业在决定生产什么时首先要考虑商品能给消费者带来多大效用。

企业要使自己生产出的产品能卖出去，而且能卖出高价，就要分析消费者的心理，能满足消费者的偏好。一个企业要成功，不仅要了解当前的消费时尚，还要善于发现未来的消费时尚，这样才能从消费时尚中了解到消费者的偏好及变动，并及时开发出能满足这种偏好的产品。同时，消费时尚也受广告的影响。一种成功的广告会引导一种新的消费时尚，左右消费者的偏好，所以说，企业行为从广告开始。

消费者连续消费一种产品的边际效用是递减的，如果企业连续只生产一种产品，它带给消费者的边际效用就在递减，消费者愿意支付的价格就低了，因此企业的产品要不断创造出多样化的产品，即使是同类产品，只要不相同，就不会引起边际效用递减。例如，同类服装做成不同式样，就成为不同产品，就会减少边际效用递减，如果是完全相同，则会引起边际效用递减，消费者不会多购买，因此边际效用递减原理告诉我们，企业要进行创新，生产不同的产品满足消费者需求，减少和阻碍边际效用递减。

四、消费者均衡

消费者均衡是研究消费者如何把全部的货币收入分配在购买各种商品中以获得最大的效用。也可以说，它是研究单个消费者在既定收入下实现效用最大化的均衡条件。此时的均衡是消费者既不想再增加也不想再减少任何商品购买数量的一种相对静止的状态。

在研究消费者均衡时，有以下假定：第一，消费者的收入是既定的；第二，商品的市场价格是既定的；第三，消费者对各种商品的总效用与边际效用的评价是既定的。

消费者实现效用最大化的均衡条件是：如果消费者的货币收入固定不变，消费者应该使自己所购买的各种商品的边际效用与价格之比相等。或者说，消费者应使自己花费在每一种商品上的最后一元钱所带来的边际效用相等。

假定消费者用既定的收入 I 购买两种商品 1 和 2，P_1 和 P_2 分别表示这两种商品的价格，Q_1 和 Q_2 分别表示这两种商品的购买数量，MU_1 和 MU_2 分别表示购买的最后一单位每种商品的边际效用，λ 表示不变的货币的边际效用，因此消费者均衡的条件可表示为

$$\frac{MU_1}{P_1} = \frac{MU_2}{P_2} = \lambda \tag{2.4}$$

为什么只有当消费者实现了 $\frac{MU_1}{P_1} = \frac{MU_2}{P_2} = \lambda$ 的均衡条件时，才能获得最大的效用呢？或者说，该均衡条件的经济含义是什么呢？

先从 $\frac{MU_1}{P_1} = \frac{MU_2}{P_2}$ 的关系进行分析。如果 $\frac{MU_1}{P_1} > \frac{MU_2}{P_2}$，这意味着对于消费者来说，同

样的一元钱购买商品 1 所得到的边际效用大于购买商品 2 所得到的边际效用。这样，理性的消费者就会调整这两种商品的购买数量：减少商品 2 的购买而增加商品 1 的购买。在这个调整过程中，一方面，消费者用减少 1 元钱的商品 2 的购买来相应地增加 1 元钱的商品 1 的购买时，由此带来的商品 2 的边际效用的减少量是小于商品 1 的边际效用的增加量的，这意味着消费者的总效用是增加的；另一方面，在边际效用递减规律的作用下，商品 2 的边际效用会随其购买量的不断减少而递增，商品 1 的边际效用会随其购买量的不断增加而递减。当消费者将其购买组合调整到同样 1 元钱购买这两种商品所得到的边际效用相等时，即达到 $\frac{MU_1}{P_1} = \frac{MU_2}{P_2}$ 时，消费者将不再做任何调整，此时，消费者获得最大的效用。如果 $\frac{MU_1}{P_1} < \frac{MU_2}{P_2}$，这意味着同样的一元钱，购买商品 1 所得到的边际效用小于购买商品 2 所得到的边际效用，在这种情况下，理性的消费者会减少商品 1 的购买而增加商品 2 的购买，直至 $\frac{MU_1}{P_1} = \frac{MU_2}{P_2}$，从而获得最大的效用。

总之，只要有 $\frac{MU_1}{P_1} \neq \frac{MU_2}{P_2}$，上述两种过程就会持续下去，直到 $\frac{MU_1}{P_1} = \frac{MU_2}{P_2}$ 时为止，这时消费者在一定的预算约束下所能得到的效用或满足最大，通过减少任一商品的购买而增加另一商品的购买，再也不会使消费者的总效用增加。因此，消费者没有必要再进一步改变购买行为，因而处于均衡状态。

再从 $\frac{MU_i}{P_i} = \lambda (i=1, 2)$ 的关系进行分析。当 $\frac{MU_i}{P_i} > \lambda$ 时，这说明消费者用一元钱购买第 i 种商品所得到的边际效用大于所付出的这一元钱的边际效用。也可以理解为，消费者对第 i 种商品的消费量是不足的，消费者应继续购买第 i 种商品，以获得更多的效用。这样，理性的消费者就会增加对第 i 种商品的购买。在边际效用递减规律的作用下，直至 $\frac{MU_i}{P_i} = \lambda$ 的条件实现为止。当 $\frac{MU_i}{P_i} < \lambda$ 时，这说明消费者用一元钱购买第 i 种商品所得到的边际效用小于所付出的这一元钱的边际效用。也可以理解为，消费者这时购买的第 i 种商品数量太多了，消费者可以将这一元钱用在至少能产生相等的边际效用的其他商品的购买上，以获得尽可能大的效用。这样，理性的消费者就会减少对第 i 种商品的购买。同样，在边际效用递减规律的作用下，直至 $\frac{MU_i}{P_i} = \lambda$ 的条件实现为止。

例 以表 2-2 为例，进一步说明消费者均衡的条件。

表 2-2 消费者的边际效用表

商品 X 或 Y 的数量(x 或 y)	1	2	3	4	5	6	7	8
商品 X 的边际效用(MU_X)	18	16	14	12	10	8	6	4
商品 Y 的边际效用(MU_Y)	10	9	8	7	6	5	4	3

解 假定消费者的收入为 10 元，两种商品的价格分别为 $P_1 = 2$ 元，$P_2 = 1$ 元，那么能给消费者带来最大化效用的购买组合应该是什么样的呢？我们用表 2-3 来说明。

表 2 - 3　消费者的购买组合及总效用

商品组合	MU_1/P_1 与 MU_2/P_2	总效用
$Q_1=1$，$Q_2=8$	$9 \neq 3$	$18+52=70$
$Q_1=2$，$Q_2=6$	$8 \neq 5$	$34+45=79$
$Q_1=3$，$Q_2=4$	$7 = 7$	$48+34=82$
$Q_1=4$，$Q_2=2$	$6 \neq 9$	$60+19=79$

　　如果他花费 4 元购买 2 单位的商品 1(边际效用为 16，总效用为 34)，剩下的 6 元可以买到 6 单位的商品 2(边际效用为 5，总效用为 45)，消费者得到总效用为 79(34＋45＝79)。此时，$\dfrac{MU_1}{P_1}=\dfrac{16}{2}=8$，而 $\dfrac{MU_2}{P_2}=\dfrac{5}{1}=5$，显然有 $\dfrac{MU_1}{P_1}>\dfrac{MU_2}{P_2}$，消费者花在商品 1 上的一元钱得到的效用大于花在商品 2 上的一元钱得到的效用，因此应增加对商品 1 的购买，同时减少对商品 2 的购买。

　　如果消费者花费 8 元购买 4 单位的商品 1(边际效用为 12，总效用为 60)，剩下的 2 元可以买到 2 单位的商品 2(边际效用为 9，总效用为 19)，消费者得到的总效用为 79(60＋19＝79)。此时，$\dfrac{MU_1}{P_1}=\dfrac{12}{2}=6$，而 $\dfrac{MU_2}{P_2}=\dfrac{9}{1}=9$，显然有 $\dfrac{MU_1}{P_1}<\dfrac{MU_2}{P_2}$，消费者花在商品 1 上的一元钱得到的效用小于花在商品 2 上的一元钱得到的效用，因此应减少对商品 1 的购买，同时增加对商品 2 的购买。

　　如果消费者花费 6 元购买 3 单位的商品 X(边际效用为 14，总效用为 48)，剩下的 4 元可以买到 4 单位的商品 Y(边际效用为 7，总效用为 34)，消费者得到的总效用为 82(48＋34＝82)。此时，$\dfrac{MU_1}{P_1}=\dfrac{14}{2}=7$，而 $\dfrac{MU_1}{P_1}=\dfrac{7}{1}=7$，显然有 $\dfrac{MU_1}{P_1}=\dfrac{MU_2}{P_2}$，即花在商品 1 上的一元钱得到的效用等于花在商品 2 上的一元钱得到的效用。此时，消费者所消费的商品组合是 $Q_1=3$ 和 $Q_2=4$，消费者得到了最大的总效用(82 个效用单位)。

【知识拓展】

需求曲线的推导

　　基数效用论者以边际效用递减规律和建立在该规律上的消费者效用最大化的均衡条件为基础，推导消费者的需求曲线。

　　基数效用论指出，消费者对商品愿意支付的最高价格应该取决于商品的边际效用。具体地说，如果某一单位的某种商品的边际效用越大，则消费者为购买这一单位的该种商品所愿意支付的最高价格就越高；反之，如果某一单位的某种商品的边际效用越小，则消费者为购买这一单位的该种商品所愿意支付的最高价格就越低。由于边际效用递减规律的作用，随着消费者对一种商品消费量的连续增加，该商品的边际效用是递减的，相应地，消费者为购买每一单位这种商品所愿意支付的最高价格也是越来越低的。这意味着建立在边际效用递减规律上的需求曲线是向右下方倾斜的。

　　基数效用论者认为，对于消费者购买一种商品的情况，实现均衡的条件是 $\dfrac{MU_i}{P_i}=\lambda$。由于对于任何一种商品来说，随着需求量的不断增加，边际效用 MU 是递减的，于是为了保证均衡条件的实现,在货币的边际效用不变的前提下,消费者愿意支付的最高价格 P 必然同比例于 MU 的递减而递减。

五、消费者剩余

基数效用论者认为,消费者在购买商品时,他对每一单位商品所愿意支付的最高价格取决于这一单位商品的边际效用,而边际效用是随着消费商品的数量增加而递减的,故消费者对商品愿意支付的价格也是逐步下降的。但在现实生活中,消费者都是按照市场价格购买商品的,于是在消费者愿意支付的价格和实际的市场价格之间就产生了一个差额,这个差额便构成了消费者剩余。

消费者剩余(Consumer Surplus)是消费者对某商品愿意支付的价格与实际支付的价格之间的差额。例如,果汁的市场价格为 2 元,某消费者在购买第一瓶果汁时,他认为值得付 7 元去购买这瓶果汁,即他愿意支付的最高价格为 7 元,因此当这个消费者以市场价格 2 元购买这瓶果汁时,就创造了额外的 5 元的剩余。在以后的购买中,随着果汁的边际效用递减,他为购买第二瓶、第三瓶、第四瓶、第五瓶果汁所愿意支付的最高价格分别递减为 6 元、5 元、4 元、3 元。于是,他购买 5 瓶果汁所愿意支付的最高总金额为 7+6+5+4+3=25 元,但他实际按市场价格支付的总金额为 2×5=10 元。这两者之间的差额就是消费者剩余,即为 25-10=15 元。

消费者剩余可以用几何图形来表示。简单地说,消费者剩余可以用消费者需求曲线以下、市场价格线以上的面积来表示,如图 2-2 中的阴影部分所示。具体地说,在图 2-2 中,需求曲线以反需求函数的形式 $P^d=f(Q)$ 给出,它表示消费者对每一单位商品所愿意支付的价格。假设该商品的市场价格为 P_0,消费者的购买量为 Q_0,那么根据消费者剩余的定义,在 OQ_0 需求曲线下的面积表示消费者为购买 OQ_0 数量的商品所愿意支付的总价格,即相当于图中 $OABQ_0$ 的面积,而实际支付的总价格等于市场价格 P_0 乘以购买量 Q_0,即相当于图中 $OPBQ_0$ 的面积。这两块面积的差额即图中阴影部分的面积,就是消费者剩余。

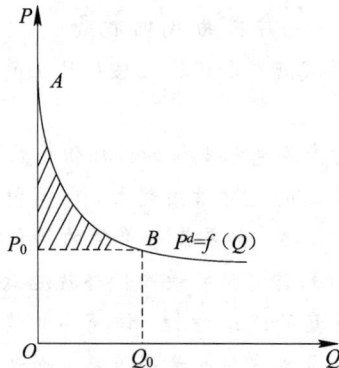

图 2-2 消费者剩余

消费者剩余也可以用数学公式来表示。令反需求函数 $P^d=f(Q)$ 且当价格为 P_0 时,消费者的需求数量为 OQ_0,则消费者剩余为

$$CS = \int_0^{Q_0} f(Q)\mathrm{d}Q - P_0 Q_0 \qquad (2.5)$$

需要说明的是，消费者剩余不是消费者从市场上获得的实际收入，而是一种主观评价，它并不是消费者实际货币收入的增加，仅仅是一种心理上的满足感。购买了消费者剩余为负的商品的感觉也不是金钱的实际损失，无非就是心理上挨宰的感觉而已，就是对所购买的东西值不值的含义。消费者剩余的概念常常被用来研究消费者福利状况的变化，以及评价政府的公共支出与税收政策等。

第三节 序数效用论

一、消费者偏好

序数效用论认为，商品给消费者带来的效用大小虽然不能计量，但可以进行比较，可以用顺序或等级来表示，因此序数效用论者提出了消费者偏好的概念。偏好是消费者对消费的各种商品组合的喜爱程度。序数效用论者认为，对于各种不同的商品组合，消费者的偏好程度是有差别的，正是这种偏好程度的差别，反映了消费者对这些不同的商品组合的效用水平的评价。

序数效用论者提出了关于消费者偏好的三个基本假定：

（1）可比较性。偏好的可比较性是指消费者总是能够把自己的偏好评价准确地表达出来，并且可以比较和排列所给出的不同商品组合。换言之，对于任何两个商品组合 A 和 B，消费者总是可以做出，而且也只能做出三种判断中的一种：对 A 的偏好大于对 B 的偏好；对 A 的偏好小于对 B 的偏好；对 A 和 B 的偏好相同。

（2）可传递性。可传递性是指对于任何三个商品组合 A、B 和 C，如果 A 的偏好大于 B，对 B 的偏好大于 C，那么在 A、C 这两个组合中，消费者必定有对 A 的偏好大于 C。偏好的可传递性假定保证了消费者偏好的一致性，因而也是理性的。

（3）非饱和性。非饱和性是指如果两个商品组合中的区别仅在于一种商品组合中的数量不同，那么消费者总是偏好于商品数量较多的那个商品组合，即多的总比少的好。

二、无差异曲线

（一）无差异曲线的含义

为了简化分析，假定消费者只消费两种商品。无差异曲线（Indifference Curve）表示给消费者带来同等程度满足的两种商品的不同数量组合的点的轨迹。无差异曲线能够很好地描述消费者的偏好，序数效用论的主要分析工具就是建立在消费者偏好基础上的无差异曲线，对消费者行为的序数效用分析也被称为无差异曲线分析。

下面用表 2-4 和图 2-3 具体说明无差异曲线。对于一个消费者来说，既定时期内对两种商品 1 和 2 的消费量可以有不同的组合，如 A、B、C、D、E、F 六种组合，如表 2 - 4 所示。每种组合包含有不同的商品 1 和商品 2 的消费量。假定它们对该消费者提供的效用或满足程度是相同的，也就是无差异的，根据表 2-4 所列数据，可绘制无差异曲线 U，如图 2-3 所示。

表 2 - 4　某消费者的无差异消费组合

商品组合	商品 1 数量	商品 2 数量
A	1	19
B	2	14
C	3	10
D	4	7
E	5	5
F	6	4

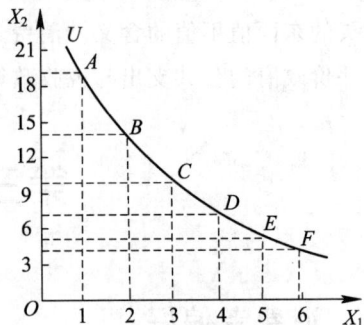

图 2 - 3　某一消费者的无差异曲线

（二）无差异曲线的特征

（1）在同一坐标平面上有无数条无差异曲线，同一条曲线代表的效用水平相同，不同的曲线代表不同的效用水平，而且离远点越远的无差异曲线代表的效用水平越高。

（2）在同一坐标平面上，任意两条不同的无差异曲线不能相交。基于偏好的可比较性和可传递性，同一坐标平面上任何两条无差异曲线都不会相交。

（3）无差异曲线是一条由左上方向右下方倾斜的曲线，其斜率为负数。这表明，为了得到相同的总效用，消费者在增加一种商品消费的同时，必须减少对另外一种商品的消费。

（4）无差异曲线是一条凸向坐标原点的曲线，这是由边际替代率递减规律决定的。

三、商品的边际替代率

（一）商品的边际替代率的含义

由以上内容可知，无差异曲线是一条向右下方倾斜的曲线。这表明在维持效用水平不变的前提下，消费者在增加一种商品的消费数量的同时，必然会放弃一部分另一种商品的消费数量，即两种商品的消费数量之间存在着替代关系，因此经济学家建立了商品的边际替代率的概念。在维持效用水平不变的前提下，消费者增加一单位某种商品的消费数量时所需要放弃的另一种商品的消费数量，被称为商品的边际替代率。

商品 1 对商品 2 的边际替代率的定义公式为

$$MRS_{12} = -\frac{\Delta X_2}{\Delta X_1} \tag{2.6}$$

式中，ΔX_1 和 ΔX_2 分别为商品 1 和商品 2 的变化量。由于 ΔX_1 是增加量，ΔX_2 是减少量，两者的符号肯定是相反的，所以为了使 MRS_{12} 的计算结果是正值，就在公式中加了一个负号。

当商品数量的变化趋于无穷小时，商品的边际替代率公式为

$$\text{MRS}_{12} = \lim_{\Delta X_1 \to 0} -\frac{\Delta X_2}{\Delta X_1} = -\frac{\mathrm{d}X_2}{\mathrm{d}X_1} \tag{2.7}$$

显然，无差异曲线上某一点的边际替代率就是无差异曲线在该点的斜率的绝对值。

（二）商品的边际替代率递减规律

商品的边际替代率递减规律是指在维持效用水平不变的前提下，随着一种商品的消费数量的连续增加，消费者为得到每一单位的这种商品所需要放弃的另一种商品的消费数量是递减的。之所以会普遍发生商品的边际替代率递减的现象，其原因在于随着一种商品的消费数量的逐步增加，消费者想要获得更多的这种商品的愿望就会递减，因此为了多获得一单位的这种商品而愿意放弃的另一种商品的数量就会越来越少。

商品的边际替代率呈现递减的规律，这就意味着无差异曲线的斜率的绝对值是越来越小的，因此无差异曲线是凸向原点的。

（三）无差异曲线的特殊形状

无差异曲线表明在维持效用水平不变的前提下，一种商品对另一种商品的替代程度。由边际替代率递减规律决定的无差异曲线的形状是凸向原点的，这是一般的情况。下面介绍两个极端的情况，相应的无差异曲线有特殊的形状。

1. 完全替代品（Perfect Substitutes）

完全替代品是指两种商品之间的替代比例是固定不变的。因此，在完全替代的情况下，两种商品之间的边际替代率是一个常数，相应的无差异曲线是一条斜率不变的直线。比如消费者可能认为一杯果汁和两杯牛奶的效用是相同的，两者总是可以以 1:2 的比例相互替代，相应的无差异曲线如图 2-4(a)所示。

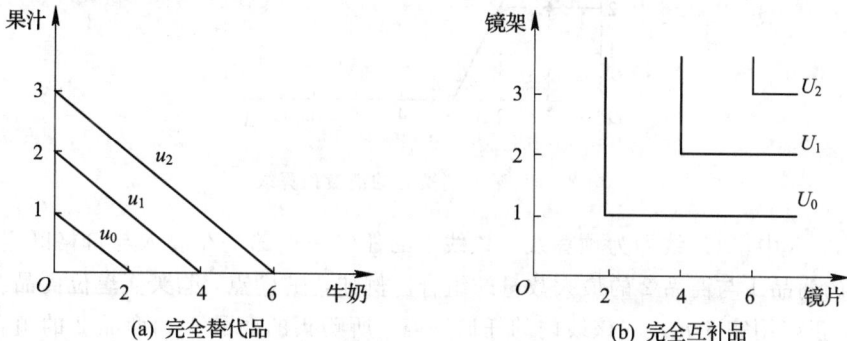

图 2-4　完全替代品和完全互补品的无差异曲线

2. 完全互补品（Perfect Complements）

完全互补品是指两种商品必须按固定不变的比例同时被使用的情况。因此，在完全互补的情况下，相应的无差异曲线为直角形状。例如，一副眼镜架必须和两片眼镜片同时配合，才能构成一副可供使用的眼镜，则相应的无差异曲线如图 2-4(b)所示。图 2-4(b)中水平部分的无差异曲线部分表示，对于一副眼镜架而言，只需要两片眼镜片即可，任何超

量的眼镜片都是多余的。换言之，消费者不会放弃任何一副眼镜架去换取额外的眼镜片，所以相应的 $MRS_{12}=0$。图 2-4(b) 中垂直部分的无差异曲线表示，对于两片眼镜片而言，只需要一副眼镜架即可，任何超量的眼镜架都是多余的。换言之，消费者会放弃所有超量的眼镜架，只保留一副眼镜架与两片眼镜片相匹配，所以相应的 $MRS_{12}=\infty$。

四、预算线

无差异曲线只表示消费者主观上对两种商品不同组合的偏好，实际上消费者在购买商品时，还要受自己的收入水平和市场上商品价格的限制，这就是预算约束。预算约束可以用预算线来说明。

（一）预算线的含义

预算线（Budget Line）又称为预算约束线、消费可能性曲线或价格线，表明在消费者收入与商品价格既定的条件下，消费者用全部收入所能购买到的两种商品数量最大组合的曲线。

假定某消费者的收入为 6 元，全部用来购买商品 1 和商品 2，其中商品 1 的价格为 2 元，商品 2 的价格为 1 元，那么全部收入都用来购买商品 1 可得 3 单位，全部用于购买商品 2 可以购买 6 单位。这样可以做出图 2-5 所示的曲线。

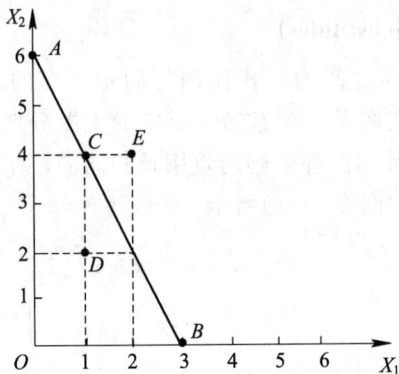

图 2-5　某一消费者的消费预算线

在图 2-5 中，AB 线即为预算线。该线上的任何一点都是在收入与价格既定条件下，能够买到的商品 1 与商品 2 的最大数量的组合。例如，在 C 点，购买 4 单位商品 2 和 1 单位商品 1，正好用完 6 元。在该线内的任何一点，所购买的商品 1 和商品 2 的组合是可以实现的，但不是最大数量组合，即没有用完全部收入。例如，在 D 点，购买 2 单位商品 2 用 2 元，1 单位商品 1 用 2 元，只用了 4 元。在该线外的任何一点所购买商品 1 和商品 2 时组合均无法实现，因为所需花费超过了收入，如 E 点。

如果用 I（Income）表示消费者的收入，P_1、P_2 分别表示商品 1 和商品 2 的价格，X_1、X_2 分别表示两种商品的数量，则预算线一般表示为

$$P_1 X_1 + P_2 X_2 = I \tag{2.8}$$

该式表示消费者购买商品 1 和商品 2 的总支出等于他的全部收入，而且可以用 I/P_1 和

I/P_2分别表示全部收入仅购买商品1和商品2的数量,它们分别表示预算线的横截距和纵截距。此外,预算线的一般表示式还可以改写为

$$X_2 = -\frac{P_1}{P_2}X_1 + \frac{I}{P_2}$$

由上式可以看出,预算线的斜率为$-P_1/P_2$,即为商品1和商品2的价格之比。预算线的纵截距为I/P_2,即全部收入只用来购买商品2的数量。图2-6所示为消费预算线。

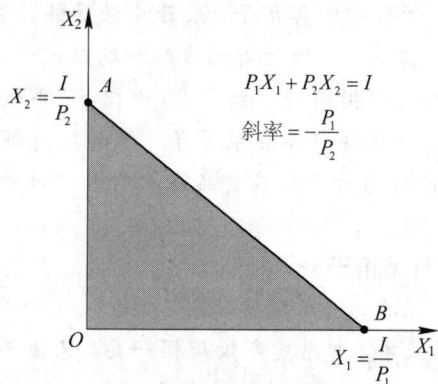

图2-6　消费预算线

从图2-6中可以看出,预算线AB把平面坐标图划分为三个区域:预算线AB以内的区域中的任何一点,表示消费者的全部收入在购买该点的商品组合以后还有剩余。预算线AB以外的区域中的任何一点,是消费者利用全部收入都不可能实现的商品购买的组合点。只有预算线AB上的点,才是消费者的全部收入刚好花完所能购买到的商品组合点。图中阴影部分的区域(包括直角三角形的三条边),被称为消费者的预算可行集或预算空间。

【知识拓展】

改革开放三十年中国老百姓饭桌的变化:粮票到营养餐

国以民为本,民以食为天。今天,中国的老百姓感受最深的莫过于自家餐桌的变化。无论你身在都市,还是居住乡间,每天的一日三餐都能令你品味出生活正在变得越来越美好。这段文字很好地说明了收入的变化带来饭桌上的"预算线"的变化。

★粮票就是命根子

说到粮票,如今恐怕有相当一部分年轻人都不知其为何物,但是它在许多过来人的心目中依然印象清晰,甚至还有着一些刻骨铭心的记忆。粮票始于1955年,直至1993年才光荣"退休",其间一直扮演着调节社会供需的杠杆角色。它作为一种有价证券,发挥着极其重要的作用。在实际生活中,一斤地方粮票大概相当于人民币两毛钱,假如去早点摊上买包子、油条等食品,如果没有粮票,就要相应地多付一些钱来抵粮票。粮票一般不是直接发放的,城市居民需要米面的时候要凭粮本到指定的粮店购买,粮店的工作人员会直接在粮本上根据人口定量记载购粮斤数。不过,后来随着粮食生产形势逐步好转,各地都陆续放松了这种限制,粮本上节余的粮食可以用粮票发还给居民,因此不少家庭都多多少少地储存了一定数量的粮票。

★20 世纪 80 年代：吃得像了样

到了 20 世纪 80 年代中期，随着改革开放的深入，随着收入的增加老百姓的餐桌也悄然发生了变化。品种渐渐丰富，蔬菜、瓜果、蛋、禽、肉类摆上了货架，冬天也可以买到相对便宜的蔬菜，大白菜变得不再那么重要了，很多家庭开始随吃随买。要说变化最大的还是年夜饭，这时可比 10 年前丰盛多了。市民刘美丽回忆说："那时候过年，一大早先到菜市场挑一条大鲤鱼，做个整条的糖醋鱼，取'年年有余'之意。猪肉有多种形式的做法，或者炖盘排骨，或者蒸碗四喜丸子，敞开吃保管够。海鲜成了那个时候的俏菜，平时吃得少，过年就当换换口味，油焖大虾的香味，现在还记得。年夜饭一般有 8 大碗，端上来满满一大桌，一家人吃得挺高兴。"到了 20 世纪 80 年代后期，全国实施了菜篮子工程，把禽、蛋、奶、水果、蔬菜等包括在菜篮子工程里统筹解决。经过近 10 年的努力，才彻底解决了副食供应紧张的局面。粗粮食品逐渐从老百姓的餐桌上淡出，细粮成为餐桌上的主角。

★20 世纪 90 年代：流行下馆子

到了 20 世纪 90 年代，经济的高速发展带来了饮食文化的革命。进餐馆尝尝鲜再不是遥不可及的事情，谁家有喜庆事，都愿意在饭店摆一桌，又省事又有面子。那时候的自助餐，很多市民都要去尝一尝。有个笑话说当时市民吃自助餐时是"扶着墙进去（饿的），扶着墙出来（撑的）"。再往后，餐饮业发生了翻天覆地的变化。从 20 世纪 90 年代中期开始，鲍鱼、海参开始出现在人们面前，尤其以鲍鱼最为吸引人的眼球。那时候，经营粤菜、基围虾、生猛海鲜为主的饭店，生意特别火。当时，老百姓主要是奔着吃海鲜去的。也就是从那时开始，全国各大菜系互相渗透，南菜北做。随着生活的富裕，中餐已经难以满足人们的口味。俄罗斯西餐、法国大菜、意大利比萨、日本料理、韩国烧烤、美国麦当劳等纷纷进驻，人们不出国门便能吃遍世界。

★21 世纪饮食新时尚：绿色、健康

到了 21 世纪初期，家庭主妇们开始寻求健康主题，对水果、蔬菜极为重视。蔬菜要吃无污染的，粮食要吃当年的，鱼虾要吃活蹦乱跳的，连花生油都要专找非转基因的。人们在市场上挑别的目光，越来越多地落在鲜货上，而不是价格上。什么食品有营养，什么食品能防衰老，总之，什么食品搭配有利于健康，已经成为老百姓津津乐道的话题。

（二）预算线的变动

图 2-6 中的预算线是在消费者的收入 I 与两商品的价格 P_1 和 P_2 既定条件下做出的，因此如果消费者的收入 I、商品价格 P_1 和 P_2 这三个量中有一个量发生变化，则原有的预算线就会发生移动。预算线的变动可以归纳为以下四种情况：

（1）两种商品价格不变，消费者的收入发生变化，预算线平行移动。由于价格 P_1 和 P_2 不变，意味着预算线的斜率 $-P_1/P_2$ 保持不变。于是，收入 I 的变化只能使预算线的横、纵截距 I/P_1、I/P_2 发生变化。收入增加，预算线会向右移；收入减少，预算线就向左移，如图2-7(a)中的预算线移动。

（2）消费者收入不变，两种商品的价格 P_1 和 P_2 同比例、同方向变化，预算线的位置也会发生平移。由于预算线的斜率为 $-P_1/P_2$，如果 P_1、P_2 同比例变化，就不会影响其比值，只会影响其预算线的位置。如果 P_1、P_2 同比例上升，预算线就会向左移动；如果

P_1、P_2 同比例下降，预算线就会向右移动，如图 2-7(a) 所示。

（3）消费者收入不变，一种商品的价格不变，另一种商品的价格发生变化，则会使预算线发生旋转。若 P_2 不变，P_1 下降，则在不改变商品 2 的购买量的同时，可以增加商品 1 的购买量，消费者的预算线逆时针旋转，由 I_0 旋转至 I_1；相反当 P_1 上升时，在保持商品 2 的购买量不变时，商品 1 的购买量会减少，预算线会顺时针旋转，由 I_0 旋转至 I_2，如图 2-7(b) 所示。同理，如果收入 I 和商品 1 的价格不变，商品 2 的价格发生变化，就会发生如图 2-7(c) 所示的变化。商品 2 的价格 P_2 下降，预算线顺时针旋转，价格上升，预算线逆时针旋转。

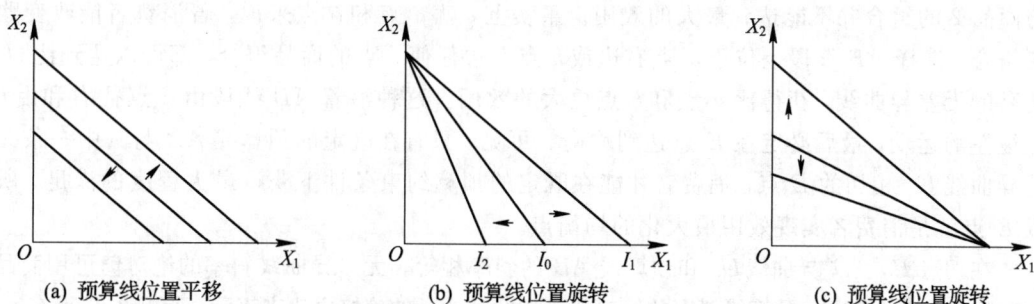

(a) 预算线位置平移　　　(b) 预算线位置旋转　　　(c) 预算线位置旋转

图 2-7　预算线的变动

（4）如果收入和两种商品的价格都同方向、同比例变化时，预算线不变，因为此时预算线的斜率没变，截距也没变。

五、消费者均衡

消费者均衡是指在收入及商品价格既定的情况下，消费者实现效用最大化的购买行为。序数效用论把无差异曲线和预算线结合在一起来分析消费者追求效用最大化的购买行为，并认为只有既定的预算线与其中一条无差异曲线的相切点上，才是消费者获得效用最大的均衡点，这可以用图 2-8 来说明。

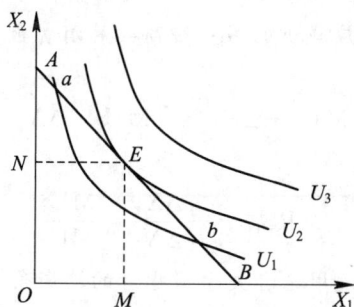

图 2-8　序数效用论消费者均衡的实现

为了简化分析，我们从无数条无差异曲线中选出具有代表性的三条。见图 2-8 中的无差异曲线 U_1、U_2 和 U_3，3 条无差异曲线效用的大小顺序为 $U_1 < U_2 < U_3$。消费者的收入和两种商品的价格既定，意味着给定了一条预算线，见图 2-8 中的预算线 AB。预算线

AB 与无差异曲线 U_2 的切点 E，就是消费者在给定的预算约束下能够获得最大效用的均衡点。在均衡点 E，相应的最优购买组合为 $(OM，ON)$。换言之，在收入与价格既定的条件下，消费者购买 OM 的 1 商品，ON 的 2 商品，就能获得最大的效用。

为什么只有在这个切点 E 才能实现消费者均衡呢？这是因为就无差异曲线 U_3 来说，虽然它代表的效用水平大于无差异曲线 U_2，但它与既定的消费者预算线 AB 既不相交又不相切，这说明达到 U_3 效用水平的商品 1 与商品 2 数量组合在收入和价格既定的条件下是无法实现的。就无差异曲线 U_1 来说，虽然与预算线 AB 有两个交点 a 和 b，表明消费者利用现有的收入可以购买 a、b 两点的商品组合，但是 $U_1 < U_2$，a 点和 b 点代表的商品 1 与商品 2 的组合并不能达到最大的效用。事实上，就 a 点和 b 点来说，若消费者能改变购买组合，选择 AB 线段上位于 a 点右边或 b 点左边任何一点的商品组合，都可以达到比 U_1 更高的无差异曲线，获得比 a 点和 b 点更大的效用。这种沿着 AB 线段由 a 点往右和由 b 点往左的运动，最后必定在 E 点达到均衡。可见，只有在既定的预算线 AB 与其中一条无差异曲线 U_2 相切的 E 点，消费者才能在既定的预算约束条件下获得最大程度的满足，所以 E 点就是消费者实现效用最大化的均衡点。

在切点 E，无差异曲线 U_2 和预算线 AB 的斜率相等。无差异曲线斜率的绝对值可用商品的边际替代率来表示，预算线斜率的绝对值可用两种商品的价格之比来表示，所以在 E 点有

$$\mathrm{MRS}_{12} = \frac{P_1}{P_2} \tag{2.9}$$

公式 (2.9) 就是消费者均衡的条件，即边际替代率等于两种商品价格之比。它表示，在收入一定的条件下，为了得到最大程度的满足，消费者应在两种商品的边际替代率等于两种商品的价格之比的条件下进行购买。

【知识拓展】

消费者均衡的条件

用无差异曲线与边际效用分析消费者均衡得出的结论是完全一致的。因为用无差异曲线分析得出的结论是无差异曲线与预算线的切点是消费者均衡点，即 $\mathrm{MRS}_{12} = P_1/P_2$。

按照基数效用论的观点，在保持效用水平不变的前提下，消费者增加一种商品的消费数量所带来的效用增加量和相应减少的另一种商品的消费数量所带来的效用减少量的绝对值必定是相等的，即

$$|\mathrm{MU}_1 \cdot \Delta X_1| = |\mathrm{MU}_2 \cdot \Delta X_2|$$

上式可以写为

$$\mathrm{MRS}_{12} = -\frac{\Delta X_2}{\Delta X_1} = \frac{\mathrm{MU}_1}{\mathrm{MU}_2}$$

根据以上两个式子，序数效用论者关于消费者的均衡条件可以改写为

$$\mathrm{MRS}_{12} = \frac{\mathrm{MU}_1}{\mathrm{MU}_2} = \frac{P_1}{P_2}$$

或

$$\frac{\mathrm{MU}_1}{P_1} = \frac{\mathrm{MU}_2}{P_2} = \lambda$$

式中，λ 为货币的边际效用。

第四节 消费者均衡的变动

消费者均衡点是无差异曲线与预算线相切之点，预算线发生变化，均衡点必然也发生变化，而预算线又是由消费者的收入和商品的价格决定的，因此如果消费者的收入与商品的价格发生变化，必然引起预算线的变化，进而使消费者的选择发生变化。

一、价格变化：价格-消费曲线

在其他条件均保持不变时，一种商品价格的变化会使消费者效用最大化的均衡点的位置发生移动，并由此可以得到价格-消费曲线。价格-消费曲线是在消费者的偏好、收入以及其他商品价格不变的条件下，与某一种商品的不同价格水平相联系的消费者效用最大化的均衡点的轨迹。下面以图 2-9 来具体说明价格-消费曲线的形成。

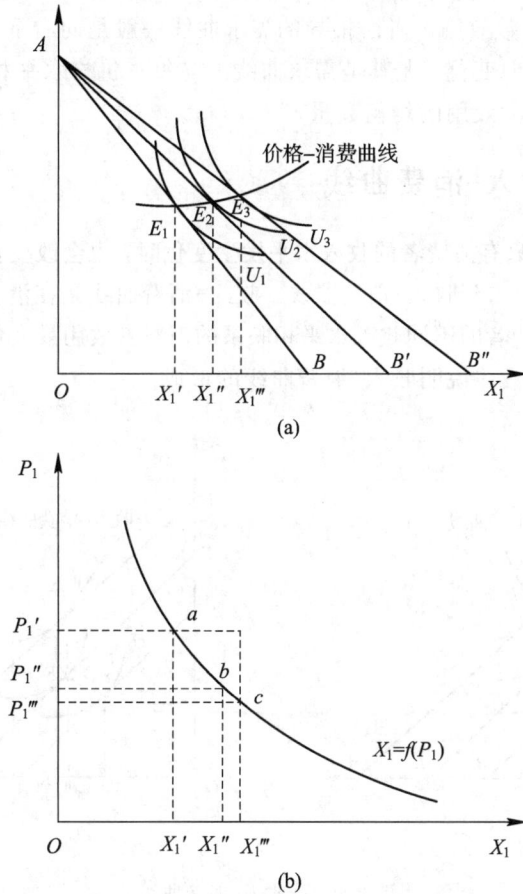

图 2-9 价格-消费曲线和消费者的需求曲线

在图中，假定商品 1 的初始价格为 P_1'，相应的预算线为 AB，它与无差异曲线 U_1 相切于效用最大化的均衡点 E_1。如果商品 1 的价格由 P_1' 下降为 P_1''，相应的预算线由 AB 移至

AB'，于是，AB' 与另一条较高的无差异曲线 U_2 相切于均衡点 E_2。如果商品 1 的价格再由 P_1'' 继续下降为 P_1'''，相应的预算线由 AB' 移至 AB''，于是，AB'' 与另一条更高的无差异曲线 U_3 相切于均衡点 E_3。由此可以看出，随着商品 1 的价格不断变化，可以找到无数个诸如 E_1、E_2 和 E_3 这样的均衡点，将这些均衡点的轨迹连接起来就是价格-消费曲线。

由消费者的价格-消费曲线可以推导出消费者的需求曲线。

分析图 2-9(a) 中价格-消费曲线上的三个均衡点 E_1、E_2 和 E_3，可以看出，在每一个均衡点上，都存在商品 1 的价格与商品 1 的需求量之间一一对应的关系。在均衡点 E_1 处，商品 1 的价格为 P_1'，则商品 1 的需求量为 X_1'。在均衡点 E_2 处，商品 1 的价格由 P_1' 下降为 P_1''，则商品 1 的需求量 X_1' 增加为 X_1''。在均衡点 E_3 处，商品 1 的价格进一步由 P_1'' 下降为 P_1'''，则商品 1 的需求量由 X_1'' 再增加为 X_1'''。根据商品 1 的价格和需求量之间的这种对应关系，把每一个 P_1 数值和相应的均衡点上的 X_1 数值绘制在商品的价格-数量坐标图上，则可得到单个消费者的需求曲线，这便是图 2-9(b) 中的需求曲线 $X_1 = f(P_1)$。在图 2-9(b) 中，横轴表示商品 1 的数量 X_1，纵轴表示商品 1 的价格 P_1。图 2-9(b) 中需求曲线 $X_1 = f(P_1)$ 上的 a、b、c 点分别和图 2-9(a) 中的价格-消费曲线上的均衡点 E_1、E_2、E_3 相对应。

由图 2-9 可见，序数效用论者所推导的需求曲线一般是向右下方倾斜的，它表示商品的价格和需求量成反方向变化，尤其是需求曲线上与每一价格水平相对应的商品需求量都是可以给消费者带来最大效用的均衡数量。

二、收入变化：收入-消费曲线

在其他条件不变而只有消费者的收入水平发生变化时，也会改变消费者效用最大化的均衡点的位置，并由此可以得到收入-消费曲线。收入-消费曲线是在消费者的偏好和商品的价格不变的条件下，与消费者的不同收入水平相联系的消费者效用最大化的均衡点的轨迹。

下面以图 2-10 来具体说明收入-消费曲线的形成。

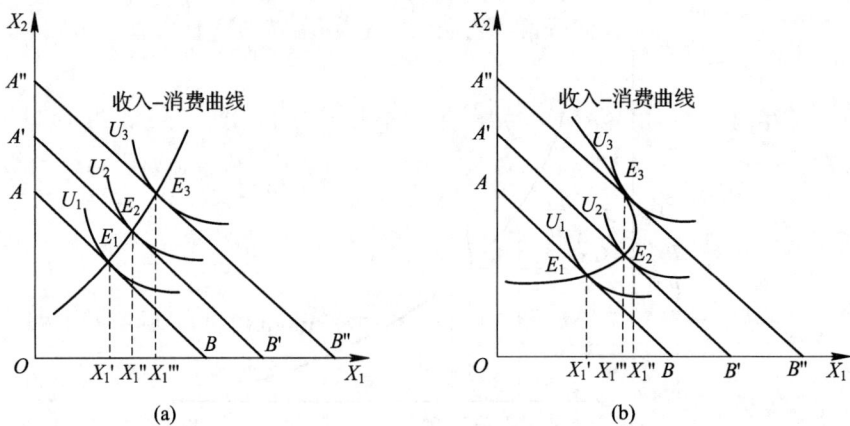

图 2-10　收入-消费曲线

在图 2-10(a) 中，随着收入水平的不断增加，预算线由 AB 移至 $A'B'$，再移至 $A''B''$，由此形成了三个不同收入水平下的消费者效用最大化的均衡点 E_1、E_2 和 E_3。如果收入水平的变化是连续的，则可以得到无数个这样的均衡点的轨迹，这便是图 2-10(a) 中的收入-消费曲线。图 2-10(a)中的收入-消费曲线是向右上方倾斜的，它表示随着收入水平的增加，消费者对商品 1 和商品 2 的需求量都是上升的，所以图 2-10(a)中的两种商品都是正常品。

在图 2-10(b)中，采用与图 2-10(a)中相类似的方法，随着收入水平的连续增加，描绘出了另一条收入-消费曲线。但是图 2-10(b)中的收入-消费曲线是向后弯曲的，它表示随着收入水平的增加，消费者对商品 1 的需求量开始是增加的，但当收入上升到一定水平后，消费者对商品 1 的需求量反而减少了。这说明在一定的收入水平上，对于消费者来说，商品 1 由正常品变成了劣等品。我们可以在日常经济生活中找到这样的例子。例如，对某些消费者来说，在收入水平较低时，土豆是正常品，而在收入水平较高时，土豆就有可能成为劣等品。因为在他们变得较富裕的时候，他们可能会减少对土豆的消费量，而增加对其他肉类与食物的消费量。

由收入-消费曲线可以推导出恩格尔曲线。恩格尔曲线由 19 世纪德国的统计学家恩斯特·恩格尔提出，表示消费者在每一收入水平上对某商品的需求量。与恩格尔曲线相对应的数量关系为 $X=f(I)$，其中，I 为收入水平；X 为某种商品的需求量。

图 2-10 中的收入-消费曲线反映了消费者的收入水平和商品的需求量之间的对应关系。以商品 1 为例，当收入水平为 I_1 时，商品 1 的需求量为 X'；当收入水平增加为 I_2 时，商品 1 的需求量增加为 X''_1；当收入水平再增加为 I_3 时，商品 1 的需求量变动为 X'''_1。把这种一一对应的收入和需求量的组合描绘在相应的平面坐标图中，便可以得到相应的恩格尔曲线，如图 2-11 所示。

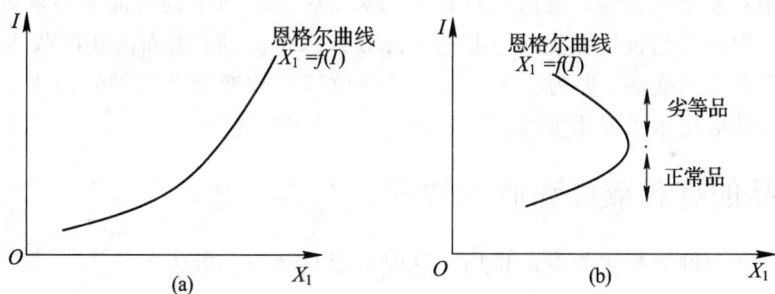

图 2-11　恩格尔曲线

图 2-11(a)和图 2-10(a)是相对应的，图中的商品 1 是正常品，商品 1 的需求量 X_1 随着收入水平的上升而增加，图 2-11(b)和图 2-10(b)是相对应的，在一定的收入水平上，图中的商品 1 由正常品转变为劣等品。或者说，在较低的收入水平范围内，商品 1 的需求量与收入水平呈同方向变动；在较高的收入水平范围内，商品 1 的需求量与收入水平呈反方向变动。

第五节　替代效应和收入效应

一种商品价格的变化会引起该商品需求量的变化，这种变化可以被分解为收入效应和替代效应两部分。当收入效应和替代效应作用的结果具有不同特点时，价格变动引起需求量变动的情况会有所不同，或需求量增加较多，或增加较少，甚至减少，这就有了正常商品、一般低档商品、吉芬商品的区别。本节将分别讨论正常商品、低档商品和吉芬商品的替代效应和收入效应，并以此进一步说明这三类商品需求曲线的形状特征。

一、替代效应和收入效应的含义

在消费者收入和其他商品价格不变的条件下，一种商品的价格变化会对消费者产生两种影响：一是使消费者的实际收入水平发生变化。实际收入水平的变化被定义为效用水平的变化。二是使商品的相对价格发生变化。这两种变化都会改变消费者对该种商品的需求量。

例如，消费者用100元购买商品1和商品2。当商品1的价格下降时，一方面，对于消费者来说，虽然100元的货币收入并没有变化，但是现有的货币收入的购买力增强了，因为用原有的货币收入可以购买更多的商品，也就是说，实际收入水平提高了。实际收入水平的提高会使消费者改变对这两种商品的购买量，从而达到更高的效用水平，这就是收入效应；另一方面，商品1价格的下降使得商品1相对于价格不变的商品2来说，较以前便宜了。商品相对价格的这种变化会使消费者增加对商品1的购买而减少对商品2的购买，这就是替代效应。显然，替代效应不考虑实际收入水平变动对其影响，所以替代效应不改变消费者的效用水平。当然，也可以同样地分析商品1的价格提高时的替代效应和收入效应，只是情况刚好相反。

综上所述，一种商品价格变动所引起的该商品需求量变动的总效应可以被分解为替代效应和收入效应两个部分，即总效应＝替代效应＋收入效应。其中，由商品的价格变动所引起的商品相对价格的变动，进而由商品的相对价格变动所引起的商品需求量的变动，称为替代效应。由商品的价格变动所引起的实际收入水平变动，进而由实际收入水平变动所引起的商品需求量的变动，称为收入效应。替代效应不改变消费者的效用水平，收入效应则表示消费者的效用水平发生变化。

二、正常品的替代效应和收入效应

以图2-12为例分析正常商品价格下降时的替代效应和收入效应。

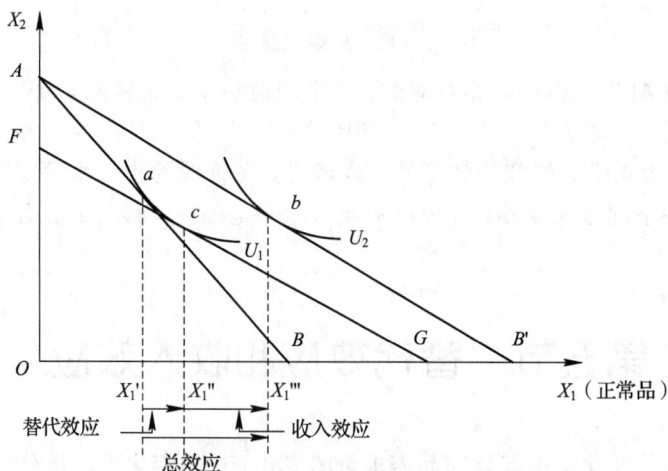

图2-12　正常品的替代效应和收入效应

图 2-12 中的横轴 OX_1 和纵轴 OX_2 分别表示商品 1 和商品 2 的数量,其中商品 1 是正常品。在商品价格变化之前,消费者的预算线为 AB,该预算线与无差异曲线 U_1 相切于 a 点,a 点是消费者效用最大化的一个均衡点。在均衡点 a 上,相应的商品 1 的需求量为 X_1'。现假定商品 1 的价格 P_1 下降使预算线的位置由 AB 移至 AB'。新的预算线 AB' 与另一条代表更高效用水平的无差异曲线 U_2 相切于 b 点,b 点是商品 1 的价格下降以后的消费者效用最大化的均衡点。在均衡点 b 上,相应的商品 1 的需求量为 X_1'''。比较 a、b 两个均衡点,商品 1 的需求量的增加量为 $X_1'X_1'''$,这便是商品 1 的价格 P_1 下降所引起的总效应。这个总效应可以被分解为替代效应和收入效应两个部分。

先分析替代效应。在图中,由于商品 1 的价格 P_1 下降,消费者的效用水平提高了,消费者新的均衡点不是在原来的无差异曲线 U_1 上,而是在更高的无差异曲线 U_2 上。为了得到替代效应,必须剔除实际收入水平变化的影响,使消费者回到原来的无差异曲线 U_1 上。要做到这一点,需要使用补偿预算线这一分析工具。

补偿预算线是用来表示价格变化引起消费者实际收入发生变动时,以假设的货币收入的增减来维持消费者的实际收入水平不变的一种分析工具。具体地说,在商品价格下降引起消费者的实际收入水平提高时,假设可以取走消费者的一部分货币收入,以使消费者的实际收入维持原有的水平,则补偿预算线就可以用来表示使消费者的货币收入下降到只能维持原有的无差异曲线的效用水平(原有的实际收入水平)这一情况。相反,在商品价格上升引起消费者的实际收入水平下降时,假设可以对消费者的损失给予一定的货币收入补偿,以使消费者的实际收入维持原有的水平,则补偿预算线就可以用来表示使消费者的货币收入提高到得以维持原有的无差异曲线的效用水平(原有的实际收入水平)这一情况。

为了剔除实际收入水平变化的影响,使消费者能够回到原有的无差异曲线 U_1 上,可以作一条平行于预算线 AB' 且与无差异曲线 U_1 相切的补偿预算线 FG。这种做法的含义是:假设货币收入的减少(用预算线 AB' 向左平移到 FG 来表示)刚好能使消费者回到原有的效用水平,补偿预算线 FG 与预算线 AB' 平行,则这两条预算线的相同斜率表示商品 1 价格和商品 2 价格的一个相同的比值 P_1/P_2,而且这个商品的相对价格 P_1/P_2 是商品 1 的价格 P_1 变化以后的相对价格。补偿预算线 FG 与无差异曲线 U_1 相切于均衡点 c,与原来的均衡点 a 相比,需求量的增加量为 $X_1'X_1''$,这个增加量就是在剔除了实际收入水平变化影响后的替代效应。

具体分析替代效应。就预算线 AB 和补偿预算线 FG 而言,它们分别与无差异曲线 U_1 相切于 a、c 两点,但斜率却是不相等的。预算线 AB 的斜率绝对值大于补偿预算线 FG 的斜率绝对值,由此可以推知,预算线 AB 所表示的商品 1 的相对价格 P_1/P_2 大于补偿预算线 FG 所表示的,显然,这是由于 P_1 下降而 P_2 不变所引起的。在这种情况下,当预算线由 AB 移至 FG 时,随着商品 1 的相对价格 P_1/P_2 的变小,消费者为了维持原有的效用水平,会沿着既定的无差异曲线 U_1 由 a 点下滑到 c 点,增加对商品 1 的购买而减少对商品 2 的购买,即用商品 1 替代商品 2,因此由 a 点到 c 点的商品 1 的需求量的增加量 $X_1'X_1''$,便是 P_1 下降的替代效应。它显然归因于商品相对价格的变化,它不改变消费者的效用水平。在这里,P_1 下降所引起的需求量的增加量 $X_1'X_1''$ 是一个正值,即替代效应的符号为正。也就是说,正常品的替代效应与价格呈反方向变动趋势。

具体分析收入效应。收入效应是总效应的另一个组成部分。假设把补偿预算线 FG 再推回到 AB' 的位置上，于是，消费者的效用最大化的均衡点就会由无差异曲线 U_1 上的 c 点回复到无差异曲线 U_2 上的 b 点，相应的需求量的变化量 $X_1''X_1'''$ 就是收入效应。这是因为在分析替代效应时，为了剔除实际收入水平的影响才将预算线 AB' 平行移到补偿预算线 FG 的位置，所以当预算线由 FG 的位置再回复到 AB' 的位置时，相应的需求量的增加量 $X_1''X_1'''$ 必然就是收入效应。收入效应显然归因于商品 1 的价格变化所引起的实际收入水平的变化，它改变了消费者的效用水平。

收入效应 $X_1''X_1'''$ 为正值。这是因为当 P_1 下降使得消费者的实际收入水平提高时，消费者必定会增加对正常品商品 1 的购买。也就是说，正常品的收入效应与价格呈反方向变动。

综上所述，对于正常品来说，替代效应与价格呈反方向变动，收入效应也与价格呈反方向变动，在它们的共同作用下，总效应必定与价格呈反方向变动。正因为如此，正常品的需求曲线是向右下方倾斜的。

三、劣等品的替代效应和收入效应

下面用图 2-13 来分析当劣等品价格下降时的替代效应和收入效应。

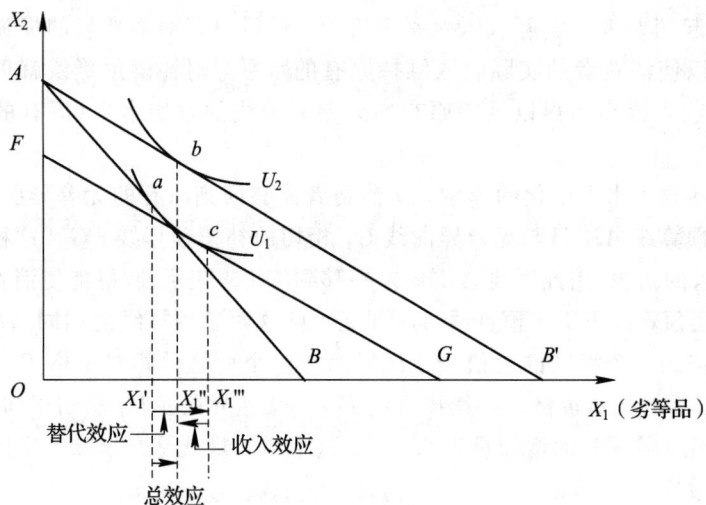

图 2-13　劣等品的替代效应和收入效应

图中的横轴 OX_1 和纵轴 OX_2 分别表示商品 1 和商品 2 的数量，其中，商品 1 是劣等品。商品 1 的价格 P_1 变化前消费者的效用最大化的均衡点为 a 点，P_1 下降后的消费者的均衡点为 b 点，因此价格下降所引起的商品 1 的需求量的增加量为 $X_1'X_1''$，这便是总效应。然后通过作与预算线 AB 平行且与无差异曲线 U_1 相切的补偿预算线 FG，便可将总效应分解成替代效应和收入效应。具体地看，P_1 下降引起的商品相对价格的变化，使消费者由均衡点 a 运动到均衡点 c，相应的需求增加量为 $X_1'X_1'''$，这就是替代效应，$X_1'X_1'''$ 为正值。而 P_1 下降引起的消费者的实际收入水平的变动，使消费者由均衡点 c 运动到均衡点 b，需求量由 X_1''' 减少到 X_1''，这就是收入效应。收入效应 $X_1''X_1'''$ 为负值，其原因在于价格 P_1 下降所引起的消费者的实际收入水平的提高，会使消费者减少对劣等品（商品1）的需求量。由于收入效应是一个负值，所以图中的 b 点必定落在 a、c 两点之间。

图 2-13 中的商品 1 的价格 P_1 下降所引起的商品 1 需求量变化的总效应为 $X_1'X_1''$，它是正的替代效应 $X_1'X_1'''$ 和负的收入效应 $X_1''X_1'''$ 之和。由于替代效应 $X_1'X_1'''$ 的绝对值大于收入效应 $X_1''X_1'''$ 的绝对值，或者说，由于替代效应的作用大于收入效应，所以总效应 $X_1'X_1''$ 为正值。综上所述，对于劣等品来说，替代效应与价格呈反方向变动，收入效应与价格呈同方向变动，而且在大多数的场合，替代效应的作用大于收入效应的作用（如图 2-13 所示），所以总效应与价格呈反方向变动，相应的需求曲线是向右下方倾斜的。但是在少数的场合，某些劣等品的收入效应的作用会大于替代效应的作用，因此就会出现违反需求曲线向右下方倾斜的现象，这类物品就是吉芬品。

四、吉芬物品的替代效应和收入效应

英国人吉芬于 19 世纪发现，1845 年爱尔兰发生灾荒，土豆价格上升，但是土豆需求量反而增加了。这一现象在当时被称为"吉芬难题"。这类需求量与价格呈同方向变动的特殊商品因此被称做吉芬品。

为什么吉芬品的需求曲线向右上方倾斜呢？下面用图 2-14 来分析这个问题。

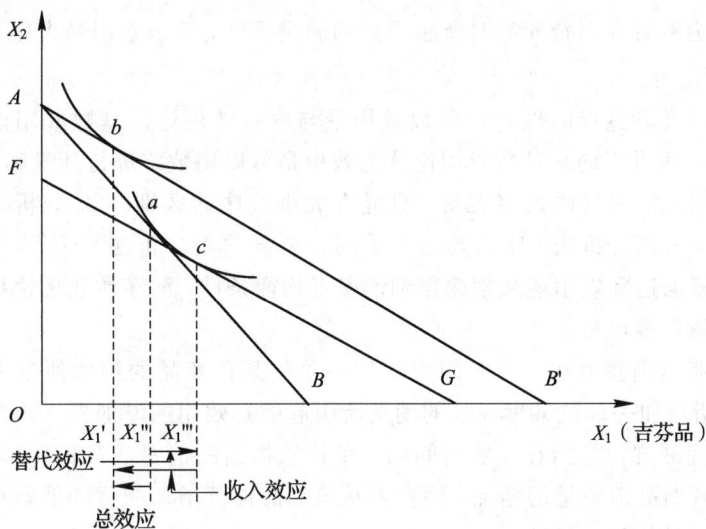

图 2-14 吉芬品的替代效应和收入效应

图中的横轴 OX_1 和纵轴 OX_2 仍分别表示商品 1 和商品 2 的数量，其中，商品 1 是吉芬品。商品 1 的价格 P_1 下降前后的消费者效用最大化的均衡点分别为 a 点和 b 点，相应的商品 1 需求量的减少量为 $X_1'X_1''$，这就是总效应。通过补偿预算线 FG 可得 $X_1''X_1'''$ 为替代效应，为正值；$X_1'X_1'''$ 是收入效应，为负值，而且负的收入效应 $X_1'X_1'''$ 的绝对值大于正的替代效应 $X_1''X_1'''$ 的绝对值，所以最后形成的总效应 $X_1'X_1''$ 为负值。在图 2-14 中，a 点必定落在 b、c 两点之间。替代效应表明吉芬品是一种特殊的劣等品。作为劣等品，吉芬品的替代效应与价格呈反方向变动，收入效应则与价格呈同方向变动。吉芬品的特殊性在于它的收入效应的作用很大，以至于超过了替代效应的作用，从而使总效应与价格呈同方向变动。这也是吉芬品的需求曲线呈现向右上方倾斜的特殊形状的原因。

运用以上分析的结论就可以解释"吉芬难题"。在 19 世纪中叶的爱尔兰，购买土豆的消费支出在大多数的贫困家庭的收入中占较大的比例，于是土豆价格的上升导致贫困家庭的实际收入水平大幅度下降。在这种情况下，变得更穷的人们不得不大量地增加对劣等品土豆的购买，使得收入效应超过了替代效应，形成了土豆的需求量随着土豆价格的上升而增加的特殊现象。

正常品、劣等品和吉芬品的替代效应和收入效应如表 2-5 所示。

表 2-5　商品价格变化所引起的替代效应和收入效应

商品类别	替代效应与价格的关系	收入效应与价格的关系	总效应与价格的关系	需求曲线的形状
正常品	反方向变化	反方向变化	反方向变化	右下方倾斜
劣等品	反方向变化	同方向变化	反方向变化	右下方倾斜
吉芬品	反方向变化	同方向变化	同方向变化	右上方倾斜

本章小结

1. 效用是指消费者在消费商品时所感受到的满足程度，追求效用最大化是消费者的行为目标。

2. 用于分析消费者选择的理论有基数效用论与序数效用论。基数效用论和序数效用论之间的不同：① 假设不同。基数效用论认为效用是可以用数字进行计量和比较的；而序数效用论认为效用无法用具体数字表示，只能有大小次序的区别。② 分析方法不同。基数效用论采用边际效用分析法；序数效用论采用无差异曲线分析法。③ 均衡条件形式不同。基数效用论根据边际效用递减规律得到消费者均衡条件；而序数效用论根据边际替代率递减规律得到消费者均衡条件。

3. 边际效用是指消费者在一定时间内增加一单位某种商品的消费所带来的效用量的增加量，也就是指增加一单位某种商品的消费所引起的总效用的增加量。

4. 边际效用递减规律是指在一定时间内，在其他物品的消费数量保持不变的条件下，随着消费者对某种商品消费量的增加，消费者从该物品连续增加的每一消费单位中所得到的效用增量（边际效用）是递减的。

5. 消费者均衡是研究消费者如何把全部的货币收入分配在购买各种商品中以获得最大的效用。基数效用论者认为消费者实现效用最大化的均衡条件是：如果消费者的货币收入固定不变，消费者应该使自己所购买的各种商品的边际效用与价格之比相等。或者说，消费者应使自己花费在每一种商品上的最后一元钱所带来的边际效用相等。

6. 无差异曲线表示给消费者带来同等满足程度的两种商品的不同数量组合的点的轨迹。

7. 预算线又称为预算约束线、消费可能性曲线或价格线，表明在消费者收入与商品价格既定的条件下，消费者用全部收入所能购买到的两种商品数量最大组合的曲线。

8. 在商品价格、消费者的收入和偏好给定的条件下，消费者唯一的一条预算线与无差异曲线簇中的一条无差异曲线相切的点表示消费者均衡。在均衡点上，预算线与无差异曲线的斜率相等。由此得出消费者均衡的条件：边际替代率等于两种商品价格之比。

9. 由消费者效用最大化的均衡点出发，可以得到与某一种商品的不同价格水平相联系的消费者效用最大化的均衡点的轨迹，这就是价格-消费曲线。由价格-消费曲线出发，可进一步推导消费者的需求曲线。

10. 由消费者效用最大化均衡点出发，可以得到与消费者的不同收入水平相联系的消费者效用最大化的均衡点的轨迹，这就是收入-消费曲线。由收入-消费曲线出发，可进一步推导出恩格尔曲线。正常品的恩格尔曲线的斜率为正，劣等品的恩格尔曲线的斜率为负。

11. 消费者剩余是消费者对某商品愿意支付的价格与实际支付的价格之间的差额。市场的消费者剩余用市场需求曲线以下、价格线以上的面积来表示。

12. 商品的总效应等于替代效应加收入效应。任何商品的价格与替代效应呈反方向变化。正常品的价格与收入效应呈反方向变化，而劣等品的价格与收入效应呈同方向变化，因此对于正常品来说，商品的价格与总效应呈反方向变化，即正常品的需求曲线向右下方倾斜。对于劣等品来说，大多数劣等品的替代效应的作用大于收入效应的作用，故大多数劣等品的价格与总效应呈反方向变化，即它们的需求曲线也向右下方倾斜。对于劣等品中的一类特殊商品吉芬品来说，它们的替代效应的作用小于收入效应的作用，故吉芬品的价格与总效应呈同方向变化，即吉芬品的需求曲线向右上方倾斜。

➡ 本章习题

一、选择题

1. 序数效用是指（   ）。

A. 效用是可以计量并加总求和的

B. 效用的大小可以用基数来表示

C. 效用是不可以比较的

D. 效用只能表示满足程度的高低与顺序，用序数来表示

2. 消费者均衡是研究消费者在既定收入条件下，如何实现（   ）。

A. 欲望最大化　　　　B. 偏好最大化　　　　C. 利润最大化　　　　D. 效用最大化

3. 已知 X 商品的价格为 5 元，Y 商品的价格为 2 元。如果消费者从这两种商品的消费中得到最大效用时，商品 Y 的边际效用为 30，那么此时 X 商品的边际效用为（   ）。

A. 60　　　　　　　　B. 45　　　　　　　　C. 150　　　　　　　　D. 75

4. 已知商品 X 的价格为 8 元，Y 的价格为 3 元，若某消费者买了 5 个单位 X 和 3 个单位 Y，此时 X 和 Y 的边际效用分别为 20.14，那么为获得效用最大化，该消费者应该（   ）。

A. 停止购买两种商品　　　　　　　　　　　B. 增加 X 的购买，减少 Y 的购买

C. 增加 Y 的购买，减少 X 的购买　　　　　D. 同时增加对两种商品的购买

5. 关于边际替代率递减规律，不正确的是（   ）。

A. 边际替代率递减说明每增加一种商品的消费，为保持效用不变，所减少的其他商品的消费量是递减的

B. 边际替代率与边际效用递减都说明随着对某种物品消费量的增多，人的主观效用递减的趋势

C. 边际替代率递减规律在所有的商品组合中都是适用的

D. 边际替代率递减规律决定了无差异曲线是凸向原点的

6. 在其他条件不变时，由于商品价格的变化而引起均衡点变化的轨迹被称为（　　）。

A. 收入-消费曲线　　　　　　　　　　B. 恩格尔曲线

C. 价格-消费曲线　　　　　　　　　　D. 需求曲线

7. 预算线的位置和斜率取决于（　　）。

A. 消费者的收入　　　　　　　　　　B. 消费者的偏好

C. 消费者的收入和商品的价格　　　　D. 以上均不正确

二、计算题

1. 一位大学生即将参加三门课的期中考试，他能够用来复习功课的时间只有 6 天。假设每门功课占用的复习时间和相应会有的成绩如下表所示，每门课复习一天的成本是相同的。试运用消费者行为理论分析该同学怎样分配复习时间才能使三门课的总成绩最高。

天数	0	1	2	3	4	5	6
经济学	30	44	65	75	83	88	90
管理学	40	52	62	70	77	83	88
统计学	70	80	88	90	91	92	93

2. 已知某消费者每年用于商品 1 和商品 2 的收入为 540 元，两商品的价格分别为 $P_1 = 20$ 元和 $P_2 = 30$ 元，该消费者的效用函数为 $U = 3X_1X_2^2$，该消费者每年购买这两种商品的数量应各是多少？每年从中获得的总效用是多少？

3. 假设某消费者的均衡如图 2-15 所示。其中，横轴 OX_1 和纵轴 OX_2 分别表示商品 1 和商品 2 的数量，线段 AB 为消费者的预算线，曲线 U 为消费者的无差异曲线，E 点为效用最大化的均衡点。已知商品 1 的价格 $P_1 = 2$ 元。

（1）求消费者的收入。

（2）求商品 2 的价格 P_2。

（3）写出预算线方程。

（4）求预算线的斜率。

（5）求 E 点的 MRS_{12} 的值。

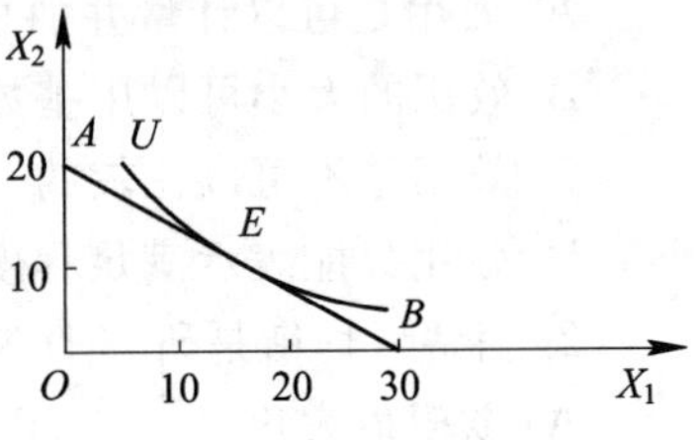

图 2-15 某消费者的均衡

三、讨论题

1. 如果你有一辆需要四个轮子才能开动的车子的其中三个轮子，那么当你有第四个轮子时，这第四个轮子的边际效用似乎超过了第三个轮子的边际效用，这是不是违反了边际效用递减规律？

2. 对消费者实行补助有两种方法：一种是发给消费者一定数量的实物补助；另一种是发给消费者一笔现金补助，这笔现金额等于按实物补助折算的货币量。试用无差异曲线分析法说明哪一种补助方法能给消费者带来更大的效用。

3. 分析效用理论对企业决策有什么启示。

四、案例分析题

有一对夫妻，花了 3 个月时间才找到了一只他们非常喜爱的古玩钟，他们商定只要售价不超过 600 美元就买下来。但是，当他们看清上面的标价时，丈夫却犹豫了。

"哎哟，"丈夫低声说，"上面的标价是 800 美元，你还记得吗？我们说好了不超过 600 美元，我们还是回去吧。"

妻子说，"不过我们可以试一试，看店主能不能卖便宜点。毕竟我们已经寻找了这么久才找到了。"

夫妻俩私下商量了一下，由妻子出面，试着与店方讨价还价，尽管她认定 600 美元买到这只钟的希望非常小。

妻子鼓起勇气，对钟表售货员说："我看到你们有只小钟要卖。我看了上面的标价，而且价标上有一层尘土，这给小钟增添了几许古董的色彩。"停顿了一下，她接着说："我告诉你我想干什么吧，我想给你的钟出个价，只出一个价。我肯定这会使你震惊的，你准备好了吗？"她停下来看了一下售货员的反应，又接着说："哎，我只能给你 300 美元。"

钟表售货员听了这个价后，连眼睛也没眨一下就爽快地说："好！给你，卖啦！"

你猜妻子的反应怎样？夫妻俩欣喜若狂了吗？不，事实的结果是正好相反。"我真是太傻了，这钟本来恐怕就值不了几个钱……或者肯定是里面缺少了零件，要不为什么那么轻呢？再要么就是质量低劣……"妻子越想越懊恼。

尽管后来夫妻俩还是把钟摆到了家中的客厅里，而且看上去效果很好，美极了，似乎走得也不错，但是她和丈夫总觉得不放心，而且他们一直被某种欺骗的感觉所笼罩。

面对出现的这种结果，我们的问题是：

(1) 他们讨价还价的过程是在追求效用最大化吗？

(2) 解释这种结果出现的原因。

第三章　生产理论

【知识目标】

了解企业性质、类别和目标；理解总产量、平均产量、边际产量及其之间的关系；掌握边际收益递减规律。

【能力目标】

掌握短期生产的三个阶段；掌握长期生产理论中的生产者均衡。

【案例导读】

近年来我国邮政行业实行信件分拣自动化，引进自动分拣机代替工人分拣信件，也就是多用资本而少用劳动。假设某邮局引进一台自动分拣机，只需一人管理，每日可以处理10万封信件。如果用人工分拣，处理10万封信件需要50个工人。在这两种情况下都实现了技术效率，但是否实现了经济效率还涉及价格。处理10万封信件，无论用什么方法，收益是相同的，但成本如何则取决于机器与人工的价格。假设一台分拣机为400万元，使用寿命10年，每年折旧为40万元，再假设利率为每年10%，每年利息为40万元，再加上分拣机每年维修费与人工费用5万元，这样使用分拣机的成本为85万元。假设每个工人工资1.4万元，50个工人共70万元，使用人工分拣的成本为70万元。在这种情况下，使用自动分拣机实现了技术效率，但没有实现经济效率，而使用人工分拣既实现了技术效率，又实现了经济效率。

从上面的例子中可以看出，在实现了技术效率时，是否实现了经济效率就取决于生产要素的价格。如果仅仅从企业利润最大化的角度看，可以只考虑技术效率和经济效率。这两种效率的同时实现也就是实现了资源配置效率。当然，如果从社会角度看问题，使用哪种方法还要考虑每种方法对技术进步或就业等问题的影响。

（改编自梁小民《微观经级学纵横谈》，三联书店，2000年）

第一节　企业概述

在经济学中，生产者为厂商或企业，生产理论所讨论的是企业的行为，企业是能够做出统一的生产决策的单个经济单位。在讨论生产者行为之前，先简要介绍企业的性质、企业的类别与企业的目标。

一、企业的概念及性质

（一）企业的概念

企业，一般是指根据社会需要来组织和安排某种商品生产、流通或者服务等活动，进行自主经营、自负盈亏、承担风险、实行独立核算、具有法人资格的基本经济单位。

对企业概念的基本理解：

（1）企业是在社会化大生产条件下存在的，是商品生产与商品交换的产物。

（2）企业是从事生产、流通与服务等基本经济活动的经济组织。

（3）就企业的本质而言，它属于追求盈利的营利性组织。

（二）企业的性质

传统的微观经济学理论把厂商的生产过程看成是一个"黑匣子"，即企业被抽象成一个由投入到产出的追求利润最大化的"黑匣子"。至于企业本身的性质是什么，则是一个被忽视的问题。关于企业性质问题，西方经济学家具有不同的观点，相互之间也存在一些争论，在此介绍的是其中具有代表性的一种主要观点。

1937年科斯发表开创性论著《企业的性质》，创造性地利用交易成本分析了企业与市场的关系，阐述了企业存在的原因。那么，什么是交易成本呢？简言之，交易成本是为了交换活动而耗费的成本，即为了达成契约或完成交易所需耗费的经济资源。根据科斯等人的观点，一类交易成本产生于签约时交易双方面临的偶然因素所带来的损失。这些偶然因素或者是由于事先不可能被预见而未写进契约，或者虽然能被预见，但由于因素太多而无法写进契约。另一类交易成本是签订契约，以及监督和执行契约所花费的成本。科斯指出，企业本质是一种资源配置的机制，企业与市场是两种可以互相替代的资源配置方式。

二、企业的类别

在我国，企业的类别主要有以下三种：

（一）个体业主制企业

个体业主制企业是指单个人独资经营的企业组织，是最原始的企业组织形式。个体业主制企业只有一个产权所有者，业主直接经营，享有全部经营所得，并对企业的一切债务负有无限责任。个体业主制企业一般结构简单，规模较小，其优点是决策简便，经营灵活，责任与权益明确，其缺点是资金有限，获得贷款和偿债能力较差，抗风险能力较弱，规模难以迅速扩张，企业的运营在很大程度上取决于业主的个体状况。从法律上看，个体业主制企业不是法人，是一个自然人。

（二）合伙制企业

合伙制企业是指有两个或两个以上具有无限责任的所有者组成的企业。合伙人对企业合作经营，分享企业所得，共同承担债务责任。合伙制企业的经营规模和贷款、偿债能力都优于个体业主制，分工和专业化得到加强。合伙人在法律上对合伙制企业的所有债务负责（以合伙人的财产为限），是一种共同无限责任制。另外，由于企业属于多人所有并都参与管理决策，不利于协调和统一。合伙协议如果得不到保证，合伙制就面临解体的危险。

（三）公司制企业

通过发行股票方式集资兴办的企业叫做公司。公司是一个法人。它可以根据自己的利益从事法律许可的一切经济活动，如借钱、签订合同、购买、生产并销售商品等，当然也要承担相应的责任和义务。

公司的最大优点是享有"有限责任"的权利，即每一个公司所有者对公司承担的责任严格地限于其出资的数量。这个优点使公司能够比较容易地筹集大量的资金，满足大规模生产的需要。公司筹集资本的主要方法，除了发行股票以外，还有出售债券、向银行贷款等。

公司的所有权与控制权存在一定程度的分离。公司的所有权属于那些掌握了普通股票的股东，从原则上讲，股东控制公司。股东按照他们所拥有的股票量来分取红利，并选举董事会成员，对许多重要问题进行投票表决。但实际上，大公司的股东们并不能真正控制公司，因为他们太分散，不能左右由董事会聘请的拥有经营权的经理们。公司的经理和董事会拥有制订公司决策的合法权利，他们决定生产什么和如何生产，与工会进行谈判，并当其他公司想要接管公司时，决定是否出售公司。

公司承担有限责任和拥有一个有效率的管理体制，能够吸收大量的私人资本供给，大规模地生产多种相关的产品并分组风险，因而成为最有效的企业组织形式。公司也有缺点，其中最主要的是对公司的利润进行征税。对于非公司形式的企业来说，超出成本的任何收入都作为个人收入纳税。而公司所得到的超出成本以外的收入要交纳两次税收：首先交纳企业所得税，然后再交纳以红利形式体现的个人所得税。

公司的另一个缺点就是公司的经理人员与股东在追求目标方面潜伏着三大冲突（委托-代理问题）：

（1）经理们可能极力为自己谋取很高的薪金、花销、奖金与退休金，所有这些费用最终都是由股东承担的。

（2）经理们总是倾向于将公司利润保留下来用于扩大公司的规模，而不是以股息、红利的形式将公司利润分掉。在有些时候经理们又将用于扩大公司规模的利润转投到公司以外的领域，以获取更多的利润，从而给股东带来额外的高风险。

（3）在某些情况下，同意与其他公司合并或出售公司，可能使股东减少损失或增加利益。但几乎没有一个经理人会乐意接受这种使自己失去职位的结局。

三、企业的目标

在经济社会中，企业的数目很多，并且又具有不同的组织形式，因而企业目标就有一定的差异，但企业经营的基本目标都是盈利。企业向市场提供消费者需要的产品或劳务并非出自本能，而是为了在销售一定数量的商品之后获得尽可能多的剩余。利润是企业的总收入减去总成本之后的余额。为了达到利润最大化的目的，企业必须做出三个基本的决策：产出多少（产量），如何生产（使用什么样的生产技术），投入多少（投入多少生产要素）。

经济学中假定企业的目标是利润最大化，但在实际经营活动中，企业的目标却可能不是利润最大化。例如，企业可能只追求一个满意的利润，也可能是为了获取最大限度的销售收入等。当现代公司中主要经营者与企业的所有者（股东）实现分离时，或许更有理由相信，在很大程度上控制企业日常经营的公司经营者并不是以利润最大化为目标。尽管如此，不能否认利润是一个企业长期生存与发展的必要条件，因此在微观经济学中，一般总是假定厂商的目标是追求利润最大化。这一基本假定是理性经济人的假定在生产理论中的具体体现。

从本章第二节开始，将具体分析生产者行为。在以下的分析中，仍然使用厂商生产的目的是追求利润最大化这一基本假设。

【知识拓展】

赠报的免费午餐

每年的 12 月份，各大报刊都做了大量的广告，以期留住老客户，吸引新客户。在今年的元旦伊始，一家晚报向学校各个班级赠送一个月的报纸，并且可以在以后进行征订。令人奇怪的是，一个月以后，这种赠送行为仍然在进行。从订报者如一个班来说，在元旦这几天如果要订一份报纸的话，那么就会选择用较少的钱来订阅较多的报纸，也可称之为追求阅读福利最大化。那么，被赠阅的这个班就会订阅其他报纸，其阅读福利肯定会比订阅那份赠阅的报纸要多。报社的赠阅行为岂不是相当非理性？其直接后果是驱逐了其中一部分本来会订阅该报纸的客户，而大部分报刊是不会赠阅的。

但从成本收益的角度来分析，报社的这种赠阅行为却可能是符合成本收益的。从短期分析来看，报社的成本不一定会因为赠报而增加，办过报纸的人应该很清楚，报纸是存在规模经济的典型产品，发行量达到一定数量，报社所花的成本最低。况且报纸这种产品，其产品的边际成本是很低的。对报社来讲，如果今年的订阅量比上一年增加，那么报社应该增加印数。如果今年的订阅量比上一年有少量降低，那么报社可以按上一年的订阅量印刷，因为报社形成的生产要素可以不去调整，减少要素的投入来达到减少产量的做法可能会导致成本的提高。因为报社原有的工作人员、运作程序等需要进行调整而把多余的报纸送出去，所以这种赠送根本就不会增加成本。况且在受赠的客户中，有一部分会订阅该报刊，因为他们可以用 11 个月的钱来看 12 个月的报纸。这对报社来说，也会增加后来订阅该报刊的小部分收益。更为重要的是，报社的这种赠阅行为有如公益行为，扩大了该报刊的知名度，这也是一种收益，而且比金钱的收益更加重要。

从长期分析来看，读者对一份报纸是可以形成偏好的，读者基本上不会因为报社的赠阅行为而改变对该报的偏好程度。事实上，一个读者既然可以在文化支出上订一份报刊，那么他也不会因为可能享受那点赠阅而改变偏好，所以他们基本上不会在乎这种赠阅行为。即使读者对赠阅有心，他也不可能获得额外阅读的福利，因为报社处于信息有利的一面，读者既不知道在哪一年要进行赠阅，也不知道赠阅的对象是谁。笔者看来，学校的班级受赠的概率较高，但学校的班级也不会这样去总结规律，或者说等到总结规律时已经毕业了。因此，赠阅行为的信息和主动权掌握在报社手中，报社不会因为赠报而减少客户。从长期分析来看，报社的长期赠阅仍然可以理解，不知道这份报纸还会不会继续赠阅下去，这有待于实践来检验。

从以上的分析中可以看出，赠报的行为表面上是驱逐订阅客户的，但实质上符合成本收益的分析，报社这一生产者是追求利润最大化的。对受赠的客户来说，他们因为报社在追求利润最大化的行为时而享受到了免费的午餐。

（资料来源：吕明晓. 赠报的免费午餐. 经济学消息报：2002 - 5 - 31）

第二节　生产与生产函数

一、生产要素

生产是指一切能够创造或增加效用的人类活动,不仅包括物质资料的生产,还包括各种劳务的生产。经济学中通常把生产过程中的投入称为生产要素,因此生产是对各种生产要素进行组合以制成产品的行为。

生产要素是指生产活动中所使用的各种经济资源。生产要素一般分为劳动、资本、土地和企业家才能,即生产四要素。

劳动(L)是指人类在生产过程中所提供的劳务,包括体力劳动与脑力劳动。资本(K)是指生产中所使用的资金,表现为实物形态和货币形态。资本的实物形态又称为资本品或投资品,包括厂房、设备、原材料等;资本的货币形态通常称为货币资本。经济学中的土地(N)是一个广义的概念,是指生产中所使用的各种自然资源,不仅包括土地本身,还包括山川、河流、森林、矿藏等一切自然资源。企业家才能(E)是指企业家对生产过程的组织和管理,包含经营企业的组织能力、管理能力和创新能力。企业家才能是马歇尔在《经济学原理》一书中特别增加和强调的一种生产要素。

【知识拓展】

在研究生产要素配合的问题时,经常把四种生产要素比喻成围成木桶的四块木板,我们都知道木桶装水的多少并不取决于木桶中最长的木板,而是取决于最短的木板。

劳动、资本、土地与企业家才能这四种生产要素都是企业资源的转化形式,究竟每一种生产要素形式应该分配多少是需要研究的问题,显然不能把绝大多数的资源用来构建一个长板,而使其他的木板很短,这样用来构建长板的资源也不能得到充分利用,那么怎样才能达到最优的配置呢?各个生产要素中是否存在着替代关系(例如多雇佣劳动而减少固定资产的投入)?如果存在替代关系,那么替代的比率是多少?针对不同的行业和技术水平,这种替代比率有没有差别?经济学家们希望通过函数关系来解释上面的问题,经过研究取得了很多成果。以下介绍生产要素和产量之间的函数,即生产函数。

本章只考虑资本和劳动两种生产要素,这也是流行的简化分析方法。

二、生产函数

(一)生产函数的概念

生产函数是指在一定时期内,在技术水平不变的情况下,生产要素的数量与某一种组合同它所能生产的最大产量之间依存关系的函数。用 Q 表示某种产品最大产出量,用 L、K、N、E 分别表示生产要素劳动、资本、土地、企业家才能的投入量,则生产函数的方程式为

$$Q = f(L, K, N, E) \tag{3.1}$$

在分析生产要素与产量的关系时,一般把土地作为固定的,而企业家才能属于无形资

产，难以准确计量，因此生产函数又可以写为

$$Q = f(L, K) \tag{3.2}$$

公式(3.2)表明，在一定时期一定技术水平下，一定数量的劳动 L 与资本 K 的组合所能产出的最大的产品产量 Q。

(二)生产函数的类型

不同行业生产不同的产品时，各种生产要素的配合比例是不同的。生产一定量某种产品所需要的各种生产要素的配合比例称为技术系数。

1. 固定投入比例的生产函数

固定投入比例的生产函数是指在每一个产量水平上任何一对要素投入量之间的比例都是固定的生产函数。假定生产时只使用劳动(L)和资本(K)两种生产要素，则固定投入比例的生产函数通常写为

$$Q = \min\left(\frac{L}{U}, \frac{K}{V}\right) \tag{3.3}$$

式中，Q 表示一种产品的产量；U 和 V 分别为固定的劳动和资本的生产技术系数，各表示生产一单位产品所需的固定的劳动的投入量和资本的投入量。该生产函数表示：产量 Q 取决于 L/U 和 K/V 这两个比值中较小的一个。这是因为 Q 的生产被假定为必须按照 L 和 K 之间的固定比例，当一种生产要素数量固定时，另一种生产要素数量再多，也不能增加产量。该生产函数一般又假定劳动(L)和资本(K)两种生产要素都满足最小的要素投入组合的要求，则有

$$Q = \frac{L}{U} = \frac{K}{V}, \quad 即 \quad \frac{K}{L} = \frac{V}{U}$$

上式表示两种生产要素的固定投入比例等于两种生产要素的固定生产技术系数之比。就固定投入比例生产函数而言，当产量发生变化时，各要素的投入量以相同的比例发生变化，故各要素的投入量之间的比例维持不变。

2. 可变投入比例的生产函数

若生产某种产品所需要的各种生产要素的配合比例可以改变，就是可变技术系数，相应的生产函数则称为可变投入比例的生产函数。可变投入比例的生产函数中的各种生产要素之间可以互相替代，如果多用某种生产要素，就可以少用另一种生产要素。一般情况下，技术系数是可变的。例如，生产同样产量，可采用劳动密集型(多用劳动少用资本)，也可采用资本密集型(多用资本少用劳动)。

3. 柯布-道格拉斯生产函数

柯布-道格拉斯生产函数是由数学家柯布(C.W.Cobb)和经济学家道格拉斯(P. H. Douglas)于 20 世纪 30 年代提出来的。柯布-道格拉斯生产函数被认为是一种很有用的生产函数，函数的通常形式为

$$Q = AL^{\alpha}K^{\beta} \tag{3.4}$$

其中，A、α、β 为三个参数，并且 $A > 0$，$0 < \alpha < 1$，$0 < \beta < 1$。参数 α 和 β 的经济含义是：当 $\alpha + \beta = 1$ 时，α 和 β 分别表示劳动和资本在生产过程中的相对重要性，α 为劳动所得在总产

量中所占的份额，β 为资本所得在总产量中所占的份额。

三、短期生产函数和长期生产函数

短期和长期的划分是以生产者能否变动全部要素投入数量作为标准。短期指生产者来不及调整全部生产要素投入数量，至少有一种生产要素投入数量是固定不变的时间周期。在短期内，生产要素投入分为不变要素投入（如厂房、机器设备等）和可变要素投入（如劳动、原材料等）。长期是指生产者可以调整全部生产要素投入数量的时间周期。在长期内，所有生产要素投入都是可变要素投入。例如，企业根据它要达到的产量，可以缩小或扩大生产规模，也可以进入或退出一个行业。

显然，短期和长期的划分是以企业能否变动全部生产要素的投入量为标准的。不同的行业，短期和长期的时间长度不同。例如，变动一个大型炼钢厂的规模可能需要五年，则短期和长期的划分以五年为界，而变动一家面包屋的规模可能只需要一个月，则短期和长期的划分仅为一个月。

短期生产函数研究在其他要素的投入不变时，一种生产要素的投入量和产量之间的关系，以及这种可变要素的最优投入量。例如，假设资本投入量不变，劳动投入量可变，则生产函数可表示为：$Q=f(L)$，这就是短期生产函数，它采用的是一种可变要素投入变动的生产函数的形式。短期生产函数反映了既定资本投入量下，一种劳动要素投入量与所能生产的最大产量之间的相互关系。

长期生产函数研究多种要素投入组合和产量之间的关系，即考察企业如何把既定的成本用于多种生产要素的购买，以实现利润最大化。在生产理论中，通常以两种生产要素的生产函数来考察长期生产问题。假定企业使用的劳动和资本都是可变的，则生产函数可以表示为：$Q=f(L,K)$，这就是长期生产函数，它表示在技术水平既定的条件下，由两种生产要素的投入组合所能生产的最大产量。

第三节　短期生产函数

一、短期生产函数

经济学中通常以一种可变生产要素的生产函数考察短期生产理论，以两种可变生产要素的生产函数考察长期生产理论。

根据生产函数 $Q=f(L,K)$，假定资本投入量是固定的，用 $\overline{K}$ 来表示；劳动投入量是可变的，用 L 表示，则生产函数可以写为

$$Q=f(L,\overline{K})=f(L) \tag{3.5}$$

二、总产量、平均产量、边际产量

根据短期生产函数，可以得到劳动的总产量、劳动的平均产量和劳动的边际产量的概念。

劳动的总产量（TP_L）是指与一定的可变要素劳动的投入量相对应的最大产量，可写为

$$TP_L = f(L, \overline{K}) = f(L) \tag{3.6}$$

劳动的平均产量（AP_L）是指总产量与所使用的可变要素劳动的投入量之比，可写为

$$AP_L = \frac{TP_L}{L} = \frac{f(L, \overline{K})}{L} \tag{3.7}$$

劳动的边际产量（MP_L）是指增加一单位可变要素劳动的投入量所增加的产量，其表达式为

$$MP_L = \frac{\Delta TP_L}{\Delta L} \quad \text{或} \quad MP_L = \lim_{\Delta L \to 0} \frac{\Delta TP_L}{\Delta L} = \frac{dTP_L}{dL} \tag{3.8}$$

三、总产量曲线、平均产量曲线和边际产量曲线

表3-1是在资本投入不变，劳动投入量增加的情况下生产的总产量、平均产量和边际产量关系表。

表3-1 总产量、平均产量和边际产量

资本投入量(K)	劳动投入量(L)	劳动投入增量(ΔL)	总产量(TP)	平均产量(AP)	边际产量(MP)
(1)	(2)	(3)	(4)	(5)	(6)
				(4)/(2)	ΔTP/(3)
10	0	0	0	0	0
10	1	1	4	4	4
10	2	1	10	5	6
10	3	1	18	6	8
10	4	1	24	6	6
10	5	1	28	5.6	4
10	6	1	30	5	2
10	7	1	30	4.3	0
10	8	1	29	3.6	−1

根据表3-1，可以作出图3-1。图中的横轴表示可变要素（劳动）的投入数量 L，纵轴 TP、AP、MP 代表总产量、平均产量与边际产量。TP 为总产量曲线，AP 为平均产量曲线，MP 为边际产量曲线。三条曲线都是从原点出发，先上升，达到各自的最大值后，再下降。

（一）总产量曲线和平均产量曲线之间的关系

由于 AP=TP/L，所以平均产量曲线是总产量曲线上的点与原点连续的斜率值的轨迹，因此当 AP 曲

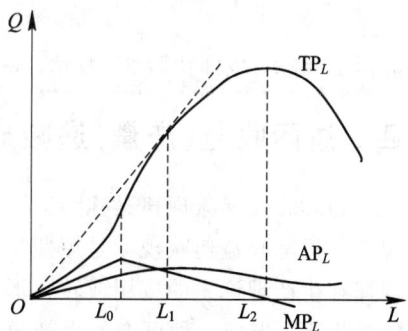

图3-1 劳动的总产量曲线、平均产量曲线、边际产量曲线

线达到最高点时，在 TP 曲线上必然存在相应的一点，该点与原点的连线是 TP 曲线上所有的点与原点连线中最陡的。

（二）边际产量和总产量之间的关系

因为 $MP = \Delta TP / \Delta L = dTP / dL$，所以在每一产量上的边际产量值就是 TP 曲线的斜率。只要边际产量为正值，总产量总是增加的；只要边际产量为负值，总产量总是减少的。在图 3-1 中，当边际产量为正值时，TP 曲线上升，TP 曲线的斜率随着 MP 曲线的上升而递增；当边际产量为零时，TP 曲线的斜率为零，TP 曲线达到最大值时，TP 曲线出现拐点；当边际产量为负值时，TP 曲线下降，TP 曲线的斜率随着 MP 曲线的下降而递减。因此，边际产量 MP 与总产量 TP 之间的关系是：边际产量 MP>0，总产量曲线 TP 递增；边际产量 MP=0，总产量曲线 TP 有最大值；边际产量 MP<0，总产量曲线 MP 递减。

（三）边际产量和平均产量之间的关系

在图 3-1 中，边际产量和平均产量之间的关系是：MP 与 AP 相交于 AP 的最高点，在交点的左边，边际产量大于平均产量，边际产量会把平均产量向上拉，平均产量是递增的；在交点右边，边际产量小于平均产量，边际产量会把平均产量向下拉，平均产量是递减的；在相交时，边际产量等于平均产量，平均产量达到最大。

例 某工厂生产一种产品，其生产函数是 $Q = 200L + 30L^2 - L^3$，Q 为其总产量，L 为投入的劳动量。试计算：

（1）为了使平均产量最大，应招聘多少人？

（2）为了使产量最大，应招聘多少工人？

解 （1）
$$AP = \frac{Q}{L} = 200 + 30L - L^2 = -(L-15)^2 + 425$$

当 $L = 15$，也即招聘 15 名工人时，平均产量最大。

（2）根据边际产量曲线和总产量曲线的关系可知，当总产量达到最大值时，边际产量为 0。该产品的边际产量为

$$MP_L = \frac{dQ}{dL} = 200 + 60L - 3L^2$$

所以

$$200 + 60L - 3L^2 = 0$$

解得 $L = 23$，也即招聘 23 人时，总产量最大。

四、边际收益（产量）递减规律

边际收益递减规律又称为边际产量递减规律。短期生产函数一般都遵循边际收益递减规律。边际收益递减规律是短期生产的一条基本规律，是消费者行为理论中边际效用递减规律在生产理论中的应用或转化形态。它的基本内容是：在技术水平和其他生产条件不变的前提下，当把一种可变的生产要素投入到一种或几种不变的生产要素中时，最初这种生产要素的增加会使产量增加，但当它的增加超过一定限度时，增加的产量将会递减，最终还会使产量绝对减少。

在理解边际收益递减规律时，要注意以下几点：

（1）这一规律发生作用的前提是技术水平不变。技术水平不变是指生产中所使用的技术没有发生重大变革。现在，技术进步的速度很快，但并不是每时每刻都有重大的技术突破，技术进步总是间歇式进行的，只有经过一定时期的准备之后才会有重大的突破。短期内无论是农业还是工业，一种技术水平一旦形成，总会有一个相对稳定的时期，这一时期就称为技术水平不变时期。

（2）这一规律所指的是生产中使用的生产要素分为可变的与不变的两类。边际产量递减规律研究的是把不断增加的一种可变生产要素，增加到其他不变的生产要素上时对产量所产生的影响，这种情况也是普遍存在的。在农业中，当土地等生产要素不变时，增加施肥量，在工业中，当厂房、设备等生产要素不变时，增加劳动力都属于这种情况。

（3）在其他生产要素不变时，一种生产要素增加所引起的产量或收益的变动可分为三个阶段：第一阶段表现为产量递增，即这种可变生产要素的增加使产量或收益增加；第二阶段表现为边际产量递减，即这种可变生产要素的增加仍可使总产量增加，但增加的比率（增加的每一单位生产要素的边际产量）是递减的；第三阶段表现为产量绝对减少，即这种可变生产要素的增加会使总产量减少。

边际产量递减规律是从科学实验和生产实践中得出的，在农业中的作用最为明显。早在1771年，英国农学家A·杨格就用在若干块相同的地上施以不同量肥料的实验，证明了肥料施用量与产量增加之间存在着这种边际产量递减的关系。以后，国内外学者又以大量事实证明了这一规律，这一规律同样存在于其他部门。工业部门中劳动力增加过多，会使生产率下降。行政部门中机构过多，人员过多也会降低行政办事效率，造成官僚主义。俗语称"一个和尚担水吃，两个和尚抬水吃，三个和尚没水吃"，正是对边际产量递减规律的形象表述。

【知识拓展】

大约从20世纪80年代初期开始，我国老百姓在过春节的年夜饭中增添了一套诱人的内容，那就是春节联欢晚会。1982年第一届春节联欢晚会的出台，在当时娱乐事业尚不发达的我国引起了极大的轰动。晚会的节目成为全国老百姓在街头巷尾和茶余饭后津津乐道的题材。

晚会年复一年地在举办，投入的人力物力越来越大，技术效果越来越先进，场面设计越来越宏大，节目种类也越来越丰富。但不知从哪一年起，人们对春节联欢晚会的评价却越来越差了，原先在街头巷尾和茶余饭后的赞美之词变成了一片骂声，春节联欢晚会成了一道众口难调的大菜，晚会也陷入了"年年办，年年骂；年年骂，年年办"的怪圈。

春晚本不该代人受过，问题其实与边际效用递减规律有关。在其他条件不变的前提下，当一个人在消费某种物品时，随着消费量的增加，他从中得到的效用是越来越少的，这种现象普遍存在，被视为一种规律。边际效用递减规律虽然是一种主观感受，但在其背后也有生理学的基础：反复接受某种刺激，反应神经就会越来越迟钝。第一届春节联欢晚会让我们欢呼雀跃，但举办次数多了，由于刺激反应弱化，尽管节目本身的质量在整体提升，但人们对晚会节目的感觉却越来越差了。

边际效用递减规律时时在支配着我们的生活，尽管有时我们没有明确地意识到。在大多数情况下，边际效用递减规律决定了第一次是最重要的。难怪人们最难忘的是自己的初恋，最难忘恋爱中第一次约会的地点。

（资料来源于网络）

五、短期生产的三阶段与生产要素的合理投入区域

（一）短期生产的三阶段

根据总产量曲线、平均产量曲线和边际产量曲线之间的关系，将短期生产分为三个阶段，如图3-2所示的Ⅰ、Ⅱ、Ⅲ。

第Ⅰ阶段是从原点到平均产量最高点（F点）。在第Ⅰ阶段，随着生产要素投入不断增加，平均产量不断增加，边际产量大于平均产量。在这一阶段，由于可变生产要素相对于固定生产要素而言，投入量太少，一部分固定生产要素没有被充分利用，所以相对于可变生产要素而言，每份投入换来的产量总是增加的，故在这一阶段不应停止投入。虽然对特定的一份生产要素来说，收益最好时应是边际产量最大时，但对全部投入的生产要素而言，收益最好时应是平均产量最大时，所以生产要素在F点以前不应停止投入。

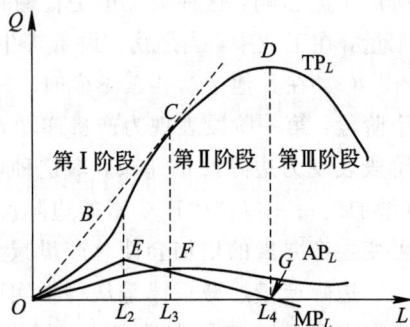

图 3-2　短期内企业生产的三个阶段

第Ⅱ阶段是从平均产量最高点到总产量最大点（CD段）。在第Ⅱ阶段，边际产量与平均产量都随着生产要素投入的增加而逐步递减，也就是说，每份生产要素换来的产量越来越少，直至为0，总产量达到最大。

第Ⅲ阶段是边际产量为0以后的阶段（G点后）。在第Ⅲ阶段，边际产量为负值，总产量因生产要素的不断投入而逐步减少，说明在这一阶段，相对于固定的投入，可变生产要素投入过多，因而增加可变要素的投入不但没有带来总产量的增加，反而引起总产量的减少。

（二）生产要素的合理投入区域

对生产函数三个阶段的分析可知，对于理性的生产者而言，第Ⅰ、Ⅲ阶段都是不合理的生产阶段。因为在第Ⅰ阶段，只要增加生产要素的投入，就可以增加产出，所以生产要素的投入不应停留在这一阶段；而在第Ⅲ阶段则因为随着生产要素投入的增加，产出不仅没有增加，反而减少，所以生产要素的投入也不能达到第Ⅲ阶段。只有生产的第Ⅱ阶段，才是生产要素投入的合理阶段，而生产要素投入量究竟在这一阶段的哪一点，还要引入生产要素与产品的价格，结合成本与收益进行综合分析。

第四节　长期生产函数

在长期内，所有的生产要素都是可变的，经济学中通常以两种可变生产要素的生产函数来考察长期生产函数。在生产函数 $F = f(L, K)$ 中，劳动投入量（L）和资本投入量（K）

都是可变的,这个函数是通常采用的两种可变生产要素的生产函数形式,也被称为长期生产函数。

对于一个生产者来说,在利用两种生产要素生产一种产品时,就应该实现生产要素的最佳配置,也即生产者均衡。长期生产理论要研究的问题是在两种生产要素可以变动的情况下,这两种生产要素按照什么比例配合可以实现生产者均衡,这就是以下要研究的问题。

一、等产量曲线

(一)等产量曲线的含义

等产量曲线是在技术水平不变的条件下生产一种商品在一定产量下的两种生产要素投入量的各种不同组合的轨迹,在这条曲线上的各点代表投入要素的各种组合比例,其中的每一种组合比例所能生产的产量都是相等的。

以 Q 表示既定的产量水平,则与等产量曲线相对应的生产函数为

$$Q = f(L, K) = Q^0 \tag{3.9}$$

式中,Q^0 为常数,表示既定的产量水平,这一函数是一个两种可变要素的生产函数。

例如,假定用劳动(L)和资本(K)两种生产要素生产某产品,它们可以有各种不同的组合。为了生产100单位的某种产品,劳动和资本可按照下面几种方式组合,如表3-2所示。

根据表3-2,可以作出图3-3,在图3-3中,横轴 OL 代表劳动量,纵轴 OK 代表资本量,Q 代表等产量曲线,线上任何一点劳动和资本的组合,都能生产相同的产量。

表 3-2 两种生产要素投入的等产量组合

组合方式	劳动(L)	资本(K)	产量(Q)
a	4	0.6	100
b	2	1	100
c	1.1	2	100
d	0.7	3	100
e	0.5	4	100
f	0.4	5	100

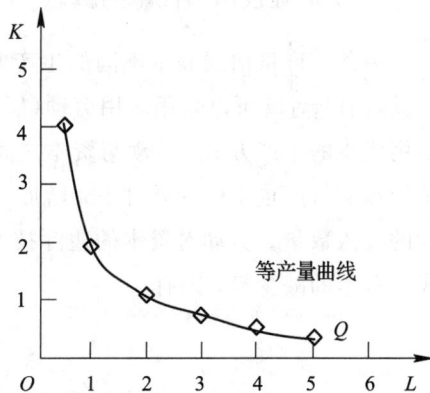

图 3-3 等产量曲线

等产量曲线与无差异曲线的几何性质和经济分析十分相似,不同的是,无差异曲线表达的是效用,等产量曲线表达的是产量。

(二)等产量曲线的特征

根据等产量曲线的含义,等产量曲线具有以下四个重要特征:

(1)等产量曲线是一条自左上方向右下方倾斜的曲线,其斜率为负值。在生产者的资

源和生产要素价格既定的条件下，生产者为了达到相同的产量，在生产要素可以相互替代的阶段，如果生产者在增加一种生产要素的投入时，就必须减少另一种生产要素的投入，两种生产要素不能同时增加或减少。

（2）在同一平面上可以有无数条等产量线。同一条等产量曲线代表相同的产量，不同的等产量曲线代表不同的产量水平。离原点越远（或处于较高位置）的等产量曲线代表产量越高，离原点越近（或处于较低位置）的等产量曲线代表产量越低。例如，在图3-4中，Q_1、Q_2、Q_3代表三条不同的等产量曲线，$Q_1<Q_2<Q_3$。

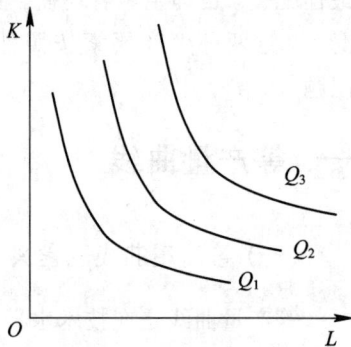

（3）在同一平面上的任意两条等产量曲线不可能相交。如果两条等产量曲线有交点，则表示相交的两条等产量曲线代表相同的产量水平，这与等产量曲线的第二个特征相矛盾，所以在同一平面上的任意两条等产量曲线不可能相交。

图 3-4　等产量曲线组

（4）等产量曲线凸向原点。这就表明，尽管一种要素可以替代另外一种要素，但随着其投入量的增加，另外一种要素越来越不容易被替代。为了说明这个特征，需要研究边际技术替代率这一问题，在下面进行详细介绍。

二、边际技术替代率

（一）边际技术替代率的概念

一条等产量曲线表示不同的生产要素投入组合能够得到的等量产品，即为了生产等量产品，生产者既可以采用多用劳动（L）、少用资本（K）的生产方法，也可以采用少用劳动、多用资本的生产方法，劳动与资本之间存在着相互替代的关系。边际技术替代率（MRTS）是指在维持产量不变的条件下，增加一单位某种生产要素投入量时所减少的另一种生产要素的投入数量。劳动对资本的边际技术替代率写作 $MRTS_{LK}$，ΔL 代表劳动的增加量，ΔK 代表资本的减少量，则有

$$MRTS_{LK} = \frac{\Delta L}{\Delta K} \tag{3.10}$$

增加一种生产要素就必须减少另一种生产要素，边际技术替代率应该是负值。为了方便，一般用其绝对值，因此通常省去负号。

（二）边际技术替代率递减规律

结合表3-2研究边际技术替代率的相关规律。在表3-3中，劳动对资本的边际技术替代率 $MRTS_{LK}$ 从5下降到0.1，呈现出下降的趋势。

在两种生产要素相互替代的过程中：在维持产量不变的前提下，当一种生产要素的投入量不断增加时，每一单位的这种生产要素所能替代的另一种生产要素的数量是递减的，

这一现象被称为边际技术替代率递减规律。

边际技术替代率之所以递减，是由于边际收益递减规律作用的原因。在劳动投入方面，随着劳动投入量的增加，劳动的边际产量递减；在资本投入方面，随着资本投入量的减少，资本的边际产量递增。如果反过来用资本替代劳动，情况也相同。因此，在一条等产量曲线上，当一种生产要素不断地替代另一种生产要素时，其边际技术替代率是递减的。

表 3-3　生产要素的边际技术替代率

组合方式	劳动(L)	资本(K)	ΔL	ΔK	MRTS_{LK}
a	4	0.6			
b	2	1	2	0.4	5
c	1.1	2	0.9	1	0.9
d	0.7	3	0.4	1	0.4
e	0.5	4	0.2	1	0.2
f	0.4	5	0.1	1	0.1

（三）边际技术替代率与边际产量的关系

以劳动和资本为例，边际替代率与两个生产要素的边际生产量有这样的关系：以劳动替代资本的边际技术替代率，等于劳动的边际产量与资本的边际产量之比，公式为

$$\mathrm{MRTS}_{LK} = \frac{\mathrm{MP}_L}{\mathrm{MP}_K} = -\frac{\mathrm{d}K}{\mathrm{d}L} \tag{3.11}$$

上述关系表明：要维持产量不变，增加劳动所造成的生产量的增加，必须等于减少资本所造成的生产量的减少。

上述等式可以用数学的方法证明：以 TP 代表某一条等产量曲线的固定产量，其生产函数为 $\mathrm{TP} = f(K, L)$，全微分结果为

$$\frac{\mathrm{dTP}}{\mathrm{d}K} \cdot \mathrm{d}K + \frac{\mathrm{dTP}}{\mathrm{d}L} \cdot \mathrm{d}L = 0$$

即

$$\mathrm{MP}_K \cdot \mathrm{d}K + \mathrm{MP}_L \cdot \mathrm{d}L = 0$$

所以

$$-\frac{\mathrm{d}K}{\mathrm{d}L} = \frac{\mathrm{MP}_L}{\mathrm{MP}_K} = \mathrm{MRTS}_{LK}$$

由于边际收益递减规律，当厂商不断地用劳动替代资本时，随着劳动投入的增加，劳动的边际产量日益减少；随着资本投入的减少，资本的边际产量日益增加，因此，边际技术替代率具有递减的趋势。

三、等成本线

等产量曲线上任何一点都代表生产一定产量的两种生产要素的组合，但企业在生产过

程中不可能选择在等产量曲线上的任意一种组合。选择一种最好的生产要素组合取决于企业生产这些产量的总成本，因此要讨论生产要素的最优组合，需要引入等成本线这一概念。等成本线是企业进行生产的限制条件。

等成本线就是指在要素价格既定的条件下，厂商花费一定成本所能购买的两种要素的最大数量组合的轨迹。

假设既定的成本为 C，已知劳动（L）的价格，即工资率为 w，资本（K）的价格，即利息率为 r，据此可以得到等成本线

$$C = w \cdot L + r \cdot K \tag{3.12}$$

等成本线也可以写成

$$K = \frac{C}{r} - \frac{w}{r} L \tag{3.13}$$

等成本线的斜率为两种要素的价格之比 $-\frac{w}{r}$。等成本线的斜率表示两种生产要素交换比率，即在既定的要素价格与成本约束下，厂商在市场上为增加一单位劳动的购买必须减少资本的购买量。

如图 3-5 所示，在等成本线以内的区域，其中的任意一点（如 A 点）表示既定的总成本没有用完；等成本线以外的区域，其中的任意一点（如 B 点）表示既定的成本不够购买该点的劳动和资本的组合；等成本线上的任意一点表示既定的全部成本刚好能购买的劳动和资本的组合。

等成本线类似于消费者的预算线，在几何性质和经济分析上十分类似，有的学者也把等成本线称为企业预算线。

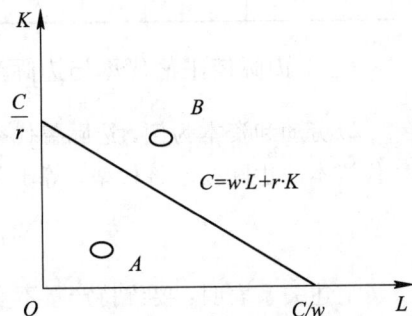

图 3-5　等成本线

由于等成本线斜率的绝对值等于两种生产要素价格之比，只要两种生产要素的价格不随购买量的变动而变动时，等成本线必定是一条直线。在生产要素价格既定的条件下，生产者购买生产要素总成本费用的变动将导致等成本线平行移动。等成本线向右移动表示生产者的总成本费用增加，能够购买到更多数量的生产要素；等成本线向左移动表示总费用减少，能够购买的生产要素数量减少。如果生产要素的价格发生变化，则等成本线的斜率发生变化。

四、生产者均衡：生产要素的最优组合

生产要素的最优组合是指在既定产量下达到成本最小的生产要素的组合，或者在总成本既定时，实现产量最大的生产要素的组合。它被称为生产者均衡，因为实现了生产要素的最优组合，也就实现了利润最大化。

等产量线表达了生产任一给定产量所需两种要素的各种可能组合，等成本线描述了任一给定总成本可能买进的两种要素的各种可能组合。厂商理性的决策就是确定一个他所购

买的两种要素数量的组合，以实现在产品数量既定下总成本最低，或者在总成本既定下总产量最大。

（一）既定产量条件下成本最小的要素组合

由于产量既定，所以某一固定数量产品的等产量线就是已知的。假设生产要素的价格也为已知，那么，虽然表示每一个总成本的等成本线是未知的，但等成本线的斜率是已知的，即为两种生产要素的价格之比：$-w/r$。为了生产出一定量产品所费总成本最小，厂商使用的两种生产要素应各为多少？

如图 3-6 所示，横坐标 OL 表示劳动投入量，纵坐标表示 OK 表示资本投入量，根据上述已知条件，在众多的等成本线中必有一条，而且也只有一条等成本线与既定的等产量线相切。

在图 3-6 中，等成本线 A_2B_2 与既定的等产量线相切于 E 点，于是 E 点所代表的资本量 K_E 和劳动量 L_E 乘以各自的价格相加就是既定产量所费的最小成本，从而产量既定下所费成本最小的要素合理投入量为 K_E 和 L_E。

由于等产量线上任一点的边际技术替代率实际上就是该点对等产量线所做切线斜率的负数值，同时，边际技术替代率还可用劳动与资本的边际产量来表示。因此，在上述 E 点就有

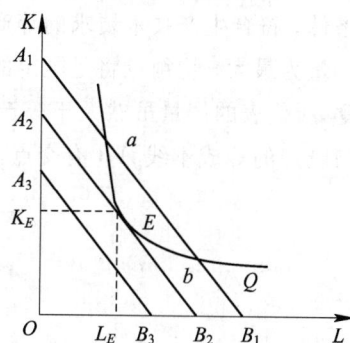

图 3-6　既定产量下的最优组合

$$\mathrm{MRTS}_{LK} = -\frac{\mathrm{d}K}{\mathrm{d}L} = -\left(-\frac{w}{r}\right) = \frac{w}{r}$$

同时，又有

$$\mathrm{MRTS}_{LK} = \frac{\mathrm{MP}_L}{\mathrm{MP}_K}$$

所以

$$\frac{w}{r} = \frac{\mathrm{MP}_L}{\mathrm{MP}_K} \tag{3.14}$$

因此，厂商耗费最小成本生产一定量产品的厂商均衡条件是：厂商买进的劳动和资本的数量应是等产量线上的 E 点，在 E 点劳动与资本的边际产量之比等于它们的价格之比。

上述厂商均衡条件可以说明：在等成本线 A_2B_2 上除 E 点以外其他任何一点代表资本量与劳动量所花费的总成本，它们同 E 点所花费的总成本比较虽然并未增加，但不能生产出既定等产量线要求的产量水平。

对于既定等产量线上除 E 点以外任何一点所对应的劳动量与资本量而言，如果劳动的边际产量与劳动的价格之比大于资本的边际产量与资本的价格之比，那么这意味着多花一元钱买进劳动所能增加的产量，大于少花一元钱使用资本所减少的产量。也就是说，为了补偿少花一元钱买进资本所损失的产量，所需增加使用的劳动所费将小于一元钱，因而增加劳动使用量而同时减少资本使用量将使总成本减少。同样的道理，如果劳动的边际产量与劳动的价格之比小于资本的边际产量与资本的价格之比，那么要维持产量不变，这时需

要减少劳动使用量而增加资本使用量，从而使所费总成本减少。因此，只有劳动与资本的边际产量之比等于劳动的价格与资本的价格之比，才能使所花费总成本为最小的点，满足这个条件的只有 E 点，即在 E 点花费每一元购买的两种生产要素所得的边际产量都相等。这就是说，在生产者货币成本与生产要素既定的条件下，OL_E 的劳动与 OK_E 的资本组合能实现利润最大化，即既定产量条件下成本最小。

（二）既定成市条件下产量最大的要素组合

假设生产要素价格已知，而这时所花费的总成本既定，从而等成本线 AB 是既定的。如图 3-7 所示，横坐标 OL 表示劳动投入量，纵坐标 OK 表示资本投入量。根据上述已知条件，符合生产技术要求的等产量线有 Q_1、Q_2、Q_3 等，为了使花费一定量总成本获得的产量为最大，均衡点将是既定的等成本线 AB 与等产量线 Q_2 相切的点 E。因为等产量线 Q_3 所代表的产量虽然大于等产量线 Q_2，但所需总成本大于既定的总成本，等产量线 Q_1 与既定的等成本线 AB 有交点，且总成本也不增加，但其产量小于等产量线 Q_2 的产量。

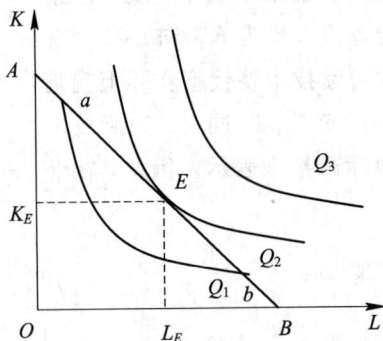

图 3-7 既定成本下的最优组合

因此，同上述均衡条件一样，花费既定成本所能获得的最大产量是等产量线 Q_2 所代表的产量水平。为了生产出这个产量，在生产要素价格既定的条件下，厂商采用的两种生产要素的组合比例是等产量线 Q_2 与既定的等成本线 AB 的切点 E 所对应的两种要素的数量。于是，E 点所代表的资本量 K_E 与劳动量 L_E 是成本既定下所得产量最大的要素合理投入量。而且在 E 点劳动与资本的边际产量之比正好等于劳动与资本价格之比。

把等产量线与等成本线结合在一个图上，那么，等成本线必定与无数条等产量线中的一条切于一点。在这个切点上就实现了生产要素的最佳组合，如图 3-7 所示。

在图 3-7 中，三条等产量线的产量大小的顺序为 $Q_1 < Q_2 < Q_3$。等成本线 AB 与 Q_2 相切于 E 点，这时实现了生产要素的最佳组合。

为什么只有在这个切点时才能实现生产要素的最佳组合呢？从图 3-5 中可以看出，只有在这一点上所表示的劳动与资本的组合才达到在货币成本和生产要素价格既定的条件下，产量最大。等产量曲线 Q_3 所代表的产量水平大于 Q_2，但等成本线 AB 同它既不相交又不相切，这说明达到 Q_3 产量水平的劳动与资本的数量组合在货币与生产要素价格既定的条件下是无法实现的。而等产量线 Q_1，虽然 AB 线同它有两个交点 a 和 b，说明在 a 点

和 b 点上所购买的劳动与资本的数量也是货币成本与生产要素价格既定的条件下最大的组合，但 $Q_1 < Q_2$。在 a 点和 b 点时劳动与资本的组合并不能达到利润的最大化。此外，Q_2 除 E 之外的其他各点也在 AB 线之外，即所要求的劳动与劳动资本的数量组合也在收入与价格既定的条件下是无法实现的。

【知识拓展】

机器人替代劳动工人

早在 2011 年外界就有消息称富士康有计划用机器人取代工人。据昆山市政府近日公布的富士康工厂的机械化数据显示：从 2014 年 iPhone 6 上市至今，富士康已经使用机器人和机械手臂取代了超过一半的工人，当地工人数量由 11 万人减少到了 5 万人。昆山富士康工厂的负责人表示，他们之所以要以机器人来代替传统技术工人，主要是出于对成本的考虑。因为随着时代的发展，如今劳动力成本也在不断上升，据了解，过去两年半的时间里，广东省已经有超过 500 家公司先后对机器人以及人工智能代替传统技工的计划进行了投资，其投资总额达到 6.3 亿美元。

富士康表示："我们正在使用机器人工程技术和其他的创新制造技术，并以此来取代之前由工人完成的生产线上的那些重复操作工作，同时也可以让我们的员工专注于制造过程中附加值更高的工作，如研发、过程控制和质量控制。"富士康还提议，希望其他公司也可以效仿这个模式，到 2020 年，机器人可以轻松取代 500 万个工作岗位。

（资料来源：根据新闻报道整理）

例 已知某企业的生产函数为 $Q = 10L^{\frac{1}{2}}K^{\frac{1}{2}}$，其中，劳动 L 的价格 $w = 80$ 元，资本价格 $r = 20$ 元，求：

（1）如果企业生产 400 个单位的产品，应投入 L 和 K 各多少才能使成本最低？此时成本是多少？

（2）如果企业总投入为 6000 元，应投入 L 和 K 各多少才能使产量最大？此时产量是多少？

解
$$\text{MP}_K = 5L^{\frac{1}{2}}K^{-\frac{1}{2}}, \ \text{MP}_L = 5L^{-\frac{1}{2}}K^{\frac{1}{2}}$$

$$\frac{\text{MP}_K}{\text{MP}_L} = \frac{5L^{\frac{1}{2}}K^{-\frac{1}{2}}}{5L^{-\frac{1}{2}}K^{\frac{1}{2}}} = \frac{L}{K}$$

（1）生产 400 个单位产品时，有

$$400 = 10L^{\frac{1}{2}}K^{\frac{1}{2}} \tag{①}$$

$$\frac{\text{MP}_K}{\text{MP}_L} = \frac{L}{K} = \frac{w}{r} = \frac{80}{20} \tag{②}$$

联立①、②两个方程，解方程组得

$$L = 80, \ K = 20$$

此时成本为

$$wK + rL = 20 \times 80 + 80 \times 20 = 3200（元）$$

（2）企业在总投入 6000 元时，有

$$wK + rL = 80K + 20L = 6000 \quad ①$$

$$\frac{MP_K}{MP_L} = \frac{L}{K} = \frac{80}{20} \quad ②$$

联立①、②两个方程，解得

$$K = 37.5,\ L = 150$$

此时产量为

$$Q = 10L^{\frac{1}{2}}K^{\frac{1}{2}} = 750（单位）$$

五、生产扩展线

在其他条件不变的情况下，当生产的产量或成本发生变化时，企业会重新选择最优的生产要素组合，在成本变化了的条件下实现产量最大化，或在产量变化了的条件下实现成本最小化，这就涉及扩展线。

如果生产者货币成本增加，则等成本线向右上方平行移动，不同的等成本线与不同的等产量线相切，形成不同的生产要素最佳组合点，将这些点连接在一起，就得出扩展线，如图3-8所示。当生产者沿着这条线扩大生产时可以始终实现生产要素的最佳组合，从而使生产规模沿着最有利的方向扩大。

生产扩展线是在生产要素价格不变的情况下，厂商扩大生产规模的最优路线。如图3-8所示，当某个生产厂商总成本为C_1时，它的利润最大化产量为Q_1，这时等产量线为Q_1，等成本线为C_1，厂商的均衡点为E_1；如果该厂商要把产量调整为Q_2水平，在生产要素价格不变的情况下，它的总成本需要增加到C_2的水平，这时等产量线为Q_2，等成本线为C_2，厂商均衡点为E_2；如果该厂商要把产量调整为Q_3水平，在生产要素价格不变的情况下，它的总成本需要增加到C_3的水平，这时等产量线为Q_3，等成本线为C_3，厂商均衡点为E_3……将均衡点E_1、E_2、E_3、…连接起来，就是该厂商最合理地扩大生产规模的扩展线。但厂商究竟把生产推进到扩展线的哪一点，单凭生产扩展线是不能确定的，还需结合企业的内部情况和市场的需求情况而定。

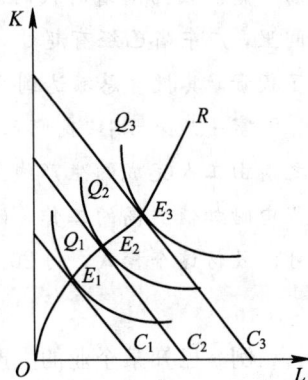

图3-8　生产扩展线

第五节　规 模 经 济

在长期生产中，所有投入要素都是可变的，相应的产量也会随投入量的变化而变化，产量的变化会引起规模的变化。在生产理论中，通常以全部生产要素都按照相同比例发生变化来定义企业的生产规模的变化。因生产规模的变动而引起产量变动的情况属于规模报酬的问题，规模报酬也称为规模经济。规模经济是指企业采用一定的生产规模而获得的经济利益，规模经济也是以技术的基本不变为前提的。

当所有生产要素的投入量都同比例增加时，投入量的增加与产出的关系存在三种可能情况。

一、规模经济

（一）规模收益递增

产量增长的比例大于各种生产要素投入增长的比例，称为规模收益递增，也就是当所有投入要素增加 1%，产量的增加超过 1%。产生规模收益递增的主要原因是企业生产规模扩大所带来的生产效率的提高。它表现为：生产规模扩大以后，企业通过利用更先进的技术和机器设备等生产要素来提高生产效率，而较小规模的企业可能无法利用这样的技术和设备等生产要素来达到提高生产效率的目的。随着对较多的人力和机器的使用，企业内部的生产分工能够更合理和专业化。此外，人数较多的技术培训和具有一定规模的生产经营管理也都可以节省成本。

假设生产函数 $Q=f(K,L)$，对于 $\lambda>1$（投入生产要素），如 $f(\lambda K,\lambda L)>\lambda f(K,L)$，则为规模收益递增。

（二）规模收益不变

若产量增长率等于各种生产要素投入增长率，则称该生产函数为规模收益不变。例如，当全部生产要素劳动和资本都增加 1% 时，产量也增加 1%。一般可以预计两个相同的工人使用两台相同的机器所生产的产量是一个这样的工人使用一台这样的机器所生产的产量的两倍，这就是规模报酬不变的情况。

假设生产函数 $Q=f(K,L)$，对于 $\lambda>1$（投入生产要素），如 $f(\lambda K,\lambda L)=\lambda f(K,L)$，则为规模收益不变。

（三）规模收益递减

若产量增长率慢于各种生产要素投入增长率，则称该生产函数为规模收益递减。例如，当全部生产要素劳动和资本部增加 1% 时，产量的增加小于 1%。产生规模报酬递减的主要原因是企业生产规模过大使得生产的各个方面难以得到协调，从而降低了生产效率。它表现为企业内部合理分工的破坏，生产有效运行的障碍，获取生产决策所需的各种信息的不等。

假设生产函数 $Q=f(K,L)$，对于 $\lambda>1$（投入生产要素），如 $f(\lambda K,\lambda L)<\lambda f(K,L)$，则为规模收益递减。

规模收益变化的不同情况要由内在经济和外在经济来解释。生产规模扩大会引起产量及收益的变动，其原因就在于内在经济与内在不经济及外在经济与外在不经济。

二、内在经济与外在经济

（一）内在经济与内在不经济

1. 内在经济

内在经济是指一个厂商从自身工厂规模扩大中获得递增的规模收益。引起内在经济的因素或原因主要有：

（1）技术。生产规模扩大可以购置和使用更加先进的机器设备，可以提高专业化程度，提高生产效率，还有利于实现资源的综合开发利用，使生产要素效率得到充分发挥。

（2）管理。巨大的工厂规模能使厂商内部管理系统高度专门化，使各个部门管理者容易成为某一方面的专家，从而提高管理水平和工作效率。

（3）购销。大厂商从大宗产品的销售和原材料购买中获得更大的好处。订购大批原料可获得各种优惠条件，大宗产品的销售能节约销售成本。

（4）金融。在为企业扩展筹措资金时，大厂商具备一切有利条件。它容易获得银行贷款，因为它可以提供更大的财产担保。它能比小厂商以更低的费用发行股票和债券来筹集资金，因为它更能取得投资者的信任。

由此可见，工厂规模的扩大可以使厂商从很多方面获得内在经济，从而获得递增的经济效益。

2. 内在不经济

如果一个厂商不断地扩大工厂规模，达到了一定程度，则会由自身内部原因引起产量的减少，这就是内在不经济。企业生产规模过大会使管理越来越复杂，管理效率下降。因增加生产要素供给和产品销售困难，使生产要素价格与销售费用增加，从而规模收益将会出现递减的趋势。

影响企业产量和收益的因素，除了厂商自身内部因素外，还与整个行业生产规模大小有关，即外在经济和外在不经济。

（二）外在经济与外在不经济

1. 外在经济

外在经济是指生产规模的扩大和产量的增加给个别厂商带来产量与收益的增加。引起外在经济的因素或原因有：行业规模的扩大可以设立专业技术学校来培养熟练劳动力和工程技术人员，提高整个待业的劳动力素质；可以建立共同的服务组织，如市场推销机构、信息机构和科研机构等，从而提高整个行业的经济效益；可以建立较便利的交通运输和通讯网络。此外，行业规模的扩大如同厂商规模扩大一样，能够在行业内部实行更好的专业化协作，提高各个厂商的生产效率。

2. 外在不经济

外在不经济是指由于整个行业生产规模扩大和产量增加而引起个别企业成本增加和收益减少。首先，行业规模过大，厂商之间互相争购原料和劳动力，从而导致要素价格上升，成本增加。其次，行业规模过大，也会加重环境污染，交通紧张，个别厂商要为此承担更高的代价，因此，行业规模过大将会导致外在不经济，使厂商的规模收益递减。

三、适度规模

由以上分析可知，一个厂商和一个行业的生产规模不能过小，也不能过大，即要实现适度规模。对一个厂商来说，就是两种生产要素的增加应该适度。

适度规模就是使各种生产要素的增加，即生产规模的扩大正好使收益递增达到最大。

当收益递增达到最大时就不再增加生产要素，并使这一生产规模维持下去。对于不同行业的厂商来说，适度规模的大小是不同的，并没有一个统一的标准。在确定适度规模时应该考虑的因素主要是：

（1）本行业的技术特点。一般来说，需要的投资多，所用的设备复杂先进的行业，适度规模也就应该大。相反，需要的投资少，所用的设备比较简单的行业，适度规模也小。

（2）市场条件。一般来说，生产市场需求量大，而且标准化程度高的产品的厂商，适度规模也就应该大。相反，生产市场需求量小，而且标准化程度低的产品的厂商，适度规模也应该小。

（3）自然资源状况。例如，矿山储藏量的大小、水力发电站的水资源的丰裕程度等。

在确定适度规模时要考虑的因素还有很多。各国、各地，由于经济发展水平、资源、市场等条件的差异，即使同一行业，规模经济的大小也不完全相同。但对一些重要行业，国际有通行的规模经济标准。我国大多数企业都没有达到规模经济的要求。随着技术的进步，许多行业规模经济的生产规模尚有扩大的趋势，因此，对我国来说，适当扩大企业规模是我国许多企业提高规模经济效益的客观需要。

【知识拓展】

铁路业的规模报酬

20 世纪以后，尽管遇到不少资金问题，铁路运输仍不断发展。规模对铁路运输业有无影响？要研究铁路运输业是否存在规模经济效应，需要一系列指标。首先可以用运输密度来度量投入。运输密度指的是在一特定线路上每单位时间内铁路可以承运的货物吨数。产出以沿着该线路在特定时间内运输的货物总重量计。产出与投入之间的规模报酬关系如何？大量研究表明，在运输密度值较小时，存在着规模报酬递增效应，因为在运输密度增加以后，铁路管理部门可以统筹规划，制订出适宜的、富有效率的运输方案。但是，当运输密度的增加超过某一值（这一点称为有效密度）后，会出现规模报酬递减，因为超负荷的运输量已经多得难以规划，运输速度也将有所下降，这种现象只有在运输密度值很大时才会出现。

➡ 本章小结

1. 生产函数（Production Function）是指在一定时期内，在技术水平不变的情况下，生产中所使用的各种生产要素的数量与所能生产的最大产量之间的关系。

2. 短期（Short-run）是指在这个时期内厂商不能根据它所要达到的产量来调整其全部生产要素。长期（Long-run）是指在这个时期内厂商可以根据它所要达到的产量来调整其全部生产要素。西方经济学中所说的长期与短期并不能仅以时间的长短来判断，对于不同的行业、不同的厂商而言，长期与短期时间的长短是不一样的。

3. 边际报酬递减规律又称为边际收益递减规律，是指在其他技术水平不变的条件下，在连续等量地把一种可变要素增加到其他一种或几种数量不变的生产要素上去的过程中，当这种可变生产要素的投入量小于某一特定的值时，增加该要素投入所带来的边际产量是递增的；当这种可变要素的投入量连续增加并超过这个特定值时，增加该要素投入所带来的边际产量是递减。

4. 短期内企业生产存在三个阶段，其中第二阶段是指位于最大平均产量的要素投入和最大总产量的要素投入之间的一个区间，此阶段边际产量下降但大于 0，总产量缓慢上升，逐渐接近最大值。企业应将生产要素的合理投入控制在第二阶段。

5. 等产量曲线是在技术水平不变的条件下生产一种商品在一定产量下的两种生产要素投入量的各种不同组合的轨迹，在这条曲线上的各点代表投入要素的各种组合比例，其中的每一种组合比例所能生产的产量都是相等的。

6. 边际技术替代率（Marginal Rate of Technical Substitution，MRTS）是指在产量保持不变的前提条件下，增加一单位某种生产要素可以代替的另外一种要素的数量。边际技术替代率递减规律，是指在维持产量不变的前提下，当一种要素的投入量不断增加时，每一单位的这种要素所能替代的另一种生产要素的数量是递减的。

7. 等成本线也称为预算限制线，是指在既定的成本和既定的要素价格条件下生产者可以购买的两种要素的各种不同的最大数量组合的轨迹。

8. 生产要素的最优组合，是指在既定的成本条件下的最大产量，或既定的产量条件下的最小成本，也称为生产者的均衡。在图形上，最优的生产要素组合点就是等产量线和等成本线的切点所代表的组合。

9. 扩展线也称为等斜线，是指假定在生产要素的价格不变，生产技术条件不变的情况下，厂商的不同等产量线与等成本线相切所形成的一系列不同的生产均衡点的轨迹。

10. 规模报酬（Returns to Scale）是指在其他条件不变的情况下，企业内部各种生产要素按相同比例变化时所带来的产量变化。规模报酬递增是指产量增加的比例大于各种生产要素增加的比例。规模报酬不变是指产量增加的比例等于各种生产要素增加的比例。规模报酬递减是指产量增加的比例小于各种生产要素增加的比例。

本章习题

一、选择题

1. 当 AP_L 为正且递减时，MP_L 是（　　）。

A. 递减　　　　B. 有可能是负的　　　　C. 有可能为零　　　　D. 以上都正确

2. 如果某厂商增加一单位劳动使用量能够减少三单位资本，而仍生产同样的产量，则 $MRTS_{LK}$ 为（　　）。

A. 1/3　　　　B. 3　　　　　　　C. 1　　　　　　　D. 6

3. 下列说法中正确的是（　　）。

A. 生产要素的边际技术替代率递减是由规模报酬递减造成的

B. 边际收益递减是由规模报酬递减造成的

C. 规模报酬递减是由边际收益递减规律造成的

D. 生产要素的边际技术替代率递减是由边际收益递减规律造成的

4. 如果等成本曲线在坐标平面上与等产量曲线相交，那么要生产等产量曲线所表示的产量水平，就应该（　　）。

A. 增加成本支出　　　　　　　　　　B. 不增加成本支出

C. 减少成本支出　　　　　　　　　　D. 不减少成本支出

5. 如果连续地增加某种生产要素，在总产量达到最大时，边际产量曲线（　　）。

A. 与纵轴相交　　　　　　　　　　　B. 经过原点

C. 与平均产量曲线相交　　　　　　　D. 与横轴相交

二、计算题

1. 下面是一张一种可变生产要素的短期生产函数的产量表。

（1）在表中填空。

（2）该生产函数是否表现出边际报酬递减？如果是，是从第几单位的可变要素投入量开始的？

可变要素数量	可变要素的总产量	可变要素的平均产量	可变要素的边际产量
1		2	
2			10
3	24		
4		12	
5	60		
6			6
7	70		
8			0
9	63		

2. 已知生产函数 $Q=f(L,K)=2KL-0.5L^2-0.5K^2$，假定厂商目前处于短期生产，并且 $K=10$。

（1）写出在短期生产中该厂商关于劳动的总产量 TP_L 函数、劳动的平均产量 AP_L 函数和劳动的边际产量 MP_L 函数。

（2）分别计算当总产量 TP_L、劳动平均产量 AP_L 和劳动边际产量 MP_L 各自达到极大值时的厂商劳动的投入量。

（3）什么时候 $AP_L=MP_L$？它的值又是多少？

3. 假设某厂商的短期生产函数 $Q=35L+8L^2-L^3$。试求：

（1）该企业的平均产量函数和边际产量函数。

（2）如果企业使用的生产要素的数量为 $L=6$，是否处于短期生产的合理区间？为什么？

4. 假定某企业的生产函数为 $Q=10L^{0.5}K^{0.5}$，其中，劳动（L）的价格为 50 元，资本（K）的价格为 80 元。

（1）如果企业希望生产 400 个单位的产品，应投入 L 和 K 各多少才能使成本最低？此时成本是多少？

（2）如果企业打算在劳动和资本上总共投入 6000 元，它在 K 和 L 上各应投入多少才能使产量最大？最大产量是多少？

5.已知生产函数 $Q = AL^{\frac{1}{3}}K^{\frac{2}{3}}$。试判断：

(1) 在长期生产中，该生产函数的规模报酬属于哪一种类型？

(2) 在短期生产中，该生产函数是否受边际报酬递减规律的支配？

三、案例分析题

包头海业羊绒公司是一家专门生产羊绒围巾的民营企业，该企业产品主要用于出口，经济效益较好。生产羊绒围巾有多道生产环节，其中搓穗工序完全是手工操作，劳动密集度很高，每年需要雇佣200名左右的工人，他们主要来自包头郊区的农村。搓穗工序生产季节性较强，人员流动性较高，工人轮换率大约在一半左右。新进厂的搓穗工需要经过一段时期的实习，技术达到一定水平后才进入正式的独立生产序列。不难理解，搓穗工劳动绩效，即单位时间完成的羊绒穗产量（条），与工人累计搓穗数量具有正相关关系。累计搓穗工作时间越长或累计搓穗数量越大，单位时间（每天或每小时）完成的羊绒穗数量越大。成本与产出是不同经济活动面临的普遍经济关系，降低单位产出成本是管理实践的基本目标之一。经济学提炼出规模经济、学习效应、范围经济等概念，从不同角度对成本产出关系特征加以分析概括。学习效应是指工人或其他从业人员通过实际工作经验积累带来能力提升和降低生产成本的影响，也就是"干中学"带来的成本节省效应。在羊绒搓穗生产工序中，由于单位时间产量的倒数度量了单位产量的平均劳动成本（由于该工序完全是手工劳动，平均劳动成本几乎是平均总成本的全部），因而单位时间羊绒穗产量与工人累计搓穗数量之间具有正相关关系，也就是羊绒穗产品劳动成本与搓穗工累计产量之间具有反相关关系，这具有学习效应的含义。本案例试图度量搓穗工序的学习效应关系。样本数据收集方式是从搓穗工人中随机（不重复）抽取6名工人；样本数据采集两个月的12个时点数据（6、7月每月5、10、15、20、25、30日）。以平均每天工作时间8小时计算，可以得到每条围巾搓穗需要的小时数，即单位产量时间。由此可以看出，工人在6月初每搓一个穗所需要的时间较长，随着工作时间延长和累计产量增加，他们变得越来越熟练；搓穗速度加快了，每搓一条穗所需要的时间越来越短，体现了学习效应的作用。但是学习效应随着生产效率提高渐趋消失。很可能收敛在单位产品需要0.3～0.4小时的水平。

根据以上资料思考如下问题：

(1) 什么是规模经济？影响规模经济的因素有哪些？

(2) 学习效应如何影响规模经济？怎么来衡量？

(3) 从本案例的数据中，你能得出哪些结论？

(4) 你还能举出在你身边发生的学习效应的例子吗？

第四章　成本理论

【知识目标】

认识会计成本、机会成本和经济成本的定义及其联系和区别；认识短期成本、长期成本的内涵及其关系；掌握生产要素最佳组合的条件和利润最大化原则。

【能力目标】

运用成本理论对企业生产经营活动进行分析。

【案例导读】

尊敬的读者：假如你是一家家具生产企业的老板，你就必须考虑一系列问题；雇佣多少个员工，每个员工的薪水多少合适；购进木材的价格是否便宜，怎么和供应商讨价还价；水电费的耗费是否过多，该如何控制不必要的浪费；采用技术的成本是否最低以及能否低成本保证企业的正常运营等。这些问题都涉及企业的成本。通过本章的学习，我们将对成本有一个初步的认识。

第一节　成　本

一、成本的含义

成本又称为生产费用，是指生产过程中企业对所购买的各种生产要素的货币支出。为了更好地理解成本的含义，需要对以下概念有所了解。

（一）机会成市

西方经济学家认为，经济学是要研究一个经济社会如何对稀缺的经济资源进行合理配置的问题。从经济资源的稀缺性这一前提出发，当一个社会或一个企业用一定的经济资源生产一定数量的一种或者几种产品时，这些经济资源就不能同时被使用在其他的生产用途方面。也就是说，这个社会或这个企业在获得一定数量的产品收入时，是以放弃用同样的经济资源来生产其他产品时所能获得的最高收入作为代价的，由此便产生了机会成本的概念。

例如，当一个厂商决定利用自己所拥有的经济资源生产一辆汽车时，这就意味着该厂商不可能再利用相同的经济资源来生产 200 辆自行车。因此可以说，生产一辆汽车的机会成本是放弃生产 200 辆自行车的价值。如果用货币数量来代替对实物商品数量的表述，且假定 200 辆自行车的价值为 10 万元，则可以说，一辆汽车的机会成本是价值为 10 万元的其他商品。一般地，生产一单位的某种商品的机会成本是指成产者所放弃的使用相同的生产要素在其他生产用途中所能得到的最高收入。在西方经济学中，企业的生产成本应该从机会成本的角度来理解。

【知识拓展】

被忽略的机会成本

我第一次选购音箱的时候，花了将近一个小时纠结于一个 700 美元的 Sony 和另一个 1000 美元的 Pioneer（我想有类似经历的顾客可能很多）。售货员担心我会犹豫而放弃购买（同样不在少数），于是这样说："想一想吧，你是宁愿要一个 Pioneer 音箱，还是一个 SONY 和一叠价值 300 美元的新唱片呢？"

哇哦！毫无疑问，我选择了后者，心想真是赚了不少哦，幸好没有为了那一丁点的音质不同而损失 20 多张新唱片！我当然算得出 700 美元与 1000 美元之间的数字差（不可能不知道），但如果不是售货员的提醒，我完全忘了 300 美元还可以买那么多我钟爱的唱片，仔细回想一下，以往购物时因此犯难的情况还真不少。

学过经济学的人都知道，决策之前需要考虑机会成本——因放弃了另一个选择所带来的最大效用的损失。无论是在教科书还是在实际的广告促销中，假设消费者已经充分考虑了购买决策中的机会成本已经是一条不成文的法则。机会成本的研究专家 Becker、Ronen 和 Sorter 曾在书中写道："购买鱼子酱的客户都会思考一磅鱼子酱能买多少汉堡包？人们凭直觉都会把机会成本考虑在内。"消费者总是会演算价格差异所带来的机会成本，然后做出最理性的决策。

事实真是如此吗？人们在做出购买决策前，真的已经提醒过自己机会成本吗？我们最近对促销中"被忽视的机会成本"做了研究，结果发现，机会成本往往需要别人来提示才会真的影响到购买决定。

我们要求随机分组的亚利桑那州立大学的 150 位学生想象他们可以用 14.99 美元买一张 DVD。第一组学生面临的选项是：A 购买这个 DVD；B 不购买这个 DVD。给第二组学生的选择是：A 购买这个 DVD；B 不购买这个 DVD，而把 14.99 美元留下来买别的东西。结果发现，在第一组中愿意购买的人数比例是 75%，在第二组中却降为 55%。

我们也许会认为消费者不购买这张 DVD 或那个音箱是因为他们想省钱。但是，如果不提醒他们价格背后的机会成本——省下来的钱可以买别的东西，人们的购买意愿是不受影响的。一系列对照实验还告诉我们，向消费者诉说 300 美元的价格差别，远没有提示这 300 美元可以用来买别的具体什么东西更有说服力。

（资料来源：莱维·达尔·机会成本也是销售利器. 中欧商业评论，2012.）

（二）生产成本——显性成本和隐性成本

企业的生产成本可以分为显性成本与隐性成本两个部分。

（1）企业生产的显性成本是指厂商在生产要素市场上购买或租用他人所拥有的生产要素的实际支出，从机会成本角度讲，这笔支出的总价格必须等于这些生产要素的所有者将相同的生产要素使用在其他用途时所能得到的最高收入；否则，这个企业就不能购买或租用这些生产要素，并保持对它们的使用权。例如，某厂商雇佣了一定数量的工人，从银行取得了一定数量的贷款，并租用了一定数量的土地，为此，这个厂商就需要向工人支付工资，向银行支付利息，向土地出租者支付地租，这些支出便构成了该厂商生产的显性成本。

（2）企业生产的隐性成本是指厂商自己拥有的且被用于该企业生产过程的那些生产要素的总价格。隐性成本也必须从机会成本的角度按照企业自有生产要素在其他用途中所能得到的最高收入来支付；否则，厂商会把自有生产要素转移出本企业，以获得更高的报酬。例如，为了进行生产，一个厂商除了雇用一定数量的工人，从银行取得一定数量的贷款和租用一定数量的土地之外（这些均属于显性成本支出），还动用了自己的资金和土地，并亲自管理企业。经济学家指出，既然借用了他人的资本需付利息，租用了他人的土地需付地租，聘用他人来管理企业需付薪金，那么同样的道理，当厂商使用了自有生产要素时，也应该得到报酬，所不同的是，现在厂商是自己向自己支付利息、地租和薪金，所以这笔价值就应该计入成本之中。由于这笔成本不如显性成本那么明显，故被称为隐性成本。

（3）显性成本和隐性成本之间的关系。在一般情况下，把经济成本超过会计成本的那部分称为正常利润，也是厂商投入经营活动的各项资源的机会成本超过会计成本的部分，它是机会成本的一部分。在经济分析中，经济学家是把正常利润看作成本项目而计入产品的生产成本之内，正常利润是隐形成本的一个组成部分，它之所以要作为产品的一项成本，是因为从长期看，这笔报酬是使得厂商继续留在该行业的必要条件。由此可见，在经济学分析中，生产成本是显性成本和隐性成本的总和，而会计成本只包括显性成本。

【知识拓展1】

显性成本和隐性成本

假如你有一家杂货店。年底，你挣了5万元人民币。可是用经济成本分析后，你恐怕就很难高兴起来。因为没有把隐性成本算进去。假定店面出租，按市场价一年是2万元。假定你原来有工作，年收入也是2万元。那么，这4万元就是你自己经营的隐性成本。从经济学分析来看，这应该是成本，是你提供了自有生产要素房子和劳务理应得到的正常报酬，而在会计账目上没有作为成本项目记入。这样计算的结果是你一年没有赚5万元，而是赚了1万元。如果再加上自己经营需要1万元的资金进货，这1万元的银行存款利息也是隐性成本。这样一算，你自己经营店铺就非常不划算了，应该出租。但是如果你下岗了，且找不到高于年薪3万元的工作，还是自己经营为上策。

显性成本和隐性成本之间的区别说明了经济学家与会计师分析经营活动的不同。经济学家关心和研究企业如何做出生产和定价决策，因此当他们衡量成本时就包括了隐性成本。而会计师的工作是记录流入和流出企业的货币，因此他们只衡量显性成本，忽略了隐性成本。

（案例来源：孙涛. 经济学基础. 上海：上海交通大学，2014.）

【知识拓展2】

学会忽略无关的沉没成本

假设你去年花20000元买了一辆旧汽车，当年为各种修理支付了6000元的费用，现在汽车又出了毛病，不能正常使用。一位你认识且值得信赖的修理工告诉你汽车需要大修，这又需要花费10000元，同时这位修理工又告诉你有人在以9000元的价格卖同样款式的汽车，且该车没有故障。你应该怎么做？

一些人面对这样的选择将会选择修理汽车。理由在于：汽车的成本为26000元（20000

元的购买费加上 6000 元的修理费），所以再花 10000 元修理该车是值得的。但是，这是一个错误的理由，因为以前支付的 26000 元是一种沉没成本。

沉没成本(Sunk Cost)是一种过去支付的成本，不管你目前的决策是什么，该成本都不会变化。在制定目前的决策时应该忽略沉没成本。

为什么忽略沉没成本？因为它属于你目前决策的机会成本。记住，机会成本是选择某种行为时必须放弃的事项。沉没成本属于已经放弃的事项，所以它不是你决策的一部分。在汽车的例子中，无论你是购买另一辆车，还是让人修你的车，你已经支付了 26000 元。唯一相关的成本是那些随你的决策发生变化的成本。由于你的车要大修的费用为 10000 元，但是买一辆相当的车只需 9000 元，因此，放弃你的车，重新买一辆可使你的境况变得更好。

在许多个人决策中，沉没成本总是在背后捣鬼，使人错误地计算成本并做出糟糕的选择。例如，你已经完成了两年的经济学课程，却发现自己更想当一名律师而不是经济学家。由于已经在经济学课程上花费了大量的金钱和时间，所以你可能会选择继续留在学校读完经济学课程。但是，那些已经支付的成本是沉没成本，不应该与你目前的决策相关。唯一重要的成本是那些将随你的决策而变化的成本，继续读完经济学课程的成本以及完成 4 年法律课程的成本。

企业决策也应该忽略沉没成本。例如，作为某本书的出版单位，为出版该书花费了大量的成本，其中之一是各位编辑人员的薪水。假如第一次印刷的书已经全部卖完，正在考虑是否增加发行 2000 本，出版社现在是否应该考虑以前编辑人员的薪水？绝对不应该考虑！这些已支付的薪水是一种沉没成本，与目前的决策没有关系。唯一重要的成本是那些随第二次印刷而变化的成本：印刷成本、装订成本和售书成本。与其他决策者一样，企业在作出选择时应该忽略沉没成本，只有那些非沉没成本才能进入企业的决策制定过程。

（资料来源：高同彪. 经济学基础. 北京：中国金融出版社，2015.）

二、会计利润与经济利润

前面已经讨论了生产成本或经济成本的概念，下面可以进一步了解经济利润的概念。

一般而言，厂商的利润等于收益减成本，收益等于产量与价格的乘积，但由于成本概念不同，使得在不同的成本概念下得到了不同的利润概念，可以利用下列公式表示不同利润之间的关系：

会计成本＝显性成本

经济成本＝机会成本

机会成本＝隐性成本＋显性成本

会计利润＝收益－会计成本（或显性成本）

经济利润＝收益－经济成本（或生产成本，或机会成本）

＝会计利润－隐性成本

从上面的分析可知，由于经济成本比会计成本要大，所以经济利润就会比会计利润要小。

如前所述，正常利润是企业生产成本的一部分，是作为隐性成本计入成本的。当厂商的会计利润恰好等于正常利润时，其经济利润等于零，因此，厂商的利润为零，并不是说厂商没有赢利，而是它处在一种正常的经营状况之中。所以，当厂商的会计利润超过正常利润时，其经济利润为当时厂商获得的超额利润；当厂商的会计利润低于正常利润时，这一厂商在经济学意义上就是亏损的。

总之，财务成本是实际支出成本，经济成本是应有支出成本。财务成本是厂商已发生的成本，经济成本主要用于厂商经营决策。在进行决策分析时，企业必须同时做出财务分析和经济分析。如果财务分析通过，而经济分析通不过，政府一般不会批准该决策；如果财务分析通不过而经济分析通过，政府可能会采取一些措施改善财务状况，批准该项决策。因此，经济分析合理是决策成立的必要条件，财务分析合理是决策成立的充分条件。

第二节　短期成本分析

一、成本的基本分析方法

在微观经济学中，把经济分析的时期区分为短期和长期。短期和长期的划分，不是就时间的长短，而是就生产要素是否全部可变而言。所谓短期，是指厂商不能根据它所达到的产量调整全部的生产要素的时间周期。在短期内，厂商只能调整部分的生产要素。生产要素投入可分为固定投入要素和可变投入要素。例如，在短期内厂商可调整原材料、燃料及生产工人的数量，而不能调整机器设备、厂房、管理人员的数量。所谓长期，是指厂商可以调整全部生产要素的数量的时间周期。例如，可以调整原料、燃料和工人的数量，还可以调整厂房、设备及管理人员的数量，以改变企业的生产规模。但是，不同行业、不同厂商，短期与长期的时间长短是不同的，所以短期成本有固定成本和可变成本之分，长期成本没有固定成本和可变成本之分。

从上一章中可知，生产理论分为短期生产理论和长期生产理论，因为成本理论是建立在生产理论的基础之上，相应地，成本理论也分为短期成本理论和长期成本理论，则成本分析也相应地分为两类：短期成本分析和长期成本分析。本节主要讨论建立在短期生产理论基础上的短期成本分析。

二、短期成本的几个相关概念

短期成本是在短期内厂商用于支付投入生产中的各种生产要素的费用。短期内，厂商的成本主要有总不变成本、总可变成本、短期总成本、平均不变成本、平均可变成本、短期平均成本和短期边际成本。它们的英文缩写顺序为：TFC、TVC、TC、AFC、AVC、AC、MC。

（一）总不变成市（TFC）

总不变成本是指厂商在短期内为生产一定量的产品对不变生产要素所支付的费用。例如，建筑物和资本设备的折旧费、地租、利息、财产税、广告费、保险费等。由于短期内不管企业的产量为多少，这部分不变要素的投入量都是不变的，所以总不变成本是一个常数，它不随产量的变化而变化，即使企业生产量为零，其成本仍然存在。如图4-1(a)所示，横轴 OC 表示产量，纵轴 OC 表示成本，总不变成本(TFC)曲线是一条水平线。它表示在短期内，无论产量如何变化，总不变成本(TFC)是固定不变的。

（二）总可变成本（TVC）

总可变成本是指厂商在短期内为生产一定量的产品对可变生产要素所支付的总费用。例如，厂商对原材料、燃料动力和工人工资的支付等。总可变成本随产量的变化而变化，可表示为

$$TVC = f(Q) \tag{4.1}$$

总可变成本曲线如图4-1(b)所示，它是一条由原点出发向右上方倾斜的曲线。

TVC曲线表示：由于在短期内厂商是根据产量的变化不断地调整可变要素的投入量，所以总可变成本随产量的变动而变动。当产量为零时，总可变成本也为零。在这之后，总可变成本随产量的增加而增加。

（三）总成本（TC）

总成本是指厂商在短期内生产一定数量的产品对全部生产要素所支付的总费用，等于总固定成本和总可变成本之和，用公式可表示为

$$TC = TFC + TVC = A + f(Q) \tag{4.2}$$

公式(4.2)说明，短期总成本是产量的函数。其中，只有可变成本随产量的变动而发生改变，固定成本始终保持不变。总成本曲线如图4-1(c)所示，它是从纵轴上相当于总固定成本TFC高度的点出发的一条向右上方倾斜的曲线。TC曲线表示：在每一个产量上的总成本由总固定成本和总可变成本共同构成。

【知识拓展】

旅行社在旅游淡季如何经营

某旅行社在旅游淡季打出从天津到北京世界公园一日游38元的优惠政策(包括汽车票和门票)。听说这个消息的人都不信，认为是旅行社的促销手段。真的会这么便宜吗？38元连世界公园的门票都不够。分析后可知，这是真的，因为旅行社在淡季游客不足，而旅行社的大客车、旅行社的工作人员这些生产要素是不变的，一个游客都没有，汽车的折旧费、工作人员的工资等固定费用也要支出。任何一个企业的生产经营都有长期与短期之分，从长期来看，如果收益大于成本就可以生产；从短期来看，如果收益小于可变成本，则经营比不经营要好。更何况就是38元票价旅行社也还是有钱赚的，我们给他算一笔账：一个旅行社的大客车载客50人，共1900元，高速公路费和汽油费假定是500元，世界公园淡季团体票价10元，共500，旅行社净赚900元。在短期不经营也要损失固定成本的支出，因此只要收益弥补可变成本，就可以维持下去。换个说法，在短期内每位乘客支付费用只要等于或大于平均可变成本，就可以继续经营。另外，公园在淡季门票也打折，团体票也会打折就是这个道理。

（四）平均不变成本（AFC）

平均不变成本是指厂商在短期内平均每生产一单位产品所消耗的不变成本，用公式可表示为

$$AFC = \frac{TFC}{Q} \tag{4.3}$$

平均不变成本 AFC 曲线如图 4-1(d)所示，它是一条向两轴渐近的双曲线。AFC 曲线表示：在总不变成本固定的前提下，随着产量的增加，平均不变成本是越来越小的。

（五）平均可变成本（AVC）、平均总成本（AC）、边际成本（MC）

平均可变成本（AVC）是指企业在短期内生产平均每一单位产品所消耗的总变动成本，公式为

$$AVC = \frac{TVC}{Q} \tag{4.4}$$

平均总成本是指厂商在短期内平均生产每一单位产品所消耗的全部成本。它是平均不变成本和平均可变成本之和，用公式可表示为

$$AC = \frac{TC}{Q} = AFC + AVC \tag{4.5}$$

边际成本是指厂商在短期内增加一单位产品时所增加的总成本，用公式可表示为

$$MC = \frac{\Delta TC}{\Delta Q} \tag{4.6}$$

当 TC 是 Q 的连续可导函数，$\Delta Q \to 0$ 时，有

$$MC = \lim_{\Delta Q \to 0} \frac{\Delta TC}{\Delta Q} = \frac{dTC}{dQ} \tag{4.7}$$

由以上可知，在每一个产量水平下的边际成本 MC 的值就是相应的总成本 TC 曲线在该点的切线的斜率。

由公式(4.7)可知，在每一个产量水平上的边际成本 MC 的值就是相应的总成本 TC 曲线的斜率。

平均可变成本 AVC 曲线、平均总成本 AC 曲线和边际成本 MC 曲线分别如图 4-1(e)、(f)和(g)所示，这三条曲线都呈现出 U 形的特征。它们表示：随着产量的增加，平均可变成本、平均总成本和边际成本都是先递减，各自达到本身的最低点之后再递增。最后，需要指出的是，从以上各种短期成本的定义公式中可知，由一定产量水平上的总成本(包括 TFC、TVC 和 TC)出发，是可以得到相应的平均成本(包括 AFC、AVC 和 AC)和边际成本(MC)的。

三、短期成本曲线的综合图

在图 4-1中，分别画出了 7 条不同类型的短期成本曲线。将这些不同类型的短期成本曲线置于图 4-2中，以分析不同类型的短期成本曲线相互之间的关系。

表 4-1是一张某厂商的短期成本列表。平均成本和边际成本的各栏均可以分别由相

(a)总不变成本曲线　　　(b)总可变成本曲线　　　(c)总成本曲线

(d)平均不变成本曲线　(e)平均可变成本曲线　(f)平均总成本曲线　(g)边际成本曲线

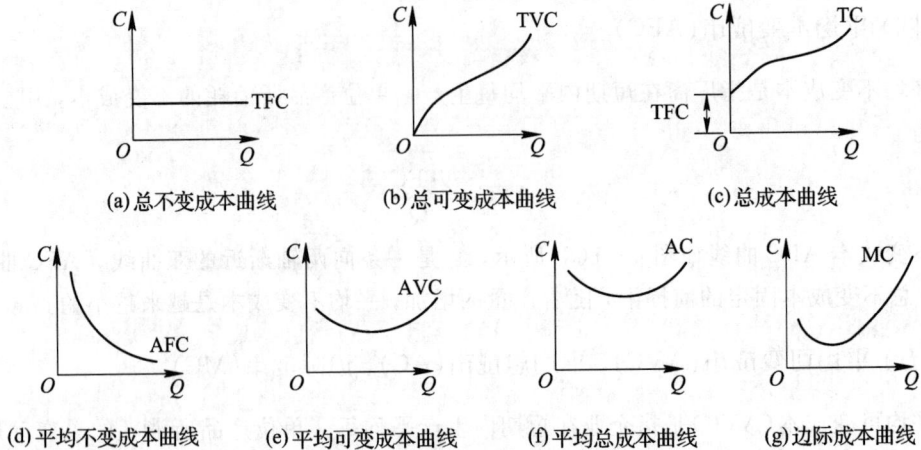

图 4-1　各类短期成本曲线

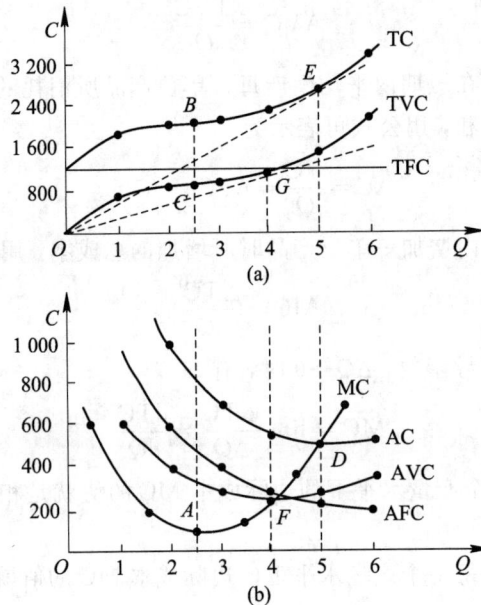

(a)

(b)

图 4-2　短期成本曲线汇总

应的总成本的各栏推算出来。该表体现了各种短期成本之间的相互关系。

表 4-1　短期成本表

产量(Q)	总成本			平均成本			边际成本
	总不变成本(TFC)	总可变成本(TVC)	总成本(TC)	平均不变成本(AFC)	平均可变成本(AVC)	平均总成本(AC)	边际成本(MC)
0	1200	0	1200				
1	1200	600	1800	1200.0	600.0	1800.0	600
2	1200	800	2000	600.0	400.0	1000.0	200
3	1200	900	2100	400.0	300.0	700.0	100
4	1200	1050	2250	300.0	262.5	562.5	150
5	1200	1400	2600	240.0	280.0	520.0	350
6	1200	2100	3300	200.0	350.0	550.0	700

　　图4-2是根据表4-1绘制的短期成本曲线图，它是一张典型的短期成本曲线的综合图。仔细观察图4-2，除了发现那些在图4-1中已经得到体现的短期成本曲线的特征以外，还可以发现以下特征。

　　先分析图4-2(a)。由图中可见，TC曲线是一条由水平的TFC曲线与纵轴的交点出发的向右上方倾斜的曲线。在每一个产量上，TC曲线和TVC曲线两者的斜率都是相同的，并且TC曲线和TVC曲线之间的垂直距离都等于固定的不变成本TFC。这显然是由TC曲线通过把TVC曲线向上垂直平移TFC的距离而得到的。

　　此外，在图4-2(a)中，TVC曲线和TC曲线在同一个产量水平(2.5单位)各自存在一个拐点B和C。在拐点以前，TVC曲线和TC曲线的斜率是递减的；在拐点以后，TVC曲线和TC曲线的斜率是递增的。

　　再分析图4-2(b)。由图中可见，不仅AVC曲线、AC曲线和MC曲线均呈U形特征，而且MC曲线与AVC曲线相交于AVC曲线的最低点F，MC曲线与AC曲线相交于AC曲线的最低点D。最后，将图4-2(a)和图4-2(b)结合在一起分析。我们可以发现，图4-2(b)中MC曲线的最低点A恰好对应图4-2(a)中的TC曲线的拐点B和TVC曲线的拐点C，或者说，A、B、C三点同时出现在同一个产量水平(2.5单位)上。在图4-2(b)中的AVC曲线达到最低点F时，图4-2(a)中的TVC曲线恰好有一条从原点出发的切线，与TVC曲线相切于G点，或者说，G、F两点同时出现在同一个产量水平(4单位)上。类似地，在图4-2(b)中的AC曲线达到最低点D时，图4-2(a)中的TC曲线恰好有一条从原点出发的切线，与TC曲线相切于正点，或者说，E、D两点同时出现在同一个产量水平(5单位)上。

　　短期成本曲线所体现的这些特征的原因将在下面运用边际报酬递减规律进行深入的解释。

四、短期成本变动的决定因素：边际报酬递减规律

（一）边际报酬递减规律的含义

　　所谓边际报酬递减规律，是指在技术水平和其他要素投入量不变的条件下，连续增加一种可变生产要素的投入量，当这种可变生产要素的投入量小于某一特定数值时，增加该要素的投入量所带来的边际产量是递增的；当这种可变要素投入量连续增加并超过这一特定值时，增加该要素投入所带来的边际产量是递减的。

　　边际报酬递减规律是短期生产的一条基本规律，是消费者选择理论中边际效用递减法则在生产理论中的应用或转化形态。边际报酬递减规律成立的原因在于在任何产品的生产过程中，可变生产要素与不变生产要素之间在数量上都存在一个最佳配合比例。开始时由于可变生产要素投入量小于最佳配合比例所需要的数量，随着可变生产要素投入量的逐渐增加，可变生产要素和不变生产要素的配合比例越来越接近最佳配合比例，所以可变生产要素的边际产量是呈递增的趋势。当达到最佳配合比例后，再增加可变要素的投入，可变生产要素的边际产量就呈递减趋势。

　　关于边际报酬递减规律，有以下几点需要注意：

　　(1) 边际报酬递减规律是一个经验性的总结，但现实生活中的绝大多数生产函数似乎

都符合这个规律。

（2）这一规律的前提之一是假定技术水平不变，故它不能预示技术情况发生变化时，增加一单位可变生产要素对产出的影响。

（3）这一规律的另一前提是至少有一种生产要素的数量是维持不变的，所以这个规律不适用于所有生产要素同时变动的情况，即不适用于长期生产函数。

（4）改变各种生产要素的配合比例是完全可能的，即可变技术系数。

（二）边际报酬递减规律下的短期边际产量和短期边际成本之间的对应关系

在短期生产中，由于边际报酬呈递减规律，边际产量的递增阶段对应的是边际成本的递减阶段，边际产量的递减阶段对应的是边际成本的递增阶段，与边际产量的最大值相对应的是边际成本的最小值，所以决定了 MC 曲线呈 U 形特征。

（三）边际报酬递减规律在短期成本函数中的体现

1. 关于 MC 曲线的形状

短期生产开始时，由于边际报酬递增的作用，增加一单位可变投入所生产的边际产量是递增的，反过来，这一阶段增加一单位产量所需的边际成本是递减的。随着变动投入的增加，当超过一定界限后，边际报酬递减规律发生作用，增加一单位可变投入所生产的边际产量是递减的，反过来，这一阶段每增加一单位产量所需要的边际成本是递增的。因此，在边际报酬递减规律的作用下，MC 曲线随可变投入的增加先递减，然后再增加，最终形成一条 U 形的曲线。

2. 关于 TC 曲线和 TVC 曲线的形状

由于在每一个产量水平上的 MC 值就是相应的 TC 曲线的斜率，又由于在每一产量上的 TC 曲线和 TVC 曲线的斜率是相等的，故在图 4 - 2 中的 TC 曲线、TVC 曲线和 MC 曲线之间表现出这样的相互关系：与边际报酬递减规律作用的 MC 曲线的先降后升的特征相对应，TC 曲线和 TVC 曲线的斜率也由递减变为递增，并且 MC 曲线的最低点 A 与 TC 曲线的拐点 B 和 TVC 曲线的拐点 C 相对应。

3. 关于 AC 曲线、AVC 曲线的形状

从第三章中可知，对于任何一对边际量和平均量而言，只要边际量小于平均量，边际量就把平均量拉下；只要边际量大于平均量，边际量就把平均量拉上；当边际量等于平均量时，平均量必达本身的极值点。将这种关系具体到 AC 曲线、AVC 曲线和 MC 曲线的相互关系上，可以推知，在边际报酬递减规律作用下的 MC 曲线有先降后升的 U 形特征，所以 AC 曲线和 AVC 曲线也必定是先降后升的 U 形特征，而且 MC 曲线必定会分别与 AC 曲线相交于 AC 曲线的最低点，与 AVC 曲线相交于 AVC 曲线的最低点。如图 4 - 2 所示，U 形的 MC 曲线分别与 U 形的 AC 曲线相交于 AC 曲线的最低点 D，与 U 形的 AVC 曲线相交于 AVC 曲线的最低点 F。在 AC 曲线的下降段，MC 曲线低于 AC 曲线；在 AC 曲线的上升段，MC 曲线高于 AC 曲线。类似地，在 AVC 曲线的下降段，MC 曲线低于 AVC 曲线；在 AVC 曲线的上升段，MC 曲线高于 AVC 曲线。

此外，对于产量变化的反应，边际成本 MC 要比平均成本 AC 和平均可变成本 AVC

敏感得多。在图 4-2 中，不管是下降还是上升，MC 曲线的变动都快于 AC 曲线和 AVC 曲线。

最后，比较图中 AC 曲线和 MC 曲线的交点 D 与 AVC 曲线和 MC 曲线的交点 F，可以发现，前者的出现慢于后者，并且前者的位置高于后者。也就是说，AVC 曲线降到最低点 F 时，AC 曲线还没有降到最低点 D，而且 AC 曲线的最小值大于 AVC 曲线的最小值。这是因为在平均总成本中不仅包括平均可变成本，还包括平均不变成本。正是由于平均不变成本的作用，才使 AC 曲线的最低点 D 既慢于又高于 AVC 曲线的最低点 F。

五、短期产量曲线与短期成本曲线的关系

（一）由短期生产函数引出其反函数

由厂商短期生产函数出发，可以得到相应的短期成本函数，并且由厂商的短期总产量曲线出发，也可以得到相应的短期总成本曲线。

假定厂商在短期内使用劳动和资本这两种要素生产一种产品，其中劳动投入量是可变的，资本投入量是固定的，则短期生产函数为

$$Q = f(L, \bar{k}) \tag{4.8}$$

该式表示在资本投入量固定的前提下，可变要素投入量 L 和 Q 之间存在着相互依存的对应的函数关系，厂商可以通过劳动投入量的调整来实现不同的产量水平。也可以理解为厂商根据不同的产量水平的要求来确定相应的劳动投入量。根据后一种理解，且假定要素市场上劳动的价格 w 和资本的价格 r 是给定的，则厂商在每一产量水平上的短期总成本可表示为

$$STC = TFC + TVC = w \cdot L(Q) + r \cdot \bar{k} \tag{4.9}$$

（二）由短期总产量曲线推导出短期总成本曲线

（1）短期总可变成本曲线的推导：在第三章中讨论的短期总产量曲线 TP_L 上，找到与每一产量水平相应的可变要素的投入量 L，再用所得到的 L 乘以已知的劳动价格 w，便可得到每一产量水平上的可变成本 $w \cdot L(Q)$。将这种产量与可变成本的对应关系描绘在相应的平面坐标图中，即可得到短期可变成本曲线。

（2）短期总成本曲线的推导：将短期可变成本曲线往上垂直平移 $r \cdot \bar{k}$ 单位，即可得到短期总可变成本曲线。

（三）短期成本函数与短期产量函数之间的关系

1. 平均产量与平均可变成本

$$AVC = \frac{TVC}{Q} = \frac{w \cdot L(Q)}{Q} = w \cdot \frac{1}{\dfrac{Q}{L(Q)}}$$

即

$$AVC = w \cdot \frac{1}{AP_L} \qquad\qquad (4.10)$$

由此可得以下两点结论：

（1）AP_L 与 AVC 成反比。当 AP_L 递减时，AVC 递增；当 AP_L 递增时，AVC 递减；当 AP_L 达到最大值时，AVC 最小，因此 AP_L 曲线的顶点对应 AVC 曲线的最低点，如图 4-3 所示。

（2）MC 曲线与 AVC 曲线相交于 AVC 的最低点。由于产量曲线中 MP_L 曲线与 AP_L 曲线在 AP_L 曲线的顶点相交，所以 MC 曲线在 AVC 曲线的最低点与其相交，如图4-3 所示。

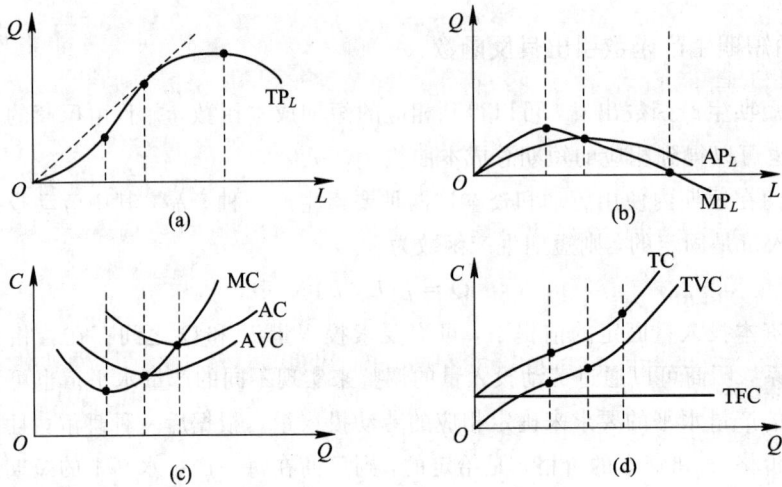

图 4-3　短期生产成本和短期成本函数之间的对应关系

2. 边际产量与边际成本

由 MC 的定义得

$$MC = \frac{\mathrm{d}TC}{\mathrm{d}Q} = \frac{\mathrm{d}(w \cdot L(Q) + r \cdot \bar{k})}{\mathrm{d}Q}$$

$$= w \cdot \frac{\mathrm{d}L(Q)}{\mathrm{d}Q} + 0$$

又因为

$$MP_L = \frac{\mathrm{d}Q}{\mathrm{d}L(Q)}$$

所以

$$MC = w \cdot \frac{1}{MP_L} \qquad\qquad (4.11)$$

由此可得以下两点结论：

（1）公式(4.11)表明边际成本 MC 与边际产量 MP_L 两者的变动方向是相反的。具体地讲，由于边际报酬递减规律的作用，可变要素的边际产量 MP_L 是先上升，达到一个最高点以后再下降，所以边际成本 MC 是先下降，达到一个最低点以后再上升，这种对应关系如图 4-3 所示。在图中，MP_L 曲线的上升段对应 MC 曲线的下降段；MP_L 曲线的下降段对应 MC 曲线的上升段；MP_L 曲线的最高点对应 MC 曲线的最低点。

（2）由以上的边际产量和边际成本的对应关系可以推知，总产量和总成本之间也存在着对应关系。当总产量 TP_L 曲线下凸时，总成本 TC 曲线和总可变成本 TVC 曲线是下凹的；当总产量 TP_L 曲线下凹时，总成本 TC 曲线和总可变成本 TVC 曲线是下凸的；当总产量 TP_L 曲线存在一个拐点时，总成本 TC 曲线和总可变成本 TVC 曲线也各存在一个拐点。

【知识拓展】

门庭冷落的保龄球场为什么不停业

在现实中，我们经常会看到一些保龄球场门庭冷落，但仍然在营业。这时打保龄球的价格相当低，甚至低于成本，他们为什么这样做呢？通过对企业短期成本的分析不仅有助于解释这一现象，同时也可以说明短期成本分析对企业短期经营决策的意义。

在短期中，保龄球场经营的成本包括固定成本与可变成本。保龄球场的场地、设备、管理人员是短期中无法改变的固定投入，场地租金、设备折旧和管理人员工资的支出是固定成本。固定成本已经支出无法收回，也称为沉没成本。保龄球场营业所支出的各种费用是可变成本，如电费、服务员的工资等。如果不营业，这种成本就不存在，营业量增加，这种成本增加。由于固定成本已经支出，无法收回，所以保龄球场在决定短期是否营业时，考虑的是可变成本。

假设每场保龄球的平均成本为20元，其中固定成本为15元，可变成本为5元。当每场保龄球价格为20元以上时，收益大于平均成本，经营当然有利。当价格为20元时，收益等于成本，这时称为收支相抵点，仍然可以经营。当价格低于20元时，收益低于成本，保龄球场应该停止营业。但当我们知道短期中的成本有不可收回的固定成本和可变成本时，决策就不同了。

假设现在每场保龄球价格为10元，是否应该经营呢？可变成本为5元，当价格为10元时，在弥补可变成本5元之后，仍可剩下5元，这5元可用于弥补固定成本。固定成本15元是无论经营与否都要支出的，能弥补5元，当然比一点也弥补不了好，因此，这时仍然要坚持营业。这时企业考虑的不是利润最大化，而是损失最小化——能弥补多少固定成本。

当价格下降到与可变成本相等的5元时，保龄球场经营不经营是一样的。经营正好弥补可变成本，不经营这笔可变成本不用支出，因此价格等于平均可变成本之点称为停止营业点，在这一点时，经营与不经营是一样的。在这一点之上，只要价格高于平均可变成本就要经营，在这一点之下，价格低于平均可变成本，无论如何不能经营。

门庭冷落的保龄球场仍在营业，说明这时价格仍高于平均可变成本，这就是保龄球场不停业的原因。

有许多行业是固定成本高而可变成本低，如旅游、饭店、游乐场所等，所以在现实中这些行业的价格可以降得相当低，但这种低价格实际上仍然高于平均可变成本，因此经营仍然比不经营有利——至少可以弥补部分固定成本，实现损失最小化。

第三节 长期成本分析

就长期而言，由于企业的全部投入要素均是可以调整的，所以总成本不再分为固定成本与变动成本。厂商的长期成本可以分为长期总成本、长期平均成本和长期边际成本，它们的英文缩写顺次为 LTC、LAC 和 LMC。

为了区别短期成本和长期成本，从本节开始，在短期总成本、短期平均成本和短期边际成本前都加"S"，而在长期成本前都加"L"，长期总成本、长期平均成本和长期边际成本的英语缩写顺次为 LTC、LAC 和 LMC。

一、长期总成本函数和长期总成本曲线

厂商在长期对全部要素投入量的调整意味着对企业生产规模的调整。也就是说，从长期看，厂商总是可以在每一个产量水平上选择最优的生产规模进行生产。长期总成本 LTC 是指厂商在长期中在每一个产量水平上通过选择最优的生产规模所能达到的最低总成本。相应地，长期总成本函数写为

$$LTC = LTC(Q) \tag{4.12}$$

根据对长期总成本函数的规定，可由短期总成本曲线推导出长期总成本曲线。在图4-4中，有三条短期总成本曲线 STC_1、STC_2 和 STC_3，它们分别代表三个不同的生产规模。由于短期总成本曲线的纵截距表示相应的总不变成本 TFC 的数量，因此从图中三条短期总成本曲线的纵截距可知，STC_1 曲线所表示的总不变成本小于 STC_2 曲线，STC_2 曲线所表示的总不变成本又小于 STC_3 曲线，而总不变成本的多少（如厂房、机器设备等）往往表示生产规模的大小，故从三条短期总成本曲线所代表的生产规模来看，STC_1 曲线最小，STC_2 曲线居中，STC_3 曲线最大。

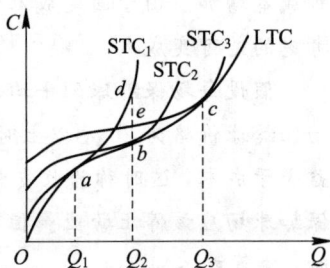

图 4-4 最优生产规模的选择和长期总成本曲线

假定厂商生产的产量为 Q_2，那么厂商应该如何调整生产要素的投入量以降低总成本呢？在短期内，厂商可能面临 STC_1 曲线所代表的过小的生产规模或 STC_3 曲线所代表的过大的生产规模，因此厂商只能按较高的总成本来生产产量 Q_2，即在 STC_1 曲线上的 d 点或 STC_3 曲线上的 e 点进行生产。但在长期内，情况就会发生变化。厂商在长期内可以变动全部的要素投入量，选择最优的生产规模，因此厂商必然会选择 STC_2 曲线所代表的生产规模进行生产，从而将总成本降低到所能达到的最低水平，即厂商是在 STC_2 曲线上的 b 点进行生产的。类似地，厂商会选择 STC_1 曲线所代表的生产规模在 a 点上生产 Q_1 的产量；选择 STC_3 曲线所代表的生产规模在 c 点上生产 Q_3 的产量，这样厂商就在每一个既定的产量水平实现了最低的总成本。

虽然在图中只有三条短期总成本线，但在理论分析上可以假定有无数条短期总成本曲线。这样厂商可以在任何一个产量水平上都能找到相应的一个最优的生产规模，都可以把总成本降到最低水平。也就是说，可以找到无数个类似于 a、b 和 c 的点，这些点的轨迹就

形成了图中的长期总成本 LTC 曲线。显然，长期总成本曲线是无数条短期总成本曲线的包络线。在这条包络线上，在连续变化的每一个产量水平上都存在着 LTC 曲线和一条 STC 曲线的相切点，该 STC 曲线代表的生产规模就是生产该产量的最优生产规模，该切点对应的总成本就是生产该产量的最低总成本，所以 LTC 曲线表示长期内厂商在每一个产量水平上由最优生产规模所带来的最小生产总成本。

长期总成本 LTC 曲线是从原点出发向右上方倾斜的。它表示当产量为零时，长期总成本为零，以后随着产量的增加，长期总成本是增加的。而且长期总成本 LTC 曲线的斜率先递减，经拐点之后又变为递增。这一特征将在以下内容中进行详细介绍。

二、长期平均成本函数和长期平均成本曲线

长期平均成本 LAC 表示厂商在长期内按产量平均计算所得的最低总成本。长期平均成本函数可以写为

$$LAC = \frac{LTC}{Q} \tag{4.13}$$

（一）长期平均成本曲线推导

在分析长期总成本曲线时强调指出，厂商在长期内是可以实现每一个产量水平上的最小总成本的，因此根据公式(4.13)便可以推知：厂商在长期内实现每一个产量水平的最小总成本的同时，必然也就实现了相应的最小平均成本。所以长期平均成本曲线可以根据公式(4.13)由长期总成本曲线画出。具体的做法是：把长期总成本 LTC 曲线上每一点的长期总成本值除以相应的产量，便得到这一产量上的长期平均成本值。再把每一个产量和相应的长期平均成本值描绘在产量和成本的平面坐标图中，便可得到长期平均成本 LAC 曲线。此外，长期平均成本曲线也可以根据短期平均成本曲线求得。为了更好地理解长期平均成本曲线和短期平均成本曲线之间的关系，在此重点介绍后一种方法。

图 4-5 中有三条短期平均成本曲线 SAC_1、SAC_2 和 SAC_3，它们各自代表了三个不同的生产规模。在长期生产中，厂商可以根据产量要求，选择最优的生产规模进行生产。假定厂商生产 Q_1 的产量，则厂商会选择 SAC_1 曲线所代表的生产规模，以 OC_1 的平均成本进行生产。而对于产量 Q_1 而言，平均成本 OC_1 低于在其他任何生产规模下的平均成本。假定厂商生产的产量为 Q_2，则厂商会选择 SAC_2 曲线所代表的生产规模进行生产，相应的最小平均成本为 OC_2。假定厂商生产的产量为 Q_3，则厂商会选择 SAC_3 曲线所代表的生产规模进行生产，相应的最小平均成本为 OC_3。如果厂商生产的产量为 Q_1'，则厂商既可选择 SAC_1 曲线所代表的生产规模，也可选择 SAC_2 曲线所代表的生产规模，因为这两个生产规模都以相同的最低平均成本生产同一个产量。此时，厂商有可能选择 SAC_1 曲线所代表的生产规模，因为该生产规模相对较小，厂商的投资可以少一些。厂商也有可能考虑到今后扩大产量的需要而选择 SAC_2 曲线所代表的生产规模。

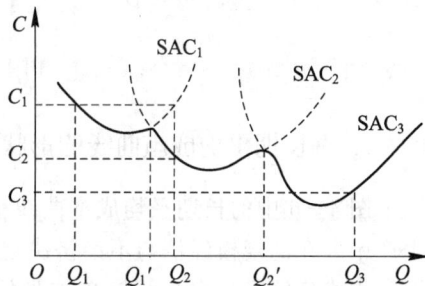
图 4-5 最优生产规模的选择

厂商的这种考虑和选择，对于其他类似的两条 SAC 曲线的交点，如 Q_2' 的产量，也是同样适用的。

在长期生产中，厂商总是可以在每一个产量水平上找到相应的最优的生产规模进行生产。而在短期内，厂商做不到这一点。假定厂商现有的生产规模由 SAC_1 曲线代表，而他需要生产的产量为 OQ_2，那么厂商在短期内就只能以 SAC_1 曲线上的平均成本 OC_1 来生产，而不可能以 SAC_2 曲线上的更低的平均成本 OC_2 来生产。

由以上分析可见，沿着图 4-5 中所有的 SAC 曲线的实线部分，厂商总是可以找到在长期内生产某一产量的最低平均成本。由于在长期内可供厂商选择的生产规模是很多的，在理论分析中，假定生产规模可以无限细分，从而可以有无数条 SAC 曲线，因此便得到图 4-6 中的长期平均成本 LAC 曲线。显然，长期平均成本曲线是无数条短期平均成本曲线的包络线。在这条包络线上，在连续变化的每一个产量水平上，都存在 LAC 曲线和一条 SAC 曲线的相切点，该 SAC 曲线所代表的生产规模就是生产该产量的最优生产规模，该切点所对应的平均成本就是相应的最低平均成本。LAC 曲线表示厂商在长期内在每一个产量水平上，通过选择最优生产规模所实现的最小的平均成本。

此外，从图 4-6 中还可以看到，LAC 曲线呈现出 U 形的特征，并且在 LAC 曲线的下降段，LAC 曲线相切于所有相应的 SAC 曲线最低点的左边；在 LAC 曲线的上升段，LAC 曲线相切于所有相应的 SAC 曲线最低点的右边。只有在 LAC 曲线的最低点上，LAC 曲线才相切于相应的 SAC 曲线（图中为 SAC_4 曲线）的最低点。

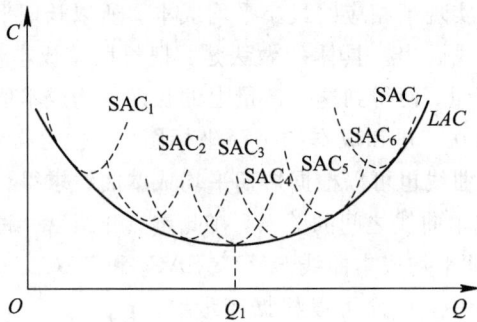

图 4-6　长期平均成本曲线

（二）长期平均成本曲线的形状

图 4-6 中的长期平均成本曲线呈先降后升的 U 形，长期平均成本 U 形特征是由长期生产中内在的规模经济与不经济决定的。

规模经济是指在企业生产扩张的开始阶段，厂商扩大生产规模而使经济效益得到提高，此时产量增加倍数大于成本增加倍数。规模不经济是指当生产扩张到一定的规模后，厂商继续扩大生产规模，就会使经济效益下降。此时，产量增加倍数小于成本增加倍数。由于规模经济和规模不经济都是由厂商变动自己的企业生产规模引起的，所以也被称做内在经济和内在不经济。规模经济和规模不经济与生产理论中提到的规模报酬不同，二者区别在于前者表示在扩大生产规模时成本变化的情况，而且各种要素投入数量增加的比例可能相同也可能不同；而后者表示在扩大生产规模时产量变化情况，并假定多种要素投入数量增加的比例是相同的。但一般说来，规模报酬递增时，对应的是规模经济阶段，规模报酬递减时，对应的是规模不经济的阶段。一般在企业生产规模由小到大扩张的过程中，先出现规模经济，产量增加倍数大于成本增加倍数，因而 LAC 下降；然后再出现规模不经济，产量增加倍数小于成本增加倍数，LAC 上升。由于规模经济与规模不经济的作用，LAC 曲线呈 U 形。

（三）影响长期平均成本曲线变化的因素

（1）规模经济与规模不经济。规模经济是指由于生产规模扩大而导致长期平均成本下降的情况。规模不经济是指由于企业规模扩大使得管理无效而导致长期成本上升的情况。

（2）外在经济与外在不经济。外在经济是由于厂商的生产活动所依赖的外界环境改善而产生的。外在不经济是指企业生产所依赖的外界环境日益恶化。

（3）学习效应。学习效应是指在长期的生产过程中，企业的工人、技术人员、经理人员等积累的产品生产、产品的技术设计，以及管理人员方面的经验，从而导致长期平均成本的下降。

（4）范围经济。范围经济是指在相同的投入下，由一个单一的企业生产联产品比多个不同的企业分别生产这些联产品中每一个单一产品的产出水平要高。因为这种方式可以通过使多种产品共同分享生产设备或其他投入物而获得产出或成本方面的好处。

【知识拓展】

王永庆的成功之路——规模经济

台塑集团老板王永庆被称为"主宰台湾的第一大企业家"，"华人经营之神"。王永庆不爱读书，小学时的成绩总在最后 10 名之内，但他吃苦耐劳、勤于思考，终于成就了一番事业。王永庆大概也没有读过什么经济学著作，但他的成功之路却与经济学原理是一致的。

王永庆的事业是从台塑生产塑胶粉粒 PVC 开始的。当时每月仅产 PVC 100 吨，是世界上规模最小的。王永庆知道，要降低 PVC 的成本只有扩大产量，所以扩大产量，降低成本，打入世界市场是成功的关键。于是，他冒着产品积压的风险，把产量扩大到 1200 吨，并以低价格迅速占领了世界市场。王永庆扩大产量、降低成本的做法正是经济学中的规模经济原理。

规模经济是说明各种生产要素增加，即生产规模扩大对产量或收益的影响。当生产规模扩大的比率小于产量或收益增加的比率时，就是规模收益递增。当生产规模扩大的比率大于产量或收益增加的比率时，就是规模收益递减。当这两种比率相等时则是规模收益不变。

企业生产规模变动对产量或收益的影响可以用内在经济与内在不经济来解释。内在经济就是企业规模扩大时由自身内部引起的效率提高或成本下降。这种效率的提高主要来自三个方面：第一，可以利用更先进的专业化设备实现更精细的分工，提高管理效率，从而使每单位产品的平均成本下降。特别应该强调的是，许多大型专用设备只有在达到一定产量水平时才能使用，这些设备的使用会使平均成本大幅度下降。或者说，只有达到一定产量水平时，平均成本才能最低；第二，规模大的企业有力量进行技术创新，而技术创新是提高效率、降低成本的重要途径；第三，大批量销售不仅在市场上具有垄断力量，足以同对手抗衡，而且降低了销售成本。

王永庆的成功在于他敢于扩大产量，实现规模收益递增。当时台塑产量低是受台湾地区需求有限的制约。王永庆敏锐地发现，这实际陷入了一种恶性循环：产量越低，成本越高，越打不开市场；越打不开市场，产量越低，成本越高。打破这个循环的关键就是提高产量，降低成本。当产量扩大到月产1200吨时，可以用当时最先进的设备与技术，成本大幅度下降，就有进入世界市场，以低价格与其他企业的竞争能力。

当一个企业的产量达到平均成本最低时，就充分利用了规模收益递减的优势，或者说实现了最适规模。应该说，不同行业中最适规模的大小是不同的。一般而言，重工业、石化、电力、汽车等行业的最适规模都很大。这是因为在这些行业中所用的设备先进、复杂，最初投资大，技术创新和市场垄断程度都特别重要。王永庆经营的化工行业正属于这种最适规模大的行业，所以规模的扩大带来了收益递增。近年来，全世界掀起一股企业合并之风。企业合并无非是为了扩大规模，实现最适规模。合并之风最强劲的是汽车、化工、电子、电讯这些产量越多，收益增加越多的行业。世界500强企业也以这些行业居多。对于这些行业的企业而言，"大的就是好的"。

但千万别忘了《红楼梦》中王熙凤的一句话："大有大的难处。"一个企业大固然有许多好处，但也会引起一些问题。这主要是随着企业规模扩大，管理效率下降，管理成本增加。一个大企业也像政府机构一样会滋生官僚主义。同时，企业规模大也会缺乏灵活性，难以适应千变万化的市场，所以"大就是好"并不适用于一切企业。当企业规模过大引起成本增加效益递减时就存在内在不经济，发生规模收益递减。对那些大才好的企业来说，要特别注意企业规模大引起的种种问题，王永庆在扩大企业规模和产量的同时，注意降低建厂成本、生产成本和营销成本，并精减人员，提高管理效率，这对他的成功也很重要。对那些未必一定要大的轻工、服务之类行业的企业来说，"小的也是美好的"。船小好调头，在这些设备、技术重要性较低，而适应市场能力要强的企业中，就不要盲目追求规模，甚至有些大企业也因管理效率差而分开。美国IBM公司就曾一分为三。其实企业并不是一味地求大或求小，而是以效益为标准。那种盲目合并企业，以追求进500强的做法往往事与愿违。绑在一起的小舢板绝不是航空母舰。王永庆的成功不在于台塑大，而在于台塑实现了规模收益递增的最优规模。

王永庆不爱读书而成功并不是规律。对更多的企业家来说，读一点经济学，按经济规律办事还是可以事半功倍的，所以王永庆让他儿子到美国学习。

三、长期边际成本函数和长期边际成本曲线

（一）长期边际成本含义

长期边际成本表示厂商在长期内增加一单位产量所引起的最低总成本的增量。长期边际成本函数可以写为

$$\text{LMC} = \frac{\Delta \text{LTC}}{\Delta Q} \tag{4.14}$$

当 $\Delta Q \rightarrow 0$ 时，有

$$\text{LMC} = \lim_{\Delta Q \rightarrow 0} \frac{\Delta \text{LTC}}{\Delta Q} = \frac{d\text{LTC}}{dQ} \tag{4.15}$$

显然，每一产量水平上的 LMC 的值都是相应的 LTC 曲线的斜率。

（二）长期边际成本曲线的推导

长期边际成本 LMC 曲线可以由长期总成本 LTC 曲线得到。因为只要把每一个产量水平上的 LTC 曲线的斜率值描绘在产量和成本的平面坐标图中，便可得到长期边际成本 LMC 曲线。长期边际成本 LMC 曲线也可以由短期边际成本 SMC 曲线得到。用下面这种方法予以具体说明。

长期总成本曲线是无数条短期成本曲线的包络线。在长期的每一个产量水平上，LTC 曲线都与一条代表最优生产规模的 STC 曲线相切，这说明这两条曲线的斜率是相等的。由于 LTC 曲线的斜率是相应的 LMC 的值，STC 曲线的斜率是相应的 SMC 的值，因此可以推知，在长期内的每一个产量水平上，LMC 的值都与代表最优生产规模的 SMC 的值相等。根据这种关系，便可以由 SMC 曲线推导出 LMC 曲线。但是，与长期总成本曲线和长期平均成本曲线的推导不同，长期边际成本曲线不是短期边际成本曲线的包络线，它的推导如图 4 - 7 所示。

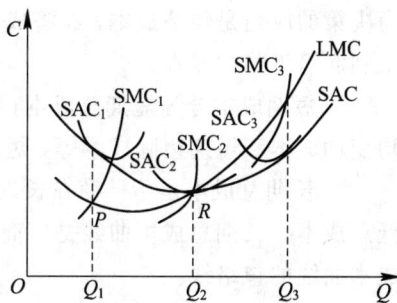

图 4 - 7 长期边际成本曲线

在图 4 - 7 中，在每一个产量水平上，代表最优生产规模的 SAC 曲线都有一条相应的 SMC 曲线，每一条 SMC 曲线都经过相应的 SAC 曲线最低点。在 Q_1 的产量上，生产该产量的最优生产规模由 SAC_1 曲线和 SMC_1 曲线所代表，相应的短期边际成本由 P 点给出，PQ_1 既是最优的短期边际成本，又是长期边际成本，即有 $LMC=SMC_1=PQ_1$，或者说，在 Q_1 的产量上，长期边际成本 LMC 等于最优生产规模的短期边际成本 SMC_1，它们都等于 PQ_1 的高度。同理，在 Q_2 的产量上，有 $LMC=SMC_2=RQ_2$。在 Q_3 的产量上，有 $LMC=SMC_3=SQ_3$。在生产规模可以无限细分的条件下，可以得到无数个似与 P、R 和 S 的点，将这些点连接起来便得到一条光滑的长期成本 LMC 曲线。

（三）长期边际成本曲线的形状

在图 4 - 7 中，长期边际成本曲线呈 U 形，它与长期平均成本曲线相交于长期平均成本曲线的最低点。其原因在于：根据边际量和平均量之间的关系，当 LAC 曲线处于下降段时，LMC 曲线一定处于 LAC 曲线的下方，也就是说，此时 LMC＜LAC，LMC 将 LAC 拉下；相反，当 LAC 曲线处于上升段时，LMC 曲线一定位于 LAC 曲线的上方，也就是说，此时 LMC＞LAC，LMC 将 LAC 拉上。因为 LAC 曲线在规模经济和规模不经济的作用下呈先降后升的 U 形，这就使得 LMC 曲线也必然是呈先降后升的 U 形，并且两条曲线相交于 LAC 曲线的最低点。根据 LMC 曲线的形状特征，可以解释 LTC 曲线的形状特征。因为 LMC 曲线呈先降后升的 U 形，且 LMC 的值又是 LTC 曲线上相应的点的斜率，所以 LTC 曲线的斜率必定要随着产量的增加表现出先递减达到拐点以后再递增的特征。

本章小结

本章是生产者行为理论中的成本理论，将生产要素的价格因素引入，从货币形态上分析成本，对厂商决策中的生产成本问题进行考察。本章内容主要包括短期成本分析和长期成本分析。

1. 成本是指厂商在生产商品或劳务中所支付的要素投入的费用。它包括显性成本和隐性成本。经济成本等于显性成本和隐性成本之和，经济成本也等于总机会成本。影响厂商决策的应当是经济成本，经济成本一般大于会计成本，因而经济利润小于会计利润，正常利润等于隐性成本。

2. 短期成本分为短期总成本、固定成本、变动成本、短期平均成本、平均固定成本、平均变动成本和短期边际成本等，短期中边际报酬递减规律在起作用。

3. 长期总成本是指厂商在长期中在各种产量水平上通过改变生产规模所能达到的最低总成本。长期总成本曲线是厂商在各种产量下最低短期总成本的轨迹，是无数条短期总成本曲线的包络线。

4. 长期平均成本是指长期中单位产量所分摊的长期总成本。长期平均成本曲线也是厂商在各种产量下最低平均成本的轨迹。长期平均成本曲线呈 U 形，主要是由长期生产的规模经济和不经济造成的。

5. 长期边际成本是指每增加一单位的产量所增加的长期总成本。长期边际成本呈 U 形变动，长期边际成本曲线与长期平均成本曲线相交于长期平均成本的最低点，此时 LAC=LMC。

本章习题

一、选择题

1. 在经济学中，生产的机会成本等于(　　)。

A. 显性成本＋隐性成本　　　　　　B. 社会成本＋显性成本

C. 会计成本＋隐性成本　　　　　　D. A 和 C 都对

2. 短期可变成本曲线随产量增加而(　　)。

A. 不断上升　　　B. 不断下降　　　C. 先上升再下降　　　D. 先下降再上升

3. 某厂商生产一批产品，如果生产第七个单位产品的总成本是 3.5 元，生产第八个单位产品的总成本是 4.6 元，那么该厂商的边际成本是(　　)。

A. 3.5 元　　　　　B. 4.6 元　　　　　C. 8.1 元　　　　　D. 1.1 元

4. 当平均成本高于边际成本时，(　　)。

A. 平均成本处于上升　　　　　　　B. 平均成本处于下降

C. 总成本处于下降　　　　　　　　D. 总可变成本处于下降

5. 长期边际成本曲线呈 U 形的原因在于(　　)。

A. 边际效用递减规律　　　　　　　B. 边际收益递减规律

C. 生产由规模经济向规模不经济变动　　D. 生产的一般规律

二、计算题

1. 假定某企业的短期成本函数是 $TC=Q_3-10Q_2+17Q+66$。试求：

(1) 指出该成本函数中的可变成本部分和固定成本部分。

(2) 写出下列函数：$TVC(Q)$、$AC(Q)$、$AVC(Q)$、$AFC(Q)$、$MC(Q)$。

2. 已知某企业的短期总成本函数 $STC=0.04Q_3-0.8Q_2+10Q+5$，试求最小的平均可变成本值。

3. 假定某厂商短期生产的边际成本函数 $SMC(Q)=3Q^2-8Q+100$，并且已知当产量 $Q=10$ 时的总成本 $STC=2400$，试求相应的 STC 函数、SAC 函数和 AVC 函数。

三、简答题

1. 画图说明短期成本曲线相互之间的关系。

2. 短期平均成本 SAC 曲线与长期平均成本 LAC 曲线都呈现出 U 形特征。请问：导致它们呈现这一特征的原因相同吗？为什么？

3. 试画图从短期总成本曲线推导长期总成本曲线，并说明长期总成本曲线的经济含义。

4. 试画图从短期平均成本曲线推导长期平均成本曲线，并说明长期平均成本曲线的经济含义。

5. 试画图从短期边际成本曲线推导长期边际成本曲线，并说明长期边际成本曲线的经济含义。

四、案例分析题

生活中的经济学(出租车的 MBA)

我要从徐家汇赶去机场，于是匆匆结束了一个会议，在美罗大厦前搜索出租车。一辆大众出租车发现了我，非常专业地、径直地停在我的面前。这一停，于是有了后面的这个让我深感震撼的故事，像上了一堂生动的 MBA 案例课。为了忠实于这名出租车司机的原意，我凭记忆尽量重复他原来的话。

"去哪里……好的，机场。我在徐家汇就喜欢做美罗大厦的生意。这里我只做两个地方：美罗大厦和均瑶大厦。你知道吗？接到你之前，我在美罗大厦门口兜了两圈，终于被我看到你了！从写字楼里出来的，肯定去的不近……"

"哦？你很有方法嘛！"我附和了一下。

"做出租车司机，也要用科学的方法。"他说。我一愣，顿时很有些兴趣"什么科学的方法？"

"要懂得统计。我做过精确的计算。我说给你听啊。我每天开 17 个小时的车，每小时成本 34.5 元……"

"怎么算出来的？"我追问。

"你算啊，我每天要交 380 元，油费大概 210 元左右。一天 17 小时，平均每小时固定成本 22 元，交给公司，平均每小时 12.5 元油费。这是不是就是 34.5 元？"，我有些惊讶。我打了 10 年的车，第一次听到有出租车司机这么计算成本。以前的司机都和我说，每公里成本 0.3 元，另外每天交多少钱之类的。

"成本是不能按公里算的，只能按时间算。你看，计价器有一个检查功能。你可以看到一天的详细记录。我做过数据分析，每次载客之间的空驶时间平均为 7 分钟。如果上来一个起步价 10 元，大概要开 10 分钟。也就是每一个 10 元的客人要花 17 分钟的成本，就是 9.8 元。不赚钱啊！如果说载浦东、杭州、青浦的客人是吃饭，载 10 元的客人连吃菜都算不上，只能算是撒了些味精。"

强！这位师傅听上去真不像出租车司机，倒像是一位成本核算师。"那你怎么办呢？"我更感兴趣了，继续问。看来去机场的路上还能学到新东西。

"千万不能被客户拉了满街跑，而是通过选择停车的地点、时间和客户，主动地决定你要去的地方。"我非常惊讶，这听上去很有意思。"有人说出租车司机是靠运气吃饭的。我认为不是。你要站在客户的位置上，从客户的角度去思考。"这句话听上去很专业，有点像很多商业管理培训老师说的"Put yourself into others shoes."

"给你举个例子，医院门口，一个拿着药的，一个拿着脸盆的，你载哪一个？"我想了想，说不知道。

"你要载那个拿脸盆的。一般人小病小痛要到医院看一看，拿点药，不一定会去很远的医院。拿着脸盆打车的，那是出院的。从医院出来的人通常会有一种重获新生的感觉，重新认识生命的意义，健康才最重要。那天那个拿脸盆的人说：'走，去青浦。'他眼睛都不眨一下。你说他会打车到人民广场，再去坐青浦线吗？绝对不会！"

我不由得开始佩服。

"再给你举个例子，那天人民广场，三个人在前面招手。一个年轻女子，拿着小包，刚买完东西。还有一对青年男女，一看就是逛街的。第三个是个里面穿绒衬衫的，外面穿羽绒服的男子，拿着笔记本包。我看一个人只要 3 秒钟。我毫不犹豫地停在这个男子面前。这个男的上车后说：'延安高架、南北高架。'他还没说完后面就忍不住问：'为什么你毫不犹豫地开到我面前？前面还有两个人，他们要是想上车，我也不好意思和他们抢。'我回答说：'中午的时候，还有十几分钟就 1 点了。那个女孩子是中午溜出来买东西的，估计公司很近；那对男女是游客，没拿什么东西，不会去很远；你是出去办事的，拿着笔记本包，一看就是公务，而且这个时候出去，估计应该不会近。'那个男的就说：'你说对了，去宝山。'"

"那些在超市门口、地铁口打车，穿着睡衣的人可能去很远吗？可能去机场吗？机场也不会让她进啊。"

有道理！我越听越有意思。

"很多司机都抱怨，生意不好做啊，油价又涨了啊，都从别人身上找原因。我说，你永远从别人身上找原因，你永远不能提高。从自己身上找找看问题出在哪里。"这话听起来好熟，好像是"如果你不能改变世界，就改变你自己"，或者 Steven Corvey 的"影响圈和关注圈"的翻版。"有一次，在南丹路有一个人拦车，去田林。后来又有一次，又有一个人在南丹路拦车，还是去田林。我就问：'怎么你们从南丹路出来的人，很多都是去田林呢？'人家说：'在南丹路有一个公共汽车总站，我们都是坐公共汽车从浦东到这里，然后搭车去田林的。'我恍然大悟。比如你看我们开过的这条路，没有写字楼，没有酒店，什么都没有，只有公共汽车站，站在这里拦车的多半都是刚下公共汽车的，再选择一条最短路径打车。在这里拦车的客户费用通常不会高于 15 元。"

"所以我说，态度决定一切！"我听十几个总裁讲过这句话，第一次听出租车司机这么说。

"要用科学的方法——统计学来做生意。天天等在地铁站口排队，怎么能赚到钱？每个月就赚500块钱怎么养活老婆孩子？这就是在谋杀啊！慢性谋杀你的全家。要用知识武装自己。学习知识可以把一个人变成聪明的人，一个聪明的人学习知识可以变成很聪明的人。一个很聪明的人学习知识，可以变成天才。"

"有一次，有一个人打车去火车站，我问他怎么走。他说这么……那么走。我说这样比较慢，上高架，再这么这么走。他说，这就绕远了。我说，没关系，你经常走你有经验，你那么走50块，你按我的走法，等里程表50元了，我就翻表。你只给50元就好了，多的算我的。按你说的那么走要50分钟，我带你这么走只要25分钟。最后，按照我的路线走，多走了4公里，快了25分钟，我只收了50块。乘客很高兴，省了10元钱左右。这4公里对我来说就是1块多钱的油钱。我相当于用1元多钱买了25分钟。我刚才说了，我一小时的成本是34.5块，我多合算啊！"

"在大众公司，一般一个司机3、4千能拿回家。做得好的大概5千左右。顶级的司机大概每月能有7000元。全大众公司2万个司机中，大概只有2～3个司机，万里挑一，每月能拿到8000元以上。我就是这2～3个人中间的一个，而且很稳定，基本不会有大的波动。"

太强了！到此为止，我越来越佩服这个出租车司机。

"我常常说我是一个快乐的车夫。有人说，你是因为赚的钱多，所以快乐。我对他们说，你们正好错了，是因为我有快乐、积极的心态，所以赚的钱多。"

说得多好啊！

"要懂得体会工作带给你的美。堵在人民广场的时候，很多司机抱怨，又堵车了！真是倒霉。千万不要这样，用心体会一下这个城市的美，外面有很多漂亮的女孩子经过，非常现代的高楼大厦，虽然买不起，但是却可以用欣赏的眼光去享受。开车去机场，看着两边的绿色，冬天是白色的，多美啊。再看看里程表，100多了，就更美了！每一样工作都有它美丽的地方，我们要懂得从工作中体会这种美丽。"

"我10年前是强生公司的总教练。8年前在公司当过三个不同部门的部门经理。后来我不干了，一个月就3、5千块，没意思，就主动来做司机。我愿意做一个快乐的车夫。哈哈……哈哈。"

到了机场，我给他留了一张名片，说："你有没有兴趣在这个星期五，到我办公室，给微软的员工讲一讲你是怎么开出租车的？你就当打着表，60公里每小时，你讲多久，我就付你多少钱。给我电话。"

我迫不及待地在飞机上记录下他这堂生动的 MBA 课。

（案例来源：余杰，黄小平.经济学基础.北京：北京交通大学，2012.）

问题：该案例中，出租车司机分析了哪些成本？给我们什么启示？

第五章　市场理论

【知识目标】

了解市场结构划分的依据；理解四种市场的含义与特点；理解各种市场条件下厂商的需求和供给。

【能力目标】

掌握完全竞争市场上短期均衡与长期均衡的条件；掌握市场理论在分析现实经济中的作用。

【案例导读】

"被暴利"的星巴克？

不少人在出国旅游时都会发出这样的感叹：在国外购买品牌商品比在国内买便宜好多啊！广受白领追捧的星巴克，被认为稍显奢侈的哈根达斯，背的名牌包包，穿的运动鞋等，在国外的价格原来如此亲民。2013年10月，星巴克被批在中国攫取暴利。央视记者通过比较中杯拿铁在北京、芝加哥、伦敦和孟买的价格发现，中国市场的价格高于其他地区，"足足比美国贵了1/3"。调查还发现，在中国卖到27元一杯的中杯拿铁物料成本不足5元。中国价格高于国外，售价高于成本，央视指责星巴克"价格歧视"、"谋取暴利"。此报道引来一番关于洋品牌在国内暴力定价的热议。

面对声讨，星巴克中国和亚太地区总裁约翰·卡尔弗承认"星巴克拿铁咖啡的价格在中国比美国更贵"，同时指出由于更高的食品成本，以及对员工培训的大手笔投资等原因，星巴克在中国的营运毛利率"绝不比美国高"。实际上，在中国售价高于外国的产品绝非星巴克一家，售价超过成本也正是所有商家盈利的方式和追求的目标，而暴利是指生产者、经营者用不正当手段获取超过合理利润幅度的行为。有专家表示，不应简单用售价扣除成本的逻辑判断产品是否存在暴利，价格监管应着重在垄断行业和不正当市场行为。更有学者一针见血地指出："只有在行政垄断下谈暴利才有意义。"

与黄金、原油等业已形成全球性统一市场的产业不同，咖啡并没有一个标准的国际市场价格。星巴克的品牌运作之下，到星巴克喝咖啡已经成为一种小资身份的象征了。在星巴克里，喝的不仅仅是那一杯咖啡，而更多的是感受心理上的愉悦。同时，星巴克的咖啡并非刚需，政府也没有对咖啡行业有着任何的准入限制。那就是说，开咖啡店完全属于竞争性的市场行为，我们又有什么理由去指责一个完全竞争市场上的产品的价格呢？

（资料来源：陈墨. 中国青年报：2013-10-28）

第一节　完全竞争市场

一、市场类型

市场是指商品交易的场所，既可以是有形的，也可以是无形的。例如，大部分产品市场是有形市场，而股票、债券等金融工具的交易市场通常是无形市场。市场的种类繁多，每一种商品都有一个独立的市场，如大米市场、服装市场、石油市场等。根据交易对象的不同可将市场划分为产品市场、劳动市场和资本市场三大类。本章主要分析产品市场中，在不同的市场条件下单个厂商的均衡。

（一）市场的划分

西方经济学家通常以竞争程度的强弱作为市场类型的划分标准。影响市场竞争程度的因素主要有四个，分别是：市场上厂商的数目、不同厂商提供的产品的差别程度、单个厂商对市场价格的控制程度、厂商进入或退出一个行业的难易程度。根据以上因素，可将市场划分为完全竞争市场、垄断竞争市场、寡头垄断市场和垄断市场，四种市场类型的具体特征如表5-1所示。

表 5-1　市场类型的划分和特征

市场特征＼市场类型	完全竞争	垄断竞争	寡头	垄断
厂商数目	很多	很多	几个	唯一
产品差别	完全无差别	有差别	有差别或无差别	唯一的产品且无相近的替代品
对价格的控制程度	没有	有一些	相当程度	很大程度但常受管制
进出一个行业的难易程度	很容易	比较容易	比较困难	很困难几乎不可能
类似的商品市场	某些农产品如玉米、小麦	某些轻工业品如服装、食品	汽车、石油	公用事业如水、电、燃气

（二）市场总需求曲线

市场的均衡价格和均衡数量取决于市场的需求曲线和供给曲线。消费者追求效用最大化的行为决定了市场的需求曲线，厂商追求利润最大化的行为决定了市场的供给曲线。在第三章价格理论中，介绍了单个消费者对某种商品的需求曲线，本章将在此基础上进一步推导市场需求曲线。

一种商品的市场需求是指在一定时期内在不同的价格水平下市场中所有消费者对该种商品的需求数量，因此一种商品的市场需求不仅依赖于每一个消费者的需求函数，还依赖于该市场中所有消费者的数量。假定在某一商品市场上有 n 个消费者，他们都具有不同的个人需求函数 $Q_d = f_i(P)$，$i=1, 2, \cdots\cdots, n$，则该商品市场的需求函数为

$$Q_d = \sum_{i=1}^{n} f_i(P) = F(P) \tag{5.1}$$

由此可见，一种商品的市场需求量是每一个价格水平上该商品所有个人需求量的加总。只要有了某商品市场每个消费者的需求表或需求曲线，就可以通过加总的方法得到该商品市场的需求表或需求曲线。从单个消费者的需求表到市场需求表如表 5-2 所示。

表 5-2　从单个消费者的需求表到市场需求表

商品价格 P	消费者 A 的需求量(1)	消费者 B 的需求量(2)	市场总需求量(1)+(2)
5	0	0	0
4	5	7	12
3	10	14	24
2	15	21	36
1	20	28	48
0	25	35	60

由于市场需求曲线是单个消费者需求曲线的水平加总，所以如同单个消费者的需求曲线一样，市场需求曲线一般也是向右下方倾斜的。市场需求曲线表示某商品市场在一定时期内在各种不同的价格水平上所有消费者愿意而且能够购买该商品的数量。市场需求曲线上的每个点都表示在相应的价格水平上可以给消费者带来最大的效用水平或满足程度的市场需求量。

(三) 厂商利润最大化的原则

1. 厂商的收益——总收益、平均收益和边际收益

总收益(Total Revenue，TR)是指出售一定数量产品得到的全部收入，即出售产品的总卖价。

$$TR(Q) = PQ \tag{5.2}$$

平均收益(Average Revenue，AR)是指销售每一单位产品所获得的平均收入。

$$AR(Q) = \frac{TR(Q)}{Q} \tag{5.3}$$

边际收益(Marginal Revenue，MR)是指厂商每增加或减少一单位产品销售所引起总收入的变动量。

$$MR(Q) = \frac{\Delta TR(Q)}{\Delta Q} \tag{5.4}$$

$$MR(Q) = \frac{dTR(Q)}{dQ} \tag{5.5}$$

2. 厂商实现均衡的原则

厂商均衡理论中分析的利润是指厂商的经济利润或者说超额利润，厂商的经济利润等

于厂商的总收益减去总成本的差值，总成本既包括厂商的显性成本，又包括厂商的隐性成本。厂商的超额利润是通过市场竞争获得的。厂商的利润最大化原则，即 MC＝MR，这是分析厂商实现均衡的一个基本出发点。

二、完全竞争市场的特征

完全竞争(Perfect Competition)又称为纯粹竞争，完全竞争市场是指竞争充分而不受任何阻碍和干扰的一种市场结构。完全竞争市场必须具备以下四个条件：

（一）市场上有大量的买者和卖者

完全竞争市场上有大量的买者和卖者，对于整个市场的总需求量和总供给量而言，每一个买者的需求量和每一个卖者的供给量都好比是汪洋大海中的一滴水，微不足道。也就是说，任何一个买者买与不买，买多买少，以及任何一个卖者卖与不卖，卖多卖少，都不会对市场的价格水平产生任何影响，个体消费者和个体厂商都只能被动地接受既定的市场价格，因此完全竞争市场上的供需双方被称为价格接受者。

（二）每个厂商提供的产品都是同质的、完全无差别

在完全竞争市场上，任何厂商提供的产品都是完全相同的，也就是说，对于买者而言，任何一个生产者的产品完全可以被另一个生产者的产品替代。换言之，所有厂商的产品具有完全的互相替代性，如果价格相同，消费者不会介意从哪个生产者手里购买。如果某个厂商提高产品售价，所有消费者就会转而购买其他厂商的产品，因此在完全竞争市场中，厂商销售的是同质产品，他们既不用将其商品差异化，也不会进行非价格竞争。

（三）厂商进入或退出一个行业完全自由

所有生产要素(如劳动力、资本等)在各行业之间可以自由流动，即劳动力可以在不同厂商和地区之间转移，资本可以进行无障碍流通，使得厂商可以自由进入或退出一个行业。因此大量的生产要素会流向高效率的企业，低效率的企业会因为缺乏资源而遭到淘汰。生产要素流动是促成市场实现均衡的重要条件。

（四）供需双方都充分掌握市场信息

完全竞争市场上的每一个买者和卖者都充分掌握与自己经济决策有关的一切信息，因此每个消费者和每一个厂商都可以根据自己所掌握的完全信息做出最优的经济决策，从而获得最大的经济利润。并且由于供需双方均为市场既定价格的接受者，避免了由于信息不畅通或不完全导致市场中以不同价格进行交易的可能性。

理论分析中完全竞争市场的假设条件是非常苛刻的，在现实的经济生活中没有一个市场能够真正同时具备以上四个条件，而且这样的市场也是非个性化的市场，所有的消费者都是相同的，都是无足轻重的，相互之间感觉不到竞争；所有生产者也都是相同的，无足轻重，相互之间意识不到竞争。因此，在完全竞争市场中不存在人们在现实经济生活中所感觉到的那种真正意义上的竞争，通常人们把一些农产品市场，如大米市场、小麦市场等，看成是比较接近于完全竞争市场的类型。但是完全竞争市场作为一个理想的经济模型，有

利于人们了解经济活动和资源配置的基本原理，解释或预测经济中消费者和厂商的行为，是进行其他类型市场结构分析的理论基础。

三、完全竞争市场的需求曲线和收益曲线

（一）完全竞争市场的需求曲线

在任何一个商品市场中，市场需求是针对市场上所有厂商组成的行业而言的，消费者对整个行业所生产的商品的需求称为行业所面临的需求，相应的需求曲线被称为行业需求曲线或市场需求曲线。对整个行业来说，需求曲线是一条向右下方倾斜的曲线，供给曲线是一条向右上方倾斜的曲线。整个行业产品的价格是由这样的需求与供给决定的，如图 5-1(a)所示。

消费者对行业中单个厂商生产的商品的需求量，称为厂商所面临的需求量，相应的需求曲线称为厂商所面临的需求曲线，简称为完全竞争厂商的需求曲线。由于完全竞争厂商是市场既定价格的接受者，因此完全竞争厂商的需求曲线是一条由既定市场价格水平出发的水平线，如图 5-1(b)所示。

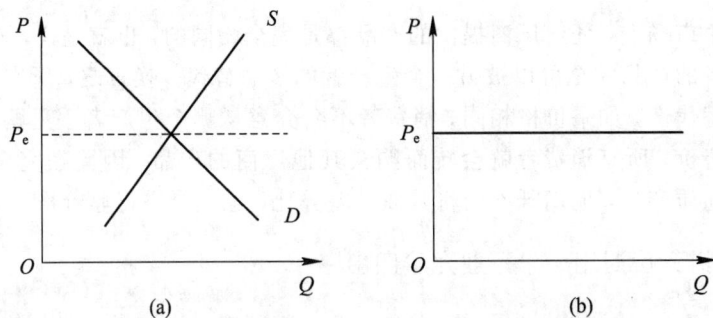

图 5-1　完全竞争市场和完全竞争厂商的需求曲线

（二）完全竞争市场的收益曲线

厂商的收益就是厂商的销售收入。厂商的收益可以分为总收益、平均收益和边际收益。完全竞争厂商的总收益为价格和销售量的乘积。

$$\text{TR}(Q) = PQ \tag{5.6}$$

由于价格既定，即完全竞争厂商的总收益曲线是一条从原点出发的斜率不变的直线，如图 5-2(a)所示。

根据总收益曲线，完全竞争厂商的平均收益为

$$\text{AR}(Q) = \frac{\text{TR}(Q)}{Q} = \frac{PQ}{Q} = P \tag{5.7}$$

边际收益为

$$\text{MR}(Q) = \frac{\Delta \text{TR}(Q)}{\Delta Q} = \frac{\text{d}(PQ)}{\text{d}Q} = P \tag{5.8}$$

由此可见，在价格不变的完全竞争市场上，$\text{AR} = \text{MR} = P$。因此在完全竞争市场上，需求

曲线 d、平均收益曲线 AR 和边际收益曲线 MR 相互重叠，是一条既定市场价格水平出发的水平线，如图 5-2(b)所示。

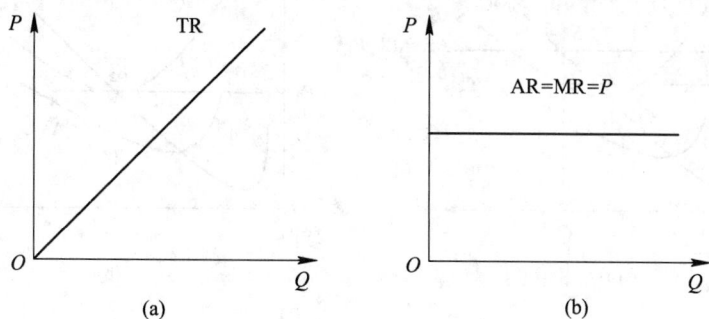

图 5-2 完全竞争厂商的收益曲线

四、完全竞争市场的均衡分析

(一)完全竞争市场的短期均衡

1. 短期均衡点的确定

完全竞争市场上厂商的短期均衡是指企业在生产规模既定的条件下如何通过调整产量实现利润的最大化。在短期内，产品的市场价格是既定的，而且厂商拥有的生产要素并不是全部都可以调整，只有部分生产要素可以改变，因此厂商只能通过改变可变要素的投入量来调整产量，从而实现 MR＝MC 的利润最大化均衡条件。

在完全竞争市场中，短期内市场供给与需求之间相互作用形成产品的均衡价格，可能高于、等于或低于厂商的平均成本，因此在短期内厂商实现均衡时，有可能处于盈利、盈亏平衡，甚至亏损等不同情况。如果均衡价格低于厂商的短期平均可变成本，厂商不得不停止营业。完全竞争厂商实现短期均衡时的各种情况如图 5-3 所示。

(1) 平均收益大于平均总成本，即 $P＝AR＞SAC$，厂商获得超额利润。如图 5-3(a)所示，当市场价格 P_1 较高时，厂商面临的需求曲线为 $d_1＝AR＝MR＝P_1$，为实现利润最大化，厂商按照 MR＝SMC 的利润最大化原则进行生产，短期总成本曲线 SMC 与边际收益曲线 MR 的交点 E_1 即为厂商的短期均衡点，产量为 Q_1。

这时平均收益为 OP_1，平均成本为 Q_1F，单位产品获得的利润为 E_1F，总收益为 OQ_1 乘以 OP_1，总成本为 OQ_1 乘以 Q_1F，利润总量为 OQ_1 乘以 E_1F，即为图中 GP_1E_1F 的面积。如果产量超过 OQ_1，由于 $MC＞P_1$，增加产量会降低总利润；若产量小于 OQ_1，增加产量能增加总利润，只有使产量确定在 OQ_1，使 MR＝P＝SMC，厂商获得的利润达到最大。

(2) 平均收益等于平均总成本，即 $P＝AR＝SAC$，厂商的经济利润为零，达到盈亏平衡状态。如图 5-3(b)所示，当市场价格为 P_2 时，厂商面临的需求曲线为 $d_2＝AR＝MR＝P_2$，为实现利润最大化，厂商按照 MR＝SMC 的利润最大化原则进行生产，短期总成本曲线 SMC 与边际收益曲线 MR 的交点 E_2 即为厂商的短期均衡点，产量为 Q_2。

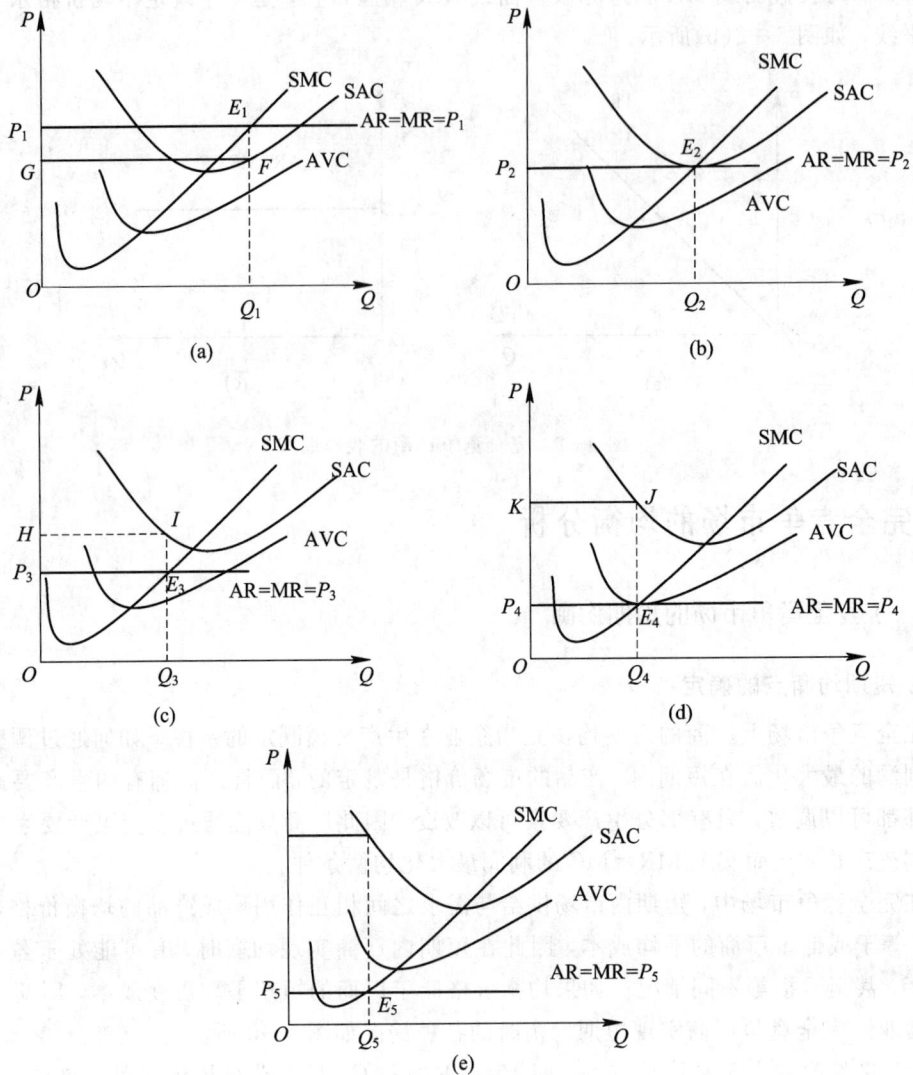

图 5 - 3　完全竞争厂商的短期均衡

在产量 Q_2 上，平均收益等于平均成本，总收益也等于总成本，为图中矩形 $OP_2E_2Q_2$ 的面积，此时厂商的经济利润为零，但实现了全部正常利润。由于在该点上，厂商既无经济利润，又无亏损，因此 SMC 曲线与 SAC 曲线的交点 E_2 称为厂商的盈亏平衡点或收支相抵点。

（3）平均收益小于平均总成本，即 $P=AR<SAC$，厂商亏损。如图 5 - 3（c）所示，当市场价格为 P_3 时，厂商面临的需求曲线为 $d_3=AR=MR=P_3$，厂商按照 $MR=SMC$ 的利润最大化或亏损最小化原则进行生产，短期总成本曲线 SMC 与边际收益曲线 MR 的交点 E_3 即为厂商的短期均衡点，产量为 Q_3。

在均衡产量 Q_3 上，平均收益为 OP_3，平均成本为 OH，总成本与总收益的差额构成厂商的亏损，如图中矩形 P_3HIE_3 的面积。厂商虽然亏损，但是按照均衡条件 $MR=MC$ 下所确定的产量，使厂商总亏损额最小，由于价格高于短期平均变动成本，厂商能完全收回全部可变成本，并弥补部分不变成本的损耗，厂商仍可以继续生产。

（4）平均收益等于平均可变成本，即 $P = AR = AVC$，厂商亏损，处于生产与不生产的临界点。如图 5-3(d)所示，当市场价格降到 P_4 时，厂商面临的需求曲线为 $d_4 = AR = MR = P_4$，根据 $MR = SMC$，短期总成本曲线 SMC 与边际收益曲线 MR 的交点 E_4 即为厂商的短期均衡点，E_4 是平均可变成本 AVC 曲线与 SMC 曲线的交点，也是 AVC 曲线的最低点，均衡产量为 Q_4。

在均衡产量 Q_4 上，平均收益 OP_4 等于平均可变成本 Q_4E_4，也就是说，厂商的收益恰好弥补全部可变成本，不变成本得不到任何补偿，厂商亏损相当于矩形 KP_4E_4J 的面积，此时厂商既可以生产也可以不生产，因此 E_4 被称为厂商的停止营业点。

（5）平均收益小于平均可变成本，即 $P = AR < AVC$，厂商亏损且停止生产。当市场价格低于 P_4 时，如图 5-3(e)所示，在均衡点 E_5 上，厂商继续生产的收益不仅不变成本无法弥补，甚至连可变成本也不能全部收回，此时厂商将停止生产。

2. 完全竞争厂商的短期供给曲线

根据第二章均衡价格理论可知，市场均衡价格是由供给曲线和需求曲线共同决定的，分析完全竞争厂商的短期均衡时明确了完全竞争厂商的需求曲线，现在分析完全竞争厂商的短期供给曲线。

厂商的供给曲线是指在不同的销售价格水平上，厂商愿意并且能够提供的产量的变动曲线。它表示短期内厂商利润最大或亏损最小时，产品价格与产量之间的关系。在完全竞争市场上，厂商的短期供给曲线可以用短期边际成本 SMC 曲线来表示。

对完全竞争厂商来说，为了获得短期的最大利润，需根据 $MR = SMC$ 的均衡条件来选择最优产量，由于 $MR = AR = P$，所以完全竞争厂商的短期均衡条件又可以用 $P = SMC$ 来表示，因此给定一个价格 P，就有一个相应的最优产量 Q 能够使得厂商实现利润最大化。这意味着在价格 P 和厂商的最优产量 Q（厂商愿意而且能够提供的产量）之间存在着一一对应的关系，而厂商 SMC 曲线恰好准确地表明了这种商品的价格和厂商的短期供给量之间的关系。图 5-3 中展示了厂商短期均衡的五种可能的情况。通过分析可见，当市场价格分别为 P_1、P_2、P_3 和 P_4 时，厂商根据 $MR = SMC(P = SMC)$ 的原则，顺次选择的最优产量为 Q_1、Q_2、Q_3 和 Q_4，短期边际成本曲线 SMC 上的 E_1、E_2、E_3 和 E_4 点就明确地表示了这些不同的价格水平与相应的最优产量之间的对应关系。

通过分析完全竞争厂商的短期均衡可知：厂商只有在市场价格 $P \geq AVC$ 时才会进行生产，而当 $P < AVC$ 时，厂商会停止生产，所以厂商的短期供给曲线应该是 SMC 曲线上大于和等于 AVC 曲线最低点的部分，即 SMC 曲线大于和等于停止营业点的部分。如图 5-4 所示，图 5-4(b)中 SMC 曲线上 d 点以上的部分就是完全竞争厂商的短期供给曲线 $S = S(P)$，该线上的 a、b、c 和 d 分别与图 5-4(a)中的 SMC 曲线上的 E_1、E_2、E_3 和 E_4 点相对应。

由此可见，完全竞争厂商的短期供给曲线是向右上方倾斜的，它表示了商品的价格和供给量之间呈同向变动关系。与市场总需求曲线的分析相同，完全竞争行业的短期总供给是指在任何价格水平上，行业内所有厂商的供给量的总和，因此行业的短期供给曲线是由该行业内所有厂商的短期供给曲线横向加总而得到的。假定某完全竞争行业中有 100 个相同的厂商，每个厂商都具有相同的短期成本曲线和相应的短期供给曲线，将这 100 个相同

(a)

(b)

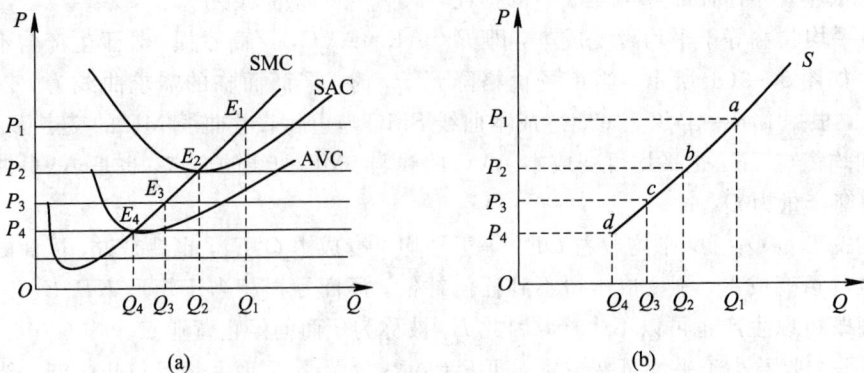

图 5-4　完全竞争厂商的短期供给曲线

的厂商的短期成本曲线水平相加，便得到行业的短期供给曲线。

3. 生产者剩余

在消费行为理论中，以消费者剩余衡量消费者与市场交易的所得，现在引入生产者剩余的概念，以此衡量生产者与市场交易的所得。生产者剩余（Producer Surplus，PS）是指厂商在提供一定数量的某种产品时，实际接受的总支付和愿意接受的最小总支付之间的差额。

$$
\begin{aligned}
\mathrm{PS} &= P_0 Q_0 - \int_0^{Q_0} S(P)\mathrm{d}Q \\
&= P_0 Q_0 - \int_0^{Q_0} \mathrm{SMC}\mathrm{d}Q
\end{aligned}
\tag{5.9}
$$

如图 5-5 所示，生产者剩余是价格线之下，SMC 曲线之上部分的面积。

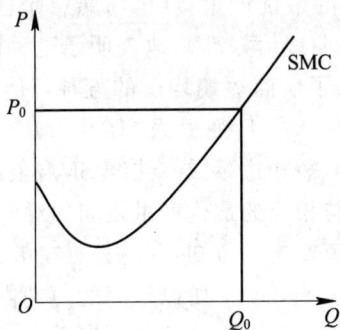

图 5-5　生产者剩余

【知识拓展】

鸡蛋价格跳水，创十多年来最低

2017 年 5 月 23 日，全国蛋品行业高级别经济对话在上海举行，"没想到这么低"成为会场的基调。澎湃新闻记者从对话会获悉，上海今年的鸡蛋价格是十多年来的最低价格，主要原因是供大于求。专家建议统筹全国蛋鸡饲养量，建立预警机制。

对于今年鸡蛋价格，65 岁的童女士说，"早上八点多的时候，鸡蛋卖 1.99 元一斤。"童女士习惯早上八点左右去超市买鸡蛋，这是她试过的几乎最便宜的办法，"不然一般都要2.7～2.9元。"不管是促销还是正常售价，今年上海市场的鸡蛋价格都算低的。来自江苏盐城的活禽养殖户张先生表示，"去年这时候价格也低，可是也要卖3.5元一斤。今年肯定亏死了。"

据央视报道，今年全国多地传出单价下滑的消息，安徽的收购价甚至跌破2元/斤。上海市蛋品行业协会透露，鸡蛋养殖成本大多在3～3.5元/斤。而鸡蛋的保存期一般不超过2个月，卖也是亏，不卖更亏，因此今年全国多地都出现过倒鸡蛋事件。

从对话会获悉，以往全国鸡蛋产量为2400～2500万吨，今年猛增至2600万吨，明显供大于求。上海市蛋品行业协会秘书长马国贤认为，造成今年供大于求的原因是，2014年鸡蛋市场价格突高，拉开了大规模饲养蛋鸡的序幕，2015年和2016年上半年市场价格仍不下来，吸引了农民饲养的欲望，全国大面积饲养，造成饲养量过大。同时，近几年禽流感的爆发，各地方政府都严厉关闭了活禽交易市场。淘汰鸡只能到指定的屠宰点进行屠宰，由于屠宰点价格偏低，养殖户不愿意淘汰老鸡。鸡继续养，蛋继续产。

江苏鸿轩生态农业有限公司副总裁李嘉辉则认为，各种各样的金融资本较大规模地进入蛋鸡养殖，大型养鸡场不断出现。另外，饲料主要原料玉米价格近几年偏低，也吸引养殖户扩大饲养量。针对今年蛋价的走低，上海南汇汇绿蛋品有限公司董事长顾明强表示，生产技术的提高，也是一方面原因。以前每只鸡产蛋16公斤，现在可以产17～18公斤。这一水平基本和美国持平。不过，该公司CEO徐鸿飞对比中国与美国蛋品行业发展发现，中国如今的蛋品趋势虽然走低，但总体仍在一个爬坡的过程，"接下来，重要的是调整产业结构。"

上海市蛋品行业协会秘书长马国贤认为，解决鸡蛋价格大起大落的主要途径是逐步稳定物价，以稳定市场价格来推动饲养量的稳定，以饲养量的稳定来促使市场价格的稳定，这是一个辩证的关系。

另外，与会的多位专家呼吁，各级地方政府及相关单位应从稳定市场和保障供应为出发点，对全国蛋鸡饲养量应统筹，建立预警机制，扩大各地行业协会的预警作用。

（资料来源：摘自《新浪财经》，2017－05－24）

（二）完全竞争厂商的长期均衡

完全竞争厂商的长期均衡是指厂商通过对生产规模的调整来实现利润最大化。在短期生产中，厂商只能调整可变生产要素来改变产量，但不能保证厂商在最优的要素组合下生产，所以也不能保证以最低的成本生产。但在长期生产中，厂商可以通过对全部生产要素的调整来实现最优的要素组合。完全竞争厂商在长期中对生产要素的调整表现为两方面：一是厂商对自身生产规模的调整，长期内厂商可以调整成本与产量，是在最优要素组合上实现的利润最大化，即MR＝LMC，在市场价格固定的条件下，长期均衡的利润一定大于等于短期均衡的利润。但是在完全竞争市场，要素可以在不同部门间自由流动，市场信息是完全充分的，或者说只要有超额利润的存在，生产要素总是会及时地流向这些可以获取更大利润的行业；反之，只要有亏损的存在，就必然会导致行业内一部分厂商退出生产，因此长期内厂商还可以进入或退出一个行业，即厂商数目的调整。

1. 厂商最优生产规模的调整

首先分析厂商在长期生产中对最优生产规模的选择，如图5-6所示。

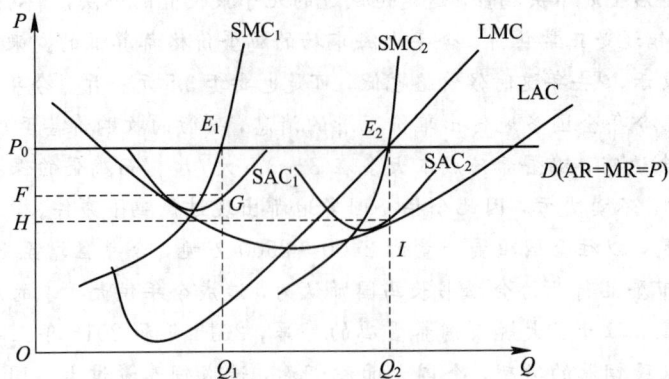

图 5-6 完全竞争厂商在长期生产中对最优生产规模的选择

如图 5-6 所示，假定市场价格为 P_0，短期中厂商拥有的生产规模以 SAC_1 曲线和 SMC_1 曲线表示。由于在短期内生产规模是给定的，所以厂商只能在既定的生产规模下进行生产。根据 MR＝SMC 短期利润最大化的均衡条件，厂商选择的最优产量为 Q_1，所获得的利润为图中 FP_0E_1G 的面积。在长期内，厂商可以调整生产规模，以达到 MR＝LMC 长期利润最大化的均衡条件，长期均衡点是 E_2，相应的最优产量为 Q_2，所获得的利润为图中 HP_0E_2I 的面积。很显然，在长期内，厂商通过对最优生产规模的选择使自己的状况得到改善，从而获得了比在短期内更大的利润。如果在短期内厂商实现均衡时是亏损的，那么在长期内厂商可以通过对最优生产规模的选择来降低亏损，从而使自己的状况得到改善。

2. 厂商进入或退出一个行业

在图 5-6 中的均衡点 E_2，厂商获得了利润，也就是说，厂商在支付了各种生产要素的费用后还有剩余。由于完全竞争市场中所有的资源具有充分的流动性，厂商进入或退出一个行业是完全自由且毫无成本的，因此其他行业的资本会进入这个行业。资本的进入导致供给增加，进而价格下降。只要有利润存在，新的资本就会不断进入，价格就会继续下降，直到价格降到 LAC 曲线的最低点，行业内厂商的利润为零为止；反之，如果市场初始价格在 LAC 曲线的最低点之下，厂商在最优的生产规模上是亏损的，厂商会选择退出该行业，使得供给下降，价格上升，直到上升到 LAC 曲线的最低点，厂商止损为止。

3. 完全竞争厂商的长期均衡条件

由于完全竞争市场上，行业之间生产要素的自由流动或厂商的自由进出导致了完全竞争厂商长期均衡时的经济利润只能为零，并且市场价格等于长期平均成本最低点的水平。在这一水平下，行业内的每个厂商既无利润，也无亏损，但都实现了正常利润，实现了长期均衡，如图 5-7 所示。

综上所述，完全竞争厂商的长期均衡是零利润均衡，即经济利润为零，均衡条件为

$$MR＝LMC＝SMC＝LAC＝SAC \quad (MR＝AR＝P) \quad\quad (5.10)$$

在完全竞争市场中，厂商在长期调整中消除超额利润满足 $P＝MC＝SAC＝LAC$ 的产量，是位于厂商长期平均成本 LAC 曲线最低点的产量。这意味着在完全竞争的前提下，当行业（厂商）达到均衡状态时，首先，产品的卖价等于厂商的边际成本；其次，各厂商提供的产量是在可以利用的既定技术条件下，选用了最优生产规模生产出来的；最后，各厂

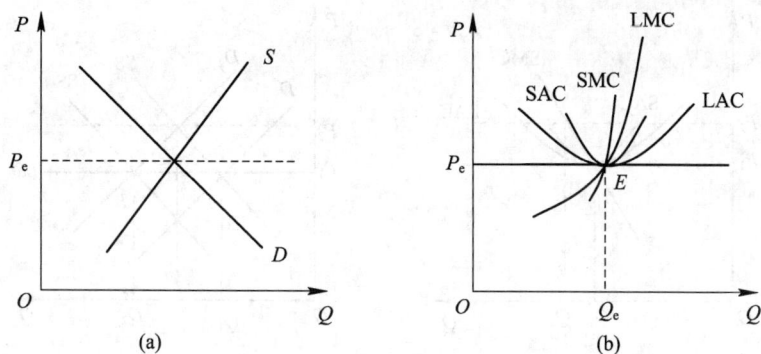

图 5-7 完全竞争市场的长期均衡和厂商长期均衡

商提供的产量又是这一生产规模下平均成本为最低的产量。也就是说,在完全竞争市场上,产品的价格由需求和供给共同决定,在均衡条件下,一方面,厂商在该价格下愿意提供的产量恰好等于消费者在该价格下愿意买进的数量;另一方面,厂商提供的这一产量是在既定的技术条件下,以最低的成本(最优生产规模)生产出来的。简而言之,在完全竞争市场条件下对生产资源进行配置是最具效率的。

【知识拓展】

完全竞争行业的长期供给曲线

在长期内,行业的供给量仍然是所有厂商的产量之和,但行业供给曲线是什么形状呢?是否也像短期中那样整个行业的供给曲线是随着产量的增加,产品价格也一定相应上升呢?分析短期供给曲线时,可以先推出厂商的短期供给曲线,然后再简单加总形成行业供给曲线,但是不能用同样的办法去分析长期供给曲线,因为在长期内,厂商可以随着价格的变动进入或退出市场。

在完全竞争市场中,各厂商的产品是完全同质的,价格也是完全相同的,行业长期均衡时,产品价格都等于厂商长期平均成本的最低点,既无经济利润,也无亏损,因此从长期来看,产品的长期平均成本对产品价格具有决定性影响。如果整个行业产量增加时,产品平均成本不变,则产品价格不变;如果产品平均成本上升,则产品价格上升;如果产品平均成本下降,则产品价格下降,所以在完全竞争的市场上,行业长期供给曲线的形状取决于行业中产量变动时对投入要素价格的影响程度。根据行业产量变化对生产要素价格可能产生的影响,将完全竞争行业分为成本不变行业、成本递增行业和成本递减行业。

★ **成本不变行业的长期供给曲线**

成本不变行业(Constant Cost Industry)是这样一种行业,该行业的产量变化所引起的生产要素需求的变化不对生产要素的价格产生影响。这可能是因为这个行业对生产要素的需求量只占生产要素市场需求量的很小一部分。在这种情况下,行业的长期供给曲线是一条水平线,如图 5-8 所示。

★ **成本递增行业的长期供给曲线**

成本递增行业(Increasing Cost Industry)是这样一种行业,该行业产量增加所引起的生产要素需求的增加会导致生产要素价格的上升。成本递增行业是较为普遍的情况,这是因为经济资源总是稀缺的,所以对生产要素需求的增加,一般会使生产要素的价格上升。

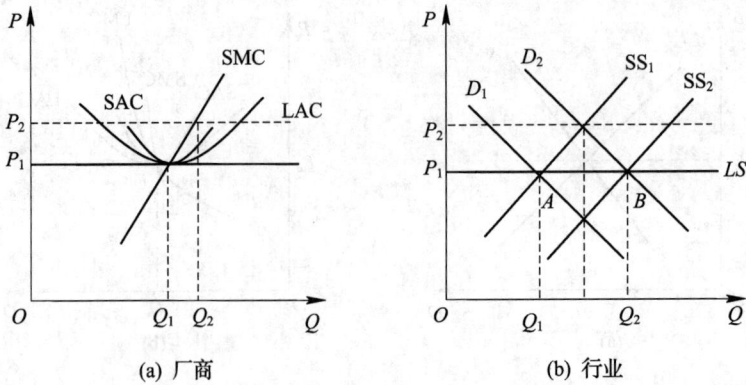

(a) 厂商   (b) 行业

图 5-8　成本不变行业的长期供给曲线

成本递增行业的长期供给曲线是一条向右上方倾斜的曲线，如图 5-9 所示。

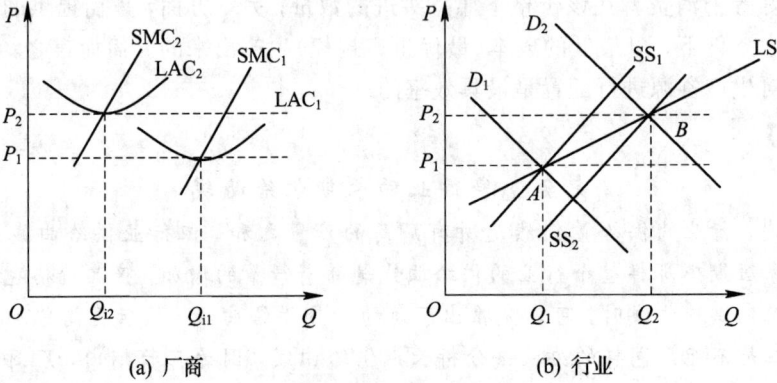

(a) 厂商   (b) 行业

图 5-9　成本递增行业的长期供给曲线

★ 成本递减行业的长期供给曲线

成本递减行业（Decreasing Cost Industry）是这样一种行业，该行业产量增加所引起的生产要素需求的增加反而使生产要素的价格下降了。在现实生活中，由于存在外部经济和规模经济以及技术进步，有些行业会在增加产量的同时，产品平均成本下降。这类行业的长期供给曲线表现为一条向右下方倾斜的曲线，如图 5-10 所示。这种情况说明，在长期

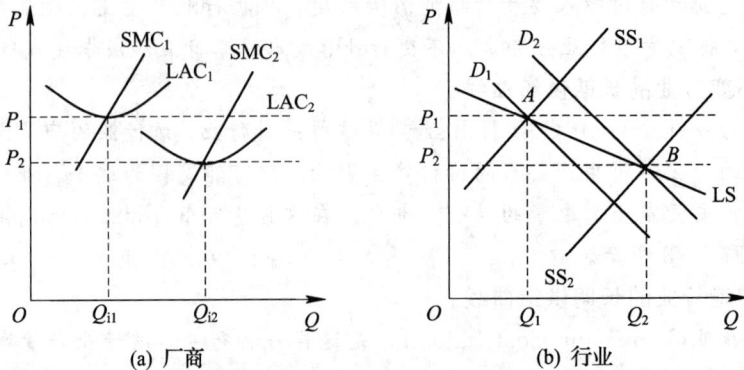

(a) 厂商   (b) 行业

图 5-10　成本递减行业的长期供给曲线

中，成本递减行业的产品价格和供给量呈反方向的变动。市场需求的增加会引起行业长期均衡价格的反方向变动，同时引起行业长期均衡产量下降。

第二节　垄断市场

上一节分析了完全竞争市场，本节将涉及不完全竞争市场，不完全竞争市场是相对于完全竞争市场而言的。在完全竞争市场中，竞争是充分的，任何一个生产者和消费者都只是价格的接受者，而不完全竞争市场中都或多或少带有一定的垄断因素。不完全竞争市场分为三种类型，它们是垄断市场、寡头垄断市场和垄断竞争市场。其中，垄断市场的垄断程度最高，寡头垄断市场居中，垄断竞争市场最低。垄断市场（Monopoly Market）是指整个行业中只有一个厂商的市场。市场上单一厂商面对的是整个市场的需求曲线，以此做出生产决策。与完全竞争厂商的产量决策不同，垄断者的产量决策将决定产品的价格。从这个意义上来讲，垄断厂商与完全竞争描述的是两个完全相反的极端情形。

一、垄断市场的条件及成因

完全垄断市场是指一个厂商独家控制一种产品的生产与销售，这种市场不存在丝毫竞争因素的市场结构。具体而言，完全垄断市场的条件有三点：第一，市场上只有唯一的一个厂商生产和销售商品；第二，该厂商生产和销售的商品没有任何相近的替代品；第三，其他任何厂商进入该行业都极为困难或不可能。在这样的市场中，排除了任何的竞争因素，独家垄断厂商控制了整个行业的生产和市场的销售，所以垄断厂商可以控制和操纵市场价格。

形成垄断的原因主要有四点：第一，独家厂商控制了生产某种商品的全部资源或基本资源的供给。这种对生产资源的独占，排除了经济中的其他厂商生产同种产品的可能性，例如美国铝业公司控制了美国的主要铝土矿，从而控制了美国制铝业的生产。第二，独家厂商拥有生产某种商品的专利权，这便使独家厂商可以在一定的时期内垄断该产品的生产。例如，美国可口可乐公司长期控制可口可乐的配方，从而垄断可口可乐的生产。第三，政府的特许。政府对铁路、邮政、供水、供电等公用事业实行独家经营，形成了对某些公用事业部门的完全垄断。第四，自然垄断。

二、垄断厂商的需求曲线和收益曲线

（一）垄断厂商的需求曲线

由于垄断市场上只有唯一的一个厂商，因此垄断厂商面临的需求曲线就是市场的需求曲线，该曲线是一条向右下方倾斜的曲线。向右下方倾斜的垄断厂商的需求曲线表示垄断厂商可以通过调整销售量来控制产品的市场价格，并且垄断厂商的销售量与市场价格呈反方向变动趋势。

（二）垄断厂商的收益曲线

对于需求曲线 $P=P(Q)$，总收益 $\text{TR}=P(Q) \cdot Q$，垄断厂商的收益受到市场需求状况的直接影响，也就是说，厂商的需求曲线的特征将决定厂商的收益曲线的特征。厂商实现收益最大化的条件是

$$\frac{\text{dTR}}{\text{d}Q}=\text{MR}=\frac{\text{d}P(Q)}{\text{d}Q} \cdot Q + P(Q) = P(Q)\left(1-\frac{1}{e_d}\right)=0 \text{ 或 } e_d=1 \tag{5.11}$$

当 $e_d>1$ 时，总收益曲线是增函数，即总收益随销售量的增加而增加；当 $e_d<1$ 时，总收益曲线是减函数，即总收益随销售量的增加而减少。

例如，假定线性反需求函数为

$$P(Q)=a-bQ(a、b>0) \tag{5.12}$$

则总收益函数和边际收益函数分别为

$$\text{TR}=P(Q) \cdot Q = aQ - bQ^2 \tag{5.13}$$

$$\text{MR}=\frac{\text{dTR}(Q)}{\text{d}Q}=a-2bQ \tag{5.14}$$

比较需求曲线和收益曲线可知，当垄断厂商的需求曲线 d 为直线时，平均收益曲线和 d 曲线重叠，都是同一条向右下方倾斜的曲线，边际收益 MR 曲线位于平均收益 AR 曲线的左下方，与 d 曲线的纵截距相等，并且横截距是 d 曲线横截距的一半。总收益曲线是先增后减的抛物线，当 MR>0 时，TR 曲线的斜率为正；当 MR<0 时，TR 曲线的斜率为负；当 MR=0 时，TR 曲线达到最大值。三者之间的关系如图 5-11 所示。

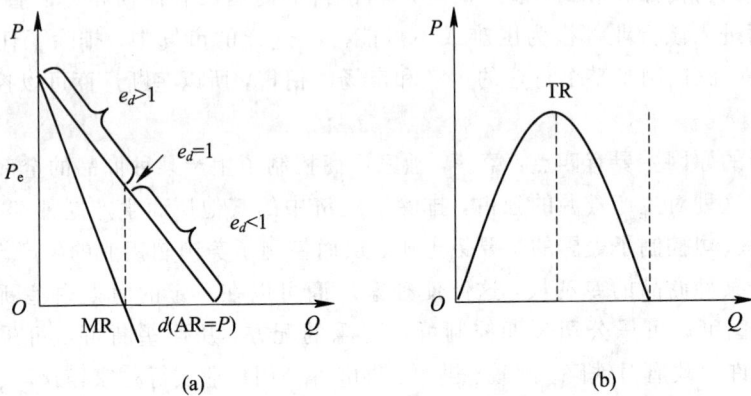

图 5-11　垄断厂商的需求曲线和收益曲线

对于垄断厂商的需求曲线和收益曲线的分析，对于其他不完全竞争市场下的厂商也同样适用。只要不在完全竞争市场条件下，厂商所面临的需求曲线是向右下方倾斜的，相应的厂商的各种收益曲线就具有以上所分析的基本特征。

三、完全垄断厂商的均衡分析

（一）完全垄断厂商的短期均衡

与完全竞争市场的厂商一样，只要每增加一单位产出所带来的总收入增量大于总成本

增量，垄断厂商就会生产该单位的产品，从而不断增加产量直至边际收入等于边际成本为止，因此垄断厂商为了获得最大利润，也必须遵循 MR＝MC 的原则。在短期内，垄断厂商无法改变不变要素的投入量，它是在既定生产规模下通过对产量和价格的同时调整来实现其利润最大化的，如图 5－12 所示。

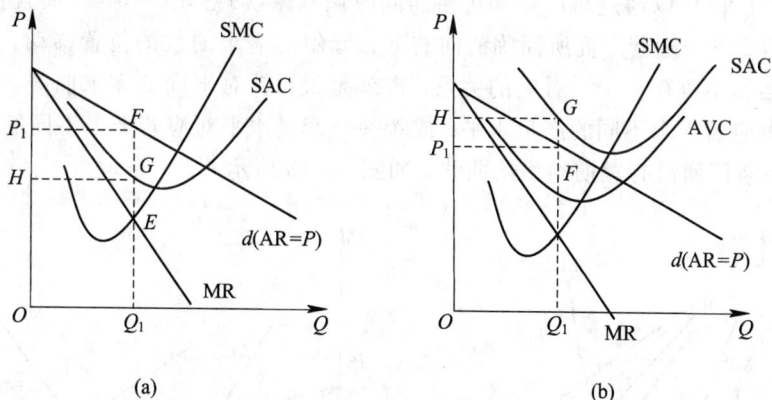

图 5－12　垄断厂商的短期均衡

图 5－12(a)中的 SMC 曲线和 SAC 曲线代表垄断厂商的既定生产规模，d 曲线和 MR 曲线代表垄断厂商的需求曲线和边际收益曲线。垄断厂商根据 MR＝SMC 的利润最大化原则，将产量和价格分别调整到 Q_1 和 P_1 的水平。在短期均衡点 E 上，垄断厂商的平均收益为 FQ_1，平均成本为 GQ_1，平均收益大于平均成本，垄断厂商获得利润。单位产品的平均利润为 FG，总利润量相当于图中矩形 P_1FGH 的面积。

垄断厂商在短期内并不是总能获得利润。与完全竞争厂商一样，在 MR＝SMC 的短期均衡点上，垄断厂商既可能获得最大的利润，也可能亏损(尽管亏损是最小的)，收支相抵或者达到停业经营点，甚至只能选择停业。造成垄断厂商短期亏损的原因可能是既定的生产规模成本过高(表现为相应的成本曲线位置过高)，也可能是垄断厂商面临的市场需求过低(表现为相应的需求曲线位置过低)。垄断厂商短期均衡时的亏损情况如图 5－12(b)所示。

在图 5－12(b)中，垄断厂商遵循 MR＝SMC 的原则，将产量和价格分别调整到 Q_1 和 P_1 的水平。在短期均衡点 E 上，垄断厂商是亏损的，单位产品的平均亏损额为 GF，总亏损额相当于图中矩形 HP_1FG 的面积。与完全竞争厂商相同，在亏损的情况下，若 AR＞AVC，垄断厂商就继续生产；若 AR＜AVC，垄断厂商就停止生产；若 AR＝AVC，垄断厂商则认为生产和不生产都一样。

总而言之，完全垄断厂商短期均衡条件为 MR＝SMC，完全垄断厂商在短期均衡点上可能获得最大利润，也可能利润为零，或蒙受最小的亏损，甚至只有选择暂时停止生产。

（二）完全垄断厂商的供给曲线

在完全竞争市场理论中，分析了完全竞争厂商的短期边际成本曲线，并由此推导出完全竞争厂商的短期供给曲线。通过厂商的短期供给曲线又进一步得到行业的短期供给曲线，那么在垄断竞争市场条件下是否存在规律性的供给曲线呢？答案是否定的，也就是说，垄断厂商不存在规律性的供给曲线。

供给曲线表示既定价格和产量之间存在一一对应的关系。在完全竞争市场条件下，每个厂商都是在既定的市场价格水平下，通过调整可变生产要素达到均衡条件 $P = MC$，以此来确定唯一的能够带来最大利润（或最小亏损）的产量，但是垄断市场条件下的情况就不相同了。垄断厂商可以通过对产量和价格的同时调整来实现 $MR = MC$，而且价格 P 总是大于边际收益 MR。随着厂商所面临的向右下方倾斜的需求曲线的位置移动，厂商的价格和产量之间必然不再存在一一对应的关系，也就是说，针对不同的需求曲线，可能出现一个价格水平对应若干个不同的产量水平，或者一个产量水平对应若干个不同的价格水平的情形，所以垄断厂商没有短期的供给曲线，如图 5-13 所示。

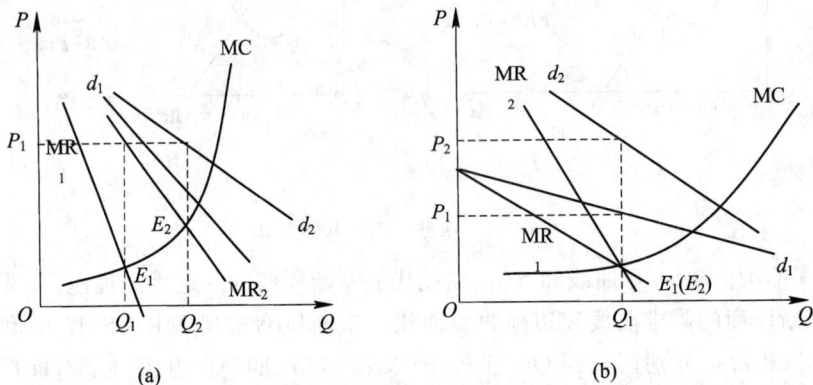

图 5-13　垄断厂商的产量和价格

在图 5-13(a)中，面对不同的需求曲线 d_1 和 d_2，MR_1、MR_2、MC 分别相交于均衡点 E_1 和 E_2，均衡产量为 Q_1 和 Q_2，可对应的价格都是 P，这就表明厂商在同样的价格下可以有不同的产量。而在图 5-13(b)中，与不同的需求曲线相对应的 MR_1、MR_2、MC 都相交于 E_1，这样对于不同的需求，Q_1 都是最优产量，可是对应的价格分别为 P_1 和 P_2，这就表明厂商在同样的产量下可以有不同的价格。

由此得出：凡是在或多或少的程度上带有垄断因素的不完全竞争市场中，或者说，凡是单个厂商对市场价格具有一定的控制力量，相应地，单个厂商的需求曲线向右下方倾斜的市场中是不存在具有规律性的厂商和行业的短期供给曲线和长期供给曲线的。其理由与上面对完全垄断厂商不存在短期供给曲线的分析相同。这一结论适用于后面将要分析的垄断竞争市场和寡头垄断市场。

（三）完全垄断厂商的长期均衡

垄断厂商在长期内可以通过调整全部生产要素的投入量来实现最优的要素组合。垄断行业排除了其他厂商进入的可能性，因此与完全竞争厂商不同，如果垄断厂商在短期内获得利润，那么它的利润在长期内不会因为新厂商的加入而消失，垄断厂商在长期内是可以持续保持利润的，且长期均衡的利润大于等于短期均衡的利润。

完全垄断厂商在长期内对生产规模的调整一般可以有三种可能的结果：第一种结果，垄断厂商在短期内是亏损的，但在长期内又不存在一个可以使它获得利润（或至少亏损为零)的最优生产规模,于是该厂商退出生产。第二种结果,垄断厂商在短期内是亏损的,但在长期内,它可以通过对最优生产规模的选择来摆脱亏损状况,甚至获得利润。第三种结果,垄断厂商在短期内利用既定的生产规模获得了利润,在长期内,它通过对生产规模的调整使自己获得更大的利润。对于第一种情况,不需要再分析。对第二种情况和第三种情况的分析是相似的,下面通过图 5-14 来着重分析第三种情况。

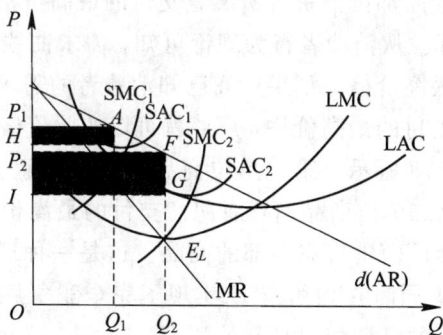

图 5-14　完全垄断厂商的长期均衡

图 5-14 中的 d 曲线和 MR 曲线分别表示垄断厂商所面临的市场的需求曲线和边际收益曲线,LAC 曲线和 LMC 曲线分别为垄断厂商的长期平均成本曲线和长期边际成本曲线。假定开始时垄断厂商是在由 SAC$_1$ 曲线和 SMC$_1$ 曲线所代表的生产规模上进行生产。在短期内,垄断厂商只能按照 MR=SMC 的原则,在现有生产规模上将均衡产量和均衡价格分别调整到 Q_1 和 P_1。在短期均衡点 E_S 处,垄断厂商获得的利润为图 5-14 中的较小矩形 P_1ABH 的面积。

在长期内,垄断厂商通过对生产规模的调整能进一步增大利润。按照 MR=LMC 的长期均衡原则,垄断厂商的长期均衡点为 E_L,长期均衡产量和均衡价格分别为 Q_2 和 P_2。此时垄断厂商获得了比短期更大的利润,其利润量为图 5-14 中的较大矩形 P_2FGI 的面积。垄断厂商之所以能够在长期内获得更大的利润,其原因在于长期内企业的生产规模是可以调整的和市场对新加入厂商是完全关闭的。完全垄断厂商的长期均衡条件为

$$MR = LMC = SMC \tag{5.15}$$

垄断厂商在长期均衡点上一般可获得利润。

最后,由于垄断厂商所面临的需求曲线就是市场的需求曲线,垄断厂商的供给量就是全行业的供给量,所以以本节分析的垄断厂商的短期和长期均衡价格和均衡产量的决定,就是垄断市场的短期和长期的均衡价格和均衡产量的决定。

四、价格歧视

在有些情况下,垄断厂商会对同一种产品收取不同的价格,这种做法往往会增加垄断厂商的利润。以不同价格销售同一种产品,被称为价格歧视(Price Discrimination)。垄断厂商实行价格歧视,必须具备以下基本条件:

(1)市场的消费者具有不同的偏好,且这些不同的偏好可以被区分开。这样厂商才有可能对不同的消费者或消费群体收取不同的价格。

（2）不同的消费群体或不同的销售市场是相互隔离的。这样就排除了中间商由低价处买进商品，转手又在高价处出售商品而从中获利的情况。

价格歧视可以分为一级、二级和三级价格歧视，下面分别进行介绍。

（一）一级价格歧视

如果厂商对每一单位产品都按消费者所愿意支付的最高价格出售，这就是一级价格歧视，也被称为完全价格歧视。从消费者行为理论可知，需求曲线反映了消费者对每一单位商品愿意并且能够支付的最高价格。如果厂商已知消费者的需求曲线，即已知消费者对每一单位产品愿意并且能够支付的最高价格，厂商就可以按此价格逐个制定商品价格。

一级价格歧视如图 5-15 所示。第一单位商品消费者愿意支付的最高价格为 P_1，厂商就按照 P_1 价格出售。第二单位商品消费者愿意支付的最高价格为 P_2，厂商就按 P_2 的价格出售。以此类推，直至厂商销售完全部的商品。这是一种理想的极端情况，垄断厂商占有了全部的消费者剩余，同时在均衡点 E 实现了完全竞争厂商的均衡条件 MR＝MC，由此可见，一级价格歧视下的资源配置是有效的。

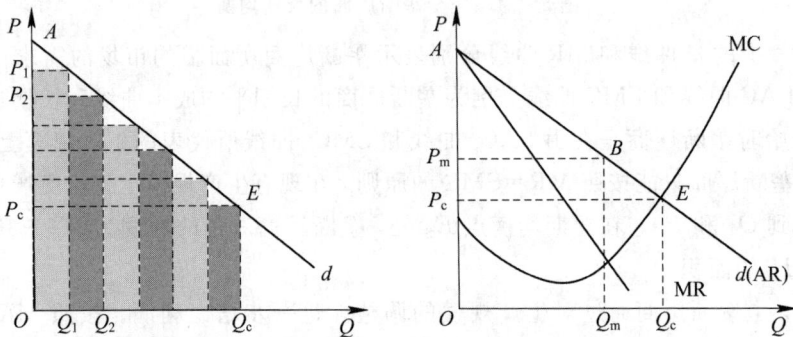

图 5-15　一级价格歧视

（二）二级价格歧视

二级价格歧视不如一级价格歧视那么严重。一级价格歧视要求垄断者对每一单位的产品都制定一个价格，而二级价格歧视只要求对不同的消费数量段规定不同的价格。图 5-16 显

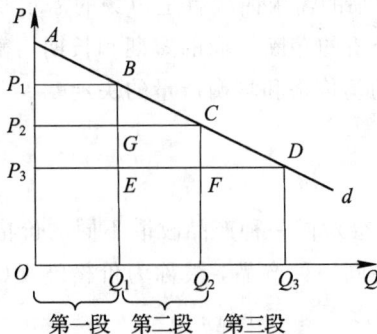

图 5-16　二级价格歧视

示了二级价格歧视的情况。垄断者规定了三个不同的价格水平：在第一个消费段上，垄断者规定的价格最高为 P_1；当消费者数量增加到第二个消费段时，价格下降为 P_2；消费者数量增加到第三个消费段时，价格下降为更低的 P_3。在日常生活中，二级价格歧视比较常见，如电力公司实行的分段定价等。这种销售模式让消费者觉得买得越多价格越便宜。

（三）三级价格歧视

三级价格歧视是指垄断厂商对同一种产品在不同的市场（或对不同的消费群体）收取不同的价格。实际经济生活中三级价格歧视的例子也很多，例如，同一种商品，国内市场和国际市场价格不一样，黄金时间和非黄金时间的广告费不同，等等。

下面具体分析三级价格歧视的做法。分析中假定某垄断厂商在两个分割的市场上出售同种产品。首先，厂商应该根据 $MR_1 = MR_2 = MC$ 的原则来确定产量和价格。其中，MR_1 和 MR_2 分别表示市场 1 和市场 2 的边际收益，MC 表示产品的边际成本。这是因为：第一，就不同的市场而言，厂商应该使各个市场的边际收益相等。只要各市场之间的边际收益不相等，厂商就可以通过对不同市场之间的销售量的调整来获得更大的利益。例如，当 $MR_1 > MR_2$ 时，厂商自然会减少市场 2 的销售量而增加市场 1 的销售量以获得更大的利益，这一直会持续到 $MR_1 = MR_2$ 为止。第二，厂商应该使生产的边际成本 MC 等于各市场相等的边际收益。只要两者不等，厂商就可以通过增加或减少产量来获得更大的利益，直至实现 $MR_1 = MR_2 = MC$ 的条件。

其次，根据式（5.11），在市场 1 有

$$MR_1 = P_1 \left(1 - \frac{1}{e_{d_1}}\right)$$

在市场 2 有

$$MR_2 = P_2 \left(1 - \frac{1}{e_{d_2}}\right)$$

再根据 $MR_1 = MR_2$ 的原则，可得

$$P_1 \left(1 - \frac{1}{e_{d_1}}\right) = P_2 \left(1 - \frac{1}{e_{d_2}}\right)$$

整理得

$$\frac{P_1}{P_2} = \frac{\left(1 - \frac{1}{e_{d_2}}\right)}{\left(1 - \frac{1}{e_{d_1}}\right)} \tag{5.16}$$

由此可见，三级价格歧视要求区别不同市场的需求价格弹性，在需求价格弹性小的市场制定较高的产品价格，在需求价格弹性大的市场制定较低的产品价格。实际上，在弹性理论中曾论述过，对价格变化不敏感的消费者应该采取高价策略，对价格变化敏感的消费者应该采取低价策略，这样有利于完全垄断厂商获得更高收益。

【知识拓展】

生活中的价格歧视经济现象

生活中的一级价格歧视经济现象。一级价格歧视要求垄断厂商完全洞察消费市场的消

费需求，完全了解消费者所能支付的最高价格，有相当高的条件限制，是一种比较理想化的价格歧视，生活中很难实现。例如，一个偏远交通不便的县城就只有一个妇产医院，且妇产医院收费部门非常了解当地居民的收入和消费水平，他们以患者心里预期的最高价格来确定项目收费标准，以达到获得患者全部的消费剩余的目的。一级价格歧视和消费者的收入水平及消费水平密切相关。

生活中的二级价格歧视经济现象。判断二级价格歧视的一个关键点是对同一商品不同消费量或者消费时段的区别价格。二级价格歧视普遍存在于我们的日常生活中。垄断厂商不能完全确定消费者的完全消费剩余，他们可以依据不同消费群体的对同一商品的不同消费量和消费区段划分不同的消费类型，以确定消费价格，从而达到获取较多消费者消费剩余的目的。我们日常生活必不可少的基础资源——水的定价就是标准的二级价格歧视。公共事业管理部门通过对水这一特殊商品的垄断控制对不同的消费群体实行阶梯水费。对于用水量较少的消费群体实行较低的价格，水量耗用比较多的消费群体实行较高的价格。移动通信业中的电话费消费也是二级价格歧视比较典型的应用。移动通信商对于一定数额通话时长内确定一个较高通信资费，超出这个额度的通话时长收取较低通话资费。商场卖家促销时推出的捆绑销售和"第二件半价"对于买一件同一商品的消费者和买两件的消费者收取不同的价格，满足同一商品因消费量不同而价格不同的条件同样是二级价格歧视。

生活中的三级价格歧视经济现象。商品价格因消费群体不同而价格不同是判断三级价格歧视的关键点。三级价格歧视是日常生活中最常见的一类价格歧视。例如，品牌专卖店在推出季节新款服饰时总是按照商品原价销售，过段时间之后开始打折销售。这是因为商家将消费群体进行了划分，部分收入和消费水平较高的消费者追求时尚，愿意支付较高价格以期满足时尚需求，这部分消费者的消费需求弹性较小。另外一部分是消费水平较低的消费群体或者对于时尚没有那么强烈追求的消费者，此类消费者的消费需求弹性较大，商家针对不同需求弹性的消费者区别价格。这一做法既满足了商家获得更多消费者消费剩余又满足了消费者不同的消费需求，相比"歧视"、"倾销"，"让利"、"优惠"似乎更符合消费者的利益。然而，它们所指的都是同一种行为，是厂商区分消费需求追求利润最大化的行为。

价格歧视说到底就是一种定价策略，一种厂商追求利润最大化的定价策略。通过价格歧视，厂商可以获得更多的消费剩余，满足了消费者不同的消费需求，此类资源得到有效的分配。这种定价方法在不破坏市场正常竞争机制下，一定程度上算是消费者和商家的双赢，在现实生活中起了重要的作用。

（资料来源：袁彦莉，马帅.生活中价格歧视经济现象.企业导报：2015，(15)：23－28.）

第三节 垄断竞争市场

完全竞争市场和垄断市场是市场理论分析中的两种极端的市场组织。在现实经济生活中，大量的市场是既有竞争因素又有垄断因素，是介于完全竞争和完全垄断之间的市场，也就是垄断竞争市场和寡头市场。其中，垄断竞争市场与完全竞争市场比较接近。垄断竞争市场（Monopolistic Competitive Market）是一个市场中有许多厂商生产和销售有差别的同种产品的一种市场组织。根据垄断竞争市场的这一基本特征，西方经济学家提出了生产集团的概念。因为在完全竞争市场和垄断市场条件下，行业的含义是很明确的，它是指生产同一种无差别产品的厂商的总和。而在垄断竞争市场条件下，产品差别这一重要特点使得上述意义上的行业不存在，因此在垄断竞争市场理论中，把市场上大量生产非常接近的同种产品的厂商的总和称为生产集团，例如，汽车加油站集团、快餐食品集团、理发店集团等。

一、垄断竞争市场的条件

垄断竞争市场的条件主要有以下三点：

（1）市场上的厂商数量众多。每个厂商都认为自己的产量在整个市场中只占一个很小的比例，自己的行为影响很小，不会引起竞争对手的注意，因而厂商会认为自己改变产量和价格不会招致其竞争对手的报复。

（2）厂商所生产的产品有差别，或称为"异质商品"。产品差别包括实际的差别，如由于技术或原材料等不同而导致产品之间的内在品质的不同，由于包装、商标等不同使产品的外观形象不同，售后服务不同等；也包括广告、推销手段使消费者产生的心理感受不同所产生的主观评价的差异。产品差异是导致垄断因素存在的直接原因，一般来说，产品差异越大，生产该产品的厂商的垄断程度越高。另外，由于有差别的产品之间可以互相替代，而且生产同类产品的厂商数量很多，每一种产品都面临着其他同类产品的激烈竞争。

（3）单个厂商生产规模比较小，进入或退出一个行业比较容易。在垄断竞争市场上，厂商数量很多，厂商的生产规模不是很大，厂商进入或退出某个行业不受限制，不存在严重的进入和退出壁垒。

在现实生活中垄断竞争的市场组织在零售业和服务业是比较常见的，如理发业、糖果零售业、修理业等。

二、垄断竞争厂商的需求曲线

由于垄断竞争厂商可以在一定程度上控制自己产品的价格，即通过改变自己所生产的有差别的产品的销售量来影响商品的价格，所以如同垄断厂商一样，垄断竞争厂商所面临的需求曲线也是向右下方倾斜的。所不同的是，由于各垄断竞争厂商的产品相互之间都是很接近的替代品，市场中的竞争因素又使得垄断竞争厂商的需求曲线具有较大的弹性，因此垄断竞争厂商向右下方倾斜的需求曲线是比较平坦的，相对比较接近完全竞争厂商的水平形状的需求曲线。垄断竞争厂商所面临的需求曲线有两种，通常被区分为 d 需求曲线和 D 需求曲线。

（一）d 需求曲线

d 需求曲线表示在垄断竞争生产集团中的某个厂商改变产品价格而其他厂商的产品价格都保持不变时，该厂商的产品价格和销售量之间的关系。在图 5-17 中，假定某垄断竞争厂商开始时处于价格为 P_1 和产量为 Q_1 的 A 点上，该厂商打算通过降价来增加自己产品的销售量。因为该厂商认为降价以后不仅能增加自己产品的原有忠实用户的购买量，而且还能把其他厂商的部分用户吸引过来。而垄断竞争厂商还认为其他厂商不会对他的行动

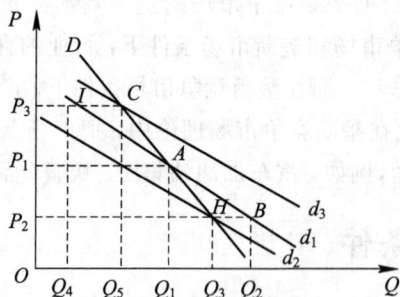

图 5-17 垄断竞争厂商面临的需求曲线

做出反应。随着商品价格由 P_1 下降为 P_2，销售量会沿着 d_1 需求曲线由 Q_1 增加为 Q_2，因此该厂商预期生产可以沿着 d_1 需求曲线由 A 点运动到 B 点，即产量可以有较大的增加，所以 d 需求曲线也被称为主观需求曲线或预期的需求曲线。d 曲线的斜率取决于下面两个因素。

（1）产品相似度。相似度越大，可替代性越大，降价就能吸引更多的其他厂商用户，d 曲线就越平坦。

（2）市场容量。市场容量指的是该行业的总需求状况。市场容量越大，单个厂商降价后吸引的客户就越多，d 曲线就越平坦。

（二）D 需求曲线

D 需求曲线表示在垄断竞争生产集团的某个厂商改变产品价格，而且集团内的其他垄断竞争厂商也使产品价格发生相同的变化时，该厂商的产品价格和销售量之间的关系。在现实中，一个垄断竞争厂商降价时，其他厂商为了保持自己的市场份额，势必也会跟着降价。这样该厂商的降价就不能吸引其他厂商的客户，所以 D 曲线相较于 d 曲线更陡峭，我们称之为客观需求曲线或比例需求曲线。

在图 5-17 中，如果某垄断竞争厂商将价格由 P_1 下降为 P_2 时，集团内其他厂商也都将价格由 P_1 下降为 P_2，于是，该垄断竞争厂商的实际销售量是 D 需求曲线上的 Q_3，Q_3 小于它的预期销售量，即 d_1 需求曲线上的 Q_2。这是因为集团内其他厂商的买者没有被该厂商吸引过来，每个厂商的销售量增加仅来自整个市场的价格水平的下降，所以该垄断竞争厂商降价的结果是使自己的销售量沿着 D 需求曲线由 A 点运动到 H 点。同时，d_1 需求曲线也相应地从 A 点沿着 D 需求曲线向下平移到 H 点，即向下平移到 d_2 需求曲线的位置。d_2 需求曲线表示当整个生产集团将价格固定在新的价格水平 P_2 以后，该垄断竞争厂商单独变动价格时在各个价格下的预期销售量。所以关于 D 需求曲线，还可以说，它是表示垄断竞争生产集团内的单个厂商在每个市场价格水平下的实际销售份额。

三、垄断竞争厂商的均衡分析

（一）垄断竞争厂商的短期均衡

在短期内，垄断竞争厂商是在现有的生产规模下通过对产量和价格的调整来实现

MR＝SMC均衡条件的。现用图5-18来分析垄断竞争厂商的短期均衡的形成过程。

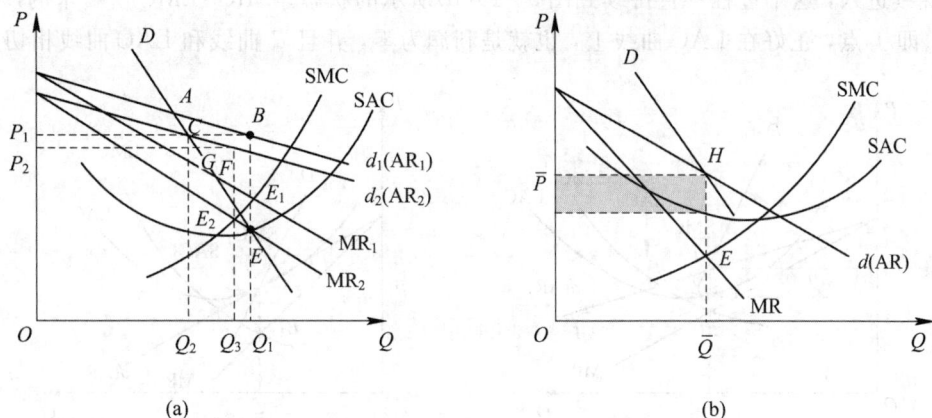

图5-18 垄断竞争厂商的短期均衡

在图5-18(a)中，SAC曲线和SMC曲线表示代表性企业的现有生产规模，d曲线和D曲线表示代表性企业的两种需求曲线，MR_1曲线是相对于d_1曲线的边际收益曲线，MR_2曲线是相对于d_2曲线的边际收益曲线。假定代表性企业最初在d_1曲线和D曲线相交的A点上进行生产，就该企业在A点的价格和产量而言，与实现最大利润$MR_1＝SMC$的均衡点E所要求的产量Q_1和价格P_1相差甚远，因此该厂商决定将生产由A点沿着d_1需求曲线调整到B点，即将价格降低为P_1，将产量增加为Q_1。由于在行业中的其他厂商也面临着相同的情况，每个厂商都在假定其他厂商不改变产量和价格的条件下根据自己的利润最大化原则降低了价格，因此当其他厂商都降低了自己产品的价格时，代表性厂商实际的需求量不能增加到Q_1，而只能是Q_2。厂商的主观需求曲线也要修正到通过C点的d_2，边际收益曲线也相应调整至MR_2。这样该厂商在P_1的价格下无法实现最大利润，必须进一步做出调整。按照厂商利润最大化的条件$MR_2＝MC$，厂商将会把价格进一步降低至P_2，厂商预期自己的需求量将会增加至Q_3。但是由于其他厂商采取同样的行动，该厂商的需求量实际只能沿客观需求曲线移动，而达不到Q_3水平。依此类推，代表性厂商会继续降价直到图5-18(b)所示的结果。

在图5-18(b)中，d曲线和D曲线相交点H上的产量和价格，恰好是$MR＝SMC$的均衡点所要求的产量$\bar{Q}$和价格$\bar{P}$，此时任何厂商都没有调整价格的动力。企业便实现了短期均衡，并获得了利润，其利润量相当于图中的阴影部分的面积。当然，垄断竞争厂商在短期均衡点上并非一定能获得利润，也可能亏损，这取决于均衡价格是大于还是小于SAC。在企业亏损时，只要均衡价格大于AVC，企业在短期内还是继续生产的。

（二）垄断竞争厂商的长期均衡

在长期内，垄断竞争厂商可以通过扩大或缩小其生产规模来与其他企业进行竞争，也可以根据自己能否获得经济利润来选择是进入还是退出一个行业。这就意味着垄断竞争厂商在长期均衡时的利润必定为零，长期均衡的具体调整过程如图5-19所示。

在图5-19(a)中，假设垄断竞争厂商在短期内能够获得经济利润，在长期内所有的厂商都会扩大生产规模，也会有新的厂商进入该行业进行生产，在市场总的需求没有大的改变的情况下，代表性厂商的市场份额将减少，D 曲线将向左移动。只要还有利润，新的厂商就继续进入，这个过程一直持续到图 5-19(b) 所示的状态。$MR=LMC$ 所要求的产量和价格，即 J 点，正好在 LAC 曲线上，也就是利润为零，并且 d 曲线和 LAC 曲线相切。

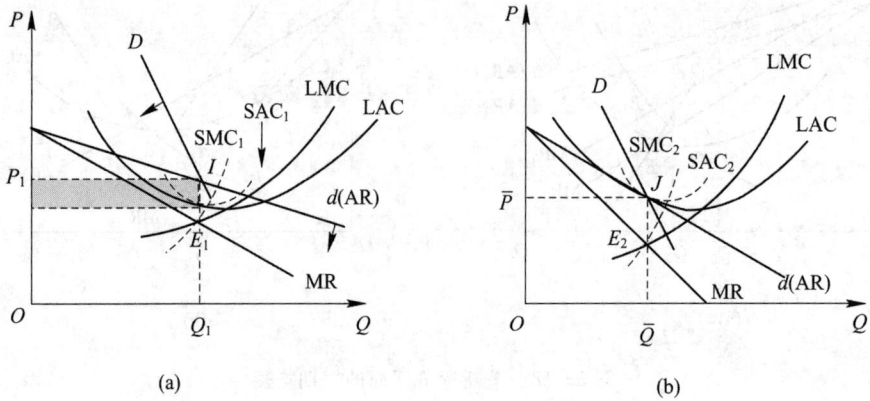

(a)

(b)

图 5-19　垄断竞争厂商的长期均衡

在图 5-19 中，垄断竞争厂商的长期均衡为什么在 J 点，d 曲线一定和 LAC 曲线相切呢？因为如果 J 点是 d 曲线与 LAC 曲线交点的一个，那么在两个交点之间的产量，由于 $P>$ LAC，利润都大于零，这与 J 点是 $MR=LMC$ 的利润最大化的产量相矛盾。既然 d 曲线和 LAC 曲线相切，那么 D 曲线一定和 LAC 曲线相交，总之，垄断竞争厂商的长期均衡条件为

$$MR=LMC=SMC$$
$$AR=LAC=SAC$$

在长期的均衡产量上，垄断竞争厂商的利润为零，且存在一个 d 需求曲线和 D 需求曲线的交点。

四、垄断竞争厂商的多余生产力

从图 5-20 可以看出，与完全竞争相比，垄断竞争每个厂商的产量更低，成本更高，这导致市场价格更高，就社会福利最大化而言，似乎并不理想。我们常把完全竞争条件下厂商实现长期均衡的产量，即平均成本最低时的产量称为理想的产量。显然垄断竞争的市场无法达到理想的产量。我们把理想的产量与垄断竞争厂商长期均衡的产量之间的差称为多余的生产能力。

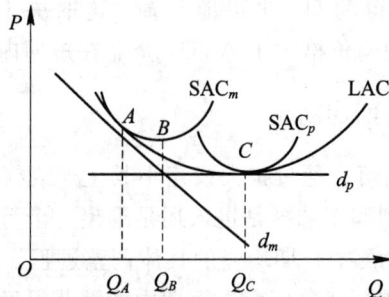

图 5-20　垄断竞争和多余生产力

五、垄断竞争厂商的竞争策略

在垄断竞争市场上，长期竞争的结果是超额利润为零，但在短期内可以凭借产品特色形成的垄断地位获取超额利润。厂商之间的竞争一般采取两种手段：一是价格竞争；二是非价格竞争。价格竞争是厂商通过压低价格来争夺市场。非价格竞争是指厂商通过提高产品的质量，改进产品的性能，改变产品的设计、包装，提供完善的售后服务，或者通过卓有成效的促销手段提高产品的知名度、塑造产品形象等手段以扩大产品与产品之间的差异性，从而创造或保持自己的垄断地位。产品的差异竞争是垄断竞争厂商锁定顾客群，在消费者中形成垄断地位，从而获取超额利润的必然行为。

【知识拓展】

茅台"铁腕保价"涉嫌垄断？

在经历了限酒令、塑化剂危机之后，白酒业正在经历着寒冬，茅台等高端酒终端销售价格一降再降。

"经销商必须力挺茅台价格，一定要挺住，谁低就取缔谁，毫不含糊！"在茅台集团2012年12月18日全国经销商大会上，茅台董事长袁仁国言辞强硬。时隔不过20天，茅台就开出了首张罚单，2013年1月5日，茅台在内部客户系统下发通报文件，对降价的经销商分别做出暂停执行合同、扣减20%保证金、黄牌警告的处罚。

对于茅台此番"铁腕保价"，有观点认为，"这属于厂家正常营销手段，价格是产品的生命线，没有市场秩序谈何品牌。"但同时也有法律界人士指出，这"于情合理"，但"于法不通"，茅台此举已触碰垄断红线。

昨天，茅台集团在其官方网站发表声明称，决定取消以前违反《中华人民共和国反垄断法》有关的营销政策，立即进行彻底整改。

★ 业界观点

1. 厂家干预价格不是垄断

李志起（北京志起未来营销咨询集团董事长）认为茅台的这种行为不能叫垄断，是企业正常的价格管理行为。不仅仅是酒企，在我国粮油、日化、家电等其他行业，这种现象也是普遍存在的。

任何厂家，最害怕的都是价格体系的失控，所以厂家对出厂价和零售价都有一个比较强硬的要求。只不过有的企业给经销商一个浮动的区间，如上下浮动10%至15%是企业默认的，有的就直接规定只能按照企业要求的零售价格出售。但这仅仅是管理松紧程度的差别，如果价格波动太大，哪个厂家都会进行干预的。

过去茅台一直处于比较强势的地位，经销商和厂家的地位不是完全平等的，所以厂家有这种支配能力。以前茅台涨价时，茅台厂也发过禁止随便涨价的通知，但态度远不如现在强硬，因为涨价厂家和经销商都是受益者，而降价损失的却是厂家的利益。

2. 茅台保价手段太过激烈

张先生（国内一知名酒企市场部负责人）认为现在整个白酒行业已经进入到一个相对困难的时期，行业里的企业大多采取措施禁止经销商窜货的行为，此外我们企业也在扶植和支持有能力的经销商。

我认为茅台的这种行为不算是垄断，是企业保价的一种手段，只是这种手段过于激烈，招来了经销商和消费者的反感，特别是用厂家自身的强势地位来压制相对弱势的经销商。在酒企里，很少有像茅台那样用强制命令的形式保价。

不过茅台的这种做法，我们作为同行并不认同，其实企业保价方式有很多种，如增加新品，还可以加强促销，不管是自销还是代理商的模式，加强市场运作能力的提升，让产品卖出去而不是放在库房，把量跑起来最关键。

★ 律师说法

1. 茅台保价涉嫌垄断

张兴宽（北京德和衡律师事务所律师）指出，尽管有人认为茅台的这种铁腕保价"于情合理"，但是"于法不通"。

茅台酒厂限制茅台经销商降价销售茅台酒的行为违反了《中华人民共和国反垄断法》第14条的规定，该条规定禁止经营者与交易相对人达成下列垄断协议：

（1）固定向第三人转售商品的价格。

（2）限定向第三人转售商品的最低价格。

（3）国务院反垄断执法机构认定的其他垄断协议。

茅台酒厂的行为就是违反了该条第2款中"限定向第三人转售商品的最低价格"的规定。

同时茅台酒作为国内的著名白酒，在白酒领域内一定程度上形成了支配地位。如果厂家以不合理的高价销售商品，可能还会违反《中华人民共和国反垄断法》第17条禁止具有市场支配地位的经营者以不公平的高价销售商品或者以不公平的低价购买商品的规定。

如果茅台酒厂有上述违法行为，可能要面临相关部门对其进行责令停止违法行为，没收违法所得，并处上一年度销售额百分之一以上百分之十以下的罚款处罚。

2. 关键在于合同约定

肖金泉（大成律师事务所高级合伙人）指出，关于垄断的概念，在法律上是有比较清晰的界定的。如果茅台的这种行为是依照与经销商的合同来执行的，那么就不涉及反垄断法。我认为，此事争议的关键点在于茅台厂和经销商有关价格的合同。

★ 经销商说法

陈先生（北京某高端酒经销商）说，现在我们是两头受气，一方面是货的销路不好，卖不出去；另一方面厂家进价居高不下，没有一点儿灵活性。茅台强制不让降价这种办法是治标不治本，厂家这是把压力转嫁给我们。我认为厂家应该多想想怎样去刺激需求，怎么去帮助经销商消化库存，怎样去开发更多的渠道。这些工作不去做，仅仅对经销商进行简单的价格管制，这个到最后是管不住的。现在我的库存和去年同期相比已经翻了一番。今年占我公司销售总量一半的团购渠道，销量已经比去年降一半了。我们跟着企业做，前几年赚到钱了，现在行情不好，但还在承受范围之内，也可以先忍一忍的，可以先"同甘共苦"。同时我们期待春节这最后的时机（销售旺季）来个冲刺，迎接最后一个小高潮的出现。如果到了春节情况还没有改观，那可能就会出现经销商反水、甩货的情况了。

（资料来源：李静. 新京报：2013-1-16）

第四节　寡头垄断市场

一、寡头垄断市场的含义及特征

寡头垄断市场又被称为寡头市场，是指少数几个厂商控制整个市场产品的生产和销售的市场组织。寡头垄断市场在当代经济生活中占有十分重要的地位，它是一种普遍存在的市场结构。一般而言，寡头垄断市场形成的原因主要有以下几个方面：一是这一行业产品的生产经营必须在相当大的生产规模上才能达到最好的经济效益；二是少数几家企业控制了生产所需的基本生产资源；三是这一行业产品生产的技术不容易为一般中小型厂商所掌握；四是政府对寡头厂商的扶持。寡头垄断市场主要分为两类：一类是无差别寡头（纯粹寡头），寡头厂商生产的产品无差别，如钢铁、石油等行业的寡头。另一类是有差别寡头，寡头厂商生产的产品有差别，如飞机、汽车、机械、香烟等行业的寡头。

寡头垄断市场的特征：首先，厂商规模巨大而数量很少。势均力敌的几家厂商控制了整个市场的生产和销售，他们对市场价格具有比较大的控制力。其次，各厂商的行为相互影响，单个厂商行为变动的结果具有不确定性。寡头垄断厂商的行为相互影响。每一个厂商的价格和产量的变动都会影响其竞争对手的价格和产量的变动，而竞争对手的价格和产量的变动又会反过来影响自己的销售量和利润水平，因此某个厂商变动价格与产量的结果如何，取决于竞争对手的反应。由于竞争对手的反应方式多种多样，具有不确定性，各厂商决策变动的结果也必然多种多样，具有不确定性。

二、古诺模型

古诺模型是早期的寡头模型。它是由法国经济学家古诺于1838年提出的。古诺模型常被作为寡头理论分析的出发点。古诺模型是一个只有两个寡头厂商的简单模型，该模型也被称为双头模型。

古诺模型的假定条件：市场上只有两个厂商生产和销售相同的产品，它们相互间没有勾结行为，但相互间都知道对方将怎样行动。每个厂商都准确地了解市场的需求曲线，因而每个厂商都认识到它自己以及对方对产量的决定会影响市场价格。两个厂商都是在已知对方产量的情况下，各自确定能够给自己带来最大利润的产量，即每一个厂商都是消极地以自己的产量去适应对方已确定的产量。但它们都认为自己的产出决策不影响对方厂商的产出决策。

三、斯威齐模型

斯威齐模型也被称为弯折的需求曲线模型。由美国经济学家斯威齐于1939年提出，用以解释一些寡头市场上的价格刚性现象。所谓价格刚性现象，就是指当成本在一定范围内变化时，产品的价格不变的现象。斯威齐模型的假定条件：由于寡头厂商会意识到相互依赖的关系，因此当一个寡头厂商提价时，其竞争对手并不提价，以扩大市场份额；但是当一个寡头厂商降价时，其竞争对手也降价，以避免市场份额减少，由此形成有特点的需求曲线——弯折的需求曲线，如图 5-21 所示。

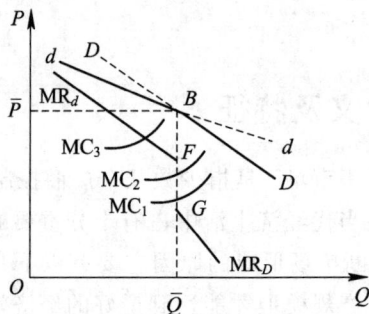

图 5-21　折弯的需求曲线

　　假定厂商原来处于 B 点，即产量为 $\overline{Q}$ 和价格为 $\overline{P}$。按照斯威齐的假定，当厂商提价时，其他厂商价格不变，因而厂商的需求量将会下降很多，即产品富有弹性，相当于图中 dB 段的需求曲线；当厂商降价时，其他厂商的价格也下降，因而厂商的需求量不会增加很多，产品是缺乏弹性的，相当于图中 BD 段。从图中还可以看出，与需求曲线相对应的边际收益曲线，在 F 点与 G 点之间，边际收益曲线有一个较大的落差。如果厂商的边际成本为 MC_2，厂商的产量和价格分别是 $\overline{Q}$ 和 $\overline{P}$；如果厂商边际成本提高至 MC_3，厂商的产量和价格仍然是 $\overline{Q}$ 和 $\overline{P}$；如果厂商的边际成本降低到 MC_1，厂商的利润最大化的产量和价格仍然不变。由此可见，厂商的成本即使在一个很大的范围内发生变动，只要是在 F 和 G 之间，厂商的产量和价格仍将保持稳定。

本章小结

　　1. 西方经济学家通常根据市场竞争程度的强弱这一标准，从影响市场竞争程度的四个主要因素，即市场上厂商的数目；厂商之间各自提供的产品的差别程度；单个厂商对市场价格控制的程度；厂商进入或退出一个行业的难易程度，将市场划分为四类，分别是完全竞争市场、垄断竞争市场、寡头垄断市场和完全垄断市场。

　　2. 完全竞争市场，又称为纯粹竞争，是指丝毫不存在垄断因素的市场结构。完全竞争市场总收益曲线是一条由原点出发的斜率不变的直线；完全竞争厂商 AR 曲线，MR 曲线和需求曲线 d 三线重叠，并且等于既定的市场价格 P，即 $AR=MR=P$；完全竞争市场的均衡条件：$MR=MC$（且 MC 上升时）或 $MR=AR=MC=P$。

　　3. 完全垄断市场，是指一个厂商独家控制一种产品的生产与销售，这种市场是不存在丝毫竞争因素的市场结构。垄断厂商的平均收益曲线和需求曲线重叠，都是同一条向右下方倾斜的曲线，表明在每一个销售量上 $AR=P$；完全垄断厂商的边际收益 MR 曲线位于平均收益 AR 曲线的左下方，且 MR 曲线也是向右下方倾斜的曲线；总收益曲线——由于每一销售量上的 MR 值就是相应的 TR 曲线的斜率，所以 TR 曲线是先增后减的曲线，即当 MR>0 时，TR 曲线的斜率为正；当 MR<0 时，TR 曲线的斜率为负；当 MR=0 时，

TR 曲线达到最大值。

4. 古诺模型是一个只有两个寡头厂商的简单模型，该模型也被称为双头模型。古诺模型的假定是：市场上只有两个厂商生产和销售相同的产品，他们的生产成本为零；他们共同面临的市场的需求曲线是线性的，两个厂商都准确地了解市场的需求曲线；两个厂商都是在已知对方产量的情况下，各自确定能够给自己带来最大利润的产量，即每一个厂商都是消极地以自己的产量去适应对方已确定的产量。

5. 斯威齐模型也被称为弯折的需求曲线模型。该模型的基本假设条件是：如果一个寡头厂商提高价格，行业中的其他寡头厂商都不会跟着改变自己的价格，因而提价的寡头厂商的销售量的减少是很多的；如果一个寡头厂商降低价格，行业中的其他寡头厂商会将价格下降到相同的水平，以避免销售份额的减少，因而该寡头厂商的销售量的增加是很有限的。

本章习题

一、简答题

1. 简述完全竞争市场需具备的条件。
2. 简述完全垄断市场形成的原因。
3. 简述垄断竞争市场的含义和特征。
4. 什么是差别定价？它存在的前提是什么？举例说明垄断厂商差别定价的类型。

二、计算题

1. 已知某完全竞争行业的单个厂商短期总成本函数为 $STC=0.1Q^3-2Q^2+15Q+10$。试计算：

(1) 当市场产品价格 $P=55$ 时，厂商短期均衡的产量和利润。

(2) 当市场价格下降为多少时，厂商必须停产？

2. 假定某垄断者面临的需求函数为 $P=100-3Q+4\sqrt{A}$，成本函数为 $LTC=4Q^2+10Q+A$，其中 A 是厂商的广告费用支出，求利润最大时的 A、Q 和 P 值。

3. 假定某垄断者面临的需求函数为 $P=90-0.50Q$，成本函数为 $LTC=0.5Q^2+10Q$。试计算：

(1) 当利润最大化时的产量、价格和利润。

(2) 假定国内的市场价超过 55，国外同质产品将进入，计算售价为 55 时的产量和利润。

4. 假定某垄断厂商的成本函数为 $LTC=Q^2+10Q$，其产品在两个分割的市场上出售两个市场的需求函数分别为 $Q_1=32-0.4P$ 和 $Q_2=18-0.1P$。试计算：

(1) 当该厂商实行三级价格歧视时，在各市场的销量、价格及厂商的总利润。

(2) 当实行统一定价时，厂商的销量、价格和利润。

(3) 比较(1)和(2)的结果，得出结论。

5. 在某垄断竞争市场，代表性厂商的长期成本函数为 $LTC=5Q^3-200Q^2+2700Q$，市场的需求函数为 $P=2200A-100Q$。试求：在长期均衡时，代表性厂商的产量和产品价格以及 A 的值。

第六章 分配理论

【知识目标】

熟悉生产要素市场的需求与供给；掌握生产要素的价格均衡；掌握工资、利息、地租和利润理论；理解社会收入分配和分配政策。

【能力目标】

根据要素需求曲线与供给曲线确定要素的均衡数量和均衡价格；用工资、地租和利息理论解释现实中的相关问题。

【案例导读】

恩格尔系数

联合国根据恩格尔系数的大小，对世界各国的生活水平有一个划分标准，即一个国家平均家庭恩格尔系数大于60％为贫穷；50％～60％为温饱；40％～50％为小康；30％～40％属于相对富裕；20％～30％为富裕；20％以下为极其富裕。

按此划分标准，20世纪90年代，恩格尔系数在20％以下的只有美国，达到16％；欧洲、日本、加拿大，一般在20％～30％之间，是富裕状态。东欧国家，一般在30％～40％之间，相对富裕，剩下的发展中国家，基本上分布在小康。

1978年，我国农村家庭的恩格尔系数约为68％，城镇家庭约为59％，平均计算超过60％，我国是贫困国家，温饱还没有解决。当时中国没有解决温饱的人口有两亿四千八百万人。改革开放以后，随着国民经济的发展和人们整体收入水平的提高，我国农村家庭、城镇家庭的恩格尔系数都不断下降。到2003年，我国农村居民家庭恩格尔系数已经下降到46％，城镇居民家庭约为37％，加权平均约为40％，就是说已经达到小康状态。可以预测，我国农村、城镇居民的恩格尔系数还将不断下降。根据《时事报告》杂志2016年第二期《6.9％的经济增速怎么看》提供的数据，我国2015年恩格尔系数已经降为30.6％。

恩格尔系数在我国是否适用学术界一直存有争议，持否定意见的认为我国居民生活状况并不符合恩格尔定律，如1997年福建省城镇居民恩格尔系数在全国各省中最高，达到62％，海南省为59％；而生活水平较低的陕西省城镇居民恩格尔系数为47％，宁夏为46％。尽管有争议，但总体看，我国城镇居民生活水平的变化还是符合恩格尔规律的。首先恩格尔系数是一种长期的趋势，随着居民生活水平的不断提高，恩格尔系数逐渐下降，已被我国城镇居民消费构成变化资料所证实。20世纪80年代之前，城市居民恩格尔系数一直在55％以上；1985—1995年，尽管各年恩格尔系数有波动，但这十年间恩格尔系数一直在50％～55％之间；1996年以来，恩格尔系数一直在50％以下。其次，同一年份不同收入水平的居民也符合恩格尔规律，如1997年按可支配收入排队五等分，他们的恩格尔系数依次为：55.7％、51.1％、47.9％、43.6％和39.5％。

在使用恩格尔系数时应注意，一是恩格尔系数是一种长期趋势，时间越长趋势越明显，某一年份恩格尔系数波动是正常的；二是在进行国际比较时应注意可比口径，在我国城市，由于住房、医疗、交通等方面存在大量补贴，因此进行国际比较时应调整到相同口径；三是地区间消费习惯不同，恩格尔系数略有不同。在使用恩格尔系数进行国际比较时，由于各国的价格体系、福利补贴等方面差异较大，所以要注意个人消费支出的实际构成情况，注意到运用恩格尔系数反映消费水平和生活质量会产生误差。

前述各章讨论了消费商品（或称为产品）的价格和数量的决定，这一部分内容通常被看成价格理论。由于讨论的范围局限于产品市场本身，所以它对价格决定的论述并不完全。首先，它在推导产品需求曲线时，假定消费者的收入水平为既定，但并未说明收入水平是如何决定的；其次，它在推导产品供给曲线时，假定生产要素的价格为既定，但并未说明要素价格是如何决定的。由于消费者的收入水平在很大程度上取决于其拥有的要素价格和使用量，故价格理论的上述两点不完全性可以概括为它缺乏对要素价格和使用量决定的解释。为了弥补这个不足，需要研究生产要素市场。本章前两节讨论完全竞争厂商的要素需求理论，后面各节分析其供给方面及要素价格的决定。因为要素的价格和使用量是决定消费者收入水平的重要因素，所以要素价格理论在西方经济学中又被看成分配理论。因此从产品市场转到要素市场也意味着从价格理论转到分配理论。

微观经济学的分配理论有两种：一种是以美国哥伦比亚大学教授克拉克提出的以边际生产力理论为基础的分配理论；另一种是以同时期英国剑桥大学教授马歇尔提出的均衡价格理论为基础的分配理论。

第一节　生产要素的价格决定

一、生产要素及其价格

（一）生产要素的含义

生产要素（Factors of Production）是指生产中必需的经济资源，亦称为投入，它能够在生产过程中发挥作用，从而生产出产品和劳务。生产要素分为劳动、资本、土地与企业家才能四种。劳动是指工作的劳动能力；资本是指厂房、机器、设备等用于生产的物质资料，其货币形态是资金；土地是指一切自然资源；企业家才能是指企业家的经营管理能力和冒险、创新精神。

（二）生产要素的价格

厂商使用生产要素进行生产，就必须支付一定的代价，这种代价就是生产要素的价格。工资是劳动的价格，形成工人的收入；利息是资本的价格，形成资本所有者的收入；地租是土地的价格，形成土地所有者的收入；利润是企业家才能的价格，形成企业家的收入。

（三）生产要素价格与一般产品价格的区别

生产要素的价格与一般产品的价格一样，由市场的供给和需求状态决定，但是二者之间也具有以下差别：

（1）一般产品（是指消费品）的需求者是个人，供给者是厂商，而生产要素则相反，其需求者是厂商，供给者是个人。

（2）一般产品的价格是指人们对它一次性购买的价格，消费者支付了该产品的价格，便获得了该产品的所有权，而生产要素的价格则是指厂商按约定期限对它们的使用价格，而不是指一次性的购买价格，厂商支付了其价格，只有一定时间内的使用权，而没有所有权。

二、生产要素的需求

（一）生产要素需求的性质

（1）生产要素的需求是一种派生需求。生产要素的需求来自厂商，厂商购买生产要素不是为了满足自己的消费需要，而是满足生产需要，即最终生产出满足消费需要的商品和服务。正因如此，最终消费需求也就决定了生产要素的需求。或者说，对生产要素的需求是由对消费品的需求派生出来的，因而是一种派生需求，如果消费者对某种产品需求增加，则厂商对生产该产品的生产要素的需求也会增加；反之亦然。同时，假定其他因素不变，生产要素的需求弹性也取决于用这种要素所生产的商品的需求弹性。如果所生产的商品需求弹性较大，则此生产要素的需求弹性也较大。

（2）生产要素的需求是一种联合的需求。要素需求不仅是一种派生需求，也是一种联合需求。假定生产一种产品需要至少两种以上要素，那么各种生产要素之间就存在互相替代或补充的关系，因此厂商对某一生产要素的需求，不仅取决于该要素的价格，同时也取决于其他要素的价格。

（二）决定生产要素需求的因素

生产者对于一种生产要素需求的大小取决于以下几个因素：

（1）市场对产品的需求及产品的价格。市场对某种产品的需求越大，该产品的价格越高，则生产这种产品所用的各种生产要素的需求也就越大；反之，则越小。

（2）生产技术水平。生产技术水平决定了对某种生产要素的大小。如果是资本密集型的，则对资本的需求大。

（3）生产要素本身的价格。厂商一般用低价格的生产要素代替高价格的生产要素。

（4）生产要素的边际生产力。同消费者对产品的需求相类似，厂商对生产要素的需求是指厂商对应于一定的要素价格愿意并且能够购买的要素数量，或者说是指厂商为购买一定数量要素所愿意支付的价格。厂商在一定的要素价格水平上对要素需求量的大小是由要素的边际生产力决定的。

（三）边际生产力

边际生产力（Marginal Productivity）是指在其他条件不变的情况下，每增加一单位生产要素的投入量所增加的产量。以实物表示生产要素的边际生产力，称为边际物质产品（Marginal Physical Product，MPP）；以收益表示生产要素的边际生产力，称为边际收益产品（Marginal Revenue Product，MRP）。若要表示单位生产要素所带来的价值，则称为边际产品价值（Value of Marginal Product，VMP）。它们之间的关系用公式表示为

$$MRP = MPP \cdot MR \tag{6.1}$$

$$VMP = MPP \cdot P \tag{6.2}$$

如果价格与边际收益相等，即 $P = MR$，则 $VMP = MRP$。

【知识拓展 1】

　　边际生产力是由美国经济学家约翰·贝茨·克拉克在 1899 年发表的《财富的分配》一书中首先提出的。按照克拉克的解释，边际生产力（或边际生产率）是指最后追加的那个单位生产要素的生产力，即最后追加的那个单位的生产要素所增加的产量。假定生产所用的要素是劳动与资本，当资本不变而劳动量增加时，最后增加的一单位劳动所增加的产量就是劳动的边际生产力。当劳动量不变而资本量增加时，最后追加的那个单位资本所增加的产量就是资本的边际生产力。

　　在其他生产要素投入不变的条件下，某一生产要素随着投入量的增加，其边际生产力递减，也就是边际收益递减，这就是边际生产力递减规律。这是克拉克把马尔萨斯的"土地肥力递减规律"推广到一切生产部门和生产要素而得出的普遍规律。

　　边际生产力递减规律分解为资本生产力递减和劳动生产力递减两个方面。资本生产力递减是指在劳动数量不变的情况下，由于不断增加的资本量，使资本和劳动的合理比例被破坏，因此不断增加的资本生产力是递减的；劳动生产力递减是指在资本规模不变的情况下，由于不断增加劳动者数量，使每个劳动平均使用的机器设备减少了，所以不断追加的新工人的劳动生产力依次减少。

　　（资料来源：邓海潮. 现代西方经济学教程. 陕西：陕西师范大学出版社，1996.）

【知识拓展 2】

　　除了生产要素的边际生产力决定生产要素的需求之外，还有一些其他因素也影响着生产要素的需求，这些因素主要通过生产要素的需求弹性来发生影响，主要包括：① 产品的需求弹性。由于对生产要素的需求是派生需求，因而产品的需求弹性会影响生产该产品的生产要素的需求弹性，二者按相同方向变化，产品的需求弹性较大，要素的需求弹性也较大；反之，产品的需求弹性较小，要素的需求弹性也较小。② 一种生产要素费用在总成本中所占的比例。如果一种要素的费用在总成本中所占比重较大，则该要素的需求弹性较大；反之则较小。③ 生产要素之间的替代程度。一种生产要素与别种要素之间的替代性越强，对它的需求弹性也越大；反之则越小。

　　（资料来源：邓海潮. 现代西方经济学教程. 陕西：陕西师范大学出版社，1996.）

三、生产要素的供给

　　生产要素的供给是指生产要素的所有者在市场上按一定价格将生产要素出售给厂商，生产要素的供给价格是指生产要素的所有者对提供一定数量的要素所愿意接受的最低价格。

　　生产要素的供给不像需求那样，无论哪种生产要素的需求都由它的边际生产力决定，一般来说，如果生产要素是由厂商生产出来的资本品，如机器、设备、原料、厂房等，其供

给价格和数量主要与生产和再生产要素的成本有关。如果生产要素不是由厂商根据盈利原则生产出来的,如劳动、土地及货币资本等,其供给价格和数量主要由它们在某一时期的存量、供给者的偏好、机会成本等因素决定。

某种生产要素的总供给量是固定不变的,如土地是大自然所赋予的,其供给量是一定的,不随价格的高低而增减,则该种生产要素的供给完全缺乏弹性。而大多数生产要素,如资本品的供给,其供给量随着要素价格的提高而增加,随着要素价格的降低而减少,这些要素的供给弹性是正值。还有一些生产要素,如劳动的价格提高到一定程度后,其供给量反而减少。

四、生产要素价格的均衡

(一)生产要素均衡的基本条件

生产要素的均衡指在一定的市场条件下,厂商根据利润最大化原则确定生产要素的投入量,从而也确定了生产要素的价格。厂商在决定使用多少生产要素投入时,必须考虑成本和收益的比较,即追加1单位生产要素所获得的收益 MRP 能否补偿为使用该单位要素所需支付的成本。这种成本即增加1单位投入要素所增加的成本支出可称为边际要素成本(Marginal Factor Cost,MFC)。

生产要素实现均衡的基本条件是边际收益产品等于边际要素成本,用公式为

$$MRP = MFC \qquad (6.3)$$

这一基本条件是利润最大化原则 MR=MC 在生产要素均衡中的具体形式。

厂商在增加某种要素投入量时,必然会引起两方面的变化:一方面是厂商总收益的增加;另一方面是厂商总成本支出的增加。前者表现为边际收益产品(MRP)的变化,后者表现为边际要素成本(MFC)的变化。

当厂商增加要素投入量。出现 MRP>MFC 时,意味着新增加的投入给厂商带来的收益增量大于总成本增量,说明继续增加投入还能获得更多利润,厂商会继续增加这种要素的投入量;当增加要素投入量出现 MRP<MFC 时,表现为投入量已使厂商获得的利润减少,厂商必然会减少这种要素的投入量;只有当 MRP=MFC 时的要素投入量,才使厂商获得的利润最多,实现了利润的最大化,因此厂商根据 MRP=MFC 的原则所确定的要素投入量是要素的均衡量,由这个投入量所决定的要素价格是这种生产要素的均衡价格,所以 MRP=MFC 是实现生产要素均衡的基本条件。

(二)不同市场类型条件下生产要素的均衡

MRP=MFC 是生产要素均衡的基本条件,但在不同的市场结构条件下,生产要素均衡的实现不尽相同。在探讨产品市场的厂商均衡时,通常假设买方为完全竞争,只有卖方才分为完全竞争与不完全竞争。现在研究生产要素的均衡,买卖双方都分为完全竞争与不完全竞争。

(1)产品市场与要素市场都是完全竞争。在产品市场与要素市场都是完全竞争时,产品价格与要素价格都由行业的供给与需求决定,对厂商来说价格是既定的,都是价格的被

动接受者，所以产品的价格、平均收益与边际收益都相等，即 $P=AR=MR$。由于 $MRP=MPP \cdot MR$，$VMP=MPP \cdot P$，所以对生产要素的需求曲线 dd、MRP 与 VMP 是同一条向右下方倾斜的曲线。在生产要素市场上，厂商也不能影响要素价格。对厂商来说，生产要素的供给曲线 SS 与 MFC 是同一条平行于横轴的直线，这种市场中要素的均衡如图 6-1 所示。

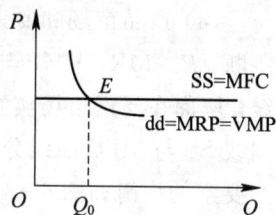

图 6-1　要素的均衡 1

在图 6-1 中，横轴代表某种要素的投入量 Q，纵轴代表价格 P。平行于横轴的要素供给曲线 SS=MFC，与向右下方倾斜的要素需求曲线 dd=MRP=VMP 相交于 E 点，在 E 点上实现了 MRP=MFC，由 E 点所决定的要素投入量 OQ，是使厂商获得最大利润的要素投入的均衡点；E 点也表明了要素的均衡价格 OP，因而实现了要素的均衡。在这种市场上，要素价格等于边际产品价值，即 $P=VMP$。

（2）产品市场是不完全竞争的，生产要素市场是完全竞争的。由于产品市场是不完全竞争的，厂商在该市场中通过调整产量来影响价格。因此，对厂商来说，产品的需求曲线向右下方倾斜，而且 $P>MR$，由于 $VMP=MPP \cdot P$，$MRP=MPP \cdot MR$，所以在这种市场条件下，$VMP>MRP$，VMP 曲线与 MPP 曲线分离为两条向右下方倾斜的曲线，而且需求曲线 MRP 的位置低于 VMP 曲线。由于要素市场是完全竞争的，所以 SS=MFC，二者是同一条平行于横轴的直线，这种市场中要素的均衡如图 6-2 所示。

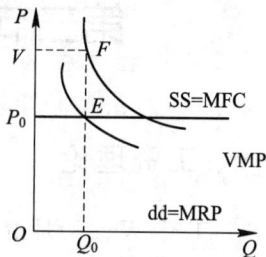

图 6-2　要素的均衡 2

在图 6-2 中，要素需求曲线 dd=MRP 与要素供给曲线 SS=MFC 相交于 E 点。在 E 点上 MRP=MFC，由 E 点决定的要素投入量 OQ_0 是要素投入的均衡量。E 点也表明 P_0 是该生产要素的均衡价格。在这种市场条件下，要素价格小于边际产品价值，即 $P<VMP$，厂商由于卖方垄断而获得垄断利润 $P_0 EFV$。

（3）产品市场是完全竞争，要素市场是不完全竞争。在这种市场中，由于产品市场是完全竞争的，厂商在产品市场上只是价格的接受者，因而有 $P=MR$，$VMP=MRP$，二者是同一条向右下方倾斜的曲线 dd=MRP=VMP。生产要素市场是不完全竞争的，厂商在要素市场上有市场力量，可以通过调整对生产要素的购买量来影响要素价格，实行买方垄断。因此，对厂商来说，要素的供给曲线具有正斜率，即向右上方倾斜，供给价格与供给数量呈同方向变化，这样也造成了 SS<MFC，SS 与 MFC 分为两条向右上方倾斜的曲线，MFC 曲线的位置高于 SS 曲线。在这种市场条件下要素的均衡如图 6-3 所示。

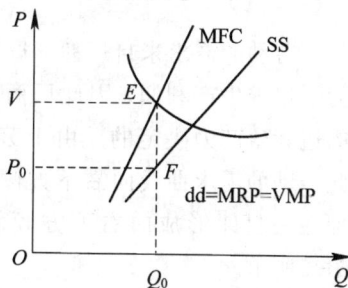

图 6-3　要素的均衡 3

在图 6-3 中，MFC 曲线与要素的需求曲线 dd 相交于 E 点，在 E 点上 MRP=MFC，由此而决定的要素投入量 Q_0 是要素投入的均衡量。EQ_0 垂线与 SS 线相交于 F 点，决定了要素的均衡价格 P_0，在这种市场中，要素价格小于边际产品价值，即 $P<VMP$，厂商因买

方垄断而获得了垄断利润 P_0FEV。

（4）产品市场和要素市场都是不完全竞争。在这种市场条件下，厂商在产品市场卖方垄断，$P>MR$，VMP 与 MRP 分离为两条向右下方倾斜的曲线；厂商在要素市场实行买方垄断，SS<MFC，要素的供给曲线 SS 与 MFC 曲线分离为两条曲线。在这种市场条件下生产要素的均衡如图 6-4 所示。

在图 6-4 中，要素需求曲线 dd 与 MFC 曲线交于 E 点，在 E 点上 MRP=MFC，由而决定的要素投入量 Q_0 是要素投入的均衡量，EQ_0 垂线与 SS 线交于 F 点，决定了要素均衡价格 P_0。在这种市场条件下，要素价格很大程度上小于边际产品价值，即 $P<VMP$，厂商既有卖方垄断又有买方垄断，因而获得了巨额垄断利润 P_0FHV。

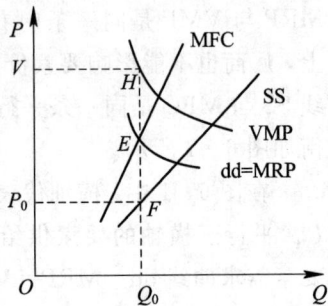

图 6-4　要素的均衡 4

第二节　工资、地租、利息和利润理论

一、工资理论

工资（Wages）是指一定时期内，给予提供劳动的劳动者的报酬，也是使用劳动这种生产要素的价格。工资一般是指工资率，即单位时间的工资。根据工资形式，可以分为货币工资和实际工资。货币工资是以货币形式表示的货币数量；实际工资则是按照货币工资能够购买的物品和劳务的数量，也称为货币工资的实际购买力。工资理论所分析的工资是实际工资。西方经济学是以均衡价格理论来解释工资水平的决定。按照这一观点，一个社会的工资率水平取决于该社会对劳动的需求和劳动的供给两种因素。

（一）劳动的需求

劳动的需求来自厂商。厂商决定是否雇用工人，不是为了解决工人的就业问题，而是为了追求生产利润，因此厂商愿意支付的工资水平是由劳动的边际生产力决定的。由于劳动的边际生产力是递减的，因此劳动的需求曲线向右下方倾斜。所有厂商劳动的需求曲线加在一起即形成向右下方倾斜的劳动市场需求曲线，如图 6-5 所示。

在图 6-5 中，横轴代表劳动的数量，纵轴代表工资率 W，D_L 代表向右下方倾斜的劳动市场需求曲线。

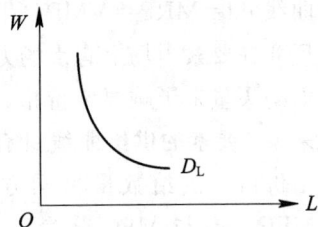

图 6-5　劳动市场需求曲线

【知识拓展】

一个社会对劳动的需求取决于劳动要素的边际生产力和产品的价格。也就是说，社会的边际生产力水平越高，对劳动的需求就越多；反之则相反。而一个社会的劳动边际生产力水平主要取决于该社会的资本、自然资源、生产技术水平、劳动力素质以及社会政治、经济环境、组织结构、管理水平和市场规模等因素。假如一个社会资本数量很多，自然资源丰富，生产技术水平和管理水平很高，劳动力素质很好，同时社会的经济组织和市场结构都比较发达，那么该社会劳动的边际生产力必然很高；反之则相反。不同生产力水平的国家，劳动需求曲线的位置不同。通常发达国家劳动需求曲线位置较高，然而落后国家劳动需求曲线位置偏低。劳动的需求还与产品的价格有关。如果产品价格高，即使劳动的边际生产力不变，对劳动的需求也会增加。

（二）劳动的供给

劳动的供给是指劳动者在不同劳动价格水平上愿意并能够提供的劳动数量。劳动者的工作意愿很大程度上取决于劳动者对工资和闲暇的比较。劳动可得到工资收入，工资收入给劳动者带来效用，闲暇也给他带来效用。劳动作为闲暇的牺牲会给劳动者带来负效用，即痛苦和不舒适的感觉，劳动得多，工资收入也多，但闲暇会减少，可见收入和闲暇之间存在着替代关系。

工资率的提高对劳动供给有两种效应：替代效应和收入效应。替代效应指的是工资率越高，对牺牲闲暇的补偿越大，劳动者就越愿意用多劳动来代替多休闲。收入效应反映的是工资率越高，个人越有条件以较少的劳动换得所需要的收入和消费品，因而就不愿意增加工作时间，即劳动的供给。

这两种效应都是工资率提高的效应。当收入效应小于替代效应时，劳动供给则会随着工资率的提高而增加，劳动供给曲线向右上方倾斜，即曲线斜率为正值。当收入效应大于替代效应时，劳动供给量则可能随着工资率的提高而减少，劳动供给曲线向左上方倾斜，即曲线斜率为负值。一般来说，当工资率较低时，替代效应大于收入效应；当工资率很高时，收入效应将会大于替代效应，因此随着工资率的提高，劳动供给曲线从向右上方倾斜转为向左上方倾斜，如图 6-6 所示。在点 (W_1, L_1) 之前，劳动供给曲线向右上方倾斜，但在此点之后，随着工资的增加，劳动提供量反而减少，供给曲线向左边弯曲。

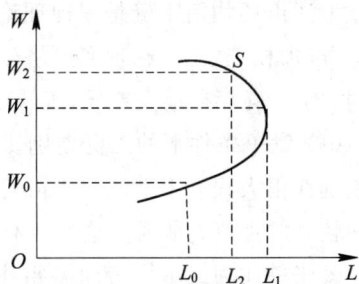

图 6-6　劳动供给曲线

【知识拓展】

我们应当认为，这种后弯曲供给曲线主要是个人劳动供给曲线，就整个劳动市场而言，这条供给曲线基本上是向右上方倾斜的。这是因为在其他条件相同时，若某职业工资水平上升，愿意从事该职业的劳动人数会增加。一些经济学家还认为，后弯曲供给曲线可能在发达国家会出现，但对广大发展中国家而言，不仅是市场的劳动供给曲线，就是个人劳动供给曲线也主要是向右上方倾斜的。

（三）劳动市场均衡和工资的决定

将所有单个消费者的劳动供给曲线水平相加，即得到整个市场的劳动供给曲线。尽管个人的劳动供给曲线可能因收入效应和替代效应向后弯曲,但劳动的市场供给曲线却不一定如此。在较高的工资水平上,现有的工人也许提供较少的劳动,但高工资也会吸引新的工人进来,因而总的市场劳动供给一般还是随着工资的上升而增加,故市场劳动供给曲线仍然是向右上方倾斜的。综合前面关于要素市场需求曲线向右下方倾斜的分析,劳动供给曲线的交点将决定一个均衡的工资 W_0 和劳动数量 L_0,如图 6-7 所示。

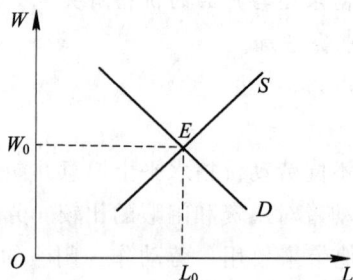

图 6-7 均衡工资的决定

这一均衡的前提条件是其他要素价格不变,技术水平不变等,同时还假定劳动力是同质的,因此才能得到一个统一的均衡工资水平。另外,图 6-7 中的均衡模型还说明一个重要结论:劳动的边际生产力是决定工资水平的关键因素,而决定劳动边际生产力的主要因素又有技术水平、资本装备、文化教育与其他要素投入等。

(四) 工资差异及其原因

上述市场均衡工资是一种理论上的工资率,也是一个国家或地区在某一时期的社会平均工资(加权工资)。在现实经济生活中,由于各个劳动者能力不同及所从事的行业和职业不同,使工资存在很大差异,而导致工资差异的原因大致有以下几种:

(1)竞争条件下的工资差别。在现实生活中,不同行业或不同部门的工资是不同的,其差别在很大程度上取决于不同行业和部门的具体工作条件。一般而言,某些工作之所以得到较高的工资,是因为这些工作需要补偿,例如,不愉快或冒险的工作条件需要补偿;高度紧张的体力或脑力劳动需要补偿;失败的风险必须补偿等。

(2)与竞争条件偏离的工资差别。竞争条件的偏离是指在完全竞争条件以外的各种力量对工资的影响问题。某些非竞争因素作用于社会经济生活,是工资高于或低于一般竞争工资,比如进人的条件、雇主的市场力量、法律条款、习惯等。

(3)工会对工资的影响。在西方国家中,工会被看成是劳动供给的垄断者(卖方市场),它能够控制劳动的供给量,控制工资率。这样,劳动市场就是一种不完全竞争的市场,工会可以用以下方法来影响工资的决定:

① 工会通过限制非会员受雇、限制移民和童工的使用,缩短工时,实行强制退休等方法来减少劳动的供给,从而提高工资。

② 工会通过提倡保护关税、扩大出口等办法扩大商品销路,从而提高对劳动的需求,也可以提高工资。

③ 工会通过集体协议(工会代表与雇主共同解决劳动争议问题的方式)或组织罢工要

求雇主提高工资。在工会罢工基础雄厚的情况下可以迫使资本家做出让步。

④ 工会迫使政府立法规定最低工资，这样可以使工资维持在较高的水平上。

然而，工会对工资的影响还是有限度的，这取决于工会本身的力量，工会与厂商双方力量的对比，整个社会的经济状况及政府干预的程度等。

（4）歧视。种族歧视和性别歧视在一些国家是常见之事，甚至城乡户籍也会成为工资差异的重要原因。

二、利息理论

利息（Interest）是指厂商在一定时期内为利用资本的生产力所支付的代价，或者说是资本所有者在一定时期内因让渡资本使用权，承担风险所索取的报酬。建立在均衡价格理论基础上的利息理论是从资本的需求和供给两方面来解释利息的决定的。

（一）资本的需求

利息是用货币表示的使用货币资本支付的价格，它是一个绝对量的概念。在经济分析中通常使用利息率的概念，简称利率（Interest Rate），它是指利息量占资本使用量的百分比。如同厂商对其他要素的需求一样，厂商对资本要素的需求也是由资本的边际收益产量曲线表示的，因而厂商对资本的需求价格就取决于资本的边际收益产量。由于利率是一个相对数，为了具有可对比性，用相对数来表示资本的边际收益产量，就是资本的净生产率，其含义是指投资获得的年收益率。资本的净生产率表示了厂商对资本的需求情况，而利率是厂商使用资本所要支付的价格，因此对厂商来说，只要资本的净生产率高于利率，那么使用货币资本进行投资就是有利可图的。如果情况相反，厂商将出现亏损。由于资本的边际收益产量 MRP 具有递减规律，因而资本的净生产率也具有递减趋势，这也就决定了厂商对资本的需求曲线是向右下方倾斜的，即斜率为负，这说明在资本的净生产率一定的条件下，厂商对资本的需求量与利率呈反方向变化的关系，其变化关系如图 6-8 所示。

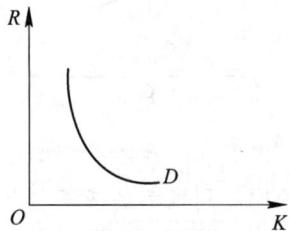

图 6-8　资本的需求曲线

（二）资本的供给

资本的所有者向市场提供其资本的使用权就形成了资本的供给量，依存于人们愿意提供的资本，即人们的收入用于个人消费以后的余额，也就是储蓄。储蓄是人们抑制或推迟眼前消费而形成的，利息是人们进行储蓄得到的一种补偿。一般来说，利息越高，储蓄越多，资本的供给量越多，因此资本的供给量是利率的递增函数，两者呈正向变动的关系，如图 6-9 所示。

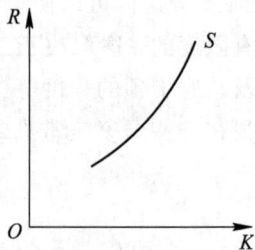

图 6-9　资本的供给曲线

　　资本的供给除受利率变动的影响之外，还受货币资本的机会成本、人们对通货膨胀的预期以及持有货币的偏好等因素的影响。一般来说，货币资本的机会成本越大，资本供给量越少；反之则越多。人们对通货膨胀的预期实质上是对未来货币资本价值的预期。如果人们预期未来会出现较高的通货膨胀率，则意味着货币资本将会贬值，人们储蓄量减少，货币供给量随之减少。对货币持有的灵活偏好是指人们以货币形式保持其个人财富的愿望，这是由人们的日常交易需要和投机需要所决定的。若人们认为储蓄的收益大于持有货币带来的收益，储蓄将增加，货币供给量也随之增加。

三、均衡利息率的决定

　　根据资本的供求情况，很容易推导出利率的决定。图 6-10 中的 D 线表示资本的需求曲线，S 线表示资本的供给曲线，两线的交点即为均衡点 E，对应的 R_0 为均衡利率，对应的 K_0 为资本的均衡供求量。

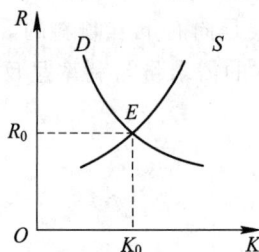

图 6-10　利息率的决定

　　西方经济学认为，上述分析的均衡利息率是指资本市场上的纯粹利息率，即在借贷时通常被假定为没有任何风险的，这是一种理论分析的利率水平。现实经济生活中，实际利率与纯粹利率往往不同，其差别主要是由以下原因造成的：

　　（1）贷款的风险程度。如果一个人将 10 万元放贷一年，他不仅要放弃现在的消费，还得冒丧失金钱的风险。如果他把钱放在床垫子下面，至少能确定这是安全的（不考虑被抢劫、盗窃），所以贷款的风险程度越大，贷款人要求的利息率越高。

　　（2）贷款的期限长短。长期贷款利息率一般高于短期贷款利息率。这不仅是因为长期贷款较短期贷款的风险程度高，而且还因为长期贷款要长期放弃货币用于消费或其他途径所得的利益。

（3）贷款的数额多少。大宗贷款的利息率一般低于小额贷款。因为每一货币单位所承担的管理成本因贷款数额多少不等而有高低之分。

（4）借贷市场竞争状况。贷方与贷方之间的竞争越激烈，利息率越低；借方与借方之间的竞争越激烈，利息率越高。

虽然各种实际利息率与纯粹利息率之间有不同的差距，但它们都以纯粹利息率为出发点，并随纯粹利息率的变动而变动。

四、地租理论

经济学中的土地是一个广泛的概念，它不仅指地面，也指地下、空中、水面上的自然资源。地租是指在一定时期内利用土地的生产力所支付的代价或土地这一生产要素提供服务的报酬。地租是由土地市场的供给和需求共同决定的。

（一）土地的供求与地租的决定

土地的需求取决于土地的边际生产力，而土地的边际生产力也是递减的，从而对土地的需求曲线，如同其他生产要素的需求曲线那样，呈现为一条向右下方倾斜的曲线，如图 6-11 中的 D 曲线。

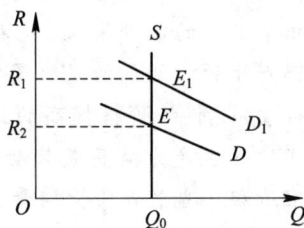

图 6-11　土地的供求曲线

土地这一生产要素具有稀少、不能流动、不能再造等特点。就一个国家而言，土部供给量是固定的，其供给曲线表现为一条垂直线。如图 6-11 中的 S 曲线，不管地租怎样变化，土地总供给始终为 Q_0。图中土地需求曲线 D 和供给曲线 S 相交于 E 点，E 点是土地的供给和需求的均衡点。该均衡点表示在土地数量为固定不变的 Q 的情况下，均衡地租为 R_0。

随着经济的发展，对土地的需求不断增加，所以地租有上升的趋势。在图 6-11 中，随着社会对土地需求的增加，需求曲线会平行地从 D 向右移动到 D_1，与不变的供给曲线相交于新的均衡点 E_1，均衡地租会相应地升到 R_1。也就是说，由于土地供给量为既定常数，因而地租高低只决定于土地的需求曲线，与土地需求的高低呈同方向变化。

（二）级差地租

土地有肥瘠之分，矿藏亦有贫富之别，再加上地理位置、气候等条件的差别，土地可分为不同的等级。一般来说，对土地的利用会根据土地上产品需求的大小从优至劣依次进行。土地产品的价格必须不低于使用劣等土地进行生产所耗费的平均成本。这成本中包括使用劣等土地也必须支付的地租，否则，劣等土地所有者就不会出让土地使用权。由于土地有肥沃程度（自然丰度）和地理位置的不同，不同的地块具有不同的生产力。优等土地边际生产力大，劣等土地边际生产力小，二者的差额就是级差地租（Differential Rent），而由土地所有权决定的地租就是绝对地租。

（三）准地租

准地租（Quasi-rent），或称为准租金，是指使用土地之外的其他生产要素所支付的报酬，在一定条件下，类似地租只取决于该生产要素的需求方面，而与供给无关。

一般地说，准地租是指某些素质较高的生产要素，是在短期内供给不变的情况下所产生的一种超额收入。例如，厂商使用的厂房、机器设备等生产要素，从短期看，供给数量固定不变，供给弹性几乎为零，好像土地的供给弹性为零一样。如果厂商使用的是较好的厂房、机器设备，其边际收益产量较高，也就是说，它们的边际生产力曲线或需求曲线的位置较高，所得租金水平也就较高（通常表现为获得超额利润），这部分就被看成是由厂房、机器设备的需求决定的，而与供给无关。

上述准地租仅仅存在于短期内，从长期看，较好的厂房和机器设备的供给量是可以增加的，从而其供给弹性不再等于零，因此厂房和机器设备的报酬不仅取决于需求，而且取决于供给方面，由供求均衡决定，从而准地租消失。

【知识拓展】

准地租的概念不但被应用于产品，而且被运用于人们的特殊才能。例如，在较高级技工人的工资中，存在着一种超过正常工资的额外收入，它被认为是由这部分生产要素具有的天赋才能以致边际生产力较高而产生的。他们的供给量并未改变，他们所得到的超额工资收入，并非是由于随着供给量的增加，供给价格提高的结果，而仅仅是由于劳动这一生产要素本身独具的优越条件造成了边际生产力提高或劳动的需求曲线位置较高而产生的，因此这些超额工资收入被看成是准地租。当然，从长期看，这些较高级的技术工人的供给数量会增加，供给价格会发生变化，超额工资也会随之消失。再如，企业家才能的报酬收入（企业利润），有很大一部分也是准地租。因为企业家的正常利润率虽然是和他们的才能的供给成本（如教育、训练费用等）有关，但它最终以特异的天赋才能作为决定个人利润大小的主要因素。这种由个人天赋才能决定的利润部分，与较高级技术一样，也是由需求方面决定的，而与供给无关，因此便可以把这种利润看成是准地租。

（四）经济地租

经济地租（Economic Rent）是指素质较差的生产要素，是在长期内由于需求增加而取得的一种额外收入。之所以称其为经济地租，是因为其性质与地租相似，它由需求方面决定，而与供给无关。

例如，工人作为劳动这一生产要素的供给者分为 A、B 两类。A 类工人要求的月工资是 300 美元。现在厂商需要 1000 名工人，但他只雇到了 600 名 A 类工人。所缺的 400 名工人，厂商只好退而求其次，雇用 B 类工人。B 类工人要求的月工资是 350 美元。由于对劳动力的需求量大，而 A 类工人的供给量又不能增加，于是厂商只好向每个工人都支付 350 美元的工资。A 类工人原来要求的月工资是 300 美元，现在得到的却是 350 美元，他们每人得到了 50 美元的经济地租，这种经济地租是劳动的经济地租，其他生产要素的供给者也可能获得相类似的经济地租。

经济地租因为是生产要素所有者所得到的超过他愿意接受的收入部分，所以也称为生产者剩余。生产者剩余和消费者剩余既有相同之处，又有不同之点。相同之处是二者都是由实际发生额（实际收入额或实际支付额）与自己心中的数额（愿意接受或愿意支付的数额）之差形成的。二者的不同之处是消费者剩余是一种心理感受，并非实际收入的增加；生产者剩余是一种额外收入，是实际收入的增加。

五、利润理论

西方经济学家认为，利润是在总收入扣除厂商的实际成本和隐含成本以后给予企业家的一项剩余。英国经济学家马歇尔认为，企业家才能也是一种生产要素，应该得到这项剩余。由于企业家的功能是多方面的，因此关于利润的来源有以下几种说法：

（1）利润是协调生产的报酬。企业家按照最优生产要素组合原则组织生产，才能获得最大利润，因此组织协调工作的好坏对利润大小有重要影响，企业家才能理应获得利润。

（2）承担风险的报酬。企业家的工作常常具有风险和不确定性结果，如新项目的投产，新市场的开拓等。风险活动意味着存在失败的可能，如果没有相应的补偿机制，就没有人敢冒风险，因此利润就是一种风险报酬。

（3）利润是创新的报酬。按照熊彼特的观点，创新是企业家对生产要素的重新组合，包括新产品、新技术、新市场、新材料、新工艺或发明的开发与应用。企业家的创新活动打破了旧的经济均衡，使厂商获得了超出正常收益之上的收益，因此这部分剩余就是企业家才能的报酬。

（4）利润是垄断收益。在不完全竞争条件下，厂商的产品具有一定的垄断性，超出完全竞争条件下正常收益以上的部分就是垄断收益或垄断利润。

以上分析了利润的来源，但是利润的产生也有一个市场均衡的过程。市场均衡时的利润称为正常利润，它是厂商长期均衡时企业家希望得到的报酬，因而可以看成是生产成本的一部分。这是因为，假定所有企业家的能力相同，要他们留在一个行业中，就必须都获得正常利润；否则，企业家将转移到其他行业去。同时，如果一个行业出现超过正常利润的利润，新厂商和企业家必然进入直到超额利润消失为止。

第三节　洛伦兹曲线与基尼系数

一、洛伦兹曲线

前面分析的生产要素价格决定理论是收入分配论的重要部分，它从理论上说明了各个要素的收入源泉及其决定，但没有对收入在各个个人之间的分布进行分析。对国民收入在各国民之间的分配分布状况的考察，需要考察收入分配的不平等程度。此处提及的"不平等程度"仅仅涉及数量上的不均等程度，不涉及伦理上的判断。

为了考察收入分配的不平等程度，美国统计学家洛伦兹提出了著名的洛伦兹曲线。他首先将一国总人口按收入由低到高排队，然后考虑一定累计人口比例所获得的收入累计比例，如表 6-1 所示，从收入最低起累计 20% 的人口、40% 的人口等所获得的收入累计比例分别为 3% 和 7.5% 等。最后，以人口累计比例为横轴，收入累计比例为纵轴，将以上累计百分比的对应关系描绘出来，就得到洛伦兹曲线如图 6-12 所示。由该曲线（或表 6-1）可知，在这个国家中，从收入最低起累计 20% 的人口所得到的收入仅占总收入的大约 3%，而从收入最低起累计 80% 的人口所得到的收入还不到总收入的一半！

表 6-1 收入分配资料

人口累积	收入累积
0%	0%
20%	3%
40%	7.5%
60%	29%
80%	49%
100%	100%

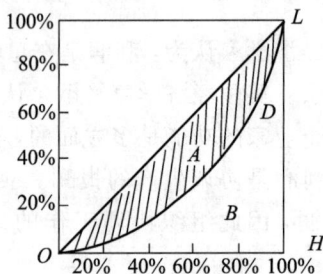

图 6-12 洛伦兹曲线

曲线 ODL 即为洛伦兹曲线。洛伦兹曲线的弯曲程度反映了收入分配的不平等程度。弯曲程度越大，收入分配越不平等。特别地，如果所有收入集中于一人手中，收入分配达到完全不平等，洛伦兹曲线成为折线 OHL；如果人口累计比总是等于收入累计比，则收入分配完全平等，洛伦兹曲线是 45°线 OL。

二、基尼系数

意大利经济学家基尼以洛伦兹曲线为基础，提出了判断收入分配平等程度的指标——基尼系数。在图 6-12 中，A 表示实际收入分配曲线与绝对平均曲线之间的面积，B 表示实际收入分配曲线与绝对不平等曲线之间的面积，那么

$$基尼系数 = \frac{A}{A+B}$$

如果 A＝0，基尼系数为 0，收入绝对平等；如果 B＝0，基尼系数为 1，收入绝对不平等。但一般来说，基尼系数在 0 与 1 之间。基尼系数越大，收入越不平等。按照美国经济学家库兹涅茨的观点，一个国家的经济发展水平与收入分配之间存在倒 U 形关系，即在经济未充分发展的阶段，收入分配将随同经济发展而趋于不平等，因而基尼系数较大，其后经历收入分配暂时无大变化的时期，到达经济充分发展阶段，收入分配将趋于平等，基尼系数将变小。

本章小结

1. 生产要素分为劳动、资本、土地与企业家才能四种。工资是劳动的价格，形成工人的收入；利息是资本的价格，形成资本所有者的收入；地租是土地的价格，形成土地所有

者的收入；利润是企业家才能的价格，形成企业家的收入。厂商使用生产要素的目的是使利润最大化。厂商根据利润最大化原则确定生产要素的投入量，从而也确定了生产要素的价格。生产要素实现均衡的基本条件是边际收益产品等于边际要素成本，即 MRP＝MFC。这一基本条件是利润最大化原则 MR＝MC 在生产要素均衡中的具体形式。

2. 工资是劳动的供给和需求共同作用的结果。在劳动的供给方面，工资取决于两个因素：一是劳动力的生产成本，即劳动者养活自己和家属的费用以及劳动者所需的教育训练费用；二是劳动的负效用或闲暇的效用。

3. 利息是由借贷资本的供求关系决定的。以均衡价格为基础的利息理论表明：利息率越高，对资本的需求越少，而资本的供给越多；利息率越低，对资本的需求越多，而资本的供给越少。利息率与资本的需求成反比，与资本的供给成正比。

4. 地租是由土地的供求关系决定的。准地租是指使用土地之外的其他生产要素所支付的报酬，在一定条件下，类似地租只取决于该生产要素的需求方面，而与供给无关。经济地租是指素质较差的生产要素，是在长期内由于需求增加而取得的一种额外收入。

5. 正常利润是对企业家才能这种生产要素的报酬，它包括在成本之中。利润中超过正常利润的部分被称为超额利润，它来源于创新、承担风险和垄断。

6. 洛伦兹曲线与基尼系数是衡量收入分配平等程度的工具。洛伦兹曲线与绝对平等线越接近，收入分配越平等。基尼系数越小，收入分配越平均。

➡ 本章习题

一、选择题

1. 使地租不断上升的原因是（　　）。

A. 土地的供给、需求共同增加　　　　　B. 土地供给不断减少，而需求不变

C. 土地的需求日益增加，而供给不变　　D. 以上全不对

2. 土地的供给曲线是一条（　　）。

A. 平行于横轴的直线　　　　　　　　　B. 垂直于横轴的直线

C. 供给弹性＝0　　　　　　　　　　　　D. 向右下方倾斜的线

3. 厂商的总利润与准租金相比（　　）。

A. 总利润大于准租金　　　　　　　　　B. 总利润等于准租金

C. 总利润小于准租金　　　　　　　　　D. 上述情况均可发生

4. 洛伦兹曲线越是向横轴凸出（　　）。

A. 基尼系数就越大，收入就越不平等　　B. 基尼系数就越大，收入就越平等

C. 基尼系数就越小，收入就越不平等　　D. 基尼系数就越小，收入就越平等

二、简答题

1. 生产要素市场的需求特点是什么？

2. 阐述边际生产力递减规律。

3. 劳动的供给曲线为什么向后弯曲？

4. 利息在经济中的作用是什么？

三、案例分析题

漂亮的收益

美国经济学家丹尼尔·哈莫米斯与杰文·比德尔在 1994 年第 4 期《美国经济评论》上发表了一份调查报告。根据这份调查报告，漂亮的人的收入比长相一般的人高 5% 左右，长相一般的人又比丑陋一点的人收入高 5%～10% 左右。为什么漂亮的人收入高？

经济学家认为，人的收入差别取决于人的个体差异，即能力、勤奋程度和机遇的不同。漂亮程度正是这种差别的表现。

个人能力包括先天的禀赋和后天培养的能力，长相与人在体育、文艺、科学方面的天才一样是一种先天的禀赋。漂亮属于天生能力的一个方面，它可以使漂亮的人从事其他人难以从事的职业（如当演员或模特）。漂亮的人少，供给有限，自然市场价格高，收入高。

漂亮不仅仅是脸蛋和身材，还包括一个人的气质。在调查中，漂亮由调查者打分，实际是包括外形与内在气质的一种综合。这种气质是人内在修养与文化的表现，因此在漂亮程度上得分高的人实际往往是文化高、受教育程度高的人。两个长相接近的人，也会由于受教育不同表现出来的漂亮程度不同，所以漂亮是反映人受教育水平的标志之一，而受教育是个人能力的来源，受教育多，文化高，收入水平高就是正常的。

漂亮也可以反映人的勤奋和努力程度。一个工作勤奋、勇于上进的人，自然会打扮得体，举止文雅，有一种朝气，这些都会提高一个人的漂亮得分。漂亮在某种程度上反映了人的勤奋，与收入相关也就不奇怪了。

最后，漂亮的人机遇更多。有些工作，只有漂亮的人才能从事，漂亮往往是许多高收入工作的条件之一。就是在所有的人都能从事的工作中，漂亮的人也更有利。漂亮的人从事推销更易于被客户接受，当老师会更受到学生热爱，当医生会使病人觉得可亲，所以在劳动市场上，漂亮的人机遇更多，雇主总爱优先雇用漂亮的人。有些人把漂亮的人机遇更多，更易于受雇称为一种歧视，这也不无道理。但有哪一条法律能禁止这种歧视？这是一种无法克服的社会习俗。

漂亮的人的收入高于一般人。两个各方面条件大致相同的人，由于漂亮程度不同而得到的收入不同，这种由漂亮引起的收入差别，即漂亮的人比长相一般的人多得到的收入称为"漂亮贴水"。

（资料来源：《微观经济学纵横谈》）

请运用本章所学的知识来分析和评价该案例。

第七章　　市场失灵与微观经济政策

【知识目标】

了解市场失灵的概念、形成原因、市场失灵的表现；熟悉政府在市场失灵中的作用和对策；掌握公共物品、外部性、垄断与信息不对称造成的市场失灵。

【能力目标】

通过对市场失灵的学习，把握造成市场失灵的原因，从而加深对矫正市场失灵的各种微观经济政策的理解。

【案例导读】

20世纪初的一天，列车在绿草如茵的英格兰大地上飞驰。车上坐着英国经济学家庇古（A.C.Pigou）。他边欣赏风光，边对同伴说：列车在田间经过，机车喷出的火花（当时是蒸汽机）飞到麦穗上，给农民造成了损失，但铁路公司并不用向农民赔偿。这正是市场经济的无能为力之处，称为市场失灵。

将近70年后，1971年，美国经济学家乔治·斯蒂格勒（G.J.Stigler）和阿尔钦（A.A.Alchian）同游日本。他们在高速列车（这时已是电气机车）上见到窗外的禾田，想起了庇古当年的感慨，就问列车员，铁路附近的农田是否受到列车运行的影响而减产。列车员说，恰恰相反。飞速驰过的列车把吃稻谷的飞鸟吓走了，农民反而受益。当然铁路公司也不能向农民收"赶鸟费"。这同样是市场经济无能为力之处，也称为市场失灵。

在这个例子中，农民并没有从蒸汽列车公司拿到损失的赔偿金，蒸汽列车公司也没有为农民可能的损失承担成本。同理，高速列车没有因为驱散飞鸟分享到农民的收益，农民也不会将增加的收益分给高速列车公司。这就说明市场机制并不能有效率地分配成本和收益，出现了市场失灵。

第一节　市场失灵及原因

一、市场失灵的原因

市场失灵（Market Failure）是指由于垄断外部性、公共物品、信息不对称等原因，导致资源配置不能达到最优，即资源配置处于低效率或无效率状态。市场失灵的实质是价格机制对某些问题无能为力，表现出一定的局限性。政府必须运用经济政策来克服市场机制本身的特点。

将市场失灵界定为两层含义：第一，市场机制本身对于资源配置可能是缺乏效率的，这是本来意义上的市场失灵，被称之为狭义的市场失灵；第二，市场机制有其自身无法解决的问题，这是被扩展了的市场失灵，被称之为广义的市场失灵。

二、造成市场失灵的原因

竞争性市场失灵有四种基本原因：垄断、非对称信息、外部性和公共物品。

（一）公共物品（Public Goods）的存在

经济社会生产的产品大致可分为两类：一类是私人物品；另一类是公共物品。简单地讲，私人物品是只能供个人享用的物品，如食品、住宅、服装等。而公共物品是可供社会成员共同享用的物品。严格意义上的公共物品具有非竞争性和非排他性。非竞争性是指一个人对公共物品的享用并不影响另一个人的享用，非排他性是指对公共物品的享用无需付费，如国防就是公共物品。它带给人民安全，公民甲享用国家安全时一点都不会影响公民乙对家国安全的享用，并且人们也无须花钱就能享用这种安全。

（二）垄断的存在

对市场某种程度的（如寡头）和完全的垄断不可能使资源的配置具有效率。对这种情况的纠正需要依靠政府的力量。政府主要通过对市场结构和企业组织结构的干预来提高企业的经济效率，这方面的干预属于政府的产业结构政策。

（三）经济的外部性（External）问题

市场经济活动是以互惠的交易为基础，因此市场中人们的利益关系实质上是同金钱有联系的利益关系。例如，甲为乙提供了物品或服务，甲就有权向乙索取补偿。当人们从事这种需要支付或获取金钱的经济活动时，还可能对其他人产生一些其他的影响，这些影响对于他人可以是有益的，也可以是有害的。然而，无论是有益的还是有害的，都不属于交易关系。这些处于交易关系之外的对他人的影响被称为外部影响，也被称为经济活动的外在性，如建在河边的工厂排出的废水污染了河流而对他人造成的损害。工厂排废水是为了生产产品赚钱，工厂同购买它的产品顾客之间关系就是金钱交换关系，但工厂由此造成的对他人的损害却可能无需向他人支付任何赔偿费。这种影响就是工厂生产的外部影响。当这种影响对他人有害时，就称之为外部不经济。当这种影响对他人有益时就称之为外部经济，如摆在阳台上的鲜花可能就给路过这里的人带来外部经济。

（四）非对称信息（Incomplete Information）

由于经济活动的参与人具有的信息是不同的，一些人可以利用信息优势进行欺诈，这会损害正当的交易。当人们对欺诈的担心严重影响交易活动时，市场的正常作用就会丧失，市场配置资源的功能也就失灵了。此时市场一般不能完全自行解决问题，为了保证市场的正常运转，政府需要制定一些法规来约束和制止欺诈行为。

三、市场失灵的表现

（一）收入与财富分配不公平

收入与财富分配不公平，一方面是因为市场机制遵循的是资本与效率的原则。资本与效率的原则又存在马太效应。从市场机制自身作用来分析，这属于正常的经济现象，资本拥有越多在竞争中越有利，效率提高的可能性也越大，收入与财富向资本与效率方面靠拢得也越近。另一方面，资本家对其雇员的剥夺，使一些人更趋于贫困，造成收入与财富分配进一步拉大。这种拉大又会影响到消费水平，从而使市场相对缩小，进而影响到生产，制约社会经济资源的充分利用，使社会经济资源不能实现最大效用。

（二）外部负效应问题的存在

外部负效应是指某一主体在生产和消费活动的过程中，对其他主体造成的损害。外部负效应实际上是生产和消费过程中的成本外部化，但生产或消费单位为追求更多的利润或利差，会放任外部负效应的产生和蔓延。例如，化工厂，它的内在动因是赚钱，为了赚钱，对企业来讲最好是让工厂排出的废水不加处理而进入下水道、河流、江湖等，这样就可减少治污成本，增加企业利润，从而给环境保护、其他企业的生产和居民的生活带来危害。社会若要治理，就会增加负担。

（三）竞争失败和市场垄断的形成

竞争是市场经济中的动力机制。竞争是有条件的，一般来说，竞争是在同一市场中的同类产品或可替代产品之间展开的。但一方面，由于分工的发展使产品之间的差异不断拉大，资本规模扩大和交易成本的增加，阻碍了资本的自由转移和自由竞争；另一方面，由于市场垄断的出现，减弱了竞争的程度，使竞争的作用下降。

（四）失业问题

失业是市场机制作用的主要后果，一方面从微观看，当资本为追求规模经营，提高生产效率时，劳动力被机器排斥；另一方面从宏观看，市场经济运行的周期变化，对劳动力需求的不稳定性，也需要有产业后备军的存在，以满足生产高涨时对新增劳动力的需要。劳动者的失业从宏观与微观两个方面满足了市场机制运行的需要，但失业的存在不仅对社会与经济的稳定不利，而且也不符合资本追求日益扩张的市场与消费的需要。

（五）公共产品供给不足的问题

公共产品是指消费过程中具有非排他性和非竞争性的产品。从本质上讲，生产公共产品与市场机制的作用是矛盾的，生产者是不会主动生产公共产品的。而公共产品是全社会成员必须消费的产品，它的满足状况也反映了一个国家的福利水平，因此公共产品生产的滞后和社会成员和经济发展需要之间的矛盾就十分尖锐。

（六）公共资源的过度使用

有些生产主要依赖于公共资源，如渔民捕鱼、牧民放牧。生产者使用的就是以江湖河流为主要对象的公关资源，这类资源既在技术上难以划分归属，又在使用中不易明晰归属。正因为这样，生产者受市场机制最大化利润的驱使，往往会对有些公共资源出现掠夺式使用，而不能给资源以休养生息。有时尽管使用者明白长远利益的保障需要公共资源的合理使用，但因市场机制自身不能提供制度规范，又担心其他使用者过度使用，故会出现使用上的盲目竞争。

第二节 垄断的经济效应与反垄断

一、垄断的原因

关于垄断形成的原因，在不同时期和不同国家有不同的答案，主要包括市场竞争形成的垄断、自然垄断等。市场竞争形成的垄断有过度竞争产生的垄断、技术进步产生的垄断等。过度竞争产生的垄断是企业在竞争中通过兼并、收购等方式扩大生产规模和产品市场占有率，当其产量和市场份额足以控制市场价格和供求关系时，就会产生垄断。技术进步产生的垄断是由于企业在一定时期掌握了某些生产技术，如专利权等，在市场竞争中处于有利地位，能对产品价格产生影响，进而对资源配置发生作用。而自然垄断有时也称之为天然垄断，是与某些商品和劳务自身的特点有关，即这类商品和劳务在由一家企业提供时其成本比由多家企业提供时低，有利于节约社会资源。供电、供水、供气等公用事业服务的生产和提供，具有明显的自然垄断特征。在垄断条件下，无论具体程度如何，都会对市场机制形成扭曲，不能有效调节供给和需求，达不到资源合理配置的目的。由于市场机制本身无法克服各种垄断产生的竞争的不完全性，资源配置难以达到最优配置状态，就需要政府干预。

二、垄断的经济效应

（一）垄断与低效率

假定在所有产量水平上平均成本和边际成本都保持不变，如图 7-1 所示。为了使利润最大，企业就要使边际收入等于边际成本，把产量定为 Q_m、价格定为 P_m 作为另一种选择，假定政策制定者要求垄断企业使用价格等于边际成本的竞争性规则来做决策，这样价格就会定在 P_c，对产品的评价大于 P_c 的消费者就会购买这种产品，使总销售量达到 Q_c。

由于所有消费者都支付同一价格，大多数买者会因其购买而获得消费者剩余，这一剩余的货币价值等于它们对产品的评价（如需求曲线所示）与价格 P_c 之间的差额。例如，在

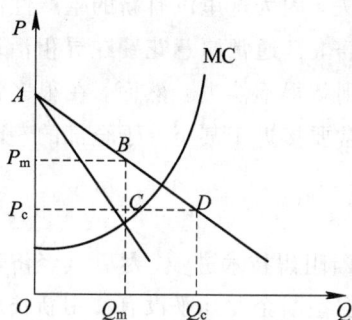

图 7-1　垄断的低效率

图 7-1 中，对产品评价最高的人得到的消费者剩余等于垂直距离 AP_c。但购买第 Q_c 个单位产品的消费者得不到剩余，因为它赋予产品的价值正好等于购买价，所以如果产量是根据价格等于边际成本的规则制定的，总消费者剩余就等于需求曲线下面和价格上面之间的面积，在图 7-1 中就是三角形 ADP_c。

现在考虑以谋求利润最大为目标的垄断企业的产量和价格。正如已经指出的，将价格定为 P_m，产量定为 Q_m，这样它的价格尽管比使用竞争性定价规则定得高，但那些对产品的评价高于其价格的消费者仍能得到消费者剩余。在垄断情况下，消费者剩余等于三角形 ABP_m，这个三角形是竞争条件下消费者剩余 ADP_c 的一部分，长方形 P_mBCP_c，也是完全竞争条件下消费者剩余的一部分，但现在是垄断企业的经济利润，这一经济利润代表收入从消费者向生产者的再分配。这种再分配是否是一种改善取决于对收入怎样分配才算合理的假设，是不能用效率指标来衡量的。

竞争条件下消费者剩余的最后一个组成部分是三角形 BCD 的面积，称为分配性低效率，或无谓的损失。它是垄断价格引起的消费者剩余的损失，是社会的一种净损失。评价垄断的影响，无需对消费者和生产者的相对功绩或收入的分配作出假设，它是消费者的损失，其他任何人也没有得到它。

分配性低效率的来源可用图 7-1 来说明。垄断企业将增加产量直到边际收入等于边际成本。如果产量超过就会导致利润的减少，因为此时边际收入小于边际成本。但在产量为 Q_m，消费者支付的价格为 P_m 时，它的边际收入大于边际成本，因此如果价格定在这个水平上，只有那些认为该产品的价值至少为 P_m 的消费者才会购买它。

最后购买的人对产品的评价为 P_m，但生产该产品的成本由边际成本曲线给定，等于 P_c，因此产品对最后购买者的价值要大于生产它的机会成本，如果生产得更多，社会福利就会增加。具体说，增加 1 个单位产品所增加的消费者剩余等于需求曲线和边际成本曲线之间的垂直距离。随着产量的增加，得到的消费者剩余就会越来越小，直到产量为 Q_c 时，消费者剩余将为零，因此三角形 BCD 可看成由垄断条件下的产量限制引起的消费者剩余的损失。

（二）垄断造成社会寻租

为了寻求额外的利润而进行的活动被称为寻租行为。寻租不仅要花费成本，而且会滋生政府腐败。寻租导致无谓损失，因为这里没有新的生产性活动。寻租活动的经济损失究竟有多大呢？就单个寻租者而言，其通常愿意花费在寻租活动上的代价不应超过垄断地位可能给它带来的经济利润，否则就得不偿失。然而，在很多情况下，由于争夺垄断地位的竞争非常激烈，寻租的代价常常要接近于甚至等于全部的垄断利润。

（三）垄断与技术创新

经济学家一般认为完全垄断阻碍技术进步，尽管其经济利润为垄断企业提供了充裕的研究与开发活动所需的资金，但垄断企业几乎没有使用新技术的动力。因为一旦垄断形成后，竞争的压力就大大减少了，从而推动技术创新的动力也相应减弱。由此大多数经济学家认为垄断是缺乏效率的，建议政府采取反垄断政策。但也有经济学家认为，研究和技术进步可能成为垄断企业设立的进入壁垒之一，因此在有潜在外部竞争压力时，垄断厂商为了维护垄断地位，会不断地进行技术创新，通过技术上的不断革新来阻止其他厂商进入，这种现象在现实经济生活中是存在的。实际上是潜在的竞争而非垄断的市场结构驱动着技术创新。在理论上，完全垄断模型中不存在这种竞争，进入被完全封锁。

三、反垄断法律与政府的管制

（一）反托拉斯法

对垄断实施管制的法律措施是制定反托拉斯法，这也是政府对垄断更加强烈的反应。西方很多国家都不同程度地制定了反托拉斯法，最为突出的是美国。在美国，实施反托拉斯法有以下三个途径：

（1）通过美国司法部的反托拉斯署。反托拉斯署主要反对垄断活动。作为行政部门，反托拉斯署执行的政策密切反映了政府的观点。对来自外部申诉或内部研究结果的反应，司法部可决定是否提起刑事诉讼或民事诉讼，还是两者同时进行。刑事诉讼的结果可能会对公司处以罚款并对个人处以罚款或判刑；如果在民事诉讼中败诉，则会迫使违规者停止其反竞争的做法。

（2）通过联邦贸易委员会的行政程序。联邦贸易委员会主要反对不正当的贸易行为。同样，诉讼可能是由外部申诉，也可能是由联邦贸易委员会自己发起的。当联邦贸易委员会决定起诉时，既可能要求起诉对象自觉遵守法律，也可能决定以一个正式的委员会命令，强制执行。

（3）通过秘密程序进行，这是最常用的途径。个人或公司可以控告他们的经营或财产由于违规者行为受到多重损害。必须付出多重损害赔偿的可能性是对可能的违规者一种强有力的制约。

美国从1890年就开始制定相关的反托拉斯法律。这些法律规定，限制贸易的协议或共谋、垄断或企图垄断市场、兼并、排他性规定、价格歧视、不正当竞争和欺诈行为等，都是非法的。例如，1890年通过的谢尔曼法规定：任何以托拉斯或其他形式进行的兼并或共谋，任何限制洲际或国际的贸易或商业活动的合同，均属非法；任何人垄断或企业垄断，或其他个人或多人联合或共谋垄断洲际或国际的一部分商业和贸易的，均应认为是犯罪。

1914 年通过的克莱顿法修正和加强了谢尔曼法，禁止不公平竞争，宣布导致削弱竞争或造成垄断的不正当做法为非法，包括价格歧视、排他性或限制性契约、公司相互持有股票和董事会成员相互兼任。1914 年通过的联邦贸易委员合法规定：建立联邦贸易委员合作为独立的管理机构，授权防止不公平竞争以及商业欺骗行为，包括禁止假广告和商标等。1936 年通过的罗宾逊-帕特曼法宣布，卖主为消除竞争而实行的各种形式的不公平的价格歧视为非法，以保护独立的零售商和批发商。1938 年通过的惠特-李法修正和补充了联邦贸易委员合法，宣布损害消费者利益的不公平交易为非法，以保护消费者。

（二）垄断的公共管制

垄断常常导致资源配置的低效率，垄断利润通常也被看成是不公平的，这就有必要对垄断进行政府干预。对于政府来说，解决垄断条件下的价格高于竞争价格这一问题，方法之一是对垄断厂商可能索取的价格进行管制。如果一个垄断厂商在正常情况下索取 10 元的价格，那么政府可以实施一个 8 元的最高限价，以降低消费者使用该产品的成本。一般而言，在一个竞争市场上实行最高限价会导致产量减少，从而造成在控制价格下的短缺和非价格配给。但是，垄断厂商对最高限价的反应方式与竞争行业不同，在一定条件下，对垄断价格的强制限制可能会导致垄断产量的提高。众所周知，垄断厂商限制产量的目的是为了索取较高的价格，实施最高限价意味着限制产量不能得到较高的价格，所以最高限价将消除垄断厂商限制产量的理由。

价格管制还用于自然垄断行业，如公用事业公司。需要指出的是，自然垄断厂商的平均成本曲线一直是下降的，从而边际成本总是在平均成本之下。若不加以管制，厂商也将按照利润最大化原则在较高的价格上提供较少的产量，所以可行的最佳选择是价格确定在平均成本与平均收益相等的水平上，厂商既没有垄断利润，又利于产量尽可能大到恰好使厂商不退出经营。

第三节　外部性的经济效应

一、外部性及其分类

（一）外部性的定义

完全竞争可导致资源的有效配置的结论是以经济活动中不存在外在性为前提的，例如一个企业的生产成本不取决于相关企业的产出水平，一个消费者的效用水平也不取决于相关消费者的消费水平。但在现实经济活动中，单个经济行为者的经济活动常常对社会上其他成员的福利造成有利的或有害的影响，而在这种场合，资源配置往往达不到帕累托最优状态，这就是外部性。所谓外部性是指生产或消费行为给他人带来非自愿的成本或收益，却不用支付由此带来的成本或不能从这些收益中得到补偿。

【知识拓展】

外部性的故事

假定乙讲一次课的成本是 100 元，甲通过这次讲解所获得的收益，包括直接的收益和间接的收益共 1 000 元。如果甲支付给乙的报酬为 500 元，在这次交易中甲获得了 500 元的消费者净剩余，而乙得到了 400 元的净收益。通常把交易双方看做是系统内的当事人，所以在他们的收益中不存在外部性。

但是坐在门外的甲的秘书丙在陪同过程中实际上也旁听了乙的讲课，从中学到了许多道理，并给他的发展带来了帮助，这就是外部性。

丙在这个事件中是个局外人，他未直接参与经济交易却得到了益处。

（二）外部性的分类

按照外部性的性质，可将其分为两种：一种是正外部性，是积极的影响；另一种是负外部性，是消极的影响。

在理论方面，可以利用外部性论证市场失灵问题。由于在外部性中，市场价格不能反映出某一商品有益或有害影响，故这种定价制度的缺陷会使经济资源配置不能达到最优状态。价格扭曲和信息传递失真会造成经济效益损失。因此具有正外部性的商品生产可能不足，而有负外部性的商品生产可能过多，这必然破坏市场经济中资源的有效配置。

在政策方面，由于负外部性的存在导致市场失灵，政府在干预和调节市场经济活动时主张必须通过环境保护政策对负外部性加以矫正，使价格机制在市场上发挥有效的调节作用，以达到经济资源的有效合理配置。

一般情况下，负外部性是私人成本和社会成本，私人效益和社会效益之间存在差异的结果。私人成本是个人在生产中投入要素价格之和。社会成本是私人成本加上给社会造成的没有补偿的损失，是强加给社会的费用。存在负外部性的情况下，社会成本高于私人成本。当钢铁厂排放废水给养鱼场造成损失时，社会成本等于钢铁厂的成本加上养鱼场遭受的损失。

政府对负外部性必须进行干预，通过公共政策对造成积极的正外部性的人给予补偿，对造成消极的负外部性的人依法索赔。如在很多场合，某个人的一项经济活动给社会上其他成员带来好处，但他自己却不能由此而得到补偿，此时这个人从其活动中得到的私人利益就小于该活动所带来的社会利益，这种性质的外部影响被称为外部经济。而在另一些场合，某个人的一项经济活动给社会上其他成员带来损害，但他自己却并不为此而承担足够抵偿这种损害的成本，此时这个人为其活动所付出的私人成本就小于该项活动所造成的社会成本，这种性质的外部影响被称为外部不经济。根据经济行为主体的生产与消费性质的不同，外部影响分为生产的外部影响和消费的外部影响。

生产的外部影响包括生产的外部经济和生产的外部不经济。当一个生产者采取的经济行为对他人产生了有利的或积极的影响，即给他人带来了福利，自己却不能从中得到报酬，这便产生了生产的外部经济。例如，因为蜜蜂在果树上采蜜，所以果农果园种植量的扩大会导致蜂农收益的增加。如果一个生产者采取的经济行为给他人造成福利的损失而又未给他人以补偿时，便产生了生产的外部不经济。企业造成的环境污染是典型的生产的外部不经济，例如当河流上游的造纸厂向河中排放废水时，河中的鱼会减少，下游的渔民收人就会随之降低；化工厂附近居民的健康，会因有毒气体的影响而恶化等。

消费的外部影响包括消费的外部经济和消费的外部不经济。当一个消费者进行一项消费活动时给他人带来了效用，增加了他人的福利，就产生了消费的外部经济。如一家房主在自家花园里种植许多美丽的花，愉悦了邻居和往来行人的心情。如果一个消费者进行一项消费活动时使别人受到损害、付出代价却未给补偿，这便产生了消费的外部不经济。和生产者造成污染的情况相似，消费者也可能造成污染而损害他人。吸烟就是一个极为典型的例子。吸烟者的行为危害了被动吸烟者的身体健康，此外，在公共场所随意丢弃果皮、瓜壳等废弃物品，也增大了社会成本。

以上情况表明，外部影响是普遍存在的现象，市场交易中的买方和卖方并不关注他们行为的外部影响，所以存在外部影响时，市场均衡并不是有效率的，在这种情况下，从社会的角度关注市场结果必然要超出交易双方的福利之外。

二、外部性的市场矫正：科斯定理

私人市场是如何解决外部性问题的有效性？经济学家罗纳德·科斯在 1960 年发表的《社会成本问题》一文中提出了私人市场可以有效地解决外部性问题的著名论断。该论断后来被斯蒂格勒和其他许多经济学称为"科斯定理"。

（一）科斯定理的内容

关于什么是科斯定理，西方学者有多种说法，一般认为该定理可表述为：在市场交换中，若交易成本为零，那么产权对资源配置的效率就没有影响。根据科斯定理，如果私人各方可以无成本地就资源配置进行协商，那么，私人市场就能解决外部性问题，并有效地配置资源。

科斯定理认为，外部影响之所以导致资源配置失当，是因为产权不明确，如果产权明确，且得到充分保障，有些外部影响就不会发生。在解决外部影响问题上不一定要政府干预，只要产权明确，市场会自动解决外部性问题，因此科斯定理宣称，只要交易费用为零，不论产权归谁，自由的市场机制总会找到最有效率的办法，从而达到帕累托最优状态。

（二）科斯定理的案例

假设一条河流的上游有一家造纸厂排放污水，下游有一家养殖场，受上游造纸厂排放污水的影响。如果下游的养殖场对河流拥有所有权或使用权，有权力免受河流污染造成的损失，那么，当它发现遭受外部不经济性时，马上会制止行动方（造纸厂）排污行为；如果造纸厂不采取行动消除污染，养殖场就会要求当局执行所有权的规定，这样造纸厂会被强制要求把污染水平削减为零，由此付出最大的代价。实际上，此时造纸厂会提出补偿受害方的建议以免受起诉，以使养殖场接受一定水平的污染，并使自己给予受害方的补偿小于把污染削减为零的处理费用。一般来说，对于一定的外部不经济性水平，行动方将愿意支付不大于其消除污染所需费用的补偿，而受害方将愿意接受不小于其消除（或忍受）污染所需费用的补偿，此时行动方与受害方之间的补偿交易将会达到一个均衡状态，也是高效率的状态。

科斯定理还给出了消除外部性的第二个途径，规定受害方没有免受外部不经济性的权力，除非它愿意购买这种权力。就上述例子来说，假设造纸厂有河流所有权或使用权，有利用河流排放并净化废水的权力，而养殖场没有要求造纸厂削减污染或给予补偿的权力，此时受害方或是忍受外部费用或污染，或是出钱诱使行动方减少外部不经济性水平。实际情况将是受害方愿意支付一笔不大于消除外部不经济性的费用给行动方用于减少外部不经济性，行动方也愿意接受一笔不小于消除外部不经济性所需费用的资金，用于减少外部性。可以看出，这两种途径的区别在于产权界定不同，规定受害方有权力免受外部不经济性或受害方没有权力免受外部不经济性，但是，只要明确产权，消除外部不经济性的最终交易结果是相同的，因此上面所说的资源配置的市场失灵问题，其根源在于产权结构失灵。通过产权的更新界定和权力交易这样一个综合性的市场手段，在理论上可以解决资源配置的市场失灵问题。

总之，科斯定理试图说明私人经济主体可以解决他们之间的外部性问题。无论最初的权利如何分配，有关各方总可以达成一种协议，在这种协议中每个人的状况都可以变好，而且结果是有效率的。

三、外部性的公共政策

尽管科斯定理的逻辑完美而富有吸引力，但是私人经济主体通常并不能解决外部性所引起的所有问题。只有参与方在达成和实施协议中没有麻烦时科斯定理才会起作用。但事实上，即使对多方有利的协议也并不总是能够达成，因此政府的公共政策就成了必要。通常，解决外部性的基本思路是外部影响内在化，其主要政策手段包括以下几个方面：

（一）税收与津贴

外部影响的存在使得生产者或消费者的个人成本与社会成本，个人利益与社会利益不一致，通过税收或补贴有利于把个人成本或利益与社会成本或利益拉平，实现资源有效配置。

对造成外部不经济的企业，国家应该征税，其数额应等于该企业给社会其他成员造成的损失，使得该企业的私人成本恰好等于社会成本。如政府向制造污染的企业收税，其税额要等于治理污染所需要的费用。显然，用税收解决外部不经济的最大弱点在于政府很难确定企业的污染成本，因而无法设定污染税率。但是只要税率不是太高而超过污染成本，就会使完全竞争企业的产量接近社会最优产量，从而对改善市场效率有积极意义。

对于产生外部经济的经济活动，政府可以给予补贴，使得个人利益与社会利益一致，以鼓励生产者和消费者。例如，受教育者从教育中得到私人利益：能得到较理想的工作，较丰厚的报酬，能较好享受文化生活等。此外教育还产生许多积极的社会影响：良好社会风气与社会秩序、民主氛围、经济技术进步等。教育不能单靠市场机制，政府有必要对教育进行不同程度、不同方式的干预，采取各种补贴措施降低求学者与办学者的边际成本，有助于将教育水平提高到社会所要求的最优水平。

（二）制定污染标准

控制污染的另一项政策是设定污染标准。政府通过调查研究，确定社会所能忍受或承受的环境污染程度，然后规定各企业所允许的排污量。凡排污量超过规定限度的，则给予经济或法律惩罚。排污标准制度的好处在于，排污标准一经制订，只要严格执行，人们对该政策下形成的污染程度有比较确切的估计。虽然设定排污标准能够使排污水平很确定，但排污成本很不确定。因为政府在规定各企业的排污限量时，面临着一刀切还是区别对待的问题。由于不同企业降低同样排污量的成本是不同的，显然对不同企业规定不同的排污量标准比一刀切效率高。社会应该动员最有效率的技术去消除、降低污染。但是政府要有效率地实行区别对待，就必须知道各企业降低、消除污染的边际成本，而政府一般并不掌握这一信息。如果实行相同排污标准，那些减污边际成本较高的企业，不得不忍受较高的成本以达到排放标准，因此制订排污标准有可能导致排污成本很高。那么有没有较好的机制呢？

经济学家建议引进市场机制，建立排污许可证市场。每张许可证都规定了许可排放污染物的数量，超过规定数量将会被处以巨额罚款。许可证的数量事先确定，以使排放总量达到有效水平。许可证在厂商之间分配，并且允许买卖。如果有足够多的厂商和许可证，就可以形成一个竞争性的许可证市场，那些减污成本较高的厂商会从减污成本较低的厂商那里购买许可证。在均衡水平方面，所有厂商减污的边际成本都相等，都等于许可证的价格，这意味着整个行业把污染降至规定的理想数量时所用的成本最低。因此可交易的排污许可证制度，既能够有效控制排放水平，又可以使减污成本尽可能低，这是一种具有很大吸引力的制度。

（三）外部影响内部化——合并

市场机制的独立、分散决策不能考虑外部影响。如果能通过某种方式使市场决策者本身承担或享受外部影响，他们就会纠正决策，改善配置。例如，处于上游的造纸厂给下游的养殖场造成外部不经济，导致养殖场不应有的经济损失，如果造纸厂和养殖场属于同一公司或业主，那么造纸给养殖所增加的成本就仍然是该公司的内部成本。合并使得外部影响内部化，即原来两个厂商各自独立时产生的外部成本和外部收益，现在都变成了内部成本和内部收益。此时，企业为了最大化总利润，必须考虑已经内部化了的成本与收益的关系，协调造纸和养殖两项业务的决策，这种协调会带来帕累托改善。事实上，现存的许多企业已经内部化了外部影响，例如，种植场往往又养蜂，渔场同时也种水生植物。

第四节　公共物品及公共选择

一、公共物品的特征和分类

（一）公共物品的定义及特征

公共物品是现代经济学中广泛使用的一个概念，它是政府向社会和私人提供的各种服务的总称。具体地说，公共物品是指私人不愿意生产或无法生产而由政府提供的产品和劳务，包括国防、警察、消防、司法、公共卫生、教育空间研究、气象预报等。政府被定义为公共物品的生产者，公共物品被认为是政府所生产的产品。

经济学认为，公共物品具有不同于私人物品的两个显著特征：

（1）非排他性特征。非排他性是指任何个人即使不支付价格，也能享受某种商品。如国防，一国中所有的民众，人人都能享受国防，不能把谁排除在外。国防可以免费享受，不需要支付价格。如果将公民所承担的税赋算成国防服务的价格，实际上就意味着有些人支付了高价，有些人支付了低价甚至不支付价格，因为各人的税赋是有差别的，但不管你是否纳税，纳税多少，你都可以与其他人一样享受平等的国防服务。但私人物品不同，私人物品具有排他性。这表现为人们在购买和消费私人物品时，必须能够并且愿意支付一定的价格。只有支付了相应的价格，交易才能成立，才能实现物品所有权的转移，这实际上就把不能够或不愿意支付相应价格的人排除在对该物品的消费之外，即不支付价格就不能消费商品。

（2）非竞争性特征。竞争性是私人物品所具有的特征，也称为争夺性。表现为某人一旦消费了某种私人物品，别人就不可能再去消费该物品。例如，某人吃了一块蛋糕，其他人就不能再吃到同一块蛋糕。但公共物品显然不具备这种特征。一种公共物品，即使有人消费了，别人还可以再去消费。公共物品并不因某人消费了它而丧失其使用价值，别人仍然可以通过消费它与最先消费它的人得到完全相同的享受。例如某人通过一座桥，并不影响他人也通过同一座桥，这就是公共物品具有的非竞争性特征。公共物品的非竞争性特征是指公共物品不因某人消费而丧失其使用价值的特征。

公共物品的上述特征来源于公共物品的不可分割性。国防、司法、消防、公共卫生、道路、桥梁等，不能再分割成细小部分，只能作为一个整体被人们享用。例如，一座桥建成后，所用花费已经结束，边际成本为零，则价格也应是零。人们应免费使用，多一人过桥，不需要增加费用，禁止任何人过桥，也不节省费用，却减少了人们的效用，是无效率的，所以私人不愿意生产这类物品，谁也不愿意花钱去购买本来不用钱就能享受到的物品。因此，公共物品的供给只能由政府根据全体社会成员的需求来提供或生产。

对于公共物品，市场机制作用不大或难以发挥作用。因为公共物品的特征决定了在公共物品的消费上必然存在"免费乘车者"。即使某些公共物品具有排他性，情况也是如此。仍以过桥为例，假设有一座由政府收取过桥费用的桥梁，凡是交过桥费的人均可过桥，它排除了那些不付费的人过桥的可能性。但是这样做并非最有效益，因为它减少了不付费或付不起过桥费的人们的满足程度，却不会因此而增加别人的满足程度，会造成社会福利减少。而有些公共物品，人们不付费，也不能阻止他们对这些物品的享受，如国防安全。综上所述，市场机制对公共物品不发生作用。正因为如此，政府对公共物品的生产活动便显得十分重要。

（二）公共物品的分类

根据非排他性和非竞争性的程度来看，公共物品可分为以下三类：

（1）纯公共物品，即同时具有非排他性和非竞争性，如路灯、外交、国防、治安、法律制度等。

（2）具有非排他性但具有竞争性的物品。公共物品的特点是消费上具有非竞争性，但是却可以较轻易地做到排他，有学者将这类物品形象地称为俱乐部物品。

（3）具有排他性和非竞争性的准公共物品。

公共物品与俱乐部物品刚好相反，即在消费上具有竞争性，但却无法有效地排他，有学者将这类物品称为共同资源或公共池塘资源物品。俱乐部物品和共同资源物品统称为准公共物品，即不同时具备非排他性和非竞争性。准公共物品一般具有拥挤性的特点，即当消费者的数目增加到某一个值后，就会出现边际成本为正的情况，而不像纯公共物品，增加一个人的消费，边际成本为零。准公共物品达到"拥挤点"后，每增加一个人，将减少原有消费者的效用。公共物品的分类以及准公共物品"拥挤性"的特点为探讨公共服务产品的多重性提供了理论依据。

二、公共物品的公共选择

由于公共物品具有非排他性和非竞争性的特点，因而无法通过竞争性市场来确定其适当的供给量，在大多数情况下，公共物品只能由政府提供。那么，政府如何确定公共物品的供给量呢？在西方各国，公共物品的供给量被认为是通过投票方式来确定的。就像在市场上人们通过货币投票来表示自己对某种私人物品的偏好一样，在公共物品的场合，人们通过选票来表示自己的偏好，这种根据人们的投票结果来做出决策的行为称之为公共选择。在现代经济学，公共选择理论已成为经济理论的一个重要分支，其内容延伸到非经济的政治和社会领域。

选民投票对某一公共物品进行选择时，首先要确立投票的规则，现代公共选择理论提出了许多可供选择的投票规则。

（一）一致同意原则

一致同意规则是指候选人或方案要经过全体投票人赞成才能通过的规则。在这一规则下，每一参与者都对集体行动方案具有否决权。

例如，一个合伙人负有无限责任的合伙制企业往往采用这一规则来对有关企业的重大问题进行表决。目前的联合国五个常任理事国也采用这一规则做出决策。

从收益的角度看，这个规则无疑是最优的。按这一规则通过的方案不会使任何一个人的福利受损失，也就不会使社会福利受到损失，能满足全体投票人的偏好。但是，这一规则具有两项缺点：一是决策成本过高，提案要一致同意，必然要耗费大量的时间、人力和物力；二是为使方案一致通过，一些投票人会招致威胁恐吓，被迫投票，不能真实表达偏好与愿望，因此一致同意规则不具有现实的应用性。

（二）多数规则

多数规则是指候选人或方案只需经过半数以上投票人赞成就能当选或通过的规则。多数规则分为简单多数规则和比例多数规则。

简单多数规则规定，赞成票过半数，提案就算通过。例如，美国国会、州和地方的立法经常采用这种方法。

比例多数规则要求赞成票占应投票的一个相当大的比例。例如，必须占 2/3 才算有效。美国弹劾和罢免总统、修改宪法等一般采用这种规则。

经济学家认为，多数规则能增加多数人的福利，但却使少数人的福利受损失。在一定的限制条件下，如在受益者能够补偿受损者的条件下，多数规则可以满足多数人的偏好，但不一定满足全体成员的偏好，存在某些人把偏好强加给另一些人的情况。多数规则下做出的决策是投赞成票的多数给投反对票的少数加上了一种负担。即使所有投票人都能从一项法案的实施中获得利益，并为法案的实施付出代价，即纳税，但是，赞成者获得的利益超过付出的代价，净福利增加，反对者获得的利益小于付出的代价，净福利减少。

第五节 非对称信息与市场失灵

一、非对称信息与市场失灵

在市场运行中，存在一些与通常规律不一致的现象。例如，在市场经济中对一般商品的需求规律是，如果某种商品价格降低，对该商品的需求量就会增加，即需求曲线向右下方倾斜；而对一般商品的供给规律是，如果某种商品价格上升，对该商品的供给量就会增加，即供给曲线向右上方倾斜。但是当消费者掌握的市场信息不完全时，对商品的需求量却会随着价格的下降而减少。当生产者掌握的信息不完全时，对商品的供给量也会相反地随着价格的上升而减少，出现了所谓的"逆向选择"问题。"逆向选择"的存在，意味着市场的低效率，意味着市场的失灵。

次品市场是一个具有代表性的信息不对称的例子。假如你最近刚刚买了一辆新轿车，但由于一个突发事件你急需用钱，于是你决定把这辆车卖掉。结果你会发现，尽管你的车还非常新，但却不得不以大大低于其实际价值的价格出售它。为什么会出现这种情况呢？原因就在于买卖双方存在着产品质量信息上的不对称性。通常，卖者对旧车质量的信息多于买者。一辆轿车的质量高低往往是在购买者使用一段时间以后才会显示出来，车主很清楚自己的车的质量，也知道它们的缺陷。但买主却不具有这一信息。对于一辆质量很好的车，买者也可能怀疑其质量有问题，而对于一辆有某些问题的车而言，卖者也可能为了把这种"次品"推销出去而不愿意告诉买者，从而质量高的和质量低的车出现在同一个市场上，不可能按相同的价格出售，买者只会按一个平均质量支付价格，因此高质量的旧车就不愿意出售，低质量的旧车充斥在市场上，导致买者进一步压低价格。最终实际成交的高质量车所占比重更少，直至低质量的车全部售完。这种低质量产品将高质量产品驱逐出市场的现象，经济学中称之为"逆向选择"。

旧车市场只是信息不对称造成市场失灵的一个标准化例子，事实上这种情况在许多市场上都会出现。在消费者信息不完全的条件下，降低商品价格不一定能刺激对该商品的需求；同样，在生产者信息不完全的情况下，提高该商品的价格也不一定能够刺激该商品的供给。保险市场的例子可以进一步说明另一种情况下的逆向选择。在保险市场中，买方具有更多的信息，保险购买者非常清楚自己的情况，但卖方即保险公司对投保人的情况难以全面了解。例如，在保险市场中，年龄超过某一临界水平的人，通常难以买到医疗保险。这是因为他们患疾病尤其是严重疾病的可能性太高吗？事实并非如此，因为这一问题可以通过提高保险价格来解决，原因在于信息不对称。尽管保险公司可以坚持通过医疗检查来了解保险购买者的健康情况，但保险购买人对自己的健康状况仍然比保险公司更清楚。那些比较健康的人，由于知道自己的风险低，通常购买保险的心情不如健康差的投保人那么迫切，也不愿意为保险支付较高的价格；而那些不健康的人，更有可能选择购买保险，也愿意接受较高的费用。这就迫使保险公司提高保险价格，但是价格的提高减少了人们对保险商品的需求，而在减少的保险需求中，主要的却是那些相对"好"的投保人对保险的需求，他们不愿意为保险支付过高的价格，在留下来的投保人中，主要的则是那些相对"坏"

的投保人，由于他们具有的风险较大，宁愿为得到保险支付更高的价格。因此，随着保险价格的上升，投保人的结构就发生了变化：健康差的投保人所占的比例越来越大，健康好的投保人所占比例越来越小，由此保险公司对每一投保人的平均赔偿也将增加，这也表明保险公司的平均损失将随着保险价格的提高而提高，若保险公司为弥补损失而继续提高价格，会进一步将那些比较健康的人逐出市场，投保人结构会急剧恶化。由此又产生了在旧车市场所看到的逆向选择问题，可能出现的一个极端情况就是所有想购买保险的人都是不健康的人，这样对于保险公司而言，出售保险已无利可图，保险市场也就不会产生了。

二、道德风险

道德风险是指在当事人签约后，其中一方或几方当事人在最大限度地增进自身利益时做出不利于他人的行动。例如，在公司里，员工被录用后，公司经理或所有者不能观测到员工是否努力工作，因此员工可能存在偷懒行为，这就是劳动力使用中的道德风险。在保险行业里，投保人、被保险人或受益人可能因贪图保险金而故意作为或不作为或故意隐藏一些信息，从而引发或扩大危险给保险人带来不必要的经济损失。

道德风险的存在会扭曲当事各方的行为直接导致市场失灵，即可能导致不存在均衡状态的结果或均衡状态是没有效率的。例如，在保险市场中，保险合同签订后，保险公司可能会在事故发生时寻找各种借口以避免赔付或直接拒赔；投保人或被保险人可能会故意造成某种损失或隐藏某种信息以期获得保险公司的赔付。一旦购买保险以后，保险人或被保险人就不再像购买保险之前那样谨慎地保护自己的财产。

逆向选择和道德风险都是由经济活动的当事各方信息不对称所造成的，二者的区别在于逆向选择发生在当事人签约之前，而道德风险发生在签约之后。二者未必同在一项经济活动中发生。有的经济活动在签约之前信息是对称的，但签约之后信息就不对称了；有的经济活动在签约之前信息不对称，但签约之后信息是对称的；也有很多经济活动签约前后信息都是不对称的。

三、委托-代理问题

在不对称信息条件下，拥有更多私人信息的一方称为代理人，而另一方则可称为委托人。当代理人为委托人工作时，因为代理人的行为具有隐藏性，委托人无法监督代理人的行为，所以代理人为了追求自己利益而忽视或牺牲委托人利益，这就是委托-代理问题，也称代理人的"道德风险"。委托-代理理论实际上是"隐藏行动道德风险模型"的别称。委托-代理问题的出现，容易导致低效率或市场失灵。因为代理者的隐藏性行为使得原有的委托代理合约无法有效的履行或者不能完全履行，破坏了市场的有效性。

那么，如何解决委托-代理问题呢？从委托者的角度看，解决委托-代理问题实际上就是解决如何让代理人替自己做好某项事情的问题。委托人可以设计一些机制来约束或激励代理人努力工作，因此激励机制要解决的问题是：应该设计一种什么样的机制（如给予报酬、奖金或提升的方法）让代理人努力工作，就像为他自己工作一样。

有效激励机制的设计应同时满足参与约束和激励相容约束两个条件：

（1）参与约束又称为个人理性约束，是指如果要一个理性的代理人有任何兴趣接受委托人设计的机制从而参与博弈的话，代理人在该机制下得到的期望效用必须不小于他不接受这个机制时得到的最大期望效用。这就是说，每一代理人有一个"保留收益"，如果他不参与此项工作，他也可能获得一个基本的收益，如失业救济金等。代理人如果参与此项工作，他要付出劳动或努力的成本，而且边际成本递增。代理人获得的报酬减去劳动成本后的剩余，应不小于他的保留收益。否则，代理人将根本不愿意参加此项工作。

（2）激励相容约束是指给定委托人不能观测到代理人的行动和自然状态，在任何激励合同下，代理人总是选择使自己的期望效用最大化的行动，因此任何委托人希望代理人所采取的行动都只能通过代理人的效用最大化行为来实现，只有代理人这么做的期望效用大于不这么做的期望效用，代理人才会这么做。而委托人又无法直接观察到他付出的真实劳动，因为产量不仅仅取决于真实劳动，还取决于其他因素，如天气等，因此委托人必须使激励机制——激励相容约束的设计能诱使代理人不偷懒，即让代理人努力工作的净收益大于偷懒得到的净收益。

➡ 本章小结

1. 造成市场失灵的主要原因有：垄断、外部性、公共物品和信息不对称等。

2. 垄断造成的市场失灵主要是因为产品的价格不是由市场供求关系决定的，企业可以通过减少产量来提高价格。消除垄断造成的市场失灵的方法有政府价格管制和反垄断法。

3. 外部性分为正外部性和负外部性。对于外部性造成的市场资源配置的不经济可以通过政府征税和补贴的形式约束调节。

4. 公共物品具有非竞争性和非排他性，这些特点决定了公共物品的价格和产量无法通过市场机制来调节。政府可以通过投票等形式来解决公共物品造成的市场失灵。

5. 信息不对称也会导致市场失灵，会引起逆向选择和道德风险。

➡ 本章习题

一、选择题

1. 公共物品具有（   ）。

A. 外部性　　　　　　B. 排他性　　　　　　C. 竞争性　　　　　　D. 以上都不对

2. 搭便车现象是比喻（   ）。

A. 社会福利问题　　B. 公共选择问题　　C. 公共产品问题　　D. 市场失灵问题

3. 垄断造成资源配置的低效率，是因为价格（   ）。

A. 高于边际成本　　B. 低于边际成本　　C. 等于边际成本　　D. 以上都是

二、简答题

1. 运用实例说明外部性和环境保护的重要性。

2. 举例说明逆向选择的解决途径。

3. 市场机制解决公共物品与外部性的局限有哪些？

第八章　国民收入核算理论

【知识目标】

理解国内生产总值的内涵；能客观评价 GDP 作为核算国民经济活动指标的作用。

【能力目标】

会用支出法和收入法核算 GDP；会计算实际 GDP 和 GDP 缩减指数。

【案例导读】

解码中美 GDP

在世界经济的版图上，中美两国犹如驱动世界经济增长的重要齿轮，不断发力。作为世界第一大和第二大经济体，美国与中国之间存在紧密的经济联系。早在约十年前，历史学家尼尔·弗格森发明的"中美国"(Chimerica)一词便足以说明这种重要性。

当世界迎来贸易保护主义、美联储加息等风险事件的 2017 年，两国的经济表现依旧为全球瞩目。从国内生产总值(GDP)看，崛起中的中国正在不断赶上。步入稳定的新常态需要时间和耐心，但伴随着中国经济结构调整不断深入，巨轮的航向值得期待。

根据美国经济分析局的数据，以现值美元计算，美国 2016 年 GDP 总量约为 18.6 亿万美元。而中国国家统计局的数据显示，初步核算，2016 年全年国内生产总值为 744127 亿元人民币，按美元计算，总量超过 11 万亿美元。

但从经济增速来看，2016 年中国经济的表现在全球范围内堪称"抢眼"，GDP 同比增长 6.7%，为主要经济体中最高。相比较而言，2016 年美国 GDP 增速仅为 1.6%，创下2011 年以来最低，也大幅低于前一年的 2.6%。

经过 30 多年的快速增长，中国 GDP 正在稳步攀升。2010 年，中国超越日本成为世界第二大经济体。2012 年，中国经济总量首次超过美国的一半。2014 年中国经济总量首次突破 10 万亿美元，继美国之后第二个跻身超 10 万亿美元经济体俱乐部。

中国 GDP 从 1 万亿美元升至 10 万亿美元花了 14 年，而美国则用了 31 年。美国 GDP在 2001 年首超 10 万亿美元。

在今年 1 月发布的《世界经济展望报告》中，国际货币基金组织(IMF)将中国今年经济增长预期上调 0.3% 至 6.5%，同时维持中国明年增长预期 6%。而该机构对美国今明两年的增速预估则小幅高于 2%。

这意味着，"中国速度"仍将继续发力。根据北京大学国民经济核算和增长中心此前发布的《中国经济增长报告 2016》，2020 年按汇率法计算的中国 GDP 总额可能接近或者达到美国的水平。

（资料来源：摘自《上海证券报》，2017-2-6）

第一节　国内生产总值及相关概念

宏观经济学把社会总体的经济活动作为研究对象，它所研究的是经济中的总量。衡量一个社会经济活动的基本尺度是国内生产总值（Gross Domestic Product，GDP），因此阐明国内生产总值及其有关总量衡量的规定及技术的国民收入核算理论是宏观经济学的前提。正如托宾所说，"如果没有国民收入核算和近四十年来其他方面统计的革新和改进，当前的经验宏观经济学便是不可想象的。"

一、国内生产总值（GDP）

国内生产总值是指在一定时期内（一个季度或一年），一个国家或地区运用生产要素所生产出的全部最终产品和劳务的市场价值。理解这个定义，要从以下几个方面考虑：

（1）GDP 是衡量某一既定时期内生产所创造的价值。通常这个时期是一年或者一个季度或者一个月。

（2）GDP 衡量的生产价值是在一个国家的地理范围之内。在这个范围内的所有经济主体（包括外国的企业和外国人）生产的产品和劳务的价值都在核算范围内，即所谓的"地域原则"。

（3）GDP 是对一国经济活动的全面衡量，包括在该经济中生产并在市场上出售的所有产品和劳务。

（4）GDP 包括现期生产的产品和劳务，但是不包括不是现期生产的产品，如现期发生的二手货交易价值就不计入 GDP。

（5）GDP 只计算最终产品（Final Products）的价值，而不包括中间产品（Intermediate Goods），目的是避免对中间产品的重复计算。最终产品是指最后使用者购买的产品和劳务，包括用来生产的资本品和用来消费的消费品。中间产品是指作为生产要素继续投入生产过程中的产品和劳务。

（6）GDP 核算的是产品和劳务的市场价值，即通过市场交换实现的产品和劳务价值。现期生产的最终产品和劳务，如果它们没有进入市场，就不计入 GDP，如家务劳动和自给自足的产品。

二、名义 GDP 和实际 GDP

由于 GDP 是用货币来计算的，因此，一个国家 GDP 的变动由两个因素造成：一是所生产的物品和劳务的数量变动；二是物品和劳务的价格变动。但通常两者会同时变动。为弄清国内生产总值变动究竟是由产量还是由价格变动引起的，就需要区分名义国内生产总值和实际国内生产总值。

考虑到不同时期价格水平的变化，如果每一年的 GDP 都按照当年的价格分别计算，实际上它们之间是没有可比性的。产品和劳务按照当年市场价格测算的 GDP 称为名义GDP（Nominal GDP）。GDP 核算的目的是计算一个国家一定时期内的经济产出量。如果各个年份的 GDP 不可比，就无法反映真实的经济发展状况。如果每一个年份计算 GDP 时都使用某一年(基年)的价格,则核算出的 GDP 就具备可比性,因为这时 GDP 反映的是不同时期产品和劳务数量的变化。按照基年的价格(称为不变价格)计算的 GDP 称为实际GDP(Real GDP)。

为了便于理解名义 GDP 和实际 GDP 这两个概念,假设某个经济体只生产苹果、上衣两种最终产品,如表 8-1 所示。2006 年它们的单位价格分别为 5 元和 4 元,产量分别为100 单位和 60 单位,则该年的名义 GDP 为 740 元(5×100+4×60)。再假设 2016 年它们的价格分别涨至 8 元和 5 元,产量分别增长到 120 单位和 80 单位,则 2016 年的名义 GDP按照当年价格计算为 1360 元(8×120+5×80),是 2006 年的 183.8%。但如果以 2006 年的价格作为不变价格来计算,则 2016 年的实际 GDP 则为 920 元(5×120+4×80),只是2006 年的 124.3%。从表 8-1 中可以看出,实际 GDP 剔除了价格变动的影响,它比名义GDP 更能真实地反映经济增长和社会财富增长状况。

表 8-1 名义 GDP 和实际 GDP

	2006 年名义 GDP	2016 年名义 GDP	2016 年实际 GDP
苹果	5 元×100 单位	8 元×120 单位	5 元×120 单位
上衣	4 元×60 单位	5 元×80 单位	4 元×80 单位
合计	740 元	1360 元	920 元

统计学上,一般将价格的基准年称为基期年或基年,如上例中的 2006 年便属于基年。

由于 GDP 有名义 GDP 和实际 GDP 之分,为了反映两者之间的内在联系,就必须去除价格变动的影响,由此引出 GDP 缩减指数(或 GDP 折算指数),用公式表示为

$$GDP \text{ 缩减指数} = \frac{\text{名义 GDP}}{\text{实际 GDP}} \times 100$$

GDP 缩减指数是一种反映经济社会各类商品总体价格水平的价格指数,它可以用来衡量一个国家经济在不同时期内所生产的最终产品价格总水平的变化程度。如果计算出了GDP 缩减指数,就可以将名义 GDP 折算为实际 GDP。

【知识拓展】

一般价格水平及其测度

微观经济学研究单个市场的价格,使用个别价格;而与整个经济产出量即国民收入相对应的宏观经济的价格是一般价格水平,它应该包括所有市场价格的信息或者是一种代表性信息。将不同产品及不同价格统一起来的指标是物价指数。宏观经济就是用物价指数来反映一般价格水平的。

测度宏观经济的一般价格水平的基本思想是将产品的重要性(如数量)作为权数,将各种产品分别按不同时期的价格加总,以比较不同时期价格水平。根据权数不同选择核算方法,其包括固定权数物价指数和可变权数物价指数。

1.固定权数物价指数

固定权数物价指数(简称 FI)是指选择一揽子固定种类和数量的产品和服务,比较它们按当年价格和基年价格购买的花费。由于将固定产品和劳务的数量作为权数,因此称为固定权数的物价指数,用公式表示为

$$FI = \frac{一揽子固定商品和劳务按当年价格计算的价值}{一揽子固定商品和劳务按基年价格计算的价值} \times 100$$

所谓一揽子固定商品和劳务，就是选取的某些产品和劳务，根据它们在经济中的重要性不同，确定不同的数量，在计算时作为权数。计算当年的固定权数物价指数，首先要计算一揽子固定商品和劳务按照当年价格计算的市场价值总和；其次要计算一揽子固定商品和劳务按照基年价格计算的市场价值总和；最后计算二者的比率，就是当年的价格指数，它表示当年总价格水平和基年总价格水平的比较。衡量消费品一般价格水平的消费物价指数（简称 CPI），就是采用固定权数物价指数方法进行计算的。

2. 可变权数物价指数

可变权数物价指数（简称 VI）测算的是当年生产的商品和劳务的价值与同样的商品和劳务按基年价格计算的价值之比。由于当前生产的商品和劳务数量总是变动的，因此该物价指数称为可变权数物价指数，用公式表示为

$$VI = \frac{当期生产的商品和劳务按当年价格计算的价值}{当期生产的商品和劳务按基年价格计算的价值} \times 100$$

GDP 缩减指数就是采用可变权数物价指数方法进行计算的。

三、国民收入的其他衡量指标

1. 国民生产总值（GNP）

国民生产总值（Gross National Product）是指一个国家国民拥有的生产要素在一定时期内所创造的最终产品和劳务的市场价值的总和。GDP 和 GNP 的差别在于它们使用了不同的统计原则，GDP 使用了"地域原则"，而 GNP 使用了"国籍原则"。地域原则是指凡是在本国国土上新创造的产品和劳务都是本国的国民收入，而国籍原则是指凡是本国国民拥有的生产要素创造的产品和劳务都是本国的国民收入。

根据"本国生产要素在本国创造的收入＝GDP－其他国家的生产要素在本国获得的收入＝GNP－本国生产要素在国外获得的收入"，可知 GDP＝GNP－国外要素支付净额。

鉴于一般情况下 GDP 和 GNP 差别不大，在以后的宏观经济分析中不考虑它们的细微差别，并主要使用 GDP 的概念。

2. 国内生产净值（NDP）

国内生产净值（Net Domestic Product）是指国内生产总值扣除折旧之后的国民收入。之所以建立这个指标，主要是考虑折旧并没有成为新的收入，没有成为一个社会新的消费对象，也没有形成新的资本，而只是资本消耗的补偿，因此 NDP 实际上更加能够反映一个国家一定时期内新创造产品和劳务的数量和价值。

3. 国民收入（NI）

国民收入（National Income）是指一个国家在一定时期内用于生产的各种生产要素得到的全部收入总和，即工资、利息、租金、利润和企业留利的总和。应该注意的是，这里的国民收入是一个狭义的概念，与使用 GDP、GNP 等多种指标表示的广义国民收入概念不同。

4. 个人收入（PI）

个人收入（Personal Income）是指居民个人从各种来源得到的收入总和，是国民收入分

配给个人的部分，即国民收入中扣除企业留利和企业直接税（如企业所得税、社会保险税）后的剩余部分。

5. 个人可支配收入（DPI）

个人可支配收入（Disposable Personal Income）是指居民个人实际使用的全部收入，它等于个人收入中进行各项社会性扣除之后（如个人所得税、养老保险等）的剩余部分，加上居民收入从政府得到的转移支付，即人们可用来消费或储蓄的收入。

第二节　国民收入的核算方法

我们可以从三个不同角度或者以三种不同的方式来计算国内生产总值：

（1）从生产的角度出发。我们可以把一个国家在一定时期内所生产的所有产品和劳务的价值总和减去生产过程中所使用的中间产品的价值总和，获得 GDP 指标。用这种方法统计出来的价值总和反映的是一个国家在这一时期所有新创造的价值，这种方法被称为生产法（或增值法）。

（2）从支出的角度出发。因为所有这些产品和劳务都是提供给市场的，市场上的需求者（家庭、企业、政府和国外购买者）购买这些产品和劳务时就会有支出。因此我们可以从总支出的角度测算国内生产总值，这种方法被称为支出法。

（3）从收入的角度出发。因为所有产品都是通过货币计量的，并构成各生产单位所雇用的各种生产要素所有者的收入。因此我们可以从生产要素收入的角度对 GDP 进行计量，这种方法被称为收入法。

下面就从这三个角度分别来讨论 GDP 的核算问题。

一、生产法

生产法核算的国民收入就是一个国家在给定的时期内所生产的最终产品和劳务的市场价值总和减去生产过程中所使用的中间产品的价值总和，实质上是把各生产阶段上所增加的价值相加来求得国民收入。以成衣为例来说明这一问题（如表 8－2 所示）。

表 8－2　生产法核算国民收入

生产阶段	产品价值	中间产品成本	增值
棉花	8	—	8
棉纱	11	8	3
棉布	20	11	9
成衣	30	20	10
合计	69	39	30

在上例中，只有成衣是最终产品，其余均为中间产品，在计算国民收入时，只核算成衣的产品价值 30，或计算在各生产阶段的增值（8＋3＋9＋10），同样也是 30。如果按全部产品的价值计算则会有 39（8＋11＋20）的重复计算。

二、支出法

下面再从一个国家在一定时期内对最终产品和劳务的需求（支出）角度来测算 GDP 的数值，从支出角度核算 GDP，就是将该国在某一时期内的个人消费（家庭消费）、企业投资、政府购买和净出口四方面的支出额加总。具体分述如下：

（1）个人消费（用字母 C 表示）包括购买耐用消费品（如轿车、洗衣机、电冰箱等）、非耐用消费品（如食物、衣服等）和劳务（如医疗保健、美容美发、旅游等）的支出。建造住宅的支出不包括在内，尽管它类似耐用消费品的支出，但一般将其包括在固定资产投资中。

（2）企业投资（用字母 I 表示）是增加或替换资本资产（包括厂房、住宅建筑、购买机器设备以及存货）的支出。投资可分为固定资产投资和存货投资两大类。其中固定资产投资是用来增加新厂房、新设备、营业用建筑物即非住宅建筑物以及住宅建筑物的支出，也可将其划分为商业固定资产投资和住宅投资两类。存货投资是指企业持有的存货价值的增加（或减少）。

投资是指在一定时期内增加到资本存量中的新的资本流量，而资本存量则是指经济社会在某一时点上的资本总量。若 2016 年某国投资是 800 亿美元，该国 2016 年年末资本存量可能是 9000 亿美元。由于机器设备、厂房等会不断磨损，这 9000 亿美元资本存量中也许每年都要消耗 300 亿美元，因此这 800 亿美元投资中就有 300 亿美元是用来补偿旧资本的消耗，新增加的投资实际上有 500 亿美元，这 500 亿美元就被称为净投资，而另外的 300亿美元因为是用来重置资本设备的，因此称为重置投资。净投资与重置投资的总和为总投资，用支出法核算 GDP 时的投资指的是总投资。例如，一个炼钢厂若使用 40 年，则每年都要耗费部分价值，40 年后将全部耗费掉。

（3）政府购买（用字母 G 表示）是指各级政府购买商品和劳务的支出，如政府在设立法院、提供国防、建筑公路、开办学校等方面的支出，这些支出都作为最终产品计入国民收入。政府通过这些购买为社会提供服务，由于这些服务不是典型地卖给最终消费者，在计入 GDP 时，不是根据购买政府服务所费成本，而是根据政府提供这些服务所费成本计入。政府购买只是政府支出的一部分，政府支出的另一部分如转移支付、公债利息等都不计入 GDP。

（4）净出口（用字母 NX 表示）是指出口额减去进口额以后的差额。用 X 表示出口，用 M 表示进口，则 $(X-M)$ 就是净出口。本国购买的有些产品是别的国家生产的，这些产品应从本国总购买中减去；相反，国内有些产品是卖到国外去的，这些出口产品应当加到本国总购买中去，因此只有净出口才应计入总收入，它可能是正值，也可能是负值。

把上述四个项目加总，用支出法核算 GDP 的公式可写成

$$GDP=C+I+G+NX=C+I+G+(X-M)$$

三、收入法

收入法即通过把参加生产过程的所有生产要素所有者的收入相加来获得 GDP，也就是从企业生产成本的角度来分析社会在一定时期内生产了多少最终产品的市场价值。但严格来说，产品的市场价值中除了生产要素收入构成的生产成本，还有间接税、折旧、公司未分配利润等内容，因此用收入法核算国内生产总值应当包括以下一些项目：

（1）工资、利息和租金等这些生产要素的报酬。工资包括所有劳动者的酬金、补助和

福利费，其中包括工资收入者必须缴纳的所得税及社会保险税（费）。利息在这里是指人们给企业所提供的货币资金在本期的净利息收入，如银行存款利息、企业债券利息等，但政府公债利息及消费信贷利息不包括在内。租金包括个人出租土地、房屋等租赁收入及专利、版权等收入。

（2）非公司企业主收入，如医生、律师、农民和小店铺主的收入。他们使用自己的资金，被自我雇佣，其工资、利息、利润、租金常混在一起作为非公司企业主收入。

（3）公司税前利润，包括公司所得税、社会保险税、股东红利及公司未分配利润等。

（4）企业转移支付及企业间接税。这些虽然不是生产要素创造的收入，但要通过产品价格转嫁给购买者，故也应视为成本。企业转移支付包括对非营利组织的社会慈善捐款和消费者呆账，企业间接税包括货物税或销售税、周转税。

（5）资本折旧。资本折旧是资本的耗费，也不是生产要素收入，但包括在应回收的投资成本中，故也应计入 GDP。

因此，按收入法核算所得的国民总收入＝工资＋利息＋利润＋租金＋间接税和企业转移支付＋折旧。

上述三种方法核算的国内生产总值从理论上说是相等的。但实际核算中常有误差，因而还需加上统计误差。

【知识拓展】

中国 GDP 到底怎么计算的，你知道吗？

GDP（Gross Domestic Product）全称国内生产总值，是衡量一个国家和地区总体经济状况的重要指标。最初，国民经济核算体系有物质产品平衡表体系（System of Material Product Balance，MPS）和国民账户体系（System of National Accounts，SNA）两种，其中 MPS 最早由前苏联创建，主要服务于计划经济，后来随着苏联解体等原因退出历史舞台。1968 年，联合国公布 SNA 体系，并于 1970 年起在全世界推广。到 20 世纪 80 年代中期，我国一直用的是 MPS 体系。

1985 年，我国开始建立 GDP 核算制度，到 1993 年彻底转向 SNA 体系，正式把 GDP 作为国民经济核算的核心指标。加入世贸组织之后，我国在 2003 年再次改进 GDP 核算制度，加入 IMF 倡导的数据公布系统（GDDS）。

并不是所有人的经济活动都会被计入 GDP 核算中，我国 GDP 核算的基本单位为：在中国的经济领土范围内有一定的活动场所（厂房或住宅），从事一定规模的经济活动，并持续经营一年以上的单位或住户。这里面并不包括香港、澳门和台湾的数据。

需要注意的是，这里的经济领土范围包括我国在国外的领土"飞地"，如驻外使领馆，但不包括外国在我国的领土"飞地"。举例来说，我国驻美领馆内的经济活动算在我国GDP 内，外国人在北京上班也算在我国的 GDP 内，但我国公民如果在外国驻京使馆内开店赚的钱，就不会算成我国的 GDP。

西方很多国家核算 GDP 时采用支出法，是最终消费支出、固定资本形成、净出口三部分的总和。我国采用的 GDP 核算方法是用生产法来计算的，把 GDP 从产业的角度，分成第一产业、第二产业、第三产业的增加值，第二产业可以分为工业和建筑业的增加值，第三产业可以分为金融、交通和其他服务业等的增加值，分别计算它们的增加值，然后进行加总。

从 2004 年开始，国内对于 GDP 的核算，实行"分级核算，下管一级"的原则，目前使用的是国家、省、市、县的四级核算，因此目前国内的 GDP 被称为"国内生产总值"，而省、市、县各级的 GDP 则均被称为"地区生产总值"。

GDP 核算到底准不准？正如前文所述，我国的 GDP 使用四级核算，而由于各级核算使用的指标不同，依据的资料也有差距，在市统计局的地区 GDP 数据出炉后，还需要上报省统计局和国家统计局进行汇总和审核，最后才可以发布。因此，由省级汇总的数据与国家直接核算得到的数据相比，有明显误差，并且近几年这种数据差距越来越大。另外，由于各种原因，并不是每个行业都配备了统计人员，因此，每个行业未必有具体的、准确的经济数据登记和备案。特别是小型企业、个体经营户等，其财务资料非常少。通常对这种情况，统计部门会先按照这些企业之前的数据"快速推算"出一个初始值，之后再对数据进行核对修正。

核算一次 GDP 需要多长时间？国家统计局每年公布 GDP 数据计算需要经过以下几个过程：初步估计过程、初步核实过程和最终核实过程。初步估计过程一般在每年年终和次年年初进行。它得到的年度 GDP 数据只是一个初步数，这个数据有待于获得较充分的资料后进行核实。初步核实过程一般在次年的第二季度进行。最终核实过程一般在次年的第四季度进行。季度 GDP 初步核算数据一般于季后 15 天左右完成；季度 GDP 初步核实数据在年度 GDP 初步核实数据发布后 45 天内完成；季度 GDP 最终核实数据在年度 GDP 最终核实数据发布后 45 天内完成。而年度 GDP 发布耗用的时间则更久，整个汇总过程需耗时两个月。在美国，国内生产总值由商务部负责分析统计，惯例是每季估计及统计一次。每次在发表初步预估数据后，还会有两次的修正公布，主要发表时间在每个月的第三个星期。

2015 年第三季度我国再次升级 GDP 核算制度。这一次，我国采纳的是 IMF 数据公布特殊标准 SDDS 体系。SDDS 与之前的 GDDS 框架基本一致，但前者对数据覆盖范围、公布频率、公布及时性、数据质量、公众可得性等方面要求更高，并且需按标准公布实体经济、财政、金融、对外和社会人口等五个部门的数据。其中，新 GDP 算法方案一个重大的变化是将知识产权产品的研发投入等计入 GDP，这会导致 GDP 总量大增。新算法带来的变化不仅仅局限于全国经济总量、增速，还对省、市、自治区地区的经济总量造成巨大影响。北大中国经济核算研究中心副主任蔡志洲表示，"东部地区研发投入比例大，这些地区 GDP 和人均 GDP 显然会有所增加，但是西部地区研发投入比例小，这样东西部差距会拉大。"

把知识产权研发计入 GDP 的做法在其他国家早已通用。美国 2013 年就据此重新修订了 GDP 数据，最主要的修订内容就是把研究与开发支出以及娱乐、文学和艺术品原件支出等作为固定资本形成计入 GDP。这使得 2012 年美国 GDP 比原先统计的增加了 3.6%，约 5598 亿美元，比比利时一个国家的 GDP 规模还高。但对于这种经济的"统计性增长"并不是谁都买账。

国际上 GDP 核算的"花边"新闻。为了让国家 GDP 数据"好看"一些，有些国家还曾经引起争议。2014 年 5 月，意大利统计局宣布把毒品、卖淫、走私记入 GDP，这一行为在当时引起过轩然大波。但随后英国也宣布效仿意大利，将百亿英镑毒品与性交易纳入 GDP 统计。英国智库"经济与商业研究中心"（CEBR）分析预计，计入卖淫与贩毒活动后，当年英国的 GDP 将增至 2.828 万亿美元（合 1.816 万亿英镑），比法国同期的预计 GDP 高出 10 亿美元。其实早在 1987 年时，意大利就已经把地下经济纳入 GDP，随后该国 GDP 一夜之间暴涨了 18%，超越英国成为西方国家中第四大经济体。该事件还被称为"il sorpasso"（意大利语"超越"的意思），意大利举国欢庆。意大利、英国的做法与荷兰相似，荷兰把大麻销售视为与咖啡店的收入类似。这些国家这么做是为了增加各自在欧盟 GDP 中的相对份额，要知道欧元区基金的分配正是基于此。同时，GDP 增加可以做大负债率和赤字率的分母，降低这两项核心指标。虽然将可卡因等纳入 GDP 之后，意大利获得的补贴可能会减少，但该国的负债率和赤字率将更加接近欧盟标准。

（资料来源：摘自《腾讯财经》，2016 - 1 - 19）

四、国民收入核算方法的不足

在国民收入核算体系中，GDP 作为核算国民经济活动的核心指标能够在相当程度上衡量一个国家的宏观经济活动水平，显示一个国家国民的福利享受状况。但同时也应清醒地看到，当它作为反映一个国家经济活动水平的核心指标时，存在一定的局限性，主要表现在以下五方面：

（1）没有充分地反映所有的经济活动。其分为以下两方面：

① 由于 GDP 的统计是基于合法、公开的市场交易，那些对国民收入有重大影响的非法、非公开市场交易就无法得到反映，如走私、贩毒等。南美洲的一些国家，贩毒交易额非常高，因此官方公布的 GDP 或人均 GDP 并不能真实地反映货币收入状况。当然，这绝不是说贩毒等非法交易有存在的理由。

几乎所有国家都不同程度地存在地下经济。地下经济是指为了逃避法律管制和行政管制而从事的非公开经济活动。走私、贩毒属于地下经济，除此之外，还有逃税、漏税的生产经营活动等，这些生产经营活动也无法进入政府的统计范围，无法被计入 GDP。

② 一些自给性的生产与服务、物物交换等经济活动也无法得到反映，而这些内容确实影响着社会福利状况，如家庭主妇的家务劳动是无法计入 GDP 的。

（2）不能充分地反映国民的福利享受状况。同样的 GDP，由于分配结构不同，国民的福利享受状况会产生很大的差异，这一点在抽象的 GDP 数据中是难以反映出来的。

国民的福利状况不仅基于物质享受，还基于精神享受，如工作中的愉快程度、人际关系、闲暇时间等。这些难以在 GDP 数据中反映出来。假设两个国家的 GDP 甚至人均 GDP 都相同，但一国的国民闲暇时间长，工作时间短，国民十分健康，人均寿命长；另一国的国民工作时间长，工作、生活节奏紧张，人均寿命短。显然，两国国民的福利状况是有差异的。

（3）没有充分地反映产品结构与质量。根据 GDP 的统计原理，生产出来的一些低质产品，甚至难以售卖出去的产品（存货）也会计入 GDP。这些产品也许不仅不能带来消费效用，还会对经济资源造成浪费。

（4）没有充分地反映为实现经济增长所付出的社会成本。有些国家的 GDP 增长是以生态环境的恶化为代价的，如自然资源被大量破坏、生活环境被严重污染等。

（5）不能反映经济增长的效率与效益。如果只顾经济总量和速度的增长，而对资源采取低效、掠夺式的利用，拼命消耗资源，产出相对投入的比重过低，那么，从绝对量上看，可能经济一时上去了，但经济持续增长的后劲和潜力却丧失了。

国民收入核算资料反映了一国经济活动总体水平的某些情况，但却不是全部的情况，因此现实中启用了一些新的核算和评价指标。例如，针对 GDP 尚不能全面衡量社会福利状况，人们采用诸如识字率、婴儿死亡率、人口预期寿命等指标来反映社会福利；针对

GDP 没有反映随着经济增长而可能出现的环境恶化的情况，联合国创造了一套新的国民收入核算体系，即绿色 GDP(Green GDP)。绿色 GDP 是从传统 GDP 中剔除掉自然资源基础的减少、生产的生态成本、环境污染成本等方面的成本之后的产品和劳务价值总和。提出绿色 GDP 的概念，旨在将经济增长对环境和自然资源的某些消极影响与 GDP 有机结合起来，从而使 GDP 变动情况更好地反映一国社会财富的变动情况。

对 GDP 应取的科学态度是，要重视以 GDP 衡量的经济规模，重视以 GDP 表示的经济增长率和 GDP 的稳定、持续增长，不要片面地、不顾实际地去追求 GDP 规模和经济增长率。

【知识拓展】

绿色 GDP 2.0，坎坷开新篇

2015 年 4 月，中国环境保护部发布消息称，将召开建立绿色 GDP 2.0 核算体系专题会，重新启动绿色 GDP 研究工作。此消息一出，激起千层浪，社会公众期待绿色 GDP 2.0 成为遏制日益严峻的环境污染形势的利器，一些地方政府则担忧此举可能削弱其漂亮的政绩，而专家们则对如何科学合理地核算给予了更多的关注。追捧与争议，期待和担忧，绿色 GDP 再度成为关注的焦点。

★ 污染使 GDP 数据失色

2004 年，国家环保总局就与国家统计局联合启动了绿色 GDP 研究项目，并在 2006 年发布了我国首份也是唯一一份绿色 GDP 核算报告——《中国绿色国民经济核算研究报告 2004》。在北京大学教授、时任绿色 GDP 核算课题组专家雷明看来，"2004 年开启的绿色 GDP 研究，对我国环保工作是一个巨大的推动"。雷明介绍，2003 年，联合国公布了一个比较完整的环境经济核算版本(简称 SEEA 2003)，详细说明了将资源耗减、环境保护和环境退化等问题纳入国民核算体系的概念、方法、分类和基本准则，构建了经济环境一体化基本框架。"当时，欧美发达国家也提出了一些绿色 GDP 核算办法，但都还停留在研究层面，从政府层面推进绿色 GDP 核算研究，中国是首例。"

绿色 GDP 研究开启，特别是首份绿色 GDP 研究报告的发布，在社会上引起了强烈反响。据了解，此后多年里，一批民间环保组织、社会公益组织、环保学生社团等纷纷组建起来，形成了"百团大战"、"万人共赴"的公众参与环保热情。广东省计划用 5 年时间在全省培育扶持 300 个环保社会组织。在公众环保意识提高的同时，日益严峻的环境形势更加凸显出来，频繁发生的大面积雾霾成了社会关注的焦点。严重的污染给靓丽的 GDP 数据蒙上一层阴影。环境保护部环境规划院 2013 年发布的 2010 年度绿色国民经济核算的部分结果显示，2010 年，全国生态环境退化成本达到 15389.5 亿元，占 GDP 的比例为 3.5% 左右。与 2004 年相比，环境退化成本增长了 200.7%。

日益严峻的现实加快了绿色 GDP 复出的脚步。党的十八大提出，把生态文明建设纳入到"五位一体"的总体布局；经审议通过的《关于加快推进生态文明建设的意见》首次将"绿色化"与新型工业化、城镇化、信息化、农业现代化并列，生态文明建设被提高到前所未有的高度。与此同时，各地绿色 GDP 评价实践也在争议中积极前行。2011 年，湖南省正式启动绿色 GDP 评价体系建设。2013 年，在长沙、株洲、湘潭三市全面试行绿色 GDP 评价体系。2012 年底，安徽省发布《生态强省建设实施纲要》，将 16 个市的生态竞争力综合指数与市长政绩直接挂钩。

★ 努力冲破制度瓶颈

绿色GDP一度遭到地方政府的抵制，如今随着政绩观的改变，绿色GDP实施的障碍正逐步被破解。2004年开始的研究被课题组专家称为绿色GDP 1.0，现在重启的研究则称为绿色GDP 2.0。环保部称，由于这是一项前沿性、创新性的研究项目，国际上尚无成功经验可借鉴，需要较长时间的探索。专家表示，绿色GDP核算体系，面临着政绩观、技术关以及制度瓶颈的考验。

一方面，绿色GDP主要是做减法，把经济活动过程中的资源环境因素反映在国民经济核算体系中，将资源耗减成本、环境退化成本、生态破坏成本以及污染治理成本从GDP总值中予以扣除。一旦实施绿色GDP，会让一些地区的经济增长数据大大缩水，巨大的反差可能让很多地方政府"面上无光"。一个最为典型的例子就是，2007年，本已承诺发布的《2005年度中国绿色GDP核算研究报告》，在承诺发布期过后仍无声息。不少试点省、市纷纷退出，个别省市甚至公开发函给环保总局和国家统计局，要求不要公布。

另一方面，客观核算的技术难度也不容回避。从各国开展绿色核算的情况来看，目前还没有一个国家拥有真实全面的环境账户。其中，最根本的自然资源要素、环境破坏成本与治理成本的市场化定价问题仍无定论，包括资源和环境的物理存量如何转化为经济现值问题；环境污染对人体健康损害的经济评价问题；污染损失的评估问题。由于环境要素大部分没有进入市场买卖，如何衡量环境要素的价值始终是争论的焦点。例如，砍伐一片森林，卖掉原木，原木的售价即可表达原木的价格，但是，砍伐森林造成水土流失和物种减少，这个损失又如何定价？此外，绿色GDP 1.0主要做减法，资源循环利用、废弃物资源化没有体现在GDP增加值中。

除了核算技术与方法复杂、政绩观偏颇外，相关的法规制度安排基本还处于空白状态，主要包括有关资源环境与统计法规、政策和评价标准、资源环境信息共享等，都制约了绿色GDP核算工作的开展。

★ 创新科学核算体系

科学的绿色GDP核算，需要科学、完整的环境统计指标体系，更需要数据与标准的对接。变化的不仅仅是政绩观，核算技术与方法也在不断完善。过去，由于基础数据的缺失和技术水平的限制，我国现在的环境统计指标只限于部分环境污染物，并没有纳入自然资源、生态服务功能等指标。例如，绿色GDP 1.0中的自然资源耗减成本还无法纳入进来，只能计算生态环境退化成本。《中国绿色国民经济核算研究报告2004》只计算了生态环境退化成本中的环境污染成本，2008年之后的核算增加了生态破坏成本，统计范围更全面了。

2014年3月，首个环境经济核算体系的国际统计标准——《2012年环境经济核算体系：中心框架》（SEEA 2012），其英文版终稿在联合国统计司网站上发布，这对我国的资源环境核算工作具有十分重要的指导意义。

除了指标体系，还需要有坚实的数据作为支撑。据了解，为了克服前期数据薄弱问题，夯实核算的数据和技术基础，绿色GDP 2.0研究将充分利用卫星遥感、污染源普查等多来源数据，构建支撑绿色GDP核算的大数据平台。

尽管绿色GDP至今仍是一个正在研究、有待成熟的项目，但是公众期望，这种制度建设与政策设计会唤醒全社会对走可持续发展道路的认识，以此转变经济增长方式，再现蓝天碧水。

（资料来源：摘自《经济日报》，2015-4-22）

第三节　国民收入的基本公式

在本章前两节分析的基础上，可以得到国民收入构成的基本公式，进而得到对分析宏观经济行为十分重要的一个命题，这就是储蓄-投资恒等式。

一、两部门经济的收入构成及储蓄-投资恒等式

这里所说的两部门经济是指一个假设的经济社会中只有消费者（家庭）和企业（厂商），因而就不存在企业间接税。为简化分析，暂时先不考虑折旧，因此国内生产总值等于国内生产净值和国民收入，都用 Y 表示。在两部门经济中，没有税收、政府支出及进出口贸易，国民收入的构成有以下两种情况。

（1）从支出的角度分析，由于把企业库存的变动作为存货投资，因此国内生产总值（Y）总等于消费（C）加投资（I），即 $Y=C+I$。

（2）从收入的角度分析，由于把利润看做是最终产品卖价超过工资、利息和租金后的余额，因此国内生产总值就等于总收入。总收入一部分用于消费，其余部分则作为储蓄（S）。于是，从供给的角度来分析，国民收入构成为：国民收入＝工资＋利息＋租金＋利润＝消费＋储蓄，即 $Y=C+S$。由于 $C+I=Y=C+S$，就得到 $I=S$，这就是储蓄-投资恒等式。

必须明确的是，上述储蓄-投资恒等式是根据储蓄和投资的定义得出的。根据定义，国内总支出等于消费加投资，国民总收入等于消费加储蓄。国内总支出又等于总收入。这样才得出储蓄-投资的恒等关系。这种恒等关系就是两部门经济中的总供给（$C+S$）和总需求（$C+I$）的恒等关系。只要遵循这些定义，储蓄和投资一定相等，而不管经济是否处于充分就业、通货膨胀或均衡状态。然而，这一恒等式决不意味着人们期望的或者说事前计划的储蓄总会等于企业想要有的或者说事前计划的投资。在现实经济生活中，储蓄主要由居民进行，投资主要由企业进行，个人储蓄动机和企业投资动机也不相同，这就会形成计划储蓄和计划投资的不一致，导致总需求和总供给的不均衡，进而引起经济的收缩和扩张。以后分析宏观经济均衡时所述的投资等于储蓄，是指只有当计划投资等于计划储蓄，或者说事前投资等于事前储蓄时，才能形成经济的均衡状态，这和本节所介绍的储蓄-投资恒等不是一回事。本节叙述的储蓄和投资恒等，是从国民收入会计角度来看的，事后的储蓄和投资总是相等的。

还要说明的是，本节所述的储蓄等于投资，是对整个经济而言的，至于某个人、某个企业或某个部门，则完全可以通过借款或贷款使投资大于或小于储蓄。

二、三部门经济的收入构成及储蓄-投资恒等式

两部门经济加上政府部门就构成了三部门经济。政府的经济活动表现在，一方面有政府收入（主要是向企业和居民征税）；另一方面有政府支出（包括政府对商品和劳务的购买以及政府给居民的转移支付），因此把政府经济活动考虑进去，国民收入的构成将有以下

两种情况。

从支出角度分析，国内生产总值(Y)等于消费(C)、投资(I)和政府(G)购买的总和，可用公式表示为：$Y=C+I+G$。按理说，政府给居民的转移支付同样会形成对产品的需求，从而应列入公式，但这一需求已包括在消费和投资中，因为居民得到了转移支付收入，仍然用于消费和投资(主要是消费，因为转移支付主要是政府给居民的救济性收入及津贴)，因此此处公式中政府支出仅指政府购买。

从收入角度分析，国内生产总值仍旧是所有生产要素获得的收入总和，即工资、利息、租金和利润的总和。总收入除了用于消费和储蓄，还要向政府纳税。然而，居民一方面要纳税，另一方面又得到政府的转移支付收入，税金扣除了转移支付才是政府的净收入，也就是国民收入中归于政府的部分。假定用 T_0 表示全部税金收入，t_r 表示政府转移支付，T 表示政府净收入，则 $T=T_0-t_r$。因此，从收入方面分析，国民收入的构成将为 $Y=C+S+T$。

按照前面叙述的社会总产出等于总销售(总支出)，总产出价值又构成总收入的关系，可以将三部门经济中的国民收入构成的基本公式概括为：$C+I+G=Y=C+S+T$。公式两边消去 C，得 $I+G=S+T$ 或 $I=S+(T-G)$。式中，$(T-G)$ 可看做政府储蓄，因为 T 是政府净收入，G 是政府购买性支出，二者差额即政府储蓄，这既可以是正值，也可以是负值，因此 $I=S+(T-G)$ 也就表示储蓄(私人储蓄和政府储蓄的总和)和投资的恒等。

三、四部门经济的收入构成及储蓄-投资恒等式

上述三部门经济加上国外部门就构成了四部门经济。在四部门经济中，由于有了对外贸易，国民收入的构成从支出角度分析就等于消费、投资、政府购买和净出口的总和，用公式表示为：$Y=C+I+G+(X-M)$。

从收入角度分析，国民收入构成的公式可写成：$Y=C+S+T+K_r$，此处 $C+S+T$ 的意义和三部门经济中的意义一样，K_r 则代表本国居民对外国的转移支付。例如，在外国遭受灾害时的救济性捐款，这种转移支付也来自生产要素的收入。因此，四部门经济中国民收入构成的基本公式就是：$C+I+G+(X-M)=Y=C+S+T+K_r$，公式两边消去 C，则得到

$$I+G+(X-M)=S+T+K_r$$

$I+G+(X-M)=S+T+K_r$ 这一等式，也可以看成是四部门经济中的储蓄-投资恒等式，因为这一等式可以转化为：$I=S+(T-G)+(M-X-K_r)$。该式中，S 代表居民私人储蓄，$(T-G)$ 代表政府储蓄，而 $(M-X+K_r)$ 则代表外国对本国的储蓄，因为从本国的立场来看，M(进口)代表其他国家出口的商品，是这些国家获得的收入，X(出口)代表其他国家从本国购买的商品和劳务，是这些国家需要的支出，K_r 也代表其他国家从本国得到的收入，由此可见，当 $(M+K_r)>X$ 时，外国对本国的收入大于支出，于是就有了储蓄；反之，则有负储蓄。因此，$I=S+(T-G)+(M-X+K_r)$ 就代表四部门经济中总储蓄(私人、政府和国外)和投资的恒等关系。

上面逐一分析了二部门、三部门和四部门经济中国民收入构成的基本公式以及储蓄和投资的恒等关系。在分析时，暂不考虑折旧和企业的间接税，实际上，即使考虑它们，上述收入构成公式及储蓄和投资的恒等关系也都成立。如果上述 Y 指 GDP，则上述所有等式两边的 I 和 S 分别表示把折旧包括在内的总投资和总储蓄。如果 Y 指 NDP，则等式两

边的 I 和 S 分别表示不含折旧的净投资和净储蓄。如果 Y 指 NI，则 C、I、G 是按出厂价计量的，等式两边减少了一个相同的等于间接税的量值。可见，不论 Y 代表哪一种国民收入概念，只要其他变量的意义能和 Y 的概念相一致，储蓄-投资恒等式总是成立的。

本章小结

本章作为宏观经济学部分的第一个重要内容，分别介绍了国民收入的相关概念、国民收入的核算方法、国民收入的基本恒等关系以及国民收入核算体系的缺陷等内容。

1. 国内生产总值(GDP)是指在一定时期内(一个季度或一年)，一个国家或地区运用生产要素所生产出的全部最终产品和劳务的市场价值；名义 GDP 是指所生产的最终产品和劳务的产量乘以其各自当期市场价格后的市场价值总和，而实际 GDP 则是指所生产的最终产品和劳务的产量乘以其各自基期市场价格后的市场价值总和，且名义 GDP 与实际 GDP 之比被定义为 GDP 缩减指数；国内生产总值相关的概念包括国民生产总值、国内生产净值、国民收入、个人收入和个人可支配收入。

2. 国民收入核算方法包括生产法、收入法以及支出法。生产法是指一个国家在一定时期内所生产的所有最终产品和劳务的价值总和减去生产过程中所使用的中间产品的价值总和；收入法是指用要素收入即企业生产成本核算国内生产总值，其具体内容包括工资、利息、租金、利润、间接税、企业的转移支付和折旧；支出法就是通过核算在一定时期内整个社会购买最终产品的总支出来计量国内生产总值，其具体内容包括居民消费、企业投资、政府购买以及净出口。

3. 国民收入的基本恒等关系的内容包括两部门经济的投资-储蓄恒等、三部门经济的投资-储蓄恒等以及四部门经济的投资-储蓄恒等。在只有居民(家庭)和企业的两部门经济中，全社会投资与全社会储蓄(私人储蓄)恒等；在加入了政府部门之后的三部门经济中，整个社会的投资仍然恒等于整个社会的储蓄(包括私人储蓄和政府储蓄)；在加入国外部门之后的四部门经济中，社会总投资与社会总储蓄(包括私人储蓄、政府储蓄和外国对本国的储蓄)仍然恒等。

4. 国民收入核算体系的缺陷包括：第一，GDP 没有充分地反映所有的经济活动；第二，GDP 不能充分地反映国民的福利享受状况；第三，GDP 没有充分地反映产品结构与质量；第四，GDP 没有充分地反映为实现经济增长所付出的社会成本；第五，GDP 不能反映经济增长的效率与效益。也正是基于 GDP 在上述方面所存在的种种缺陷，世界各国开始试图建立起能全面反映经济社会发展水平和质量的指标。

本章习题

一、选择题

1. 下列说法错误的是(　　)。

A. GDP 和 GNP 都是流量概念　　　　　B. GDP 是地域概念，GNP 是国民概念

C. GDP 和 GNP 都是以市场交换为基础　　D. GDP 和 GNP 是同一概念，没有区别

2. 下列哪一项计入 GDP？（　　）

A. 购买一辆用过的旧自行车　　　　　　B. 购买普通股票

C. 政府给贫困家庭发放的一笔救济金　　D. 经纪人为一座旧房买卖收取的一笔佣金

3. 在一个由家庭、企业、政府和国外部门构成的四部门经济中，GDP 是（　　）的总和。

A. 消费、总投资、政府购买和总出口　　B. 消费、净投资、政府购买和净出口

C. 消费、总投资、政府购买和净出口　　D. 消费、总投资、政府支出和净出口

4. 如果个人收入为 570 元，个人所得税为 90 元，个人消费为 430 元，个人储蓄为 40 元，利息支付为 10 元，则个人可支配收入为（　　）元。

A. 500　　　　　　B. 480　　　　　　C. 470　　　　　　D. 400

5. 如果 A 国经济在 2010 年（基期）的 GDP 为 2000 亿元，在 2016 年 GDP 缩减指数等于 2，而实际 GDP 增加 50%，那么 2016 年的名义 GDP 等于（　　）亿元。

A. 8000　　　　　　B. 7000　　　　　　C. 6000　　　　　　D. 5000

二、计算题

1. 某经济社会在某一时期内发生了以下活动：

a. 某农场主支付 15 万美元工资给农业工人，种植了 100 吨小麦卖给一面粉厂，售价 20 万美元。

b. 面粉厂支付 10 万美元工资给工人，制造了一批面粉卖给面包店，售价 50 万美元。

c. 面包店支付 20 万美元工资给面包师，烘烤出了一批面包卖给消费者，总售价是 100 万美元。

假设种植小麦的中间投入为 0。试求：

(1) 每个生产阶段生产了多少价值？用生产法计算国内生产总值（GDP）。

(2) 在生产活动中赚得的工资、利润分别是多少？用收入法计算国内生产总值（GDP）。

2. 某国某年有这样的国民经济统计资料：消费支出 90 亿美元，投资支出 60 亿美元，政府转移支付 5 亿美元，政府对产品和劳务的购买支出 30 亿美元，工资收入 100 亿美元，租金收入 30 亿美元，利息收入 10 亿美元，利润收入 30 亿美元，所得税 30 亿美元，进口额 70 亿美元，出口额 60 亿美元。试求：

(1) 用收入法计算国内生产总值（GDP）。

(2) 用支出法计算国内生产总值（GDP）。

(3) 计算政府的预算赤字。

三、案例分析题

美国参议员罗伯特·肯尼迪在 1968 年竞选总统时，慷慨激昂地批评了 GDP 这种经济衡量指标，他指出："GDP 并没有考虑到我们孩子的健康、他们的教育质量，或者他们游戏的快乐。它也没有包括我们的诗歌之美或者婚姻的稳定，没有包括我们关于公共问题争论的智慧或者我们公务员的廉正。它既没有衡量我们的勇气，我们的智慧，也没有衡量我们对祖国的热爱。简言之，它衡量一切，但并不包括使我们的生活有意义的东西；它可以告诉我们关于美国的一切，但没有告诉我们，为什么我们以做一个美国人而骄傲。"

请运用本章所学的知识来分析和评价肯尼迪的这段话。

第九章　国民收入决定理论

【知识目标】

理解均衡产出的含义；掌握凯恩斯消费理论、简单国民收入决定理论、乘数理论；掌握投资函数、IS曲线、货币需求的三个基本动机、流动偏好陷阱的含义、LM曲线及IS-LM模型；了解 AD-AS 模型。

【能力目标】

能够利用 IS-LM 模型、AD-AS 模型对现实经济问题进行分析。

【案例导读】

当巴拉克·奥巴马总统 2009 年 1 月上台时，经济正遭受着严重的衰退，甚至在他就职之前，总统和他的顾问们就提议了一个大规模的刺激方案以增加总需求。根据该提议，该方案将花费联邦政府大约 8000 亿美元，约相当于年度 GDP 的 5%。该方案包括一些减税和更高的转移支付，但是许多部分都是通过增加政府对产品和服务的购买来完成。

职业经济学家就该项计划的优点展开了辩论。奥巴马计划的支持者主张，因为根据标准的凯恩斯理论，政府购买乘数大于税收乘数。这一差别的原因很简单，当政府花费 1 美元时，这 1 美元就被花掉了，而当政府给家庭减掉 1 美元税收时，这 1 美元的一部分可能会变成储蓄。根据奥巴马政府的经济学家的分析，政府购买乘数是 1.57，而税收乘数只有 0.99，因此他们主张增加政府对道路、学校和其他基础设施的支出是增加需求和创造工作的更好的方式。此处的精髓是凯恩斯主义：当经济陷入衰退时，政府充当最后需求者。

出于各种原因，奥巴马的刺激提案在经济学家中存在争议。批评之一是，鉴于经济显著下行，这个刺激方案还不够大。还有一些经济学家认为，尽管奥巴马政府的经济学家使用了传统凯恩斯模型预测，但是基于支出的财政刺激不如基于税收的计划有效。此外，一些经济学家认为，用基础设施支出来促进就业可能与得到最具必要性的基础设施之目标存在冲突。

最后，国会通过了奥巴马总统的刺激计划，只做了相对较小的修改。奥巴马总统于 2009 年 2 月 17 日签署了总额达 7870 亿美元的方案。此方案有效果吗？经济从衰退中复苏了，但比奥巴马政府的经济学家起初的预测要慢。这一缓慢复苏是反映了刺激政策的失败还是反映了经济衰退的严重性比这些经济学家最初认识到的更为严重？这是一个持续争论的问题。

（案例来源：N·格里高利·曼昆.宏观经济学.北京：中国人民大学出版社，2016.）

第一节 简单国民收入决定理论

一、消费函数分析

(一)消费函数

消费函数反映了消费与决定消费因素之间的依存关系。在现实生活中,影响居民个人或家庭消费的因素很多,如收入水平、商品的价格水平、利率水平、消费偏好、收入分配状况、社会制度、风俗习惯等。在以上诸多因素中,凯恩斯认为收入水平是决定性的因素,因此凯恩斯消费函数认为消费是收入的函数,用公式表示为

$$c = c(y) \tag{9.1}$$

式中,c 表示消费;y 表示收入(可支配收入)。

凯恩斯认为,消费和收入存在一条基本的心理规律:随着收入的增加,消费也会增加,但是消费的增加不及收入增加得多。要具体反映消费与收入之间的关系,需用消费倾向进一步说明。

(二)消费倾向

平均消费倾向(APC)是指消费总量在收入总量中所占的比例,反映平均每单位收入中消费所占的比例,其公式为

$$APC = \frac{c}{y} \tag{9.2}$$

边际消费倾向(MPC)是指消费增量在收入增量中所占的比例,反映每增加一单位收入中用于增加消费的比例,其公式为

$$MPC = \frac{\Delta c}{\Delta y} \tag{9.3}$$

式中,Δc 表示消费增量;Δy 表示收入增量。

若消费增量和收入增量均为极小时,上述公式可写为

$$MPC = \frac{dc}{dy} \tag{9.4}$$

假定有关资料如表 9-1 所示。

表 9-1 边际消费倾向和平均消费倾向

收入(y)	消费(c)	收入增量(Δy)	消费增量(Δc)	平均消费倾向(APC)	边际消费倾向(MPC)
1000	1100	—	—	1.1	—
1500	1500	500	400	1.0	0.8
2000	1800	500	300	0.9	0.6
2500	2000	500	200	0.8	0.4

由表 9-1 可知，当收入水平较低时，人们为维持基本的生活而支出的消费较高，其平均消费倾向较高，大于 1；当收入水平较高时，其消费支出只占收入水平的一部分，即平均消费倾向小于 1；当收入水平增加时，消费水平也增加，但消费增加量小于收入增加量，即边际消费倾向介于 0 到 1 之间。

一般而言，人们无论在什么情况下都是需要消费的，只是消费水平有高低之分，所以平均消费倾向大于零，即 APC＞0。另外，随着收入的增加，人们的消费支出也在增加，但消费支出增加的速度慢于收入增加的速度，即每增加一单位收入中增加的消费支出所占的比例越来越小，这就是凯恩斯著名的"边际消费倾向递减规律"。

（三）消费曲线

由消费函数的边际消费倾向递减规律可知消费曲线是一条向左上凸的曲线，如图 9-1 所示，横轴表示收入 y，纵轴表示消费 c，45°线上的任一点到纵轴和横轴的距离相等，即线上任一点都表示收入全部用于消费。消费曲线 c 与 45°线相交于 E 点，表示消费支出与收入相等；当收入小于 y_0 时，消费支出大于收入；当收入大于 y_0 时，消费支出小于收入。随着收入的增加，消费支出也增加，但其增加的幅度越来越小于收入增加的幅度。消费曲线上任一点切线的斜率即是该点相对应的边际消费倾向，消费曲线上任一点

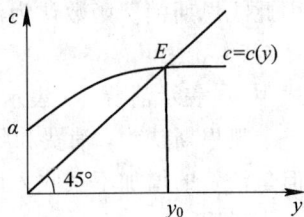

图 9-1 消费曲线

与原点连线的斜率即是该点相对应的平均消费倾向。由图 9-1 可看出，随着收入的增加，消费曲线的斜率越来越小，即边际消费倾向递减，同时曲线上的各点与原点连线的斜率也越来越小，说明平均消费倾向也在递减，但是对消费曲线上的任一点来讲，其边际消费倾向始终小于其平均消费倾向。

若消费与收入存在线性关系，则消费函数可以表示为

$$c = \alpha + \beta y \quad (\alpha > 0, 1 > \beta > 0) \tag{9.5}$$

式中，α 表示自发性消费，满足于人的衣食住行的基本生理需求的消费，它不依存于收入；β 表示边际消费倾向，βy 表示引致消费，随着收入的变动而变动的消费。

【知识拓展】

收入消费理论的各种观点

继凯恩斯消费理论之后，关于消费理论比较有代表性的三种观点：一是美国经济学家杜森贝利的相对收入假定，其主要观点是消费者的支出主要取决于相对收入水平。一方面是因为消费支出不仅受自身收入的影响，也受别人消费和收入的影响；另一方面是因为消费支出不仅受目前收入的影响，还要受过去收入和消费的影响。二是美国经济学家弗朗科·莫迪利安尼的生命周期假定，其观点为消费者的收入以及收入与消费的关系，同整个生命周期内的不同阶段有关。这种理论把人生分为青年、壮年、老年三个阶段，认为消费者总是要估算一生的总收入，并考虑在整个生命过程中如何最佳分配自己的收入，以获得一生中最大的消费满足。根据生命周期消费理论，一个国家的国民消费、国民储蓄与该国国民的年龄分布结构有关。若年轻人和老年人的人口比例增加，则消费倾向提高；若中壮年

人口比例增加,则消费倾向下降。三是美国经济学家米尔顿·弗里德曼的持久收入假定。这种理论认为消费者的消费支出主要不是由他现期收入决定的,而是由他的持久收入决定的。所谓持久收入,是指消费者可以预计到的长期收入,即他一生中可得到收入的平均值。

二、储蓄函数分析

(一)储蓄函数

储蓄是人们收入中未被消费的部分。在现实生活中,影响居民个人或家庭储蓄的因素很多,如收入水平、利率水平、收入分配状况、社会制度、风俗习惯等,但最重要的影响因素还是收入水平。假定储蓄仅受收入的影响,可认为储蓄是收入的函数,其储蓄函数为

$$s = s(y) \tag{9.6}$$

式中,s 表示储蓄;y 表示收入(可支配收入)。

在其他条件不变的情况下,收入发生变化,会引起储蓄同方向发生变化,但是储蓄与收入并不是按同一比例变化。要具体反映储蓄与收入之间的关系,需用储蓄倾向进一步说明。

(二)储蓄倾向

平均储蓄倾向(APS)是指储蓄总量在收入总量中所占的比例,反映平均每单位收入中储蓄所占的比例,其公式为

$$\text{APS} = \frac{s}{y} \tag{9.7}$$

边际储蓄倾向(MPS)是指储蓄增量在收入增量中所占的比例,反映每增加一单位收入中用于增加储蓄的比例,其公式为

$$\text{MPS} = \frac{\Delta s}{\Delta y} \tag{9.8}$$

式中,Δs 表示消费增量;Δy 表示收入增量。

若储蓄增量和收入增量均为极小时,上述公式可写为

$$\text{MPS} = \frac{\mathrm{d}s}{\mathrm{d}y} \tag{9.9}$$

假定有关资料如表 9 - 2 所示。

表 9 - 2　边际储蓄倾向和平均储蓄倾向

收入(y)	储蓄(s)	收入增量(Δy)	储蓄增量(Δs)	平均储蓄倾向(APS)	边际储蓄倾向(MPS)
1000	−100	—	—	−0.1	—
1500	0	500	100	0	0.2
2000	200	500	200	0.1	0.4
2500	500	500	300	0.2	0.6

由表 9-2 知，当收入水平较低时，人们为维持基本的生活需举债过日或动用以前的储蓄，故此时的消费支出大于收入水平，其储蓄为负，即平均储蓄倾向小于 0；当收入水平较高时，其储蓄支出只占收入水平的一部分，即平均储蓄倾向大于 0 且小于 1；当收入水平增加时，储蓄也增加，但储蓄增加量小于收入增加量，即边际储蓄倾向介于 0 到 1 之间。

（三）储蓄曲线

储蓄曲线表示储蓄与收入之间的函数关系，其曲线如图 9-2 所示，横轴表示收入 y，纵轴表示储蓄 s。E 点是储蓄曲线与横轴的交点，表示此时的消费和收入相等，即收支相等点，平均储蓄倾向为 0；E 点向左是负储蓄，即平均储蓄倾向小于 0；E 点向右是正储蓄，即平均储蓄倾向大于 0。随着收入的增加，储蓄支出也增加，但其增加的幅度越来越大于收入增加的幅度。消费曲线上任一点切线的斜率即是该点相对应的边际储蓄倾向，消费曲线上任一点与原点连线的斜率即是该点相对应的平均储蓄倾向。由图 9-2 可以看出，随着收入

图 9-2　储蓄曲线

的增加，储蓄也增加，并且储蓄增加的幅度越来越大，即边际储蓄倾向递增，同时曲线上的各点与原点连线的斜率也越来越大，说明平均储蓄倾向也递增，但是对储蓄曲线上的任一点来讲，其边际储蓄倾向始终大于其平均储蓄倾向。

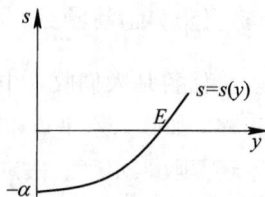

若储蓄与收入存在线性关系，由于 $s=y-c$，且 $c=\alpha+\beta y$，因此

$$s=y-c=-\alpha+(1-\beta)y \tag{9.10}$$

公式(9.10)即是线性储蓄函数的方程式。

（四）消费函数与储蓄函数的关系

由于储蓄被定义为收入与消费的差额，因此可得出以下三个结论：

（1）消费函数与储蓄函数互为补数。首先，由于 $s=y-c$，且 $c=\alpha+\beta y$，因此，$s=y-c=-\alpha+(1-\beta)y$；其次，由图 9-3 可知，E 点的消费支出与收入相等，此时储蓄为 0；E 点左方，消费曲线在 45°线上方，即消费支出大于收入水平，储蓄为负，即储蓄曲线位于横轴下方；E 点右方，消费曲线在 45°线下方，即消费支出小于收入水平，储蓄为正，即储蓄曲线位于横轴上方。

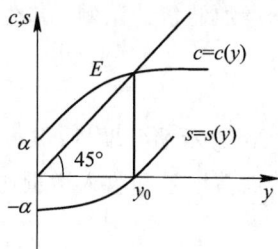

（2）APC 和 MPC 随着收入的增加而递减；APS 和 MPS 随着收入的增加而递增。

图 9-3　消费曲线与储蓄曲线的关系

（3）APC 和 APS 互为补数，二者之和等于 1；MPC 和 MPS 互为补数，二者之和也等于 1，即

$$\mathrm{APC}+\mathrm{APS}=\frac{c}{y}+\frac{s}{y}=\frac{c+s}{y}=\frac{y}{y}=1$$

$$\mathrm{MPC}+\mathrm{MPS}=\frac{\Delta c}{\Delta y}+\frac{\Delta s}{\Delta y}=\frac{\Delta c+\Delta s}{\Delta y}=1$$

上述消费函数只是凯恩斯提出的一种绝对收入消费函数理论，在其他理论提出之前，

它曾被广泛接受并作为分析影响国民收入决定的基本前提。凯恩斯认为，不论对于消费者个人还是对于家庭来讲，或者对于全社会来讲，边际消费递减规律都是存在的，因此按照这一规律，随着社会收入的增加，增加的收入中消费所占的比例越来越小，于是就引起对消费品需求的不足。

三、简单国民收入的决定

国民收入的决定讨论的是经济社会的生产或收入水平是怎样决定的。凯恩斯理论涉及产品市场、货币市场、劳动市场和国际市场四个市场。只讨论产品市场上的国民收入如何决定的理论即是简单国民收入决定理论。

（一）简单国民收入决定理论假定

为探讨简单国民收入是如何决定的，首先需给出以下假定：

（1）无论社会需求量为多少，经济社会均能以不变价格提供相应的供给量。换句话说，假定经济中的价格水平不变。凯恩斯于1936年出版的《就业、利息与货币通论》的写作背景正是1929—1933年的经济大萧条时期，那时工人大批失业，资源大量闲置。在这种情况下，当社会总需求增加时，只会使闲置的资源得到利用，生产增加，而不会使资源的价格上升，从而产品成本和价格大体上保持不变，故此假定只适用于短期分析，即分析的是较短期内收入和就业是如何决定的。在短期内，价格不易变动，或者说具有黏性，当社会需求变动时，企业首先考虑的是调整产量，而不是改变价格。这就是说，社会总需求变动时，只会引起产量和收入的变动，使供求相等，而不会引起价格变动，这在西方经济学中有时被称为凯恩斯定律。

（2）假定折旧和公司未分配利润为零。在本章的假定下，均衡产出被定义为与总需求（总支出）相一致的产出。也就是说，如果经济社会中只存在居民和企业两个部门，在均衡产出下，经济社会的收入正好等于这两部门想要的支出之和，即居民消费（c）和企业投资（i）之和。从而，均衡产出可用公式表示为

$$总产出 = y$$
$$总支出 = c + i$$

均衡产出为

$$y = c + i \tag{9.11}$$

式中，y、c、i 都用小写字母表示，分别代表剔除了价格变动的实际产出或收入、实际消费和实际投资，而不是上一章里用大写字母表示的名义产出、消费和投资。还要指出的是，公式（9.11）中的 c 和 i，代表的是居民和企业实际想要有的消费和投资，即意愿消费和投资的数量，而不是国民收入构成公式中实际发生的消费和投资。举例来说，假定企业部门由于错误估计形势，生产了1200亿美元产品，但市场实际需要的只是1000亿美元的产品，于是就有200亿美元产品成为企业的非意愿存货投资或称为非计划存货投资。上一章讲过，存货投资是企业掌握的存货价值的变动。存货是处于生产过程中的产品和待出售的成品的存量，包括原材料在制品和企业暂时持有的待售产品。企业要正常持续生产经营，必须保有一定数量的存货。符合生产经营所需要的存货变动是意愿存货投资或计划存货投资，超过生产经营所需要的存货变动就是非意愿或非计划存货投资。这部分存货投资在国

民收入核算中是投资支出的一部分，但不是计划投资的部分。因此，在国民收入核算中，实际产出就等于计划支出（或称为计划需求）加上非计划存货投资。但在国民收入决定理论中，均衡产出指与计划需求相一致的产出，因此，在均衡产出水平上，计划支出和计划产出正好相等，故非计划存货投资等于零。

（二）投资等于储蓄

若用 E 代表支出，y 代表收入，则经济均衡的条件是 $E=y$，也可以用 $i=s$ 来表示。这是因为计划支出等于计划消费加投资，即 $E=c+i$，而生产创造的收入等于计划消费加计划储蓄，即 $y=c+s$，因此，$E=y$ 也就是 $c+i=c+s$，等式两边消去 c，得

$$i=s \tag{9.12}$$

需要再次说明的是，这里的投资等于储蓄，是指经济要达到均衡，计划投资必须等于计划储蓄。而国民收入核算中的 $i=s$，则是指实际发生的投资（包括计划和非计划存货投资在内）始终要等于储蓄。前者为均衡的条件，即计划投资不一定等于计划储蓄，只有二者相等时，收入才处于均衡状态；而后者所指的实际投资和实际储蓄是根据定义而得到的实际数字，从而必然相等。

（三）两部门经济中国民收入的决定

前面已经说明均衡收入是指与计划总支出相等的收入，假设社会经济中只存在家庭消费部门和企业生产部门，不考虑政府和国外部门，因此经济中的计划支出由消费（c）和投资（i）构成。在简单国民收入决定理论中，假定计划净投资是一个给定的量，不随利率和国民收入水平而变化。根据这一假定，只要把均衡收入恒等式和消费函数结合起来就可求得均衡收入，故

$$\begin{cases} y=c+i \\ c=\alpha+\beta y \end{cases}$$

解联立方程，就得到均衡收入为

$$y=\frac{\alpha+i}{1-\beta} \tag{9.13}$$

可见，如果已知消费函数和投资量，就可得均衡国民收入。均衡国民收入还可以用图形方法进行说明，如图 9-4 所示。

在图 9-4 中，横轴代表总产出（国民收入），纵轴代表总支出（总需求）。消费曲线 c 向上平移 i 得到总

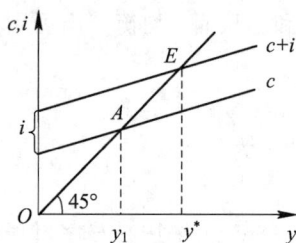

图 9-4　两部门均衡收入的图形决定

支出曲线 $c+i$。总支出曲线与 45°线的交点为 E 点，E 点处收入与支出相等，因而 E 点为收支平衡点，E 点对应的国民收入 y^* 即为均衡国民收入。

在 E 点左边，总支出大于总收入，这时产品供不应求，扩大生产是有利可图的，因此企业会增加雇佣工人，增加产量，使收入一直增加到 y^* 为止；在 E 点右边，总支出小于总收入，产品供过于求，存货出现意外增加，此时企业便会减少生产，使收入一直减少到 y^* 为止。

由图可知，增加消费和投资可以增加均衡国民收入。同时，均衡收入时的投资等于储蓄，即全部储蓄都用于投资。

【例 9-3】 假定消费函数为 $c = 100 + 0.8y$,自发的计划投资始终为 60 亿元,则均衡收入为

$$y = \frac{100 + 60}{1 - 0.8} = 800(\text{亿元})$$

下面再用列表和作图形式说明均衡收入的决定。

表 9-3 显示了消费函数 $c = 100 + 0.8y$ 及自发投资为 60 亿元时均衡收入决定的情况。

表 9-3 均衡收入的决定 亿元

收入	消费	储蓄	投资
300	340	−40	60
400	420	−20	60
500	500	0	60
600	580	20	60
700	660	40	60
800	740	60	60
900	820	80	60
1000	900	100	60

表 9-3 的数据说明,当 $y = 800$ 亿元时,$c = 740$ 亿元,$i = 60$ 亿元,因此 $y = c + i = 800$ 亿元,说明 800 亿元是均衡收入。如果收入小于 800 亿元,假设为 600 亿元时,$c = 580$ 亿元,加上投资 60 亿元,总支出为 640 亿元,超过了总供给 600 亿元,这意味着企业销售出去的产量大于它们生产出来的产量,存货出现意外减少,这时将扩大生产,增加产量,使收入向均衡收入靠拢;反之,如果收入大于 800 亿元,如 1000 亿元,说明企业生产出来的产量大于它们的销售量,存货出现意外增加,企业将会减少生产,使收入仍向 800 亿元靠拢。只有当收入达到均衡水平时,既没有非计划存货投资,也没有非计划存货负投资(存货意外减少),产量正好等于销量,存货保持正常水平,这就是企业愿意保持的产量水平。

均衡收入决定也可以用图来表示,图 9-5 表示如何用消费曲线加投资曲线和 45°线相交决定收入。

在图 9-5 中,总支出线 $c + i$ 和 45°线相交于 E 点,E 点决定的收入水平是均衡收入 800 亿元。此时,家庭部门想要有的消费支出与企业部门想要有的投资支出的总和正好等于收入(产出)。如果经济离开了这个均衡点,企业部门销售额就会大于或小于它们的产出,从而被迫进行存货负投资或存货投资,即出现意外的存货减少或增加,这就会引起生产的扩大或收缩,直到回到均衡点为止。

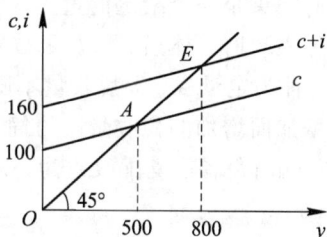

图 9-5 消费加投资曲线和 45°线相交

以上分析的是由消费函数决定均衡国民收入,还可从使用总支出等于总收入(总供给)的方法决定均衡收入,即用计划投资等于计划储蓄的方法得到均衡国民收入。计划投资等于计划储蓄,即 $i = y - c = s$,而储蓄函数为

$$s = -\alpha + (1 - \beta)y$$

同时将两个式子联立方程,即可解得由储蓄函数决定的均衡国民收入,有

$$\begin{cases} i=s \\ s=-\alpha+(1-\beta)y \end{cases} \Rightarrow \quad y=\frac{\alpha+i}{1-\beta}$$

可见，通过储蓄函数求得的均衡国民收入决定模型同依据消费函数求得的均衡国民收入模型完全相同。

前面，当 $c=100+0.8y$ 时，$s=-100+(1-0.8)y=-100+0.2y$，$i=60$，令 $i=s$，即 $60=-100+0.2y$，得 $y=800$ 亿元。这一结果也可从表 9-3 得到，从表中可见，只有当收入 $y=800$ 亿元时，s 和 i 才正好相等，并且为 60 亿元，从而达到了均衡。

用计划投资等于计划储蓄的方法决定收入，也可用图 9-6 来表示。

在图 9-6 中，横轴表示收入，纵轴表示储蓄和投资，s 代表储蓄曲线，i 代表投资曲线。由于投资是不随收入而变化的自发投资，因而，投资曲线与横轴平行，其间距始终等于 60 亿元。投资曲线与储蓄曲线相交于 E 点，与 E 点对应

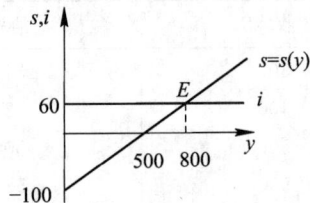

图 9-6 储蓄曲线和投资曲线相交决定收入

的收入为均衡收入。若实际产量小于均衡收入水平，表明投资大于储蓄，社会生产供不应求，企业存货意外地减少，企业就会扩大生产，使收入水平向右移动，直到均衡收入为止。反之，若实际产量大于均衡收入，表明投资小于储蓄，社会生产供过于求，企业存货意外地增加，企业就会减少生产，使收入水平向左移动，直到均衡收入为止。只有在均衡收入水平上，企业生产才会稳定下来。

以上两种方法，其实是从同一关系中引申出来的，因为储蓄函数本来就是从消费函数中派生出来的，因此无论使用消费函数，还是使用储蓄函数，求得的均衡收入都一样。

(四) 三部门经济中国民收入的决定

三部门经济假设社会经济中存在家庭消费部门、企业生产部门和政府部门，不考虑国外部门，因此经济中的计划支出由消费 (c)、投资 (i) 和政府购买 (g) 构成。这里假定投资和政府购买是一个给定的量。

加入政府主体后，消费函数发生了变化，因为政府对消费者征收税收。税收有两种情况：一种为定量税，即税收量不随收入而变动，用 t_0 来代表；另一种为比例所得税，即随收入增加而增加的税收量。为简化起见，下面先讨论定量税的情况。用 t_r 表示政府转移支付，则消费者可支配收入为 $(y-t_0+t_r)$，故此时的消费函数为

$$c=\alpha+\beta(y-t_0+t_r)$$

在上述条件下，只要把均衡收入恒等式和消费函数结合起来就可求得均衡收入，即

$$\begin{cases} y=c+i+g \\ c=\alpha+\beta(y-t_0+t_r) \end{cases}$$

解联立方程，就得到均衡收入为

$$y=\frac{\alpha+i+g-\beta t_0+\beta t_r}{1-\beta} \qquad (9.14)$$

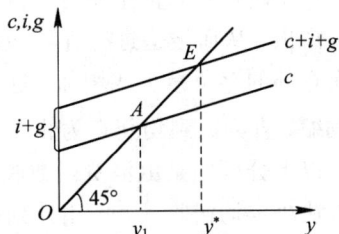

图 9-7 三部门均衡收入的图形决定

用图形来求解，如图 9-7 所示。总支出曲线 $c+i+g$ 与 45°线的交点所表示的国民收入就是均衡收入。由公式 (9.14) 和图 9-7 可知，

当政府购买、投资和消费增加时,均衡国民收入增加;反之减少。

现在讨论比例税的情况。在比例税情况下,税收不再是一个常数,而是一个随收入变化而变化的量,假定边际税率不变,用 t 表示,则此时的可支配收入为 $(y-ty+t_r)$,故此时的消费函数为

$$c=\alpha+\beta(y-ty+t_r)$$

在上述条件下,只要把均衡收入恒等式和消费函数结合起来就可求得均衡收入,即

$$\begin{cases} y=c+i+g \\ c=\alpha+\beta(y-ty+t_r) \end{cases}$$

解联立方程,就得到均衡收入为

$$y=\frac{\alpha+i+g+\beta t_r}{1-\beta(1-t)} \tag{9.15}$$

可见,比例税情况下的三部门国民收入比定量税情况下的国民收入小。因为分母从定量税下的 $1-\beta$ 变成了比例税下的 $1-\beta(1-t)$,分母变大了,均衡收入 y 自然就小了。

(五) 四部门经济中国民收入的决定

四部门经济假设社会经济中存在消费者(家庭)部门、企业(厂商)部门、政府部门和国外部门,因此经济中的计划支出由消费(c)、投资(i)、政府购买(g)和净出口(nx)构成。其中,nx 为出口与进口之差额,即 $nx=x-m$,它现在成了计划支出(总需求)的一部分,其中出口表示本国商品在外国的销售,代表国外对本国商品的需求。在需求中为什么要引入进口这一因素呢? 这是因为 $c+i+g$ 虽然代表了家庭、企业和政府的全部支出,但并不意味着这些支出一定会全部花费在本国生产的商品上。企业可能会购买外国设备,政府可能购买外国武器,家庭可能购买外国的消费品,因此应当从国内总支出($c+i+g$)中扣除进口部分的支出,才是真正代表对本国产品的总支出或总需求,故 $c+i+g+x-m$ 才成为对本国产品的真正需求。显然,进出口变动也会同其他变量(如消费、投资、政府购买、税收、储蓄等)一样,影响国民收入。可见,这里有两个概念要加以区分:一是本国对产品的需求(包括对本国产品的需求和对外国产品的需求,即进口需求),二是对本国产品的需求(包括本国对本国产品的需求和外国对本国产品的需求,即出口需求)。

在净出口 nx 中,当国民收入水平提高时,一般可假定 nx 会减少,而国民收入水平下降时,nx 会增加。这是因为在 $nx=x-m$ 中,出口 x 是由外国的购买力和购买需求决定的,本国难以左右,因而一般假定这是一个外生变量;反之,进口却会随本国收入提高而增加,因为本国收入提高后,人们对进口消费品和投资品(如机器设备、仪器等)的需求会增加。影响进出口的因素除了本国收入,还有汇率。当本国货币与外国货币交换比率发生变化时,进口和出口都会受到影响。针对这部分内容,本书暂不讨论,只讨论净出口与收入的关系,因此可以把进口写成收入的一个函数

$$m=m_0+\gamma y \tag{9.16}$$

式中,m_0 为自发性进口,即和收入没有关系或者说不取决于收入的进口部分,例如,本国不能生产,但又为国计民生所必需的产品,不管收入水平如何,是必须进口的。γ 表示边际进口倾向,即收入增加 1 单位时进口会增加多少。

在四部门经济中,同样假定投资和政府购买是一个给定的量,为简化起见,这里假定税收为定量税,用 t_r 表示政府转移支付,则消费函数同三部门的消费函数。

在上述条件下，把均衡收入恒等式、消费函数和进口函数结合起来就可求得均衡收入，即

$$\begin{cases} y = c + i + g + x - m \\ c = \alpha + \beta(y - t_0 + t_r) \\ m = m_0 + \gamma y \end{cases}$$

解联立方程，就得到均衡收入为

$$y = \frac{\alpha + i + g - \beta t_0 + \beta t_r + x - m_0}{1 - \beta + \gamma} \tag{9.17}$$

在定量税情况下，两部门和三部门的均衡国民收入公式中的分母均为 $1-\beta$，但是在四部门经济国民收入公式中，分母变成 $1-\beta+\gamma$，因为加入了边际进口倾向 γ。由于 $0<\gamma<1$，所以分母较两部门和三部门都变大了，也就是 y 变小了。

四、乘数理论

由公式(9.17)可知，均衡国民收入受经济的基本消费规模(α)、投资规模(i)、政府购买(g)、税收(t_0)、转移支付(t_r)、出口(x)、边际进口倾向(γ)、边际消费倾向(β)等因素的影响。因为经济中的基本消费规模和边际消费倾向在短期内比较稳定，因此这里主要讨论其他因素单独变动时对均衡国民收入的影响。这里需要用到乘数，即均衡国民收入变动量与引起这种变动的某一因素变动量的比率。

(一) 投资乘数

根据乘数的定义，投资乘数即是均衡国民收入的变动量与引起这种变动的投资支出变动量的比率。用 k_i 表示投资乘数，Δy 表示收入增量，Δi 表示投资增量，则投资乘数的公式为

$$k_i = \frac{\Delta y}{\Delta i} \tag{9.18}$$

假定在两部门经济中，投资支出增加 100 亿元，边际消费倾向为 0.8，当 100 亿元被用于购买投资品时，投资品生产部门得到 100 亿元收入，即国民收入第一次增加 100 亿元。由于边际消费倾向为 0.8，那么国民收入第一次增加 100 亿元中的 80 亿元将用于购买消费品，这将使消费品生产部门得到 80 亿元收入，即国民收入第二次增加 80 亿元。同样，国民收入增加的 80 亿元中的 64 亿元将用于消费，这将导致国民收入第三次增加 64 亿元。以此类推，最终国民收入的增加量 Δy 为

$$\begin{aligned} \Delta y &= 100 + 100 \times 0.8 + 100 \times 0.8^2 + 100 \times 0.8^3 + \cdots \\ &= 100 \times (1 + 0.8 + 0.8^2 + 0.8^3 + \cdots) \\ &= 100 \times \frac{1}{1 - 0.8} \\ &= 500(亿元) \end{aligned}$$

即是说，投资增加 100 亿元，最终导致国民收入增加 500 亿元，即投资乘数为 5。

边际消费倾向为 β，则国民收入增量与投资支出增量用边际消费倾向表示的倍数关系为

$$\Delta y = \Delta i + \Delta i \times \beta + \Delta i \times \beta^2 + \cdots = \Delta i \times (1 + \beta + \beta^2 + \beta^3 + \cdots) = \Delta i \times \frac{1}{1 - \beta}$$

可见，在两部门经济中，投资乘数为

$$k_i = \frac{\Delta y}{\Delta i} = \frac{1}{1-\beta} \tag{9.19}$$

对于投资乘数与边际消费倾向的关系，可从另一角度进行推导。以两部门经济为例，根据前面简单均衡国民收入模型可知，在两部门经济中，均衡国民收入决定公式为

$$y = \frac{\alpha + i}{1-\beta}$$

假定除投资 i 之外，影响均衡国民收入的其他因素不变，当投资从 i_1 增加到 i_2 时，均衡国民收入分别为

$$y_1 = \frac{\alpha + i_1}{1-\beta}, \quad y_2 = \frac{\alpha + i_2}{1-\beta}$$

均衡国民收入增加量 Δy 为

$$\Delta y = y_2 - y_1 = \frac{\alpha + i_2}{1-\beta} - \frac{\alpha + i_1}{1-\beta} = \frac{i_2 - i_1}{1-\beta} = \frac{\Delta i}{1-\beta}$$

所以

$$\frac{\Delta y}{\Delta i} = \frac{1}{1-\beta}$$

因此，在两部门经济中，投资乘数为 $\frac{1}{1-\beta}$。

由于 MPS＝1－MPC，故

$$k_i = \frac{1}{1-\text{MPC}} = \frac{1}{\text{MPS}} \tag{9.20}$$

因此可见，乘数大小和边际消费倾向有关，边际消费倾向越大，或边际储蓄倾向越小，则投资乘数就越大。

以上是从投资增加的方面说明乘数效应的。实际上，投资减少也会引起收入若干倍减少，乘数效应的发挥具有两面性。例如，若边际消费倾向 $\beta=0.6$，则 $k_i=2.5$，因此若投资增加 200 亿元，则均衡国民收入增加 500 亿元；若投资减少 200 亿元，则均衡国民收入减少 500 亿元。

（二）政府购买支出乘数

西方学者认为，加入政府部门以后，不仅投资支出变动有乘数效应，政府购买、税收和政府转移支付的变动同样有乘数效应，因为政府购买性支出、税收、转移支付都会影响消费。

政府购买支出乘数是指均衡国民收入的变动量与引起这种变动的政府购买支出变动量的比率。用 k_g 表示政府购买支出乘数，Δg 表示政府购买支出变动量，Δy 表示均衡国民收入变动量，则

$$k_g = \frac{\Delta y}{\Delta g} \tag{9.21}$$

在只有定量税的情况下，三部门经济中的均衡收入为

$$y = \frac{\alpha + i + g - \beta t_0 + \beta t_r}{1-\beta}$$

假定除政府购买支出 g 之外，影响均衡国民收入的其他因素不变，当政府购买支出从 g_1

增加到 g_2 时，均衡国民收入分别为

$$y_1 = \frac{\alpha + i + g_1 - \beta t_0 + \beta t_r}{1 - \beta}, \quad y_2 = \frac{\alpha + i + g_2 - \beta t_0 + \beta t_r}{1 - \beta}$$

均衡国民收入增加量 Δy 为

$$\Delta y = y_2 - y_1 = \frac{g_2 - g_1}{1 - \beta} = \frac{\Delta g}{1 - \beta}$$

所以

$$\frac{\Delta y}{\Delta g} = k_g = \frac{1}{1 - \beta} \tag{9.22}$$

由此可见，政府购买支出乘数和投资乘数相等。由于投资 i 和政府购买支出 g 都是从总支出（总需求）角度去分析国民收入决定的，因此这两个乘数也称为支出乘数。

例如，若边际消费倾向 $\beta = 0.6$，则 $k_g = 2.5$，因此若政府购买支出增加 200 亿元，则均衡国民收入增加 500 亿元；若政府购买支出减少 200 亿元，则均衡国民收入减少 500 亿元。

同理，可以推导出四部门经济中在只征收定量税的情况下，政府购买支出乘数为

$$k_g = \frac{1}{1 - \beta + \gamma} \tag{9.23}$$

（三）税收乘数

税收乘数是指均衡国民收入的变动量与引起这种变动的税收变动量的比率。税收有定量税和比例税两种，这里仅对定量税进行说明，用 k_t 表示税收乘数，Δt 表示税收变动量，Δy 表示均衡国民收入变动量，则

$$k_t = \frac{\Delta y}{\Delta t} \tag{9.24}$$

在三部门经济只有定量税的情况下，假定除税收 t 之外，影响均衡国民收入的其他因素不变，当税收从 t_1 增加到 t_2 时，均衡国民收入分别为

$$y_1 = \frac{\alpha + i + g - \beta t_1 + \beta t_r}{1 - \beta}, \quad y_2 = \frac{\alpha + i + g - \beta t_2 + \beta t_r}{1 - \beta}$$

均衡国民收入增加量 Δy 为

$$\Delta y = y_2 - y_1 = \frac{-\beta t_2 + \beta t_1}{1 - \beta} = \frac{-\beta \Delta t}{1 - \beta}$$

所以

$$\frac{\Delta y}{\Delta t} = k_t = \frac{-\beta}{1 - \beta} \tag{9.25}$$

由此可见，税收乘数为负值，表明收入变动与税收变动呈反方向变动关系，即收入随税收增加而减少，随税收减少而增加。

同理，可以推导出四部门经济中在只征收定量税的情况下，税收乘数为

$$k_t = \frac{-\beta}{1 - \beta + \gamma} \tag{9.26}$$

例如，在三部门经济定量税情况下，若 $\beta = 0.6$，则 $k_t = \frac{-0.6}{1 - 0.6} = -1.5$，因此若政府税

收增加 200 亿元,则国民收入减少 300 亿元;若政府税收减少 200 亿元,则国民收入增加 300 亿元。

(四)政府转移支付乘数

政府转移支付的增加,会增加居民的可支配收入,进而增加社会消费,从而增加国民收入,所以政府转移支付也具有乘数效应。

政府转移支付乘数是指均衡国民收入的变动量与引起这种变动的政府转移支付变动量的比率。用 k_{tr} 表示政府转移支付乘数,Δt_r 表示政府转移支付变动量,Δy 表示均衡国民收入变动量,则

$$k_{tr} = \frac{\Delta y}{\Delta t_r} \tag{9.27}$$

在三部门经济只有定量税的情况下,转移支付乘数按照税收乘数的推导思路,可以得出其公式为

$$k_{tr} = \frac{\beta}{1-\beta} \tag{9.28}$$

由此可见,政府转移支付乘数等于边际消费倾向与 1 减去边际消费倾向之比,或边际消费倾向与边际储蓄倾向之比,其绝对值和税收乘数相同,但符号相反。

例如,若边际消费倾向 $\beta = 0.6$,$k_{tr} = \frac{0.6}{1-0.6} = 1.5$,因此若政府增加转移支付 200 亿元,则国民收入增加 300 亿元;若转移支付减少 200 亿元,则国民收入减少 300 亿元。

比较以上政府购买支出乘数、税收乘数和转移支付乘数的绝对值,可以看到,$|k_g| > |k_t|$,$|k_g| > |k_{tr}|$。因为政府购买支出增加 1 元,一开始就会使总支出即总需求增加 1 元,但是,税收减少 1 元,只会使可支配收入增加 1 元,这 1 元中只有一部分用于增加消费,另一部分是用来增加储蓄的。

(五)平衡预算乘数

平衡预算乘数是指政府支出和政府收入同时以相等数量增加或减少时,国民收入变动量与政府收支变动量的比率。由上述例子可知,当政府支出增加 200 亿元时,国民收入增加 500 亿元;当税收增加 200 亿元时,国民收入减少 300 亿元,因此当政府购买和税收同时增加 200 亿元时,从政府预算来看是平衡的,但国民收入增加了 200 亿元,即收入增加了一个与政府支出和税收变动相等的数量。此处仅以三部门经济中只有定量税的情况为例,用 Δy 表示政府支出和税收各增加同一数量时国民收入的变动量,则

$$\Delta y = k_g \Delta g + k_t \Delta t = \frac{1}{1-\beta}\Delta g + \frac{-\beta}{1-\beta}\Delta t$$

由于假定 $\Delta g = \Delta t_0$,因此

$$\Delta y = \frac{1}{1-\beta}\Delta g + \frac{-\beta}{1-\beta}\Delta g = \frac{1-\beta}{1-\beta}\Delta g = \Delta g$$

或

$$\Delta y = \frac{1}{1-\beta}\Delta t + \frac{-\beta}{1-\beta}\Delta t = \frac{1-\beta}{1-\beta}\Delta t = \Delta t$$

可见

$$\frac{\Delta y}{\Delta g} = \frac{\Delta y}{\Delta t} = \frac{1-\beta}{1-\beta} = 1 = k_b \tag{9.29}$$

式中，k_b 为平衡预算乘数，其值为 1。

第二节 IS-LM 模型

上节内容探讨了产品市场的均衡，但是市场经济并不只有产品市场，还有货币市场，这两个市场是相互影响、相互依存的。假定社会经济中的总产出增加，那么居民消费和企业投资将会增加，使居民和企业购买这些最终产品所需要的货币需求将会增加，在货币供给保持不变的情况下，货币的价格将会上升，即利率上升，那么投资将会下降，致使国民收入下降。由此可见，收入通过货币需求影响利率，而利率通过投资影响收入。那么，如何解决这一矛盾？英国学者希克斯根据凯恩斯的《就业、利息与货币通论》建立了产品市场与货币市场的一般均衡原则，即 IS-LM 模型。

一、产品市场的均衡：IS 曲线

在简单国民收入决定理论中，投资作为一个外生变量（一个常数）参与国民收入的决定。但在现实中，投资会受到许多因素的影响而发生改变，并不是外生变量，因此要研究国民收入如何决定的，首先要研究投资是如何决定的。

（一）投资的决定

现实中的投资，如购买债券、股票等行为只是资产权的转移，并不是经济学上所讲的投资。经济学上的投资是指资本的形成，即社会实际资本的增加，包括厂房、设备、存货的增加以及新住宅的建筑等。

凯恩斯认为，是否要对新增资本进行投资，取决于这些投资的预期利润率与为购买这些资产而必须借进的款项所要求的利率的比较。若是前者大于后者，投资就是值得的；若前者小于后者，投资就不值得。在这里，利率是指实际利率。实际利率大致上等于名义利率减去通货膨胀率。假定某年的名义利率为 7%，通货膨胀率为 3%，则实际利率为 4%。在投资的预期利润率既定的情况下，企业是否进行投资取决于实际利率的高低。实际利率上升时，投资量就会减少；实际利率下降时，投资量就会增加。投资与利率之间这种反方向的变动关系称为投资函数，可写为

$$i = i(r) \tag{9.30}$$

或

$$i = e - dr \tag{9.31}$$

式中，e 为自主投资，即不受利率影响的投资；d 是投资对利率变动的反应程度，表示利率每上升或下降一个百分点，投资会减少或增加的数量，可称 d 为利率对投资需求的影响系数或投资需求对利率变动的敏感系数；dr 为引致投资，即受利率影响的投资。投资函数表明，投资是自主投资和引致投资之和。

【知识拓展】

资本边际效率(MEC)

企业进行投资决策时，必须将投资的未来收益贴现，以便进行投资成本和投资收益的比较。将投资的未来收益转化为现值的贴现率，被称为资本边际效率，实际就是投资的预期利润率。

资本边际效率是一种贴现率，这种贴现率正好使一项资本品预期收益的现值之和等于该项资本品的供给价格，其公式为：$R_0 = \dfrac{R_n}{(1+r)^n}$，$r$ 为贴现率，也就是 MEC。

在资本品的使用时期、残值既定的情况下，资本边际效率取决于资本品的供给价格、投资的预期收益两个因素：若资本品的供给价格既定，资本边际效率随着投资的预期收益的增加而提高；若投资的预期收益既定，资本边际效率随着资本品供给价格的提高而降低。

在短期内，投资增加引起投资品的需求增加，在投资品的供给既定的情况下，投资品的供给价格必然上升，则资本边际效率下降；在长期内，投资增加使资本存量增加，产品的生产能力扩大，产品供给增加，在产品需求既定的情况下，产品价格必然下降，从而投资的预期收益下降，资本边际效率下降，因此资本边际效率随着投资的增加而递减。

(二) IS 曲线及其推导

把投资作为利率的函数后，西方学者将其应用到上节讨论过的产品市场均衡条件中，得到 IS 曲线。产品市场均衡是指产品市场上总供给与总需求相等。在两部门经济中，总供给等于总需求是指 $c+s=c+i$，均衡条件是 $s=i$。假定消费函数 $c=\alpha+\beta y$，储蓄函数 $s=y-c=-\alpha+(1-\beta)y$，由均衡条件 $s=i$，可得均衡国民收入公式为

$$y = \frac{\alpha + e - dr}{1 - \beta} \tag{9.32}$$

此式表明产品市场要保持均衡，即投资等于储蓄，则均衡国民收入与利率呈反方向变动关系。

例如，假定投资函数 $i=240-30r$，消费函数 $c=60+0.6y$，储蓄函数 $s=y-c=-60+0.4y$，则

$$y = \frac{\alpha + e - dr}{1 - \beta} = 750 - 75r$$

当 $r=1$ 时，$y=675$；当 $r=2$ 时，$y=600$；当 $r=3$ 时，$y=525$；当 $r=4$ 时，$y=450$ ……

以横轴代表收入，纵轴代表利率，由此可得到一条向右下方倾斜的曲线，这条曲线上的任何一点都代表一定的利率和收入的组合，在这样的组合下，投资和储蓄都是相等的，即 $i=s$，从而产品市场是均衡的，因此这条曲线被称为 IS 曲线，如图 9-8 所示。

从上例可以看出，IS 曲线可以从表示投资与利率的关系(投资函数)、储蓄与收入的关系(储蓄函数)，以及投资与储蓄相等的关系中推导出来。IS 曲线的推导可用图9-9来描述。

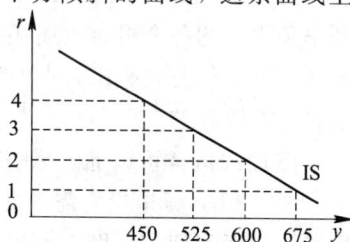

图 9-8 IS曲线

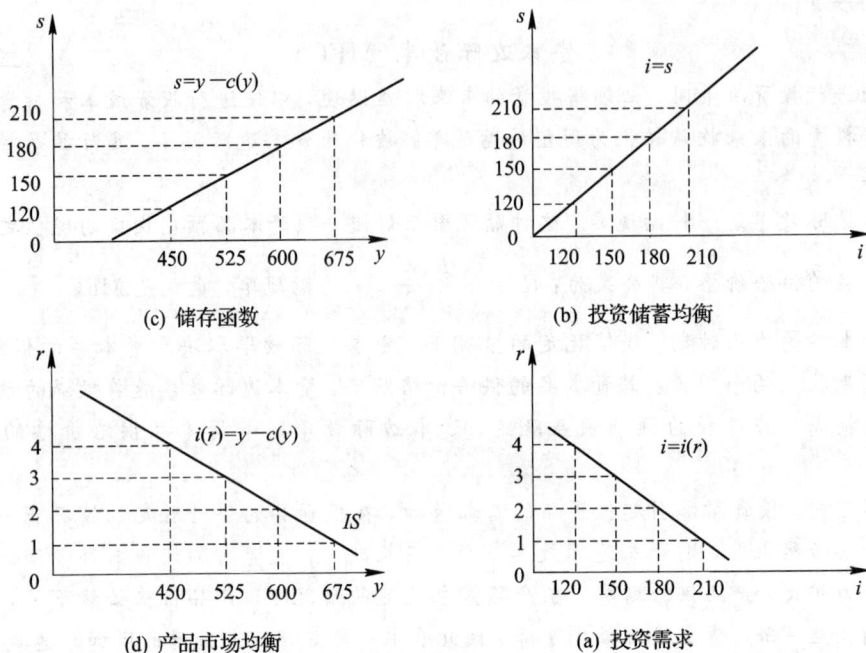

图 9-9 IS 曲线推导图

在图 9-9(a) 中，横轴表示投资，纵轴表示利率，投资需求是利率的减函数，该曲线是根据上例中的投资函数 $i=240-30r$ 绘制的。

在图 9-9(b) 中，横轴表示投资，纵轴表示储蓄，从原点出发的 45°线上的任一点，表示投资与储蓄相等。例如，当利率 $r=2\%$ 时，投资 $i=180$，储蓄 s 也等于 180。当利率下降时，投资增加，储蓄也相应增加，才能达到均衡。

在图 9-9(c) 中，横轴表示收入，纵轴表示储蓄，储蓄曲线表示储蓄是国民收入的增函数，该曲线是根据上例中的储蓄函数 $s=-60+0.4y$ 绘制的。例如，在图 9-9(a) 中，当 $r=2\%$ 时，$i=180$；在图 9-9(b) 中，因为 $i=s$，所以 $s=180$；在图 9-9(c) 中，由储蓄函数 $s=-60+0.4y$ 可知，与 180 储蓄相对应的收入是 600。如果利率上升到 3%，投资下降到 150，因此均衡的储蓄也是 150，从而均衡收入下降到 525。

在图 9-9(d) 中，横轴表示收入，纵轴表示利率。当利率 $r=2\%$ 时，使投资和储蓄刚好相等的均衡国民收入为 600；若利率上升到 3% 时，投资和相应的储蓄将下降到 150，而均衡国民收入为 525；当利率上升到 4% 时，投资和相应的储蓄将下降到 120，而均衡国民收入为 450，总之，每一利率下的收入都是通过 $i=s$ 得到的。将满足产品市场均衡条件的利率和收入的各个组合点连接起来，就得到了 IS 曲线。可见，IS 曲线是在产品市场均衡的条件下收入与利率组合点的轨迹，反映了利率和收入之间的反向变动关系，即 IS 曲线是向右下方倾斜的。

IS 曲线同样可以通过另一种图示推导，如图 9-10 所示。

图 9-10(a) 是投资需求曲线，反映投资是利率的减函数。当利率从 r_0 增加为 r_1 时，投资从 i_0 下降到 i_1。图 9-10(b) 表示投资从横轴到纵轴的等量转换，以便和图 9-10(c) 相对应。图 9-10(c) 表示均衡收入决定，总产出等于总支出，即 $y=E$。45°线上的任一点均

表示收入与支出(两部门经济中 $E=c+i$)相等的均衡点。当投资从 i_0 下降到 i_1 时，均衡收入从 y_0 下降到 y_1。图 9-10(d)反映了国民收入与利率之间的反向变动关系，即 IS 曲线。

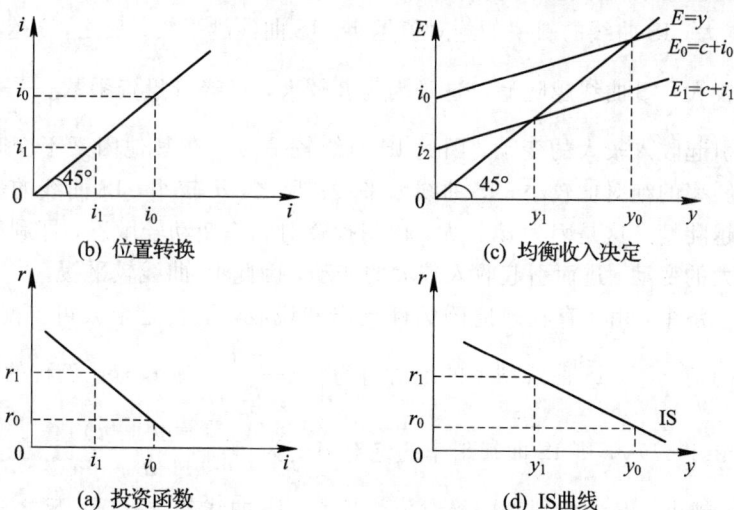

图 9-10　IS 曲线的另一种推导图示

对 IS 曲线的推导，图 9-10 依据的方法是总收入等于总支出，即 $y=E$，$E=c+i=\alpha+\beta y+i$(两部门经济)，而图 9-9 依据的方法是计划储蓄等于计划投资，即 $i=s$ 或 $i=-\alpha+(1-\beta)y$。这两种方法均可推导出 IS 曲线。

由于产品市场并不总处于均衡状况，因此收入与利率的组合点并不都在 IS 曲线上。如图 9-11 所示，IS 曲线右上方的点与 IS 曲线上的点进行比较，以 A 点和 B 点为例，A 点和 B 点有相同的收入水平，即 $y_A=y_B$。因为 $s=s(y)$，所以 A 点和 B 点的储蓄是相同的，即 $s_A=s_B$。而 A 点和 B 点的利率水平不同，$r_A>r_B$，根据 $i=e-dr$ 可知，$i_A<i_B$。由于在 B 点处 $i_B=s_B$，所以在 A 点处 $i_A<s_A$，即 IS 曲线右边的点都表示投资小于储蓄的产品市场非均衡状态之下收入与利率的组合。同理可证明位于 IS 曲线左方的任一点都表示投资大于储蓄的产品市场非均衡状态之下收入与利率的组合。

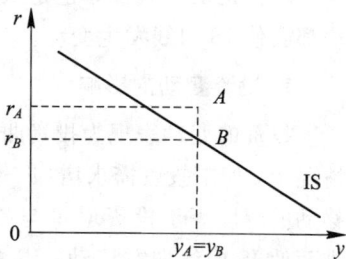

图 9-11　IS 曲线外任一点投资与储蓄不相等

(三) IS 曲线的斜率

由前面可知，两部门经济均衡收入的表达式为

$$y=\frac{\alpha+e-dr}{1-\beta}$$

整理可得 IS 曲线的表达式为

$$r=\frac{\alpha+e}{d}-\frac{1-\beta}{d}y \tag{9.33}$$

式中，$-\dfrac{1-\beta}{d}$ 是 IS 曲线的斜率，为了方便比较 IS 曲线斜率的大小，取斜率的绝对值 $\dfrac{1-\beta}{d}$。显然，IS 曲线的斜率取决于边际消费倾向 β 和利率对投资的影响系数 d。在其他因素不变的情况下，β 越大，IS 曲线的斜率的绝对值越小，IS 曲线越平缓；反之，β 越小，IS 曲线的斜率的绝对值较大，IS 曲线越陡峭。这是因为 β 较大，意味着投资乘数 $\dfrac{1}{1-\beta}$ 较大，即投资较小的变动将引起收入较大的变动，因此 IS 曲线较平缓。在其他因素不变时，如果 d 越大，IS 曲线的斜率的绝对值较小，IS 曲线较平缓；反之，d 较小，IS 曲线的斜率的绝对值较大，IS 曲线越陡峭。这是因为 d 较大，说明投资对利率变动较敏感，即利率较小的变动将引起投资较大的变动，进而引起收入较大的变动，因此 IS 曲线较平缓。

在三部门经济中，由于存在政府购买性支出和税收，消费是个人可支配收入的函数，在只有定量税的情况下，IS 曲线斜率的绝对值为 $\left| -\dfrac{1-\beta}{d} \right|$，在只有比例税的情况下，消费函数为 $c = \alpha + \beta(1-t)y$，则 IS 曲线斜率的绝对值变为 $\left| -\dfrac{1-\beta(1-t)}{d} \right|$。在 β 和 d 既定的情况下，税率 t 越小，IS 曲线斜率的绝对值就越小，IS 曲线就越平缓；反之，税率 t 越大，IS 曲线斜率的绝对值就越大，IS 曲线就越陡峭。这是因为在 β 和 d 一定时，t 越小，投资乘数 $\dfrac{1}{1-\beta(1-t)}$ 就越大，即投资较小的变动将引起收入较大的变动，故 IS 曲线较平缓。

(四) IS 曲线的移动

不论是从公式推导还是从几何推导过程来看，投资、储蓄、政府购买支出、税收的变动都会使 IS 曲线发生变动。

1. 投资变动的影响

投资的变动表现为投资曲线的平行移动，是由自主投资 e 变动引起的。在利率不变的情况下，如果投资需求增加，会使国民收入增加，进而使 IS 曲线向右移动，IS 曲线向右移动的幅度等于投资增量与投资乘数之积；反之，投资需求减少，会使国民收入减少，进而使 IS 曲线向左移动，IS 曲线移动幅度为投资变动量与投资乘数之积，即移动幅度 $\Delta y = k_i \times \Delta i$。

2. 储蓄变动的影响

储蓄和消费是一个问题的两个方面，二者是互补关系。储蓄增加，消费减少；反之，储蓄减少，消费增加。储蓄的变动表现为储蓄曲线的平行移动，是由自发消费 α 变动引起的。在利率不变的情况下，如果储蓄增加，表明消费减少，会使收入减少，IS 曲线向左移动；反之，IS 曲线向右移动。

3. 政府购买支出变动的影响

政府购买支出最终是要转化为消费和投资的。政府购买支出增加，会使消费和投资增加，进而使国民收入增加，IS 曲线向右移动；政府购买支出减少，会使消费和投资减少，进而使国民收入减少，IS 曲线向左移动。IS 曲线移动幅度为政府购买支出乘数与政府购买变动量之积，即移动幅度 $\Delta y = k_g \times \Delta g$。

4. 政府税收变动的影响

政府增加税收，如果增加的是企业的负担，则会使投资减少，进而使国民收入减少，IS 曲线左移；如果增加的是居民个人的负担，则会使消费减少，进而使国民收入减少，IS 曲线左移。反之，若政府减少税收，则会使 IS 曲线右移。IS 曲线移动幅度为政府税收乘数与税收变动量之积，即移动幅度 $\Delta y = k_t \times \Delta t$。

二、货币市场的均衡：LM 曲线

前面说明了投资的决定因素是利率，但是利率又是由什么决定的？对于这个问题，古典学派认为，投资与储蓄都与利率有关，投资是利率的减函数，即利率越高，投资越少，利率越低，投资越多。储蓄是利率的增函数，即利率越高，储蓄越多，利率越低，储蓄越少；当投资与储蓄相等时，利率就确定了。但是宏观经济学的奠基人凯恩斯认为，利率不是由投资和储蓄决定的，而是由货币的供给量和需求量决定的。而货币的供给量是由货币当局即中央银行控制的，因而假定供量是一个外生变量，因此在分析利率的决定时，只需分析货币的需求即可。

（一）利率的决定

1. 货币需求

（1）货币需求动机。凯恩斯认为，财富有货币、房产、有价债券等多种形式。人们在一定时期内所拥有的财富数量是有限的。当然，由于财富是有限的，所以如果人们以货币形式拥有财富的比例越大，则以其他资产形式拥有财富的比例将会越少。如果拥有其他资产形式预计能带来较高的收益，就会减少人们对货币的需求，因此，不管人们持有货币的动机多么强烈都要仔细权衡以货币形式保存财富所花的成本。对于一个想借款的人来说，利息就是他为获得一定量货币所必须支付的价格，而对一个货币持有者来说，利息则表示他持有货币的机会成本，即持有货币就得不到的利息收入。既然持有货币就会失去利息收入，那么人们为什么愿意持有不生利息的货币呢？凯恩斯认为，这是源于人们的流动性偏好。所谓流动性偏好（Liquidity Preference），是指由于货币具有使用上的灵活性，人们所具有的一种宁肯持有货币而放弃其他生息资产的心理倾向，这种心理倾向是出于以下三种不同的动机。

① 交易动机，是指个人和企业为了正常的交易活动而需要持有货币的动机。个人购买消费品需要货币，企业购买生产要素需要货币。由于收入和支出在时间上不是同步的，因而个人和企业必须有足够货币资金来支付日常的需要开支。个人或企业出于这种交易动机所需要的货币量取决于收入、惯例和商业制度，而惯例和商业制度在短期内一般可假定为固定不变，于是按凯恩斯的说法，这一货币需求量主要取决于收入，收入越高，为应付日常开支所需的货币量就越大。

② 谨慎动机或预防性动机，是指为预防意外支出而持有一部分货币的动机。如个人或企业为应付事故、失业、疾病等意外事件而需要事先持有一定数量的货币。如果说货币的交易需求产生于收入和支出的不同步性，则货币的预防性需要产生于未来收入和支出的不确定性。西方经济学家认为，对于个人而言，货币的预防性需求量主要取决于他对意外

事件的看法，但从全社会来看，这一货币需求量大体上也和收入成正比，是收入的函数。

如果用 L_1 表示交易动机和谨慎动机所产生的货币需求量，用 y 表示实际收入，则这种货币需求量和收入的关系可表示为

$$L_1 = L_1(y) = ky \tag{9.34}$$

式中，k 为出于上述两种动机所需货币量占实际收入的比例，称为货币需求的收入系数。例如，若实际收入 $y = 100$ 万美元，交易和谨慎需要的货币量占实际收入的 20%，则 $L_1 = 100 \times 0.2 = 20$ 万美元。

③ 投机动机，是指人们为了抓住有利的购买有价债券的机会而持有一部分货币的动机。假定人们一时不用的财富只能以货币和债券的形式保存，债券能带来收益但有风险，而闲置货币没有风险，但也没有收益，那么，人们为什么不全部购买债券，而要在二者之间做出选择呢？因为人们想利用利率与有价债券价格的变化进行投机。在实际生活中，债券价格与利率水平呈反向变动关系，即

$$有价债券价格 = \frac{有价债券收益}{利率}$$

由此可见，债券价格会随着利率的变化而变化，在债券收益一定的情况下，利率越高，债券的价格越低；利率越低，债券的价格越高。由于债券市场的价格是不断波动的，而人们对这种波动往往持有不同的态度。如果预计债券价格将上涨（预计利息率将下降），人们就会用现款买进债券以备日后以更好的价格卖出；反之，如果预计债券价格将下跌（预计利息率将上升），人们就会卖出债券保存货币以备日后债券价格下降时再买进。为了从事这种谋利的活动，人们需要手头保存一笔货币，这就是对货币的投机性需求。债券未来价格的不确定性是货币投机需求的必要前提。

投机需求动机和利率呈反方向变化。当利率较低时，即有价债券价格较高时，人们认为债券价格已经涨到了正常水平以上，并预计价格将要回落，从而抓住时机卖出有价债券，人们出于投机动机而持有的货币量就会增加；反之，当利率较高时，即有价债券价格较低时，人们认为债券价格已经降到了正常水平以下，并预计价格将很快回升，从而抓住机会买进有价债券，人们出于投机动机而持有的货币量就会减少。

总之，对货币的投机性需求取决于利率水平，如果用 L_2 表示货币的投机需求，用 r 表示市场利率，则这一货币需求量和利率的关系可以表示为

$$L_2 = L_2(r) = -hr \tag{9.35}$$

式中，h 是货币投机需求的利率系数，即利率变动一个百分点投机需求的变动量；负号表示货币投机需求与利率变动呈负向关系。

（2）流动偏好陷阱。人们对利率的预期可以调整财富在货币和债券之间的配置比例。利率越高，货币的投机需求量越低。当利率极高时，这一货币投机需求量等于零，因为人们认为这时候的利率不可能继续上升，或者说有价债券价格不大可能会再下降，因而将所持有的货币全部转化成有价债券，货币需求接近于零；反之，当利率极低时，如利率为1%，人们就会认为利率不可能再低，或者说有价债券的市场价格不大可能再高而只会跌落，因而会将持有的有价债券全部换成货币。此时，为了避免遭受损失，人们即使有多余的货币也不会去买有价债券。人们不管有多少货币都愿意持有手中的这种情况被称为凯恩斯陷阱或流动偏好陷阱（Liquidity Preference Trap）。在凯恩斯陷阱中，货币投机需求的利

率系数 h 趋于无穷大，即货币投机需求曲线水平。凯恩斯提出的流动偏好是指人们持有货币的偏好。因为货币的流动性、灵活性很强，可以随时用做交易、应付不测之需，所以将人们对货币产生的这种特殊偏好，称为流动偏好。

【知识拓展】

中国陷入流动性陷阱

开车的人都知道，当车轮陷入沙坑，猛踩油门并不能将汽车拉出困境，车轮只会空转。

那辆汽车，叫做中国经济；在驾驶座位上猛踩油门的司机，叫做中国政府；车轮与地面之间缺少摩擦，在经济学中叫做流动性陷阱。

今年以来，中国经济迅速失速。民间失去了投资兴趣，出口失去了竞争优势，产能过剩，需求不足，企业经营环境急速恶化，消费情绪也受到影响。面对增长的挑战，中国人民银行放弃了近年不成文的轻易不动利率杠杆的规矩，一个月内两次降低基准利率，连同准备金率的下调和信贷政策上的松动，中国的货币政策出现了全方位的宽松。

然而政策基调的改变，并没有带来对经济活动的预期效果。中华人民共和国历史上第一次民间投资活动并未因政策转向而趋向活跃。传统智慧所言"一放就乱，一管就死"，这次却没有乱起来。除了政府主导的基建投资项目外，投资领域依然是万马齐喑。

瑞信董事总经理陶冬认为，中国经济陷入了流动性陷阱，货币扩张政策对经济失去了拉动效果。

陷入流动性陷阱的，不止中国一家。日本已在陷阱中挣扎了 20 余年，美国、欧洲亦身陷其中，究其根源，为政策对应上的失误。日、美、欧，各有各的结构性矛盾，但是政策决策者却避重就轻，试图用反周期性货币政策来解开经济的结构性死结。天量的货币扩张，曾一时性地舒缓了经济痛处，但是并不能拆解结构性难题。在此过程中，货币政策的剂量愈开愈大，边际效果却愈来愈差，隐含的金融风险更以几何级数上升。

希望中国人民银行减息且降低存款准备金率来提振市场情绪的人们，一定会感到失望。货币政策会进一步放松，不过他们对经济的刺激作用，对企业盈利的帮助却相当有限。踩在油门上试图用蛮力将汽车开出沙坑的"脚"，貌似孔武有力，其实是挺绝望的。

开车的人都知道，一旦汽车陷入沙坑、雪地，不要空踩油门。下车在车轮前放一块木板，增加一点摩擦系数，问题就解决了。解决民间资本投资意欲低下的问题，要比放块木板难度更大，但是思路却是一致的。

开放服务业、减税、寻求制度上的突破，才是令中国经济重回佳境的正解。

（资料来源：http://www.nbd.com.cn/articles2012-08-06/67297.html，2012-08-06）

（3）货币需求函数。货币的总需求（L）是人们对货币的交易需求、预防需求和投机需求的总和。货币的交易需求和谨慎需求（L_1）取决于收入，即 $L_1=L_1(y)$，而货币的投机需求（L_2）取决于利率，即 $L_2=L_2(r)$，因此，对货币的总需求为

$$L=L_1+L_2=L_1(y)+L_2(r)=ky-hr \tag{9.36}$$

需要说明的是，L、L_1 和 L_2 均表示对货币的实际需求，即具有不变购买力的实际货币需求量。名义货币需求量是不考虑货币购买力的票面值的货币需求量。假定货币购买力，即价格指数为 P，则名义货币需求量为 PL。

货币需求函数用图形表示出来就是货币需求曲线，如图 9-12 所示，其中，横轴表示

货币需求量，纵轴表示利率。图 9-12(a)中 L_1 表示交易动机和谨慎动机货币需求曲线，它是收入的函数，与利率无关，所以交易动机和谨慎动机的货币需求曲线是一条垂直于横轴的直线；L_2 表示投机动机的货币需求曲线，当利率极高时，此时的有价债券价格不可能再低了，人们会将手中的多余货币用来购买债券，此时，人们的投机动机的货币需求量为零，随着利率的下降，人们的投机动机的货币需求量增加，直到利率降到最低点，此时进入流动偏好陷阱，所以投机动机的货币需求曲线最初是向右下方倾斜的，表示货币投机需求随利率的下降而增加，最后为水平状，表示流动偏好陷阱。图 9-12(b)中，将 L_1 和 L_2 水平相加，得到货币需求曲线 L，这条货币需求曲线表示在收入水平一定的情况下，货币需求量与利率的关系。当利率下降时，货币需求增加；当利率上升时，货币需求减少。利率变动对货币需求的影响表现为货币需求曲线上点的移动。

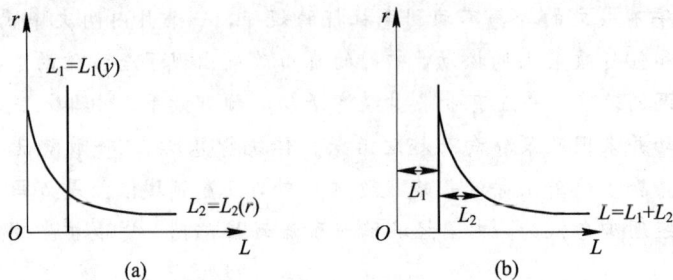

图 9-12　货币需求曲线

那么，货币需求量与收入的正向关系如何表现出来？需要用同一坐标图上的若干条货币需求曲线来表示，如图 9-13 所示。L_1、L_2 和 L_3 曲线分别代表收入水平为 y_1、y_2 和 y_3 时的三条货币需求曲线。可见，货币需求量与收入的正向变动关系是通过货币需求曲线向右和向左移动而显示的，而货币需求量与利率的反向变动关系则是通过每一条曲线向右下方倾斜表示的。例如，当利率相同，都为 r_1 时，因为收入水平不同，实际货币的需求量分别为 L_1、L_2 和 L_3，即当 $y=y_1$ 时，$L=L_1$；$y=y_2$ 时，$L=L_2$；$y=y_3$ 时，$L=L_3$。当收入水平相同时，如收入水平为 y_1 时，由于利率水平不同，货币需求量不同，即当 $r=r_1$ 时，$L=L_1$；$r=r_2$ 时，$L=L_2$，在图形中表现为实际货币需求量和利率的组合点在同一条货币需求曲线上移动。

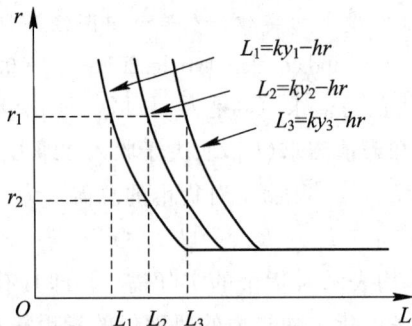

图 9-13　不同收入的货币需求曲线

2. 货币供给

货币供给是一个存量概念，它是一个国家在某一时点上所保持的不属于政府和银行所有的硬币、纸币和银行存款的总和。货币供给有狭义和广义之分。狭义的货币供给是指硬币、纸币和银行活期存款的总和，用 M_1 表示。因为活期存款可随时提取，并可作为货币在市面上流通，因而属于狭义货币供给。在狭义的货币供给上加上定期存款，便是广义的货币供给，广义的货币供给用 M_2 表示。在 M_2 的基础上，再加上个人和企业所持有的政府债券等流动资产或货币近似物，便是意义更广泛的货币供给，用 M_3 表示。后面章节所指的货币供给是指狭义的货币供给，即 M_1。

另外，分析中使用的货币供给量是实际货币供给量。如果用 M 表示名义货币供给量，m 表示实际货币供给量，P 表示价格指数，则三者的关系为 $m = M/P$。

例如，若名义货币供给量 M 为1200元，价格水平 P 为1.2，则实际货币供给量 $m = M/P = 1200/1.2 = 1000$（元）。

凯恩斯学派认为，一国货币供给量是由国家货币政策调节的，是一个外生变量，其多少与利率无关。货币供给曲线如图9－14所示，其中，横轴表示货币供给量，纵轴表示利率，则货币供给曲线是一条垂直于横轴的直线。

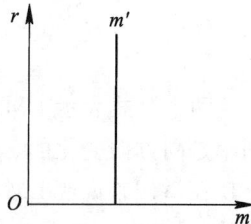

图9－14 货币供给曲线

3. 利率的决定与变动

货币市场均衡是指货币市场上的货币需求等于货币供给的状态。均衡利率是指货币需求量与货币供给量相等时的利率。如图9－15所示，货币需求曲线 L 与货币供给曲线 m 的交点 E 就是均衡点，E 点对应的利率 r_0 就是均衡利率。当市场利率 r_1 高于均衡利率 r_0 时，说明货币供给大于货币需求，此时，人们手中持有的货币量太多，人们就会运用手中多余的货币来购买有价债券，随着债券需求量的增加，债券价格上升，利率下降，货币需求逐步增加；反之，当市场利率 r_2 低于均衡利率 r_0 时，说明货币供给小于货币需求，人们感到手中持有的货币量太少，此时，人们就会售出有价债券，随着债券供给量的增加，债券价格就会下降，利率就会上升，货币需求就会逐步下降。只有当货币供求相等时，利率才不再变动。

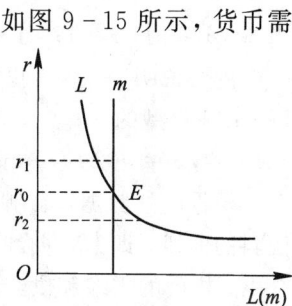

图9－15 均衡利率的决定

当货币需求曲线和货币供给曲线发生变动时，均衡利率就会发生变动。如图9－16所示，当货币供给曲线 m 不变，人们对货币的交易需求或投机需求增加时，货币需求曲线从 L 右移到 L'，均衡利率将从 r_0 增加到 r_1；反之，当货币需求曲线 L 不变，政府增加货币供给时，货币供给曲线从 m 右移到 m'，均衡利率将从 r_0 下降到 r_2。如果货币需求曲线和货币供给曲线同时发生变动时，利率将受两者共同的影响，并将在移动后的货币需求曲线和货币供给曲线交点上达到均衡。

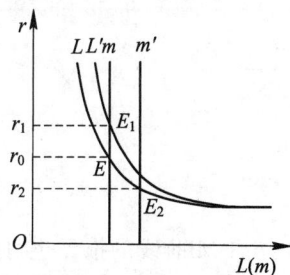

图9－16 均衡利率的变化

(二) LM 曲线

1. LM 曲线及其推导

LM 曲线反映在货币市场均衡的条件下，即货币需求等于货币供给时，收入与利率之间关系的曲线。LM 曲线推导可以借助函数关系，也可借助图形完成。

货币市场均衡要求货币供给等于货币需求，即 $m=L=L_1(y)+L_2(r)=ky-hr$。整理得

$$y=\frac{hr}{k}+\frac{m}{k}$$

或

$$r=\frac{ky}{h}-\frac{m}{h} \tag{9.37}$$

这两个公式表示 LM 曲线的代数表达式。从公式可以发现，在货币市场上，均衡收入与利率是同方向变化的，即利率越高，均衡收入越大；利率越低，均衡收入越小。

现在举例来说明 LM 曲线。假定货币交易需求函数 $m_1=L_1(y)=0.5y$，货币的投机需求函数 $m_2=L_2(r)=100-25r$，货币供给量 $m=125$ 亿元，此时，假定价格指数为 1，即实际货币供给量等于名义货币供给量，则货币市场均衡时，得

$$125=0.5y+100-25r$$

整理得

$$y=50+50r \text{ 或 } r=0.02y-1$$

当 $y=100$ 时，$r=1$；当 $y=150$ 时，$r=2$；当 $y=200$ 时，$r=3$；当 $y=250$ 时，$r=4$……

需要说明一点，这里的 $r=1$，$r=2$……，实际上是指利率分别为 1%，2%……，但在 IS - LM 模型的计算中，仍要按 $r=1$，$r=2$……计算，而不能按 $r=1\%$，$r=2\%$……或 $r=0.01$，$r=0.02$……来计算。

根据上述数据，绘制图 9 - 17。图中横轴代表收入，纵轴代表利率，则可得到向右上方倾斜的曲线，即 LM 曲线。该曲线上的任一点都代表一定利率和收入的组合，在这样的组合下，货币的需求和供给都是相等的，即货币市场是均衡的。

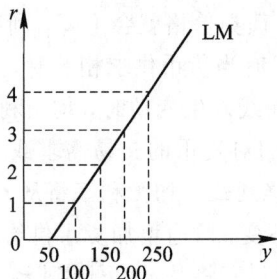

图 9 - 17　LM 曲线

LM 曲线的推导也可以用几何法从货币的投机需求函数、货币的交易需求函数及货币市场均衡条件中推导出，如图 9 - 18 所示。以上例为例，货币交易需求函数 $m_1=L_1(y)=0.5y$，货币的投机需求函数 $m_2=L_2(r)=100-25r$，货币供给量 $m=125$ 亿元，则货币市

场均衡时，必然满足 $m_1 + m_2 = m$。

图 9-18(a)中向右下方倾斜的曲线是货币的投机需求曲线，当利率从 4% 分别下降到 3%、2% 和 1% 时，货币的投机需求量分别从 0 分别增加到 25 亿元、50 亿元和 75 亿元。

图 9-18(b)表示当货币供给一定（125 亿元）时，由于 $m_1 + m_2 = m$，所以 $m_1 = m - m_2$。据此可以画出向右下方倾斜，反映货币交易需求与货币投机需求呈反方向变动的均衡条件曲线。例如，当投机需求为 25 亿元时（在横轴上表示），则交易需求货币量为 100 亿元（在纵轴上表示）。

图 9-18(c)中的曲线是货币的交易需求曲线，是一条向右上方倾向的曲线，表明收入与货币交易需求的同方向变动关系。当收入 $y = 200$ 亿元时，$m_1 = 100$ 亿元；当收入 $y = 150$ 亿元时，$m_1 = 75$ 亿元。

图 9-18(d)表示货币市场均衡时，利率与收入的组合轨迹，当收入 $y = 200$ 亿元时，$m_1 = 100$ 亿元；由于 $m = 125$ 亿元，因此，$m_2 = 125 - 100$ 亿元；当 $m_2 = 25$ 亿元时，相应的利率 $r = 3\%$。图 9-18(d)将图 9-18(a)、图 9-18(b)和图 9-18(c)三个象限的内容结合起来，说明当货币供给量为 125 亿元时，只有当 $y = 200$ 亿元，利率 $r = 3\%$ 时，货币需求才是 125 亿元，从而达到货币市场均衡。同样，只有当收入分别为 150 亿元和 100 亿元，利率分别为 $r = 2\%$ 和 $r = 1\%$ 时，货币市场才均衡。将这些使货币市场处于均衡的点用一条平滑的曲线连接起来，就得到一条向右上方倾斜的曲线，这就是 LM 曲线。

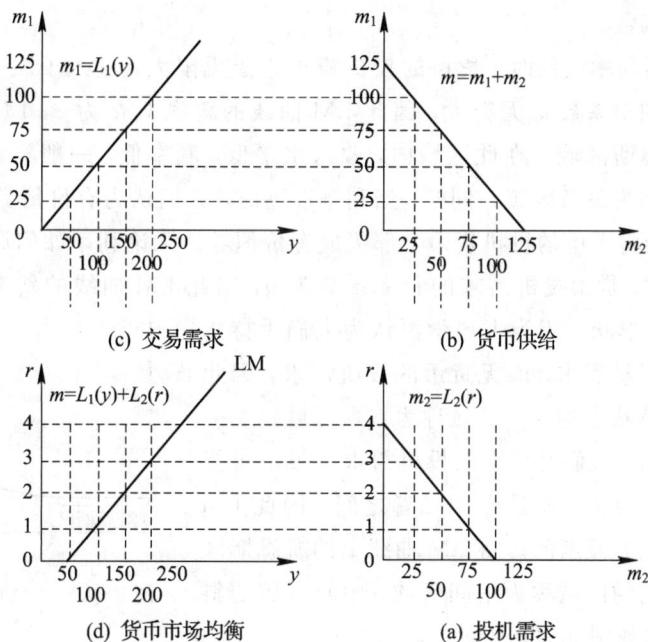

图 9-18　LM 曲线推导

对于 LM 曲线右方的任一点，例如，图 9-19 中的 B 点与位于 LM 曲线上的 A 点有相同的收入水平，即 $y_A = y_B$。因为交易动机和谨慎动机的货币需求量 L_1 由收入水平决定，所以 A 点和 B 点的交易货币需求是相同的，即 $L_{1A} = L_{1B}$。而 A 点和 B 点的利率水平不同，即 $r_A > r_B$，根据投机动机的货币需求与利率之间呈反向变动关系可知：$L_{2A} < L_{2B}$。由

于在 A 点处有：$L_{1A}+L_{2A}=m$。因为货币供给 m 不变，所以在 B 点有：$L_B>m$，即 LM 曲线右边的点都表示货币需求大于货币供给的货币市场非均衡状态之下收入与利率的组合。同理可证明位于 LM 曲线左方的任一点都表示货币需求小于货币供给的货币市场非均衡状态之下收入与利率的组合。

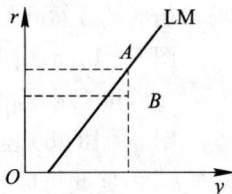

图 9 - 19 LM 曲线外的点

2. LM 曲线的斜率

由公式 $r=\dfrac{ky}{h}-\dfrac{m}{h}$ 可知，LM 曲线的斜率取决于货币需求的收入系数 k 和货币投机需求的利率系数 h。LM 曲线的斜率与 k 成正比，与 h 成反比。当 k 为定值时，h 越大，表示货币需求对利率变动越敏感，即利率变动一定量时引起的货币投机需求的变动量较大，当货币供给一定时，货币的交易需求的变动量就较大，进而使收入的变动量较大，表现到 LM 曲线上，即 LM 曲线比较平缓；反之，h 越小，LM 曲线比较陡峭。当 h 为定值时，k 越大，表示货币需求对收入变动越敏感，即收入变动一定量时引起的货币的交易动机和谨慎动机的货币需求的变动量就较大，当货币供给一定时，货币的投机动机的货币需求变动量就较大，从而导致利率的变动量较大，表现到 LM 曲线上，即 LM 曲线比较陡峭；反之，k 越小，LM 曲线比较平缓。

西方学者认为，货币的交易需求函数一般比较稳定，因此 LM 曲线的斜率主要取决于货币的投机需求函数。

前面提到，当利率极低时，货币的投机需求趋于无限大，进入了凯恩斯陷阱。此时，货币投机需求的利率系数 h 无穷大，因此 LM 曲线的斜率 k/h 为 0，LM 曲线为水平状，这一区域称为凯恩斯区域。在此区域内，收入水平低，利率低，一般经济处于萧条状态，因此这一区域又称为萧条区域。同样，当利率极高时，人们认为有价债券的价格已经降到最低点了，因此会将手中的投机货币全部买成有价债券。无论利率如何调整，货币的投机需求均为 0。此时，货币投机需求的利率系数为 0，因此 LM 曲线的斜率 k/h 为无穷大，LM 曲线呈现垂直形状。因为古典学派认为人们手持货币都是为了满足交易需求，而无货币的投机需求，因此将 LM 曲线呈垂直状态的这一区域称为古典区域。

西方学者认为，人们对货币的投机需求一般不可能是零，也不可能无穷大，而是介于二者之间，因此 LM 曲线一般是向右上方倾斜的。将 LM 曲线上的凯恩斯区域和古典区域之间的区域称为中间区域，中间区域的斜率大于零，其形状如图 9-20 所示。

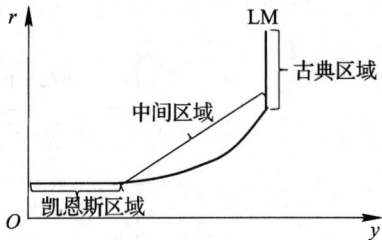

图 9 - 20 LM 曲线的三个区域

3. LM 曲线的移动

LM 曲线的移动指的是 LM 曲线的平行移动，而不是 LM 曲线的转动，因此假定 LM 曲线的斜率不变，即假定 k 和 h 不变。由公式 $r=\dfrac{ky}{h}-\dfrac{m}{h}$ 可知，$\dfrac{m}{h}$ 是 LM 曲线的截距的绝对值，因此只有当 m 发生变动时，LM 曲线才会移动。因为实际货币供给量 m 是由名义货

币供给量 M 和价格水平 P 决定的，即 $m=M/P$，因此造成 LM 曲线移动的因素有以下两个方面：

（1）名义货币供给量 M 的变动。在价格水平不变的情况下，M 增加，实际货币供给量 m 增加，LM 曲线在纵轴的截距 $-m/h$ 的绝对值会增大，LM 曲线就会向右移动。这是因为实际货币供给量的增加会使利率下降，利率下降会刺激消费和投资在内的总需求，国民收入因此而增加。反之，当名义货币供给量 M 减少时，LM 曲线就会向左移动。

（2）价格水平 P 的变动。在名义货币供给量 M 不变的情况下，价格水平 P 上升，实际货币供给量 m 减少，LM 曲线在纵轴的截距 $-m/h$ 的绝对值会减少，LM 曲线就会向左移动。这是因为实际货币供给量的减少会使利率上升，利率上升会抑制消费和投资在内的总需求，国民收入因此而减少。反之，当价格水平 P 下降时，LM 曲线就会向右移动。

三、产品与货币市场同时均衡：IS－LM 模型

（一）两个市场同时均衡的收入和利率

在产品市场上，均衡国民收入是由消费、投资、政府支出和净出口的总支出或总需求决定的，总需求中的投资需求由利率决定，而利率由货币市场的供求决定，这就是说，要分析产品市场上的均衡国民收入，首先要知道利率，即假定已经存在货币市场的均衡利率；同时，产品市场上决定的均衡国民收入又会影响交易动机和谨慎动机的货币需求，进而影响总货币需求，从而影响利率，因此要研究货币市场上的均衡利率，要首先知道收入，即假定已经存在产品市场的均衡收入。由此可见，只有给定利率，产品市场的收入才能决定；只有给定收入，货币市场的利率才能决定。这样，凯恩斯理论就陷入了循环推论：收入依赖利率，而利率又依赖收入。凯恩斯的后继者发现了循环推论的问题，为解决这一问题，希克斯和汉森将产品市场和货币市场结合起来，建立了产品市场和货币市场的一般均衡模型，即 IS－LM 模型。

从前面的分析可知，IS 曲线反映在产品市场均衡的条件下，存在一系列收入与利率的组合；LM 曲线反映在货币市场均衡的条件下，存在一系列收入与利率的组合。而产品市场和货币市场同时均衡时的利率和收入的组合却只有一个，即在 IS 曲线与 LM 曲线相交的交点上，其数值可以通过求解 IS 曲线与 LM 曲线的联立方程得到。

以图 9－8 和图 9－17 为例，图 9－8 反映的是产品市场均衡，即
$$i=240-30r, \quad s=-60+0.4y$$
当 $i=s$ 时，$y=750-75r$，这是 IS 曲线。

图 9－17 反映的是货币市场均衡，即
$$M=m=125, \quad L=0.5y+100-25r$$
当 $L=m$ 时，$y=50+50r$，这是 LM 曲线。

两个市场同时达到均衡时的利率和收入可通过求解以下联立方程而得，即
$$\begin{cases} y=750-75r \\ y=50+50r \end{cases}$$

得 $r=5.6\%$，$y=750-50\times5.6=330$（亿元），即两个市场同时均衡时，均衡收入为 330 亿元，均衡利率为 5.6%。

两个市场同时均衡的收入和利率决定如图 9-21 所示。

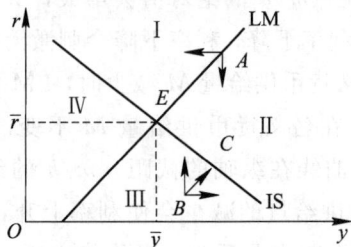

图 9-21 产品市场和货币市场的一般均衡

在图 9-21 中，IS 曲线与 LM 曲线相交于 E 点，E 点代表的收入 $\bar{y}$ 和利率 $\bar{r}$ 是产品市场和货币市场同时实现均衡时的收入和利率。此时，产品市场上，投资与储蓄相等，产品市场实现了均衡。与此同时，货币市场上，货币需求与货币供给相等，货币市场也实现了均衡，所以在 E 点上，产品市场和货币市场同时实现了均衡。

图中 E 点之外的任何一点都没有同时实现两个市场的均衡。为说明这一点，将图 9-21 的坐标平面分为Ⅰ、Ⅱ、Ⅲ、Ⅳ四个区域。这四个区域中都存在产品市场和货币市场的非均衡状态。例如，区域Ⅲ中的任何一点，一方面在 IS 曲线左下方，因此有投资大于储蓄的非均衡；另一方面又在 LM 曲线右下方，因此有货币需求大于供给的非均衡。其余三个区域中的非均衡关系也可以这样推出。这四个区域中的非均衡关系可列表，如表 9-4 所示。

表 9-4 产品市场和货币市场的非均衡

区域	产品市场	货币市场
Ⅰ	$i<s$ 有超额产品供给	$L<m$ 有超额货币供给
Ⅱ	$i<s$ 有超额产品供给	$L>m$ 有超额货币需求
Ⅲ	$i>s$ 有超额产品需求	$L>m$ 有超额货币需求
Ⅳ	$i>s$ 有超额产品需求	$L<m$ 有超额货币供给

各个区域中存在的各种不同组合的 IS 和 LM 非均衡状态会得到调整，IS 不均衡会导致收入变动，即投资大于储蓄会导致收入上升，投资小于储蓄会导致收入下降；LM 不均衡会导致利率变动，即货币需求大于货币供给会导致利率上升，货币需求小于货币供给会导致利率下降。这种调整最终都会趋向均衡利率和均衡收入。

例如，图 9-21 中的 A 点在 LM 曲线上，但不在 IS 曲线上，表明此时在货币市场上达到了均衡状态，而产品市场的需求小于供给，这种供求状况会使收入下降，而收入的下降会使货币的交易动机和谨慎动机需求减少，进而利率下降，在收入下降和利率下降两种力量的共同作用下，A 点趋近于均衡点 E。B 点在区域Ⅲ中，一方面有超额的产品需求，从而使收入增加，收入由 B 点沿着平行于横轴的箭头向右移动；另一方面有超额货币需求，从而使利率上升，利率由 B 点沿着平行于纵轴的箭头向上移动。两种力量的共同结果使收入和利率的组合沿着对角线箭头向右上方移动至 C 点。在 C 点，产品市场达到均衡，但是货币市场还未均衡，因此，仍会再调整，这种调整直到均衡点 E 才会停止。

（二）均衡收入和利率的变动

在给定的 IS 曲线和 LM 曲线下，可以确定产品市场和货币市场同时均衡时的利率和收入的组合，但这一均衡并不是充分就业时的均衡。例如，在图 9-22 中，IS 曲线与 LM 曲线相交于 E 点，均衡收入和均衡利率分别为 $\bar{y}$ 和 $\bar{r}$，但充分就业的收入是 y^*，假定此时的均衡收入低于充分就业时的收入，即 $\bar{y} < y^*$。此时仅依靠市场的调节无法实现充分就业，需要政府运用扩张性财政政策或货币政策进行调节。如果政府实行增加支出，或降低税收，或者双管齐下的扩张性财政政策，IS 曲线就会向右上方移动至 IS' 的位置，与 LM 曲线相交于 E' 点，均衡收入增加到 y^*，从而实现充分就业时的收入水平。政府也可实行扩张性的货币政策，如增加货币供给量，LM 曲线就会向右移动至 LM' 的位置，与 IS 曲线相交于 E'' 点，均衡收入增加到 y^*，同样可以实现充分就业时的收入水平。

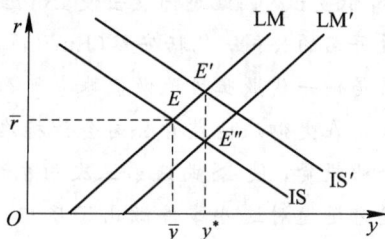

图 9-22　均衡收入与均衡利率的决定

如图 9-22 所示，当 IS 曲线和 LM 曲线发生变动时，均衡收入和均衡利率将发生变化。当 LM 曲线不变，IS 曲线向右移动时，均衡收入和均衡利率将会上升。这是因为 IS 曲线右移是由消费、投资或政府支出等总支出或总需求增加造成的，总需求的增加使生产和收入增加，收入增加会使投机动机和交易动机的货币需求增加。在货币供给不变的情况下，人们只能通过出售有价债券来增加交易和谨慎所需的货币，这会使有价债券价格下降，利率上升。同样可以说明，LM 曲线不变，IS 曲线向左移动时，均衡收入和均衡利率将会下降。

当 IS 曲线不变，LM 曲线向右移动时，均衡收入增加，均衡利率下降。这是因为 LM 曲线右移，或者因为货币供给不变而货币需求减少，或者因为货币需求不变而货币供给增加造成的，总之，是由货币供给大于货币需求引起的。在 IS 曲线不变的情况下，即产品市场供求状况不变化的情况下，LM 曲线右移意味着货币供过于求，这将导致利率下降。利率下降将刺激消费和投资，进而收入增加。反之，当 IS 曲线不变，LM 曲线左移时，均衡收入将减少，均衡利率将上升。

另外，当 IS 曲线和 LM 曲线同时移动时，均衡收入和均衡利率的变化取决于二者的移动幅度。

【知识拓展】

2001年美国经济的衰退

2001年美国经济经历了经济活动的显著减缓时期。失业率从2000年9月的3.9%上升到2001年8月的4.9%，然后在2003年6月达到6.3%。在许多方面，这一减缓看起来像是总需求下降驱动的一次典型衰退。

三个值得注意的冲击解释了这一事件。第一个是股票市场的下跌。在20世纪90年代，由于投资者对新信息技术前景的乐观，股市经历了创历史纪录的繁荣。一些经济学家在当时就认为这种乐观过度了，后来的发展证明确实如此。当乐观不再时，从2000年8月到2001年8月，平均股票价格下跌了约25%。股市的下跌减少了家庭财富，从而减少了消费者支出。此外，对新技术盈利能力预期的下跌导致投资支出的下降。用IS-LM模型的语言来说，IS曲线向左移动。

第二个冲击是2001年9月11日恐怖分子对纽约和华盛顿的袭击。在恐怖袭击后的那个星期，股市又下跌了12%，在当时来看，这是20世纪30年代大萧条以来最大的单周下跌，而且袭击增加了对未来将会如何发展的不确定性。因为家庭和企业在不确定性解除之前推迟部分支出计划，所以不确定性会降低支出，因此恐怖袭击使IS曲线进一步向左移动。

第三个冲击是一些全国最著名的公司，包括安然（Enron）、世通公司（WorldCom）等系列会计丑闻。这些丑闻的后果是使一些欺骗性地做假账夸大盈利的公司破产，对欺骗应负责任的公司高管的刑事定罪和旨在更彻底地监管公司会计标准的新法律的诞生。这些事件进一步降低了股价并抑制了企业投资，使IS曲线第三次向左移动。

货币政策和财政政策制定者迅速对这些事件做出了反应。国会在2001年通过了大规模减税，包括即刻的税收返还，在2003年通过了又一次大规模减税。这些减税的目的之一是对刺激经济的案例研究。此外，在恐怖袭击之后，国会还通过拨款协助纽约经济复苏和帮助陷入困境的民航业而增加了政府支出。这些财政措施都使IS曲线向右移动。

与此同时，美联储实行了扩张性货币政策，这使LM曲线向右移动。货币增长加速，利率下降。3个月期国债的利率从2000年11月的6.2%下降到（恐怖袭击前）2001年8月的3.4%。在恐怖袭击和公司丑闻对经济造成重创后，美联储增加了货币刺激，国债利率降到了2003年7月的0.9%，这是几十年间的最低水平。

扩张性货币政策和财政政策取得了预期的效果。2003年下半年经济增长回升，整个2004年增长强劲。到2005年7月失业率回落到5.0%，在接下来的几年里失业率维持在5%或更低的水平。然而，2008年经济经历了又一次衰退，失业率又开始上升。

（资料来源：N·格里高利·曼昆.宏观经济学.北京：中国人民大学出版社，2016.）

第三节 AD-AS模型

前面讨论的宏观经济问题都是在一般价格水平固定不变的情况下进行的，这些讨论没有说明产量（收入）与价格水平之间的关系。本节将讨论的总需求-总供给模型则取消了价格水平固定不变的假定，重点强调产量与价格水平的关系。

一、总需求曲线

（一）总需求与总需求函数

总需求是指一个国家或地区在一定时期内在任一价格水平下由社会支出所实际形成的对产品和劳务的购买总量。在宏观经济学中，总需求是指整个社会的有效需求，不仅是指整个社会对产品和劳务需求的愿望，而且是指该社会对产品和劳务的支付能力，因此总需求实际上就是经济社会的总支出。根据总支出的构成可知，在四部门经济中，总需求（总支出）由消费、投资、政府支出和净出口构成，其公式为

$$AD = C + I + G + NX \tag{9.38}$$

总需求函数被定义为总需求与价格水平之间关系的函数。它表示在某个特定的价格水平下，经济社会需要多高水平的产量。其公式可表示为

$$y = F(P) \tag{9.39}$$

式中，y 代表总需求；P 代表价格水平。

（二）总需求曲线的图形

总需求曲线是以横轴表示总需求，纵轴表示价格水平，反映总需求与价格水平之间关系的曲线。通常情况下，总需求曲线向右下方倾斜，即在其他条件不变的情况下，经济中的价格水平下降，如图 9-23 所示，价格水平从 P_1 降到 P_2，产品和劳务的需求量从 y_1 增加到 y_2；反之，价格水平上升会减少物品和劳务的总需求量。

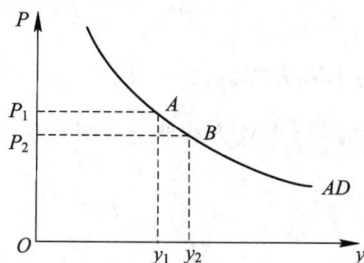

图 9-23 总需求曲线

为什么价格水平与总需求呈反向变动关系？回顾前面的内容，总需求由消费、投资、政府支出和净出口四部分构成。在这里，只要说明价格水平是如何影响消费和企业投资的，即可说明总需求曲线为什么向右下方倾斜。

当价格水平下降时，提高了经济中货币的真实价值，使消费者感觉更富有了，从而鼓励消费，消费支出的增加意味着产品和劳务的需求量增大。相反，价格水平上升降低了货币的真实价值，使消费者感觉自己变穷了，这将减少消费者支出，从而减少物品和劳务的需求量。以上说明的价格水平对消费影响的效应被称为财富效应。根据公式(9.38)，P 与 C 呈反方向变动，而 C 又是总需求中的重要组成部分，故总需求与价格呈反方向变动。

当价格水平下降时，实际货币供给将增加，此时，货币供给大于货币需求，人们感觉手中的货币过多，人们将手中多余的货币购买有价债券，致使债券价格上升，进而利率下

降,利率下降刺激投资增加,从而使总需求增加;反之,价格水平上升则使实际货币供给减少,此时,货币需求大于货币供给,使利率上升,利率上升使投资下降,从而使总需求减少。上述说明价格水平变动通过影响利率进而影响投资的效应被称为利率效应。根据公式(9.38),P 与 I 呈反方向变动,而 I 又是总需求中的重要组成部分,故总需求与价格呈反方向变动。

(三) 总需求曲线的推导

总需求曲线可以用 IS、LM 方程推导,假定两部门经济中,消费函数 $c = \alpha + \beta y$,投资函数 $i = e - dr$,货币需求函数 $L = ky - hr$,名义货币供给量为 M,价格水平为 P,试推导总需求曲线。

首先,根据给定条件推导总需求函数,方法如下:

(1) 求 IS 方程。由两部门经济产品市场的均衡模型

$$\begin{cases} y = c + i \\ c = \alpha + \beta y \\ i = e - dr \end{cases}$$

可以求出 $r = \dfrac{\alpha + e}{d} - \dfrac{1 - \beta}{d} y$,此为 IS 方程。

(2) 求 LM 方程。由两部门经济货币市场的均衡模型

$$\begin{cases} L = m \\ L = ky - hr \\ m = \dfrac{M}{P} \end{cases}$$

可以求出 $r = -\dfrac{M}{Ph} + \dfrac{k}{h} y$,此为 LM 方程。

(3) 求总需求函数。将 IS 方程、LM 方程联立,则

$$\begin{cases} r = \dfrac{\alpha + e}{d} - \dfrac{1 - \beta}{d} y \\ r = -\dfrac{M}{Ph} + \dfrac{k}{h} y \end{cases}$$

可以求出 $y = \left(\dfrac{M}{Ph} + \dfrac{\alpha + e}{d} \right) \bigg/ \left(\dfrac{k}{h} + \dfrac{1 - \beta}{d} \right)$,此为总需求函数。

其次,根据总需求函数,给定一个价格水平,即可确定出相应的总需求量。在总需求曲线坐标系中描点连线即可得到总需求曲线。

例如,假定在两部门经济中,投资函数 $i = 240 - 30r$,消费函数 $c = 60 + 0.6y$,有 IS 方程 $r = 10 - \dfrac{1}{75} y$。货币交易需求函数 $L_1(y) = 0.5y$,货币的投机需求函数 $L_2(r) = 100 - 25r$,货币供给量 $M = 125$ 亿元,此时,价格水平为 P,则 LM 方程 $r = 4 - \dfrac{5}{P} + \dfrac{1}{50} y$。联立 IS 方程、LM 方程,则

$$\begin{cases} r = 10 - \dfrac{1}{75}y \\ r = 4 - \dfrac{5}{P} + \dfrac{1}{50}y \end{cases}$$

解得 $y = 180 + \dfrac{150}{P}$，即为总需求函数。

在这种情况下，总需求曲线反映的是产品市场和货币市场同时均衡时，价格水平与总需求呈反向变动关系。此外，总需求曲线也可用 IS - LM 图形推导。

如图 9 - 24 所示，此图由两部分组成，上部分是 IS - LM 图形，下部分是总需求曲线坐标系。假定价格水平为 P_1 时，LM 曲线为 LM_1，产品市场和货币市场同时均衡的国民收入为 y_1。将 (y_1, P_1) 标在图 9 - 24 中，便得到总需求曲线上的一点 A。假定价格水平下降为 P_2，在名义货币供给量不变的情况下，将导致实际货币供给量增加，LM 曲线向右下方移动至 LM_2，产品市场和货币市场同时均衡时的国民收入为 y_2。将 (y_2, P_2) 标在图 9 - 24 中，便得到总需求曲线上的一点 B。以此类推，价格水平每变动一次，都可根据 IS - LM图形确定出相应的总需求水平，从而得到总需求曲线上的一点。这样可以得到价格水平和总需求的无数组合点，用一条平滑的曲线将这些点连接起来，就是总需求曲线。

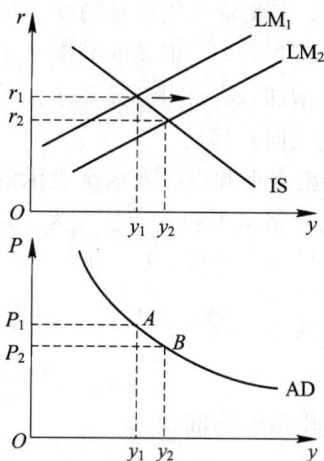

图 9 - 24　总需求曲线的推导

此处应该指出的是，价格水平的变化对 IS 曲线无影响。因为决定 IS 曲线的量被假定为实际量，而不是随价格变化的名义量。

（四）总需求曲线的移动

从宏观经济的角度来看，造成总需求曲线移动主要有以下因素：

（1）消费需求的变动。消费需求主要取决于个人的可支配收入，而可支配收入又可看成个人收入减去税收。因而，当一国政府降低对居民征税时，个人可支配收入就会增加，从而消费需求也会增加，这会引起总需求曲线向右移动。除了可支配收入的变动引起消费需求的变化以外，还有很多因素影响消费需求，如人口总量、人口的年龄结构、一国的产业结构、消费者对未来收入的预期等。

（2）投资需求的变动。企业之所以想要投资，是因为投资在未来能给企业带来更大的收益。而决定企业投资的主要因素是企业的成本、收益和企业对未来的预期。当这些因素发生改变时，企业的投资就会发生变动，从而引起总需求曲线的移动。例如，当政府的税收下降时，企业的成本会随之下降，企业的利润水平就会上升，这就刺激了企业投资的增加，从而导致总需求曲线向右移动。

（3）政府购买的变动。政府购买的需求直接影响总需求。政府购买增加会直接导致总需求增加，引起总需求曲线向右移动；反之，政府购买减少会引起需求曲线向左移动。政府购买的变动既有可能是政府本身行为的需要，也有可能是政府调节宏观经济的政策需要。如国际局势紧张时，政府认为有必要加强对军备方面的开支，这种政府购买的增加是政府本身行为的需要。而当国际局势缓和时，如果国内经济处于总需求不足的状态，政府也有可能增加军备方面的开支，这时增加政府购买是为了扩大国内的总需求，这种政府购买的增加就是调节宏观经济的政策需要。

（4）净出口的变动。世界经济会通过各种渠道来影响一国的总需求，它们直接体现在净出口需求的变动上。如汇率上升，意味着本国商品的相对价格上升，外国商品的相对价格下降，本国将扩大对进口的需求而外国将减少对出口的需求，因此本国净出口减少，总需求下降，导致需求曲线向左移动。

（5）名义货币供给量的变动。名义货币供给量的变动是通过利率的变动来影响总需求曲线的。当一国的名义货币供给量扩大时，市场的利率水平将下降，这就会刺激企业投资需求增加以及家庭当前消费需求增加，从而引起总需求曲线向右移动；反之，一国的名义货币供给量减少会引起总需求曲线向左移动。

总之，总需求曲线给出了价格水平和以收入水平表示的总需求的关系，但是它本身并不能决定使整个社会供求相等的价格水平和总产量。为了阐释整个经济价格水平和总产出水平是如何决定的，还需要引入另一个分析工具，即总供给曲线。

二、总供给曲线

（一）总供给、总供给函数和总供给曲线

总供给是指一国或地区在任一价格水平下愿意且能够提供的产品和劳务的总量。该总量用市场价值来描述。

总供给函数就是反映总供给和价格水平之间关系的函数。一般来讲，价格水平越高，总供给越大；价格水平越低，总供给越小，二者之间呈同方向变动。总供给函数可表示为

$$y = F(P) \tag{9.40}$$

式中，y 代表总供给；P 代表价格水平。

总供给曲线是以横轴表示总供给量，纵轴表示价格水平，反映总供给量与价格水平之间关系的曲线。

（二）价格水平对总供给的影响机制

价格水平对总供给的影响过程分为三个阶段。首先，价格水平的变化影响实际工资，

在名义工资不变的情况下，实际工资与价格水平成负相关；其次，实际工资的变化会影响劳动市场的供求变动，劳动供给与劳动需求共同决定实际就业量；最后，就业量变化引起产量或总供给变化，就业量增加，总供给（产量）增加。

（三）总供给曲线的推导

总供给曲线的推导是借助宏观生产函数和劳动市场的均衡完成的。

1. 宏观生产函数

生产函数是指投入与产出之间的数量关系。它表示在一定的技术水平下，不同数量的生产要素组合与它们所生产出来的最大的产出数量之间的关系。生产函数有微观与宏观之分。宏观生产函数又称为总量生产函数，是指整个经济中总投入与总产出之间的关系，用公式表示为

$$y = F(N, K, T) \tag{9.41}$$

式中，y 代表总产出，即总供给；N 代表就业量；K 代表资本存量；T 代表技术水平。公式(9.41)表示经济社会的产出主要取决于就业量、资本存量和技术水平。

宏观生产函数也划分为短期和长期两种情况。在短期宏观生产函数中，由于资本存量和技术水平的改变需要较长的周期，因此短期内通常认为这两种要素不变，只有就业量是可变的，即

$$y = F(N, \overline{K}, \overline{T}) \tag{9.42}$$

式中，$\overline{K}$、$\overline{T}$ 分别代表不变的资本存量和技术水平。公式(9.42)即为短期宏观生产函数的表达式。由此可见，短期宏观生产函数是指在一定的技术水平和资本存量条件下，反映就业量和经济社会的产出量之间关系的函数。换句话说，在一定的技术水平和资本存量条件下，经济社会的产出 y 取决于就业量 N。

短期宏观生产函数曲线如图 9-25 所示。图中，经过原点向右上方倾斜且向上凸起，其特点是由短期生产函数的性质决定的。其性质是：一是总产出随总就业量的增加而增加；二是在技术水平和资本存量不变的情况下，由于边际报酬递减规律的作用，随着总就业量的增加，总产出按递减的比率增加。

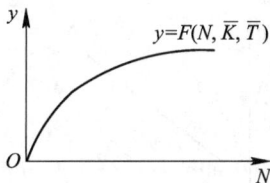

图 9-25　短期宏观生产函数曲线

长期生产函数与短期生产函数的不同之处在于在长期生产函数中，技术水平、资本存量和就业量等所有投入要素都是可变的。长期生产函数反映投入要素和经济社会的产出量之间的关系，其表达式为

$$y^* = F(N^*, K^*, T^*) \tag{9.43}$$

式中，N^* 为各个短期中的充分就业量，或称为潜在就业量；K^* 为各期的资本存量；T^* 为各期的技术水平；y^* 为各期的充分就业时的产量，或称为潜在产量。

本章中关于宏观生产函数的分析主要针对短期宏观生产函数而言,长期宏观生产函数问题将在经济增长理论中探讨。

2. 劳动市场的均衡

劳动市场理论存在较大争议,本部分内容主要以完全竞争劳动市场为例加以分析。

(1) 探讨劳动需求曲线。厂商雇佣劳动的目的是为了获得最大化的利润。利润最大化的一般原则是边际收益等于边际成本。这一原则运用于厂商对劳动的需求时则为雇佣最后一个工人所带来的收益等于雇佣最后一个工人所付出的成本。雇佣最后一个工人所带来的收益就是这最后一个工人所生产的产品(劳动的边际产品 MP)与该产品的边际收益 MR 的乘积(MP·MR)。在完全竞争的条件下,产品的边际收益等于产品的价格(P)。由于厂商雇佣最后一个工人所付出的成本就是花在该工人身上的工资(W),所以劳动需求的利润最大化条件就是:MP·P = W 或 MP = W/P,W/P 就是实际工资。由于边际收益递减规律的作用,劳动边际产品随着劳动量的增加而减少,因此厂商对劳动的需求量与实际工资成反比,即劳动需求曲线是向右下方倾斜的。把所有厂商的劳动需求曲线相加即可得到总的劳动需求曲线(如图 9 - 26 所示)。

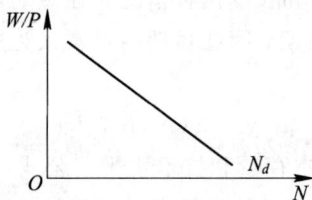

图 9 - 26 劳动需求曲线

(2) 探讨劳动供给曲线。工人提供劳动的目的是为了获得最大化的收入。又由于工人获得收入的目的是为了用它购买各种产品和劳务,从而使自己的效用达到最大化,所以劳动供给的多少也取决于实际工资的高低,并且与实际工资成正比,即劳动供给曲线是向右上方倾斜的。把所有工人的劳动供给曲线加总起来就可以得到总的劳动供给曲线(如图 9 - 27 所示)。

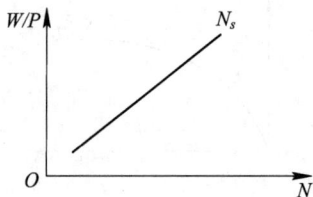

图 9 - 27 劳动供给曲线

(3) 探讨劳动市场的均衡,如图 9 - 28 所示。在完全竞争市场上,劳动市场的均衡是在劳动需求曲线和劳动供给曲线的交点处实现的。在图 9 - 28 中,劳动的需求曲线和供给曲线交于 E 点,E 点对应的实际工资水平为 $(W/P)^*$,就业量为 N^*。如果实际工资水平高于 $(W/P)^*$,劳动市场就会出现供大于求,工人之间就会为谋取工作而相互竞争,从而造成实际工资的下降;如果实际工资水平低于 $(W/P)^*$,劳动市场上就会出现供不应求,则厂商之间就会为争夺工人而相互竞争，从而造成实际工资的上升，因此劳动市场的均衡必然在$(N^*,(W/P)^*)$处实现，其中，N^*称为充分就业时的就业量，或潜在的就业量。

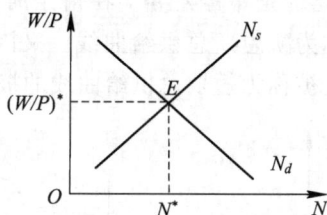

图 9 - 28 劳动市场的均衡

（四）三种总供给曲线

1. 古典总供给曲线

假设产品市场、货币市场、劳动市场都是完全竞争市场，名义工资和价格具有完全的伸缩性，即名义工资和价格能够根据市场变化立即进行调整，则根据劳动市场均衡的分析可知，此时均衡的就业量是N^*。不论名义工资和价格怎么调整，均衡就业量都不会发生改变。将N^*代入宏观生产函数$y=F(N,\overline{K},\overline{T})$中，可知经济社会的产出量也是一个常数，用$y^*$表示，因此总供给曲线是一条垂直于横轴的直线，如图 9 - 29 所示。由于N^*是充分就业时的就业量或潜在就业量，因此y^*就是充分就业时的产量或潜在产量。由于古典学派强调市场机制的作用，认为市场上的信息是充分的，信息的传递是迅速而及时的，各种资源的流动也不会花费时间和成本。当经济中出现失衡时，经市场机制的调整会迅速恢复均衡。在劳动力市场上，劳动需求和劳动供给都是由实际工资水平决定的，决定实际工资的货币工资和价格水平都是非常富有弹性的，因此劳动力市场的非均衡状态在市场机制的调节下会迅速得到调整，从而使劳动力市场总是处在充分就业的状态，总产出也始终处于充分就业产出水平上，因此垂直的总供给曲线被称为古典总供给曲线。又因为在长期内，名义工资和价格有足够的时间调整到充分就业的工资水平上，故垂直的总供给曲线有时也被称为长期总供给曲线。

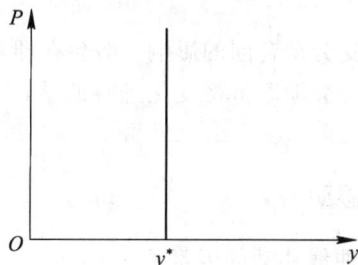

图 9 - 29 古典总供给曲线

2. 凯恩斯总供给曲线

假设工资和价格均具有刚性，完全不随市场的变化而变化。此种假设下的总供给曲线是一条位于既定价格水平上的平行于横轴的直线，如图 9 - 30 所示。该线表示经济社会能够按照既定的价格提供社会需要的任何数量的产量。但产量的增加不是无限的，当达到充分就业产量后，由于不再有多余的劳动投入，因此产量不再增加。需求的增加只能带来价格的上升。由于凯恩斯学派研究的是萧条经济，在萧条时期，工资和价格均不会发生变化，因此水平的总供给曲线被称为凯恩斯总供给曲线。又因为在短期内，工资和价格来不及调整，故水平的总供给曲线又被称为短期总供给曲线的极端情况。

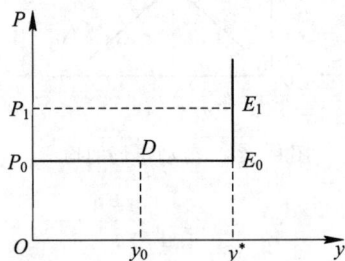

图 9 - 30　凯恩斯总供给曲线

3. 常规总供给曲线

假设工资和价格能够调整，但工资相对于价格变化的调整速度和调整幅度不完全一致。价格变化后，如果工资调整的速度慢，调整的幅度小，则就业量改变就比较大，从而产出的改变也比较大，总供给曲线的斜率较小，较平缓，接近于凯恩斯总供给曲线；反之，如果工资调整的速度快，调整的幅度大，则就业量改变就比较小，从而产出的改变也比较小，总供给曲线的斜率大，较陡峭，接近于古典总供给曲线，因此总供给曲线是介于凯恩斯总供给曲线和古典总供给曲线之间的一条向右上方倾斜的曲线，如图 9 - 31 所示。

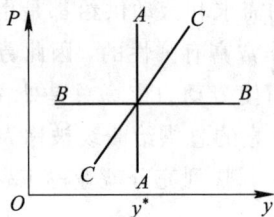

图 9 - 31　常规总供给曲线

由于在常规情况下，工资受劳动合同的影响，不会立即对价格做出反应，表现为有一定的黏性。一旦合同到期，工资会随着价格变化进行调整，因此向右上方倾斜的需求曲线被称为常规总供给曲线。

（五）短期总供给曲线的移动

下面考察导致短期总供给曲线移动的因素：

（1）可得到的劳动量增加使短期总供给曲线向右移动，而可得到的劳动量减少使短期总供给曲线向左移动，这意味着劳动变动会引起短期总供给曲线发生移动。

（2）物质资本或人力资本（指人们通过教育、培训和经验获得的知识与技能）增加使短期总供给曲线向右移动，而物质资本或人力资本减少使短期总供给曲线向左移动，这意味着资本变动会引起短期总供给曲线发生移动。

（3）自然资源可获得性的增加使短期总供给曲线向右移动，而自然资源可获得性的减少使短期总供给曲线向左移动，这意味着自然资源变动会引起短期总供给曲线发生移动。

（4）技术知识的进步使短期总供给曲线向右移动；可得到的技术减少使短期总供给曲线向左移动。

（5）预期价格水平上升一般会减少物品与劳务的供给量，并使短期总供给曲线向左移动。其原因在于，当工人和企业预期价格水平要上升时，他们就倾向于达成一个高水平工资的合同，而高工资增加了企业的成本，进而在既定的价格水平下减少了企业供给的物品与劳务量；反之，当预期价格水平下降时，则增加了物品与劳务的供给量，并使短期总供给曲线向右移动。

除了以上导致短期总供给曲线移动的因素外，还有两个因素也可导致短期总供给曲线移动：一是投入品价格变化；二是名义工资变化。

为了理解上述两个因素对短期总供给曲线的影响，回顾微观经济学关于企业目标是追求最大利润的假定。假设某种事件导致生产成本上升，如石油价格的上升，那么在任一给定的价格水平上，生产者每单位产品获得的利润减少，因此生产者在所有价格水平上愿意供应的产量减少，考虑到累积效果可知，经济的短期供给曲线就会向左移动。相反，假设某种事件导致企业生产成本下降，如名义工资下降，那么在任一给定的价格水平上，生产者每单位产品获得的利润增加，因此生产者在所有价格水平上愿意供应的产量增加，考虑到累积效果可知，经济的短期供给曲线就会向右移动。将上述分析进行概括，则有如下结论：其一，若投入品价格（如石油）上升，导致经济的短期总供给曲线向左移动；若投入品价格下降，导致短期总供给曲线向右移动。其二，若名义工资增加，导致短期总供给曲线向左移动；若名义工资下降，导致短期总供给曲线向右移动。

三、总需求与总供给模型

将总需求和总供给曲线结合，放在一个坐标系中，即构成总需求-总供给模型。用总需求-总供给模型对现实经济情况加以解释。为了论述方便，将经济情况分为三种，即宏观经济短期目标、总需求曲线移动的后果和总供给曲线移动的后果。

（一）宏观经济的短期目标

在短期中，宏观经济管理要达到的目标是充分就业和物价稳定，即不存在非自愿失业时，物价既不上升也不下降，如图 9 - 32 所示。

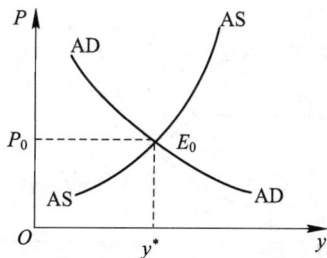

图 9 - 32 宏观经济的短期目标

图 9 - 32 表明总需求曲线和总供给曲线相交于点 E_0 时，产量处于充分就业水平 y^*，价格为 P_0，此时的价格既不会上升也不会下降。E_0 点即是短期宏观经济所要达到的目标，充分就业和物价稳定。

（二）总需求曲线移动的后果

总需求曲线移动的后果如图 9 - 33 所示。在某一时期内，总需求曲线 AD_0 与总供给曲线 AS 的交点代表充分就业的 E_0 点。E_0 点的产量为 y^*，价格水平为 P_0。假定总需求减少到 AD_1 的位置时，此时 AD_1 和 AS 相交于 E_1 点。这表明经济社会处于衰退状态，其产量和价格分别为 y_1 和 P_1，二者均低于充分就业的数值。然而，AS 曲线的形状表明二者下降的比例并不相同。在小于充分就业的水平时，越是偏离充分就业，价格下降的空间越来越小，而经济中的过剩的生产能力却越来越多，这说明价格下降的比例要小于产量下降的比例。读者可以自行推导，当经济过热时，即总需求曲线在 AD_0 右边时，价格和产量将如何变化？

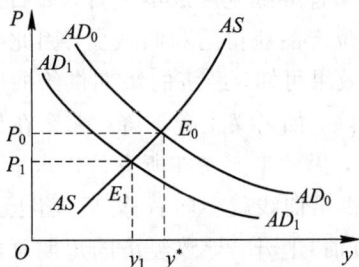

图 9 - 33　总需求曲线移动的后果

（三）总供给曲线移动的后果

总供给曲线移动的后果如图 9 - 34 所示。在某一时期内，总需求曲线 AD 与总供给曲线 AS_0 的交点代表充分就业的 E_0 点。E_0 点的产量为 y^*，价格水平为 P_0。此时如果由于某种原因，如大面积的粮食歉收、石油供给紧缺、原料价格猛涨等，AS 曲线将由 AS_0 向左移动到 AS_1，使 AD 与 AS_1 相交于 E_1 点，此时 E_1 点表示滞胀的状态，其产量和价格水平分别为 y_1 和 P_1，即表示失业和通货膨胀并存。进一步说，AS 越向左偏离 AS_0，表明失业和通货膨胀越严重，但是失业的下降比例和价格上涨的比例这二者之间相对关系却并不明确。读者也可以设想 AS 向右移动的后果。但在短期中，AS 向右移动是非常少见的，甚至只是一种理论上的想象而已。

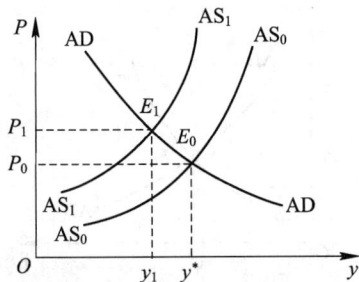

图 9 - 34　总供给曲线移动的后果

【知识拓展】

20世纪70年代的滞胀和减税政策

在20世纪70年代,西方国家出现滞胀现象,即经济停滞和通货膨胀并存的局面。这种局面是传统的宏观经济学(凯恩斯主义)难以解释的。传统的宏观经济学注重总需求的分析,增加总需求会造成收入增加和物价上涨的局面,减少总需求将导致收入减少和物价下降。但是人们发现,总需求曲线向左移动是造成经济停滞和物价上升的理论基础,因此解决滞胀的对策是刺激总供给曲线向右移动。在政府的对策中,减税政策是一个核心环节。例如,美国的减税政策涉及四个方面:降低个人所得税率以提高税后工资率;降低利息税以刺激储蓄和投资;实行加速折旧和降低公司所得税来促进扩大再生产;从纳税基数中扣除研究开发费用以促进技术创新,这些减税政策对总供给曲线右移有一定的作用。

本章小结

1.均衡国民收入是总需求和总供给相等时的国民收入。要实现均衡国民收入,计划投资必须等于计划储蓄,包括私人储蓄、政府储蓄和国外储蓄。

2.凯恩斯消费函数是反映人们的消费水平与收入之间依存关系的函数。消费函数涉及两个概念,边际消费倾向和平均消费倾向。凯恩斯理论提出了边际消费倾向递减规律。凯恩斯储蓄函数是反映人们的储蓄水平与收入之间依存关系的函数。储蓄函数也涉及两个概念,即边际储蓄倾向和平均储蓄倾向。消费函数和储蓄函数既相互联系又相互补充。

3.投资也称为资本形成,是指在一定时期内,社会实际资本的增加,表现为厂房、设备、存货、个人住宅的增加。投资的基本原则:投资的预期收益率高于资本市场利率。投资函数就是反映投资和市场利率之间反向变动关系的函数。

4.乘数是指国民收入变动量与引起这种变动的自变量变动量的比。根据自变量的不同,有不同的乘数概念与之对应,包括投资乘数、政府购买支出乘数、税收乘数、政府转移支付乘数、平衡预算乘数。乘数是一把双刃剑,乘数发挥作用需要一定的制约条件。

5.IS曲线表示在投资与储蓄相等的产品市场均衡条件下,利率与收入组合点的轨迹。IS曲线的斜率既取决于边际消费倾向,也取决于投资的利率系数。消费(储蓄)、投资、政府购买支出、税收、政府转移支付的变动都会使IS曲线发生移动。

6.货币需求源于流动性偏好,流动性偏好取决于三种动机:交易动机、谨慎动机和投机动机;货币供给是指一个经济社会在某一时点上所保持的不属于政府与银行的硬币、纸币与银行活期存款的总和,由货币政策决定,不受利率影响。货币需求和货币供给共同决定利率。

7.LM曲线表示在货币需求与货币供给相等的货币市场均衡条件下,利率与收入组合点的轨迹。LM曲线的斜率取决于货币需求的收入系数 k 与货币需求的利率系数 h。LM曲线有三个区域:凯恩斯区域、中间区域和古典区域。货币供给量的变动会使LM曲线发生移动。

8.IS-LM模型是描述产品市场和货币市场同时均衡时收入和利率的决定模型。均衡收入和利率可以通过IS方程和LM方程联立求解获得。IS和LM曲线的移动会使均衡利率和均衡收入发生变动。

9. IS－LM 分析是凯恩斯宏观经济理论的核心。

10. 总需求-总供给模型是用来表明产出与价格之间均衡水平的决定。总需求曲线 AD 表示在各个价格水平上，产品市场和货币市场处于均衡时的产出水平。总需求曲线可由 IS－LM模型推导出来。总供给曲线 AS 表明，在各个价格水平上，企业愿意供给的实际产出数量。

11. 总供给曲线可以分为三种状态：凯恩斯总供给曲线、古典总供给曲线和常规总供给曲线。凯恩斯总供给曲线是水平的，它意味着企业在现有价格水平上愿意供给所需数量的商品；古典总供给曲线是垂直的，它表示的是在充分就业条件下的总供给状态；常规总供给曲线是向右上方倾斜的，它表明随着价格的上升，厂商所提供的供给数量会不断提高。

12. 总需求的扩张（如实施扩张性财政政策或货币政策等）会使 AD 曲线向右上方移动。在凯恩斯供给条件下，总需求的扩张会导致总供给的增加，但不会导致价格的上升。在古典供给条件下，总需求的上升只能导致价格的上涨。投入品价格的突然上升（如 20 世纪 70 年代初的石油危机）会导致总供给曲线向左上方移动，其结果会导致产量的减少与价格的上涨。

本章习题

一、选择题

1. 如果消费函数为一条向右上方倾斜的直线，则边际消费倾向（　　），平均消费倾向（　　）。

A. 递减；递减　　　　　　B. 递减；不变　　　　　　C. 不变；不变　　　　　　D. 不变；递减

2. 以下关于乘数的说法正确的是（　　）。

A. 边际消费倾向与乘数成反比

B. 乘数的作用是双向的

C. 乘数的作用反映了收入变化如何引起投资的变化

D. 乘数的作用可无条件实现

3. （　　）将导致 IS 曲线向左移动。

A. 政府购买增加　　　　　　　　　　B. 政府税收增加

C. 政府转移支付增加　　　　　　　　D. 消费增加

4. 利率和收入的组合点出现在 IS 曲线的右上方、LM 曲线的右下方，则会引起（　　）。

A. 收入增加，利率上升　　　　　　　B. 收入增加，利率下降

C. 收入减少，利率下降　　　　　　　D. 收入减少，利率上升

5. 总需求曲线向右下方倾斜的原因（　　）。

A. 价格水平上升时，投资会减少

B. 价格水平上升时，需求会减少

C. 价格水平上升时，净出口会减少

D. 以上几个因素都是

二、计算题

1. 已知：自发消费为 200，可支配收入的边际消费倾向为 0.8，投资支出为 500，政府购买支出为 400，净税收 100 且不随收入变化。试求：

(1) 均衡收入是多少？

(2) 如果政府购买支出下降为 300，均衡收入如何变化？

(3) 投资乘数和税收乘数分别是多少？

2. 已知消费函数 $c=100+0.75y_d$，投资函数 $i=160-6r$，政府支出 $g=100$，税收 $t=200$，货币需求 $L=0.25y-1.5r$，货币供给 $m=120$。试求：

(1) IS 方程和 LM 方程。

(2) 两市场同时均衡时的收入与利率。

3. 设经济的总供给函数 $y_s=2350+400P$，总需求函数 $y_D=2000+\dfrac{500}{P}$，求总供给和总需求均衡时的收入和价格水平。

三、简答题

1. 投资乘数与政府支出乘数、税收乘数相比，有何异同？为什么？

2. 什么是凯恩斯陷阱？请用图表示。

3. 如何理解凯恩斯的货币需求理论？

4. 什么是 IS－LM 模型？用 IS－LM 模型说明均衡收入和均衡利率的变动是如何实现的？

5. 试解释总需求曲线向右下倾斜的原因。

四、案例分析题

石油是生产许多物品和劳务的关键投入，它已经成为一国经济发展中不可缺少的因素，所以石油价格的变化对许多国家的经济产生了很大的影响。在欧洲存在一个主要利用石油生产许多产品的国家，该国经济中一些大的波动主要源于石油价格的变化。20 世纪 70 年代中期，为了阻止石油价格的不断降低，中东地区的主要产油国组成了一个卡特尔组织——欧佩克。欧佩克成功地提高了石油价格：从 1973 年至 1975 年，石油价格几乎翻了一番；从 1978 年至 1981 年，石油价格又翻了一倍还多。石油输入国的情况就不同了，由于石油供给的减少和石油价格的上升，这些国家中生产汽油、轮胎和许多其他产品的企业的成本迅速上升，而产品的价格不能同步迅速做出反应，所以这些企业都大量减少产量，或者干脆停业或破产。

分析：

(1) 什么是总供给曲线？导致总供给曲线变动的因素有哪些？

(2) 说明上述石油价格上升对总供给的影响机制。

第十章　失业与通货膨胀

【知识目标】

理解失业的代价、失业的解决方法、通货膨胀的类型、通货膨胀的解决方法；掌握失业的原因、失业对经济的影响、通货膨胀对经济的影响、奥肯定律的内容；了解菲利普斯曲线。

【能力目标】

能够利用理论分析现实经济中的失业和通货膨胀问题。

【案例导读】

中国首次对外公开调查失业率

2013年9月9日国务院总理李克强在英国《金融时报》发表署名《中国将给世界传递持续发展的讯息》的文章。该文章指出："中国政府明确了经济运行合理区间的'上限'和'下限'，防止过度波动。明确'下限'是要稳增长、保就业，GDP从以前的两位数增长到2011年的9.3％和2012年的7.7％，再平稳过渡到今年的7.5％左右，既是经济规律的趋势，也是主动调控的结果。明确'上限'是要防通胀，今年CPI涨幅3.5％左右。使经济运行保持在这一合理区间，切实防范金融风险，可以给市场和社会一个稳定的预期。今年以来，中国经济运行稳中有进，上半年GDP同比增长7.6％；5％的调查失业率和2.4％的通胀率，均处于合理、可控范围。"5％的调查失业率，高于此前人力资源和社会保障部公布的一、二季度均为4.1％的登记失业率。而2013年的就业压力其实比较大，一位人力资源和社会保障部专家表示，这和当前的经济形势密切相关。李克强总理在上述署名文章中所说的5％调查失业率，可谓官方首次公开调查失业率水平。对于该失业率水平，中华全国总工会的专家表示，前些年虽然没有公布该数据，但应该和2013年数据差距不大。该专家称，5％的调查失业率比例并不算高。李克强总理在上述文章中指出，未来十多年，中国将有上亿人口融入城市。更多人口进入城市，是否会增加城镇就业压力，中华全国总工会专家表示，城镇就业压力除了和劳动力供给有关，也与经济发展速度、发展方式有关，需要关注转变经济发展方式后新创造的就业岗位。总体来说，就业压力还是比较大的。

第一节　失　　业

一、失业与失业率

（一）失业的含义

失业(Unemployment)是指有劳动能力并愿意工作但目前没有从事有报酬或收入的工

作的现象。把握失业的含义，必须注意两点：① 符合法定工作条件。失业者是相对于具有某种工作条件的人来说的，如达到法定的劳动年龄，具有劳动能力和劳动技能等。如果一个人没有工作过程中所需要的工作能力，没有劳动技能，虽然没有工作，也不属于失业者。② 有工作的愿望且接受现行的工资。对于有工作愿望且接受现行工资水平的人来说，尽管积极寻找工作但仍然没有找到工作，就属于失业者。如果没有工作的愿望，或虽然有工作愿望但不接受现行的工资水平，不属于失业者。但是有工作能力而没有工作，毕竟是一种劳动力的闲置。为了区别这种劳动力的闲置与失业，经济学把符合工作条件但不按现行工资寻找工作的人称为自愿失业者，而把有工作愿望且接受现行工资水平，正在积极寻找工作但仍然没有找到工作的失业者称为非自愿失业者。

按照国际劳工组织(ILO)的统计标准，凡是在规定年龄内在一定时期内(如一周或一个月)属于下列情况的均属于失业人口：① 没有工作，即在调查期间内没有从事有报酬的劳动或自我雇佣。② 当前可以工作，即当前如果有就业机会，可以工作。③ 正在寻找工作，即在最近的期间采取了具体的寻找工作的步骤，例如，到公共的或私营的就业服务机构登记，到企业求职或刊登求职广告等方式寻找工作。

我国对失业的统计采用城镇失业人员登记制度。我国的失业人员是指有非农业户口，在一定的劳动年龄内(16 岁至退休年龄)，有劳动能力，无业而要求就业，并在当地公共就业服务机构进行失业登记的人员。

(二) 失业的衡量

失业率是衡量经济中失业状况的基本指标。理论和实践都表明零失业率是不可能的。如果有较多的人在寻找工作岗位，厂商就有可能以更低的工资雇用工人；反之，如果存在较多的工作岗位空缺，工人就有可能索取更高的工资。所谓劳动市场的供求稳定状态是指寻找工作岗位者造成的工资率下降的压力与空缺工作岗位造成的工资率提高的压力相互抵消的平衡状态。这种状态被认为是劳动市场的正常状态。在这种状态下，价格水平稳定，不存在通货膨胀和通货紧缩的趋势。将劳动市场处于供求稳定状态时的失业率称为自然失业率。每天都有一些工人失去工作，同时也有一些失业工人被雇用，这种动态过程决定了劳动力中失业者的比例。用 L 代表劳动力人数，E 代表就业工人人数，U 代表失业工人人数。由于每个劳动者不是失业者就是就业者，所以劳动力人数等于失业量和就业量之和，即

$$L = E + U$$

失业量与劳动力人数之比 U/L 就是失业率。例如，如果一国就业人数为 1800 万，失业人数 200 万，那么

$$失业率 = \frac{失业人数}{失业人数 + 就业人数} \times 100\% = \frac{200}{1800 + 200} \times 100\% = 10\%$$

【知识拓展】

商务印书馆《英汉证券投资词典》解释：失业率英语为 Unemployment Rate。失业人数占总劳动力人口的比例是资本市场的重要指标，属于滞后指标范畴。失业率增加是经济疲软的信号，可导致政府放松银根，刺激经济增长；相反失业率下降，将形成通货膨胀，使央行收紧银根，减少货币投放。

另外，失业数字的反面是就业数字(The Employment Data)，其中最有代表性的是非

农业就业数据。非农业就业数字为失业数字中的一个项目，该项目主要统计从事农业生产以外的职位变化情形，它能反映出制造行业和服务行业的发展及其增长，数字减少便代表企业减低生产，经济步入萧条。当社会经济发展较快时，消费自然随之而增加，消费性以及服务性行业的职位也就增多。当非农业就业数字大幅增加时，理论上对汇率应当有利；反之则相反，因此该数据是观察社会经济和金融发展程度和状况的一项重要指标，其范围主要涉及银行、保险、证券及金融信息服务四个方面。

二、失业的类型

（一）按照失业的原因划分

1. 摩擦性失业

人们找到适合自己的工作岗位是需要一些时间的。首先，每个人都有不同的偏好和能力，而工作又有不同的性质。其次，有关寻找工作者和空缺职位的信息交流并不完全。最后，人员在不同地区间也不能迅速流动，因此找一份合适的工作需要一些时间，寻找工作者在这一时间段内就处于失业状态。我们将由于需要时间寻找工作而引起的失业称为摩擦性失业（Frictional Unemployment）。

即使经济处在充分就业水平，也总会发生一些职业调整。例如，辞去现有的工作而寻找更合适的工作。学生刚从学校毕业时需要寻找工作。母亲在生育孩子以后，可能又要重归劳动者队伍。由于摩擦性失业的劳动力经常是在变换工作岗位，或者是正在寻找更好的工作，所以人们经常认为这是一种自愿失业，这从另一方面也反映出摩擦性失业是不可避免的。更重要的是，完全竞争理论指出，要素的自由流动是高效率资源配置的必要条件。既然摩擦性失业是不可避免的甚至是必要的，经济学家和政治家们当然就不会将过多的注意力放在这一方面。

2. 结构性失业

如果对一种劳动的需求上升，对另一种劳动的需求下降，而劳动的供给又未能及时地做出调整，这时候就会出现劳动力的供给与劳动力的需求不匹配的情况，由此产生的失业称为结构性失业（Structural Unemployment）。常见的情况是产业的兴衰所引起的职业间或地区间的结构性调整。近二十年来伴随着计算器制造行业的扩张，算盘制造行业不断萎缩，这就意味着各种生产要素不断从算盘制造行业撤出并投入到计算器制造行业，但是一个算盘制造师傅并不能马上适应计算器的生产工作。经过一段时间的学习，他可能成为一个计算器制造工人，也有可能他一辈子也不能适应计算器的生产工作。20世纪80年代中期，由于老年人口增加和其他因素的影响，美国对护士的需求急剧上升，但同一时期护士数量的增长却相对缓慢，因而导致这一时期护士严重短缺。等到护士的薪金上升、供给调整完成之后，这一结构性短缺才得到缓解。另外，我国20世纪末及21世纪初也出现过类似的情形。由于高新技术产业在政府大力支持下蓬勃发展，这给电子设备行业注入了很大的活力，此时便出现了计算机方面人才短缺的现象，全社会掀起了一股学习计算机的热潮。但随后的几年对计算机人才的需求出现了饱和，大批计算机专业的学生失业或转而从事其他工作。

因为经济结构的变革是经济增长的必要形式，所以结构性失业也是不可避免的甚至也是必要的，这种失业也不是经济学家和政治家所关注的重点。

3. 周期性失业

周期性失业(Cyclic Unemployment)是指经济波动中因需求下降而造成的失业，这种失业是由整个经济的总支出和总产出下降造成的。总产出下降时失业率明显上升。美国在1982年衰退时期，50个州中有48个州的失业率都有较大幅度的上升。这种多个市场的失业率同时上升是一个信号，体现了失业率上升具有明显的周期性。从经济衰退低谷的1991年到经济繁荣高峰的2000年，美国各个州的失业率在不断下降。

2008年金融危机给全世界经济都带来了灾难性的打击。受此影响，各国经济严重受挫，直接导致了大量的失业。美国失业率也达到了近25年来的最高水平。

（二）按失业者对现行工资率的态度划分

按失业者对现行工资率的态度又可将失业分为自愿失业和非自愿失业，前者是指因不接受现行工资率而不愿意工作的失业，而后者则是指虽然接受现行工资率（表现为积极寻找工作）但仍未受雇用的失业。显然，自愿失业的规模较小，对经济和对社会的影响也不大。我们将消除了非自愿失业的就业状态称为充分就业。充分就业条件下的失业都是自愿失业。大量的统计数据表明自愿失业率与自然失业率非常相近，因此我们经常将自然失业率看做充分就业条件下的失业率。也就是说，一旦经济中的失业率等于自然失业率，我们就认为这个经济已经达到了充分就业，那些失业者都是自愿失业的。

三、失业的影响

（一）奥肯定律

阿瑟·奥肯首先发现了产出和失业率之间存在着显著的相关关系，这就是著名的奥肯定律。

奥肯定律(Okun's Law)指出，GDP相对于其潜在值每下降2个百分点，失业率大约会上升1个百分点。这个定律可以用下面的公式来表示，即

$$\frac{y - y_f}{y_f} = -\alpha(u - u^*) \qquad (10.1)$$

式中，y为实际产出；y_f为潜在产出；u为实际失业率；u^*为自然失业率；$\alpha > 0$是大于零的常数。按奥肯的计算，α大约等于2。图10-1描绘了公式(10.1)所表示的奥肯定律。

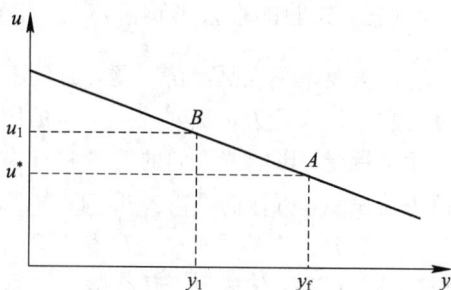

图 10-1　奥肯定律

奥肯定律描述了GDP的短期变动与失业率变动的关系，揭示了产品市场和劳动市场之间极为重要的联系。奥肯定律的一个重要结论是：GDP必须保持与潜在GDP具有同样快的增长速度，以防失业率的上升。也就是说，GDP必须不断增长才能保证失业率保持原有水平。如果要使失业率下降，GDP的增长必须快于潜在GDP的增长。

奥肯定律曾经相当准确地预测出美国的失业率。例如，美国 1979—1982 年的经济滞涨时期，GDP 没有增长，而潜在 GDP 每年增长 3%，三年共增长 9%。根据奥肯定律，实际 GDP 增长比潜在 GDP 增长低 2%，失业率会上升 1 个百分点。当实际 GDP 增长比潜在 GDP 增长低 9% 时，失业率会上升 4.5%。已知 1979 年失业率为 5.8%，则 1982 年失业率应为 10.3%(5.8%+4.5%)。根据官方统计，1982 年实际失业率为 9.7%，与预测的失业率 10.3% 相当接近。

（二）失业的经济影响

失业的经济影响可以用机会成本的概念来解释。失业意味着销毁那些本可由失业工人生产的商品和服务。在衰退期间，这种情形就好像是将无数的汽车、房屋、服装、食品和其他商品倒进了大海。高失业时期的经济损失是现代经济中有据可查的最大损失，美国在 20 世纪 70 年代和 80 年代的石油危机中失业使得产出损失超过 1 万亿美元。这种经济损失比微观经济中由于垄断而引起的效率损失或关税和配额所引起的效率损失都要大许多倍。失业的经济影响主要体现在以下几个方面：

（1）失业对家庭收入和消费的影响。失业增加使失业者的家庭收入和消费受到消极影响。失业后，家庭收入急剧下降，消费支出也随之下降。

（2）失业对厂商的影响。失业增加后，厂商产品的销售市场萎缩，有效需求下降。于是产出降低，生产能力闲置，利润率开始下降。厂商面临如此景况就减少投资需求，减少新生产能力的形成。

（3）失业对国民经济的影响。失业增加后，由于家庭消费减少和厂商投资下降，使整个国民经济的增长受到抑制。根据奥肯定律，失业率提高 1% 可使经济增长率下降 2%，那么如果失业率提高 2%，经济增长率就下降 4%。美国在 1930—1939 年的大萧条时期，平均失业率为 18.2%，经济下降带来的损失占该时期潜在 GNP 的 38.5%。美国经济学家萨缪尔森指出：高失业时期的损失是现代经济中最大的有记录的损失，它们比垄断所引起的微观经济浪费的无效率或关税、配额引起的浪费要大许多倍。

（三）失业的社会影响

高失业率不仅是经济问题，而且还是一个重大的社会问题。之所以成为社会问题，是因为它会使失业人员面对收入减少的困境而痛苦挣扎。在高失业率时期，经济上的压力使人无法承受，影响着人们的情绪和行为。一个失业的建筑工人在其回忆录里写到："我申请去盖屋顶，可他们不需要我，因为已经有人为他们工作五六年了，没有工作岗位在等着我。大部分工作都要求受过高等教育。我寻找任何可以找到的工作，从清洗汽车到任何其他事情。于是，你成天干什么呢？回到家里，坐在家里，变得垂头丧气。家里每一个人也都变得有些紧张和不安。他们开始为一些蠢事而互相争吵，因为每个人都成天被囚禁在那个空间里，整个家庭气氛被破坏了。"

心理研究指出，解雇所造成的创伤绝不亚于亲友去世或学业失败，而且高失业率常常与吸毒、高离婚率以及高犯罪率联系在一起。不仅如此，由于受失业的影响，家庭之外的人际关系也会受到很大的冲击，失业者在就业者中失去了自尊、信心和影响力。

失业的经济成本显然非常大，但长时间持续非自愿失业给人们所造成的精神损失，却无法用一个确定的货币数额来充分地加以表达。事实一再证明，失业的社会成本虽然难以估量，但却是最易被人们感受到的。失业无论是对单个厂商或家庭，还是对整个国民经济都有着重要的影响，严重的失业问题还有可能造成政局的动荡，因此世界各国对本国的失业问题都十分重视。

第二节 通货膨胀

一、通货膨胀

通货膨胀（Inflation）是指多数商品和劳务的价格在一段时间内普遍而连续地上升。一般价格水平是指物价总水平，而不是指个别商品的物价水平。衡量通货膨胀状况的经济指标是通货膨胀率。通货膨胀率是一般价格水平的上涨率。一般价格水平持续上涨而不是一时上涨就是通货膨胀。

物价指数也被称为商品价格指数，它是反映各个时期商品价格水准变动情况的指数。物价指数是一个与某一特定日期一定组合的商品或劳务有关的价格计量。当该商品或劳务的价格发生变化，其价格指数也随之发生变化。物价指数一般分为消费物价指数、批发物价指数和国内生产总值（或国民生产总值）折算指数。居民消费价格指数（CPI）是反映一定时期内城乡居民所购买的生活消费品价格和服务项目价格变动趋势和程度的相对数，是对城市居民消费价格指数和农村居民消费价格指数进行综合汇总计算的结果。利用居民消费价格指数可以观察和分析消费品的零售价格和服务价格变动对城乡居民实际生活费支出的影响程度。生产价格指数（PPI）是衡量工业企业产品出厂价格变动趋势和变动程度的指数，是反映某一时期生产领域价格变动情况的重要经济指标，也是制定相关经济政策和国民经济核算的重要依据。国内生产总值折算指数（GDP 折算指数，又称为 GDP 平减指数）是名义的 GDP 和实际的 GDP 的比率。国内生产总值折算指数是重要的物价指数之一，能反映通货膨胀的程度与 CPI，PPI 同为衡量通货膨胀的物价指数。

价格指数的增长率称为通货膨胀率。用 P 和 π 分别表示价格水平和通货膨胀率，则 $\pi = \Delta P / P$，如年通货膨胀率为

$$\hat{Y}\text{通货膨胀率}(t\ \text{年}) = \frac{t\ \text{年的价格水平} - (t-1)\ \text{年的价格水平}}{(t-1)\ \text{年的价格水平}}$$

将上式中的"年"改成"月"或"周"就得到了月通货膨胀率或周通货膨胀率。需要注意的是，通货膨胀率不是价格指数，即不是价格的上升率，而是价格指数的上升率。

【知识拓展】

中国 20 世纪末期的通货膨胀率大起大落，5% 甚至 10% 以上的通货膨胀率出现多次，这种大幅度的通货膨胀率对中国经济和人民生活的负面影响是很大的。中国自 1980 到 2016 这 37 年的时间里，通货膨胀率负值只出现过四次，分别是 1998 年的 -0.8%、1999 年的 -1.4%、2002 年的 -0.8% 以及 2009 年的 -0.7%，其中，1999 年的 -1.4% 是近 37 年来最低值，而最高值出现在为 1994 年，高达 24.1% 的通货膨胀率。中国 1980—2016 年通货膨

胀如下图所示。

中国1980—2016年通货膨胀

（数据来源：根据各年国民经济和社会发展统计公报数据整理获得）

二、通货膨胀的类型

（一）按通货膨胀的程度划分

通货膨胀像疾病一样会表现出不同的严重程度，可以分为三个类型，即温和的通货膨胀、急剧的通货膨胀和恶性的通货膨胀。具体分述如下：

（1）温和的通货膨胀（Moderate Inflation）是指年通货膨胀率在10％以下的通货膨胀或一位数的通货膨胀，其特点是价格水平上涨缓慢而且可以预期。此时物价相对来说比较稳定，人们对货币比较有信心，因为这些钱的价值在一个月或一年中不会有太大变化。人们会很愿意签订以货币形式表示的长期合同，因为他们有把握肯定自己买卖的商品的相对价格变动不会太离谱。大多数工业国在过去都长期经历着温和的通货膨胀。

（2）急剧的通货膨胀（Galloping Inflation）是指年通货膨胀率超过10％但在100％以下的通货膨胀或两位数的通货膨胀。意大利和日本这样的发达工业国家会不时地遭到这类通货膨胀的困扰。许多拉丁美洲国家，如阿根廷和巴西，在20世纪70、80年代，年通货膨胀率就曾高达50％～70％。这种急剧的通货膨胀局面一旦形成并稳定下来，经济便会受到很大的冲击。一般来说，大多数经济合同都会用某种价格指数或某种外币（如美元）来加以指数化。在这种形势下，货币贬值非常迅速，人们仅在手中保留最低限度的货币以应付日常交易所需。

（3）恶性通货膨胀（Hyperinflation）是指年通货膨胀率超过100％的通货膨胀。在恶性通货膨胀期间，各种价格以惊人的速度持续上涨，企业不得不经常变动物价，以至于影响到正常的业务活动，例如按固定物价印制价目表都变得不可能。当物价频繁地大幅度上升时，顾客很难找到价格最合理的商店。这种物价的大幅度变动在许多方面也改变了人们的行为。除此之外，恶性通货膨胀也扭曲了税制。在大多数税制中，征税的时间和向政府纳税的时间之间有一段时滞。在恶性通货膨胀期间，即使是短暂的间隔也会大大减少实际税收收入。到政府得到它应该得到的钱时，钱的价值已经大幅度下降了，因此一旦恶性通货膨胀开始，政府的实际税收收入往往会大幅度减少。随着时间的推移，货币失去了作为价值储藏手段、计价单位和交换媒介的作用，物物交换变得更为普遍。更加稳定的非官方货币(如香烟或黄金)自然就开始替代官方货币。

1949的旧中国也发生了恶性通货膨胀。工资发放日在工厂的铁栅栏外挤满了工人家属，为的是尽快拿到在工厂工作的父兄递出来的工资以便在第一时间去购买大米。稍有迟缓，所能买到的大米数量就会大打折扣。当时的"邮资悖论"直到现在也被作为笑料而广为流传。通货膨胀大幅度提高了寄出一封信的邮资，邮票不是以张为单位而是以本为单位附着在信封上。这样一来，超过标准重量的信函又必须增加邮资。增贴的邮票再次增加了信函的重量。于是形成了"信函超重→增贴邮票→信函再次超重→再次增贴邮票"的怪圈。除了纸币以外，一切都十分缺乏。物价一片混乱，生产也一塌糊涂。每个人都在囤积"东西"，并尽力抛掉"不值钱"的纸币，这就将货币赶出了流通领域。结果人们的生活部分地退回到极不方便的物物交换时代。正常的经济联系被扭曲，价格体系和货币制度被砸烂。恶性通货膨胀通常伴随着剧烈的社会动荡，甚至导致政权的更迭。

【知识拓展】

津巴布韦是一个矿产资源丰富，土地肥沃的非洲南部国家，据联合国估计人口大约有一千多万，于1980年独立，曾经经济实力仅次于南非，曾被誉为"非洲面包篮"，来自津巴布韦的粮食养活着非洲的饥民。然而自总统穆加贝在2000年推行激进土地改革，强行没收白人农场主的土地分配给自己的"黑人兄弟"以后，津巴布韦的农业、旅游业和采矿业一落千丈，经济逐渐濒于崩溃。津巴布韦的官方货币津元最早比美元值钱，1980年独立的时候，津元与美元汇率为1:1.47。在土改以后，由于经济崩溃，政府财政入不敷出，于是开始印钞。

2006年8月，津央行以1比1000的兑换率用新元取代旧币。2008年5月，津央行发行1亿面值和2.5亿面值的新津元，时隔两周，5亿面值的新津元出现(大约值2.5美元)，再一周不到，5亿、25亿和50亿新津元纸币发行。同年7月，津央行发行100亿面值的纸币。同年8月，政府从货币上去掉了10个零，100亿津巴布韦元相当于1新津巴布韦元。根据卡托研究所的报告，津巴布韦的货币灾难在2008年11月达到高峰，月通货膨胀率达到79 600 000 000%。

虽然在该国恶性通货膨胀最严重的几个月中，津巴布韦政府停止了报告官方通货膨胀统计数据，但该报告使用标准的经济理论(购买力平价比较法)来确定津巴布韦的最严重的通货膨胀率。在物价近乎每隔24小时就翻一番的情况下，津巴布韦储备银行先是发行了面值1亿津元的钞票，几天之后再度发行了面值2亿津元的钞票，并且将银行取款限额设定在5万津元，而当时这只相当于0.25美元。津巴布韦面额最大一张货币为100 000 000 000 000津元，有14个零，即便如此大面额纸币仅值40美分。当1亿元面值的钞票发行后，物价开始飙升，来自该国的报道称，一块面包一夜之间就由200万津元上涨到了3500万津元。2008年，津巴布韦人购买三个鸡蛋需要1000亿津元。

政府甚至一度宣布通货膨胀为"非法"，并拘捕了一批提高其产品价格的公司负责人。形势开始变得严峻，国内商店开始拒收货币，美元以及南非兰特成为事实上的交换媒介。最终，随着津巴布韦储备银行的直接干预，重新定价其货币并将其与美元挂钩，通货膨胀才走向尾声。政府还颁布法规，关闭了该国的证券交易所。

2009 年 1 月，津央行发行 100 万亿面值新津元。同年 4 月，津政府宣布，新津元退出法定货币体系，以美元、南非兰特、博茨瓦纳普拉作为法定货币，以后的几年中，澳元、人民币、日元、印度卢比又加入到津巴布韦法定货币体系。2001 年，100 津元可以兑换 1 美元。十年不到，2009 年 10 的 31 次方的新津元才能兑换到 1 美元。津巴布韦元彻底沦为了垃圾货币。在这个国家有九种流通货币：美元、澳元、南非兰特、博茨瓦纳普拉、欧元、英镑、日元、人民币、印度卢比。

（二）按通货膨胀能否被预期划分

分析通货膨胀时，价格增长可否预期是区分通货膨胀的一个显著标志，按这个标准通货膨胀划分为可预期的通货膨胀和不可预期的通货膨胀。假如年通货膨胀率为 3%，且每个人都预期这种趋势会持续，那么通货膨胀还会令人措手不及吗？假如每年实际的和预期的通货膨胀率都是 3% 或 5%，那么情况又有什么区别呢？经济学家们通常认为，预期到的温和的通货膨胀对经济效益或是对收入和财富的分配几乎没有什么影响。

事实上，通货膨胀往往是不可预期的，例如，俄国人在过去几十年间都习惯于稳定的价格。当 1992 年突然放开物价时，没有人能预测未来 5 年内价格会上升 1000 倍，甚至经济学家也无法做到这一点。那些仍旧以传统方式保持财富（无论是持有现金还是储蓄账户）的人都是最不幸的，他们眼看着自己的积蓄一夜之间大幅贬值。

在物价平稳得多的国家（如美国），不可预期的通货膨胀的影响就没有那么严重。价格不可预期地上升会使某些人变穷，也会使另一些人变富。这种再分配的代价很难用"成本"来反映，因为它对社会的影响可能远大于对经济的影响。一系列的盗窃案可能不会使GDP 水平明显降低，但却会带来很大的混乱。同样，由于通货膨胀随机地重新分配财富，就好比强迫人们去玩他们本想竭力避免的彩票赌博一样。

（三）按照通货膨胀的表现形式划分

依据表现形式，通货膨胀可以划分为公开型、隐蔽型以及抑制型。公开型是指通货膨胀通过物价水平统计反映出来。隐蔽型是指没有通过物价水平统计反映出来。抑制型是指在价格管制条件下，通过排队、搜寻、寻租等途径反映出来的通货膨胀。

三、通货膨胀的成因

关于通货膨胀的原因，经济学界提出了种种不同的解释，可以分为三个方面：第一个方面为货币数量论的解释，这种解释强调货币在通货膨胀过程中的重要性；第二个方面是用总供给和总需求来解释，包括从需求角度和供给角度的解释；第三个方面是从经济结构因素变动的角度来说明通货膨胀的原因。

（一）作为货币现象的通货膨胀

凯恩斯曾经说过，没有什么手段比毁坏一个社会的通货能更隐蔽、更可靠地颠覆这个社会的现有基础了。这个破坏过程完全是由隐蔽的经济规律引发的，而且是以一种隐蔽的方式进行。

引起通货膨胀的"隐蔽的经济规律"并不像凯恩斯所说的那么神秘，通货膨胀只不过是价格水平的上升。由于物价是货币与产品交换的比例，为了理解通货膨胀，必须更详细地理解货币。

1. 货币的职能

货币的职能是由货币的本质决定的。货币具有三种职能，即价值储藏手段、计价单位和交换媒介。具体分述如下：

（1）作为一种价值储藏手段（Store of Value），货币是一种把现在的购买力变成未来购买力的方法。如果今天工作赚到了 100 元，那么可以持有这些货币，在明天、下星期、下个月甚至明年花掉。当然，货币作为一种价值储藏手段并不完美：如果物价上升，你用既定货币量所能购买到的产品量就减少了。尽管如此，人们仍然要持有货币，因为他们可以在未来某个时间用货币交换产品与服务。

（2）作为一种计价单位（Unit of Account），货币提供了可以表示物价和记录债务的单位。微观经济学告诉我们应该根据相对物价——一种产品相对于其他产品的物价来配置资源，但商店用人民币来表示他们的物价。一个汽车中间商告诉你一辆汽车值 200 000 元，而不是说值 200 台手机（尽管这可能是一回事）。同样，大多数债权人都要求债务人在未来偿付一定量的人民币，而不是一定量的某种商品。货币是衡量经济交易的尺度。

（3）作为一种交换媒介（Medium of Account），货币是用来购买产品与服务的东西。当我们走进商店时，我们确信，店主将愿意接受我们的货币来交换他们出售的东西。货币转换为产品与服务的容易程度被称为货币的流动性。

2. 货币数量论

人们持有货币是为了购买产品与服务。在进行交易时所需要的货币越多，需持有的货币就越多，因此经济中的货币量与交易中用于交换的货币量密切相关。可以用数量方程式（Quantity Equation）来表示交易量与货币之间的关系，即

$$货币量×货币流通速度＝价格水平×交易量$$

即

$$MV=PT \tag{10.2}$$

数量方程式右边表示经济中的交易额。T 代表同一时期比如说一年的交易总量。换言之，T 是在一年中用货币交易的产品或服务的数量。P 代表考察时期的价格水平。PT 等于一年中用于交换的货币量。M 是货币量。V 称为货币的交易流通速度，它衡量货币在经济中流通的速度，即在给定的时期中的交易次数，如 $V=3$ 表示在考察时期内平均每一单位货币进行了三次支付，或者说被三次交易所使用。

当研究货币在经济中的作用时，经济学家通常用与数量方程式表述形式略有不同的方程式来表示。在数量方程式中，交易总量的衡量是困难的。为了解决这个问题，用经济中的总产出 Y 来代替交易总量 T，故可以把数量方程式写成

$$货币×货币流通速度＝价格水平×产出$$

即

$$MV=PY \tag{10.3}$$

式中，V 被称为货币的收入流通速度，简称为货币流通速度，其含义是在给定时期中平均每一单位货币成为人们收入的次数。大量的统计表明，一定时期内货币流通速度是比较稳

定的，通常假设它为一常数。公式(10.3)所指的货币流通总量 MV 应与名义 GDP(PY)相等的这一理论被称为货币数量论(Quantity Theory of Money)。

现在利用货币数量论来解释物价总水平的决定，这种理论分为以下三个部分：

(1) 生产要素数量和生产函数决定产出水平 Y。

(2) 货币供给决定产出量的名义价值 PY。这个结论来自数量方程式和货币流通速度不变的假设。

(3) 价格水平 P 是产出的名义价值 PY 与产出水平 Y 的比率。

换言之，经济的生产能力决定实际 GDP，货币量决定名义 GDP，而 GDP 平减指数是名义 GDP 与实际 GDP 的比率。这种理论解释了当中央银行改变货币供给时会出现的情况。由于货币流通速度不变，所以货币供给的任何变动都会引起名义 GDP 同比例变动。由于生产要素数量和生产函数决定了实际 GDP，所以名义 GDP 的变动必定代表价格水平的变动，因此货币数量论意味着价格水平与货币供给量同比例变动。

因为通货膨胀率就是价格水平的增长率，所以这种价格水平理论也是一种通货膨胀理论。

在公式(10.3)两端取自然对数，得

$$\ln M + \ln V = \ln P + \ln Y$$

再取微分，得

$$\frac{dM}{M} + \frac{dV}{V} = \frac{dP}{P} + \frac{dY}{Y}$$

用 π 表示通货膨胀率 dP/P，得

$$\pi = \frac{dM}{M} + \frac{dV}{V} - \frac{dY}{Y}$$

如果假设货币流通速度不变，则 $dV/V = 0$，上式便可以写成

$$\pi = \frac{dM}{M} - \frac{dY}{Y} \tag{10.4}$$

由于产出 Y 的增长率 dY/Y 取决于生产要素的增长和技术进步，就要解释的目的而言可以视为给定的量，所以公式(10.4)给出的结论是：通货膨胀率 π 由货币供给量 M 的增长率 dM/M 决定。

根据对货币数量论的分析，控制货币供给的中央银行最终控制着通货膨胀率。如果中央银行保持货币供给稳定，价格水平也将保持稳定。如果中央银行迅速增加货币供给量，价格水平将迅速上升，从而导致通货膨胀。

(二)需求拉动型通货膨胀

影响通货膨胀的主要原因之一是总需求的变动。消费、投资、政府购买和净出口构成了总需求，其中任何一个项目的提高都会提高总需求，并推动产出增长。无论出于什么原因，只要总需求的增长超过了总供给的增长，就会发生需求拉动型通货膨胀(Demand-pull Inflation)，使物价上升以平衡总供给与总需求。这就是说，由于需求方的货币竞相追逐有限的商品供给，价格水平被推高了。由于失业率下降，劳动力变得稀缺，工资也被抬高，所以通货膨胀会加速出现。需求拉动的通货膨胀是指因总需求增加超过总供给而引起的一般价格水平普遍而持续的上涨。

需求拉动型通货膨胀背后的一个重要因素是货币供给量的快速增加。货币供给量的快速增加使总需求增长，而后者则使价格水平升高。

需求拉动的通货膨胀理论有两种：一种是凯恩斯提出的充分就业时的需求拉动的通货膨胀理论；另一种是鲍莫尔提出的非充分就业时的需求拉动的通货膨胀理论。凯恩斯认为，当经济中实现了充分就业时，如果实际总需求大于实现了充分就业的总需求，其差额就构成了通货膨胀缺口，导致通货膨胀，如图 $10-2$(a)所示，当总需求不断增加，总需求曲线 AD_1 不断右移至 AD_2、AD_3 时，价格水平就相应地由 P_1 上升到 P_2、P_3，同时，收入量也由 y_1 不断增加到 y_2、y_3——这一段的价格上涨是瓶颈式通货膨胀。当总需求 AD_3 继续增加至 AD_4 时，由于总供给已经达到充分就业水平，即 AS 曲线呈现垂直形状，总需求的增加不会使收入 y_3 再增加，故在总供给或收入不变的情况下，价格由 P_3 上升到 P_4——这一段的价格上涨就是需求拉动的通货膨胀。

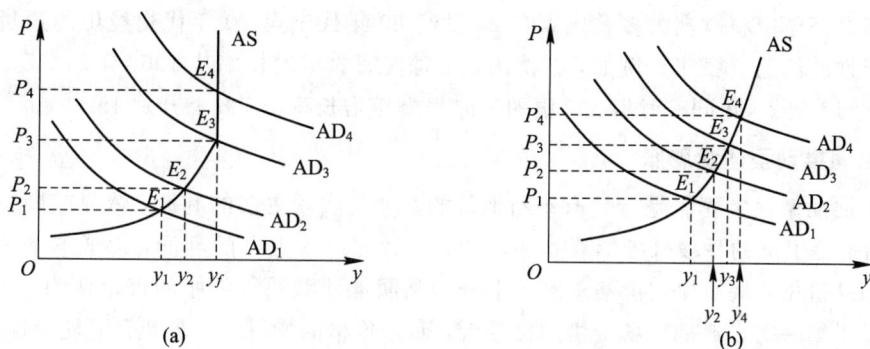

图 $10-2$ 需求拉动的通货膨胀

鲍莫尔认为，不仅在实现了充分就业的条件下会出现通货膨胀，而且在没有实现充分就业的条件下也会出现通货膨胀。未实现充分就业时，总需求增加所引起的通货膨胀率的高低取决于总供给曲线的斜率。总供给曲线的斜率越大，总需求增加所引起的产量就越小，引起的物价上涨的幅度就越大，通货膨胀越严重，如图 $10-2$(b)所示。总供给曲线 AS 一定，总需求 AD 不断增加，当从 AD_1 上升到 AD_2 时，国民收入从 y_1 增加到 y_2；当从 AD_2 上升到 AD_3 时，国民收入从 y_2 上升到 y_3；当从 AD_3 上升到 AD_4 时，国民收入从 y_3 增加到 y_4，增加得越来越慢，而价格相应地从 P_1 上升到 P_2，从 P_2 上升到 P_3，从 P_3 上升到 P_4，上升得越来越快。可以看到，当总供给曲线越来越接近潜在产出时，需求增加推动国民收入增长的作用在下降，而推动物价上涨的作用则在上升。总之，当总供给曲线一定时，连续增加总需求，就会在推动国民收入增长的同时，推动物价水平的上涨，因此，当太多的货币支出追逐太少的商品时，就发生了需求拉动的通货膨胀。

（三）成本推动型通货膨胀

成本推动型通货膨胀（Cost - push Inflation），又称为成本通货膨胀或供给通货膨胀。它是指在没有超额需求的条件下，由于供给方面成本的提高而引起的价格水平的普遍持续上涨。成本推动仅仅是物价上涨的最初动因，政府为维持其就业和产出目标而采取的扩张性政策是价格水平维持上升的必要条件，因此成本推动型的通货膨胀也主要是一种货币现象。成本推动型通货膨胀由于成本上升时的原因不同，可以分为三种类型：工资推动型、利润推动型和进口推动型。

1. 工资推动型通货膨胀

在总需求不变的条件下，如果工资的提高引起产品单位成本增加，就会导致物价上涨。工资成本推动的通货膨胀是指由于工资的上涨而引起物价的普遍上涨。工资成本推动通货膨胀的理论认为，工会组织对增加工资的要求是引起成本推动通货膨胀的原因。在工会组织的要求下，劳动市场成为不完全竞争的生产要素市场，企业在许多工会会员失业的情况下，仍然支付高工资。由于工资决定攀比原则的存在，没有工会的企业也支付高工资，因为工资低无法留住企业所需要的工人，因此工资成本就会普遍上涨，导致物价普遍上涨，出现通货膨胀。在物价上涨后，如果工人又要求提高工资，而再度使成本增加，便会导致物价再次上涨，这种循环被称为工资-物价螺旋。

许多经济学家将欧洲大多数国家在 20 世纪 60 年代末至 70 年代初经历的通货膨胀认定为工资推动的通货膨胀。例如，在德国，工时报酬的年增长率从 1968 年的 7.5% 跃居到 1970 年的 17.5%。在同一时期，美国的工时报酬年增长率由 7% 上升到 15.5%。

2. 利润推动型通货膨胀

利润推动型通货膨胀是指具有垄断地位的企业为实现更多的利润，依靠垄断市场的力量，运用价格上涨的手段来抵消成本的增加；或者为追求更大的利润，以成本增加作为借口提高商品价格，从而导致价格总水平上升。利润推动型通货膨胀的理论认为，垄断企业作为产品供给一方，不是市场价格的接受者，而是价格的操纵者，垄断企业能够操纵价格。操纵价格是一种能够得到高额利润的垄断价格。在操纵价格大量存在的条件下，会引起物价的普遍上涨，引发通货膨胀。其中最为典型的例子是，在 1973 — 1974 年，石油输出国组织（OPEC）历史性地将石油价格提高了 4 倍，到 1979 年，石油价格又被再一次提高，引发石油危机。

3. 进口推动型通货膨胀

进口推动型通货膨胀是由进口品价格上涨，特别是由进口原材料价格上涨而引起的通货膨胀。原料成本推动的通货膨胀的理论认为，一国从外国进口的商品，有些作为原料进入本国的生产过程。当这种进口商品的价格上涨后，本国的生产成本就会上升，推动本国物价上涨，引发通货膨胀。例如，进口石油的价格上升就使以石油为原料的企业的生产经营成本上涨。

（四）结构性通货膨胀

结构性通货膨胀是指由经济结构的非均衡状况所引起的一般价格水平普遍和持续的上涨。结构性通货膨胀理论的提出者认为，在没有需求拉动和成本推动的条件下，只是由于经济结构的失衡也可能引发通货膨胀。在现实经济中，有的部门劳动生产率高，有的部门劳动生产率低，有的部门属于先进部门，有的部门属于保守部门。一般来说，工业部门是劳动生产率不断提高的先进部门，而服务业则属于劳动生产率低的保守部门。劳动生产率高的生产部门提高了货币工资后，劳动生产率低的生产部门的货币工资也在"公平"原则下要求提高，否则劳动生产率低的生产部门的工人就感到"不公平"。当劳动生产率低的生产部门的货币工资也提高以后，劳动生产率低的生产部门提供的产品（或服务）的价格也必然提高，因此整个社会工资增长率高于劳动生产率的增长率，从而引发了一般物价水平持续和普遍的上涨，出现通货膨胀。

【知识拓展】

通货膨胀降低人们的实际购买力？

如果你问一个普通的中国人，为什么通货膨胀是坏事？他将告诉你，答案是显而易见的：通货膨胀剥夺了他辛苦赚来的人民币的购买力。当物价上升时，每一元人民币收入能购买的物品和劳务都少了，因此通货膨胀直接降低了生活水平。

但进一步思考就发现这个回答有一个谬误。当物价上升时，物品与劳务的购买者为他们所买的东西支付得多了。但同时，物品与劳务的卖者为他们所卖的东西得到的也多了。由于大多数人通过出卖他的劳务，如他的劳动，而赚到收入，所以收入的膨胀与物价的膨胀是同步的，因此通货膨胀本身并没有降低人们的实际购买力。

人们相信这个通货膨胀谬误是因为他们没有认识到货币中性的原理。每年收入增加10%的工人倾向于认为这是对他自己才能努力的奖励。当6%的通货膨胀率把这种收入增加降低为4%时，工人会感到他应该得到的收入被剥夺了。事实上，实际收入是由实际变量决定的，如物质资本、人力资本、自然资本和可以得到的生产技术。名义收入是由这些因素和物价总水平决定的。如果央行把通货膨胀从6%降到零，工人们每年的收入增加也会从10%降到4%。他不会感到被通货膨胀剥夺了，但他的实际收入并没有更快地增加。

如果名义收入倾向于与物价上升保持一致，为什么通货膨胀还是一个问题呢？结果是对这个问题并没有一个单一的答案。相反，经济学家确定了几种通货膨胀的成本，这些成本中的每一种都说明持续的货币供给增长事实上以某种方式对实际变量有影响。

四、通货膨胀的经济影响

通货膨胀无论是对一国的收入分配还是对一国的产出和就业都会产生重要影响。

（一）通货膨胀的收入分配效应

在市场经济中，产品价格和生产要素价格执行着收入分配的功能。通货膨胀这种普遍的物价上涨具有收入分配效应。首先，通货膨胀降低固定收入阶层的实际收入水平。在收入分配上不利于低收入者，有利于高收入者。因为低收入者一般是低工资劳动者，他们的实际收入因通货膨胀而减少或增长缓慢，他们是通货膨胀的受害者。而高收入者，一般是有其他资产形式和非工资收入的人，他们可以通过提高商品价格把通货膨胀的损失转嫁出去，并利用通货膨胀造成的人们购买行为的向前调整，增加商品的销售，提高利润水平。即使工人的货币工资能与物价同比例增长，在累进所得税下，货币收入增加使人们进入更高的纳税等级。税率的上升也会使工人的部分收入丧失，即把财富从居民手中转移到公共经济部门。其次，通货膨胀对储蓄者不利。随着价格上涨，存款的实际价值或购买力就会降低。同样，诸如保险金、养老金以及其他固定价值的证券财产等，它们本来是防患于未然的，但在通货膨胀时其实际价值也会下降。最后，通货膨胀调整了债权人与债务人之间的分配关系。具体来讲，通货膨胀会牺牲债权人的利益而使债务人获利。在通货膨胀条件下，债务人可以用贬值的货币偿还债务，而债权人则只能以贬值的货币实现债权。实际利息率等于名义利息率与通货膨胀率的差额，如果通货膨胀率超过了名义利息率，债权人实现的实际利息将是负值。

（二）通货膨胀的产出和就业效应

通货膨胀的产出和就业效应是指物价普遍上涨对产出和就业的影响。价格水平的变化对产出水平的影响有两种情况：① 随着通货膨胀产出和就业都增加。这主要是由于需求拉动型通货膨胀的刺激，促进了产出水平的提高。许多经济学家也认为温和的需求拉动型通货膨胀对产出和就业有扩大作用。在通货膨胀条件下，人们的购买行为提前，从而使需求增加；物价上涨推动供给上升，从而刺激厂商增加投资、增加产出。产品市场需求和供给的增加，推动着对劳动需求的增加，从而增加就业。② 成本推动型通货膨胀引起产出和就业的下降。假定经济在当前的总需求水平下达到了充分就业与物价稳定，当出现成本推动型通货膨胀时，则原来的总需求所能购买到的实际产品的数量将会减少，即当成本推动的压力抬高物价水平时，既定的总需求只能在市场上支持一个较小的实际产出。在这种情况下，就会带来产出水平和就业水平的下降。最后，如果发生超级的通货膨胀，将会导致经济崩溃。而在这种情况下，随着价格水平的持续上升，居民和企业会产生通货膨胀的预期，为了不让自己的收入贬值，从而产生过度的消费购买，以致减少了储蓄和投资，使经济增长率下降。而劳动者由于生活费用的上升也会进一步要求涨工资，从而造成生产成本提高，影响企业扩大生产的积极性。尤其是在恶性通货膨胀下，人们对货币完全失去信心，货币无法执行其交换手段和储藏手段的职能，市场经济机制无法正常运行，甚至会出现大规模的社会动荡。

（三）通货膨胀对经济效益的影响

通货膨胀之所以损害经济效益，是因为它会扭曲价格信号。在一个低通货膨胀的经济中，如果一种商品的市场价格上升，则买方和卖方都很清楚，这种商品的供给和需求的两个方面都发生了实际的变化，他们就可以对此做出正确的反应。例如，如果附近的超市都将牛肉的价格提高50%，消费者就知道应该多吃猪肉而少吃牛肉。与此类似，如果新型电脑的价格下跌90%，也许就会决定换掉那台旧型号的电脑。在一个高通货膨胀的经济中，人们很难区分相对的价格变化与整体的价格变化。如果通货膨胀率高达每月20%或30%，商店就会频繁地变动价格，以至于相对价格变得混乱无序，令人无所适从。企业为了适应高通货膨胀而经常地改变报价是要付出成本的，这种成本称为菜单成本（Menu Cost）。例如餐馆经常印刷新菜单，超市频繁地更换标价牌，出租汽车公司重新调制计价表等。

在通货膨胀时期，人们更愿意持有实际资产而减少货币持有量。人们频繁地进出银行，磨光了鞋底，浪费了宝贵的时间。这种来自为减少货币持有量所付出的成本被称为通货膨胀的鞋底成本（Shoe-leather Cost）。企业精心设计现金管理计划，实际资源仅仅被用来适应不断变化的货币尺度，而不是被用来进行生产，这自然会影响社会的经济效益。

第三节　菲利普斯曲线

失业与通货膨胀是宏观经济运行中的两个主要问题。如果经济决策者的目标是低通货膨胀和低失业，则现实通常会使他们非常失望。因为低通货膨胀和低失业目标往往是相互冲突的。AD-AS模型指出，如果决策者想用需求管理政策扩大总需求以降低失业率，这种政策将使经济的均衡点沿着短期总供给曲线移动到更高产出和更高价格水平处。因为更多的产出对应更多的劳动投入，所以较高的产出意味着较低的失业率。而较高的价格水平则意味着较高的通货膨胀，因此当决策者使经济沿着短期总供给曲线向上移动时，他们降低了失业率而提高了通货膨胀率。同样，紧缩性需求管理政策在抑制总需求的同时，将经济的均衡点沿总供给曲线推向了左下方。价格水平的下降是以产出下降即失业率提高为代价的。如果要探讨失业与通货膨胀之间的关系，菲利普斯曲线是一个很实用的工具。

1. 简单形式的菲利普斯曲线

经济学家菲利普斯(A.W.Phillips)将工资上涨的决定因素数量化，提出了一种很实用且具有代表性的方法，用来描述通货膨胀的过程。在深入研究了英国一个多世纪的失业和货币工资的有关资料之后，菲利普斯发现失业和货币工资之间存在着一种负相关的关系，即当失业率降低时，工资率趋于上升；反之亦然。其原因在于，当其他工作机会比较难得时，工人要求提高工资的压力就会减少；而在盈利较少的情况下，企业也会更坚定地抵制增加工资的要求。

新古典综合派对最初的菲利普斯曲线加以改造是基于这样的认识：如果劳动生产率不变，则价格水平与货币工资同步增长；如果劳动生产率提高，则其增长率会抵消一部分货币工资增长的效果而体现出较低的通货膨胀率，即

$$通货膨胀率＝货币工资增长率－劳动生产率增长率$$

菲利普斯曲线对分析短期的失业与通货膨胀的交互变动十分有用。图10-3所表示的是最简单的菲利普斯曲线。图中的横轴代表失业率u，纵轴代表通货膨胀率π，向右下方倾斜的曲线PC即为菲利普斯曲线。当沿着这条菲利普斯曲线向左移动以降低失业率时，通货膨胀率就会上升。菲利普斯曲线所揭示的失业与通货膨胀的替代关系与20世纪60年代美国通货膨胀和失业的数据吻合得很好。

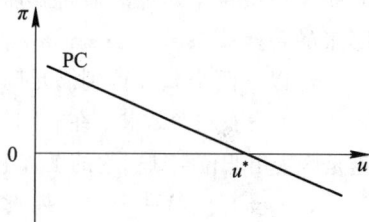

若用u^*代表自然失业率，则可将简单形式的菲利普斯曲线表示为

图10-3　简单形式的菲利普斯曲线

$$\pi＝-\varepsilon(u-u^*)\tag{10.5}$$

式中，$\varepsilon＞0$衡量价格相对于失业率的反应程度。举例来说，如果ε等于2，公式(10.5)表示如果实际失业率相对于自然失业率每增加一个百分点，则通货膨胀率将下降两个百分点。菲利普斯曲线指出，当失业率超过自然失业率$(u＞u^*)$时，出现通货紧缩$(\pi＜0)$。当失业率低于自然失业率$(u＜u^*)$时，则发生通货膨胀$(\pi＞0)$。当失业率恰好等于自然失业率$(u＝u^*)$时，价格水平不变$(\pi＝0)$，既无通货紧缩亦无通货膨胀。

2. 非加速通货膨胀的失业率(自然失业率)

实际上，菲利普斯曲线并不像上面所描述的那样总表现出失业与通货膨胀之间固定的替代关系。由于惯性通货膨胀的变化，菲利普斯曲线也会变动。图10-4表示的是美国在1960—1999年这段时期内以GDP折算数衡量的通货膨胀和失业情况。这些点似乎在沿着顺时针方向转动，并且会不时地向外或向内漂移。为了解释这种"菲利普斯螺旋线"的奇怪

现象，经济学家对原始的菲利普斯理论进行了修正。这项修正是在菲利普斯和米尔顿·弗里德曼的理论基础上发展起来的，并经过了历史数据的统计检验。

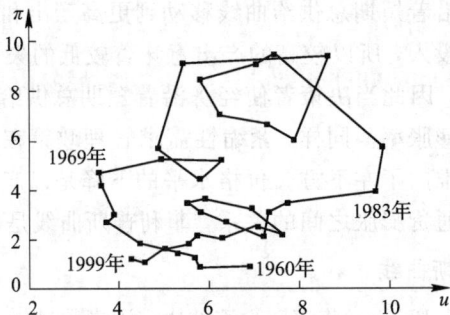

图 10 - 4　菲利普斯螺旋线

（资料来源：保罗·萨缪尔森，威廉·诺德豪斯. 经济学. 17 版. 萧琛，译. 北京：人民邮电出版社，2004.）

改进后的理论将长期菲利普斯曲线和短期菲利普斯曲线区分开。根据这种理论，图 10 -5 中向下倾斜的菲利普斯曲线只适用于短期情况，因而称为短期菲利普斯曲线。从长期看，存在一种与稳定的通货膨胀相一致的最低失业率，称为非加速通货膨胀的失业率（Non-accelerating Inflation Rate of Unemployment，NAIRU），这就是自然失业率，这一概念是指那些作用于价格和工资膨胀的向上或向下的力量得以平衡时的失业率。当经济处在这种失业率时，通货膨胀是稳定的，不存在加速上升或下降的趋势，即在没有向上的通货膨胀压力的情况下，能够长期维持的最低失业率。按照这个更新的理论，长期菲利普斯曲线是一条位于非加速通货膨胀的失业率处的垂直线，从而不存在短期的那种失业与通货膨胀的替换关系。

当以下两个条件得到满足时，通货膨胀率就是稳定的：

（1）没有超额需求。在非加速通货膨胀的失业率下，通货膨胀既不会上升，也不会下降。这是因为由职位空缺引起的工资上升的趋势与由失业引起的工资下降的趋势相互抵消。

（2）没有供给冲击。如果没有来自供给方面的冲击，如来自石油价格或其他资源价格的急剧变化、汇率的剧烈波动、生产率或其他影响生产成本的要素的变化，则通货膨胀将会稳定在某一确定的水平上。

如果存在需求或成本的冲击，情况又会不一样。当像越南战争期间的美国一样，失业处于很低水平时，通货膨胀率就会上升并超出惯性通货膨胀率，如同经济沿短期菲利普斯曲线向上移动一样；相反，如果失业率上升，并大大超过非加速通货膨胀的失业率水平（如20 世纪 80 年代初的美国），则通货膨胀率就会下降。

一旦实际通货膨胀率上升到超出惯性的或可预期的水平，人们就会开始适应这种新的通货膨胀率，并开始预期出现更高的通货膨胀率。于是，惯性通货膨胀率便会调整到新的水平，短期的菲利普斯曲线也会随之发生变动。

3. 附加预期的菲利普斯曲线（现代菲利普斯曲线）

弗里德曼在提出短期菲利普斯曲线时，考虑到企业和工人关注的不是名义工资，而是实际工资。当劳资双方谈判新工资协议时，他们都会对新协议期的通货膨胀进行预期，并根据预期的通货膨胀相应地调整名义工资水平。根据这种说法，人们预期通货膨胀率越高，名义工资增长越快。这里的"短期"是指从通货膨胀预期形成到根据通货膨胀的实际情况发现这一预期需要做出调整的这一段时间。短期菲利普斯曲线就是预期通货膨胀率保持不变时，表示通货膨胀率与失业率之间关系的曲线。将菲利普斯曲线方程式(10.5)改写为

$$(\pi - \pi^e) = -\varepsilon(u - u^*) \tag{10.6}$$

或

$$\pi = \pi^e - \varepsilon(u - u^*) \tag{10.7}$$

两式中，π^e 表示预期通货膨胀率。公式(10.7)被称为现代菲利普斯曲线或附加预期的菲利普斯曲线。附加预期的菲利普斯曲线有一个重要性质，即当实际通货膨胀率 π 等于预期通货膨胀率 π^e 时，失业率 u 等于自然失业率 u^*。这与上一节分析得出的结论是相同的。附加预期的菲利普斯曲线可以用图 10-5 来表示。

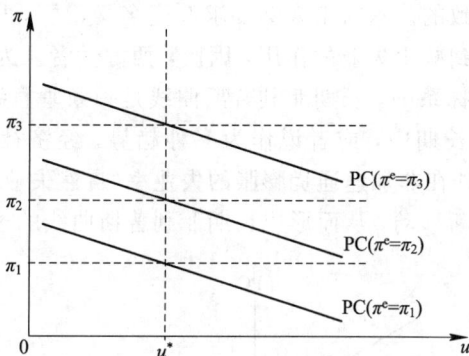

图 10-5　附加预期的菲利普斯曲线

从图 10-4 中菲利普斯螺旋线可以看出美国通货膨胀与失业的数据与简单的菲利普斯曲线不相吻合。针对这一情况，一些西方学者认为这主要是由忽略预期通货膨胀这一重要因素造成的。基于这一观点，一些西方学者试图用预期的菲利普斯曲线来拟合实际数据。图 10-6 给出了美国 20 世纪 60 年代初期和 80 年代初期(附加预期的)菲利普斯曲线。

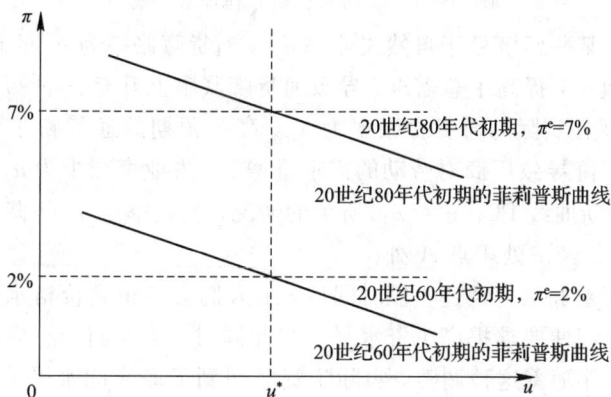

图 10-6　通货膨胀预期和短期菲利普斯曲线

图 10-6 中的两条短期菲利普斯曲线分别反映了 20 世纪 60 年代初期较低的预期通货膨胀水平与 20 世纪 80 年代初期较高的通货膨胀水平。有两点需要说明：一是它们所反映的失业与通货膨胀的短期替换关系是相同的，即它们的斜率相等；二是 20 世纪 60 年代初

期的充分就业水平(或相应的自然失业率水平)与大约2%的年通货膨胀率相对应,而20世纪80年代初的充分就业水平与大约7%的年通货膨胀率相对应。在西方学者看来,附加预期的菲利普斯曲线在解释失业与通货膨胀的关系方面还算是比较成功的。

附加预期的短期菲利普斯曲线表明,在预期的通货膨胀率不变的短期中,失业率与通货膨胀率之间仍然存在着替换关系。向右下方倾斜的短期菲利普斯曲线表明,在短期中引起通货膨胀率上升的需求管理政策可以起到减少失业的作用。换句话说,调节总需求的宏观经济政策在短期内是有效的。

4. 长期菲利普斯曲线

长期中工人将根据实际发生的情况不断调整自己的预期,工人预期的通货膨胀率与实际的通货膨胀率迟早会一致的。这时工人会要求改变名义工资,以使实际工资不变,从而较高的通货膨胀就不会起到减少失业的作用,因此,西方学者认为,在以失业率为横坐标,通货膨胀率为纵坐标的坐标系中,长期菲利普斯曲线是一条垂直线,即失业率与通货膨胀率之间不存在替换关系。长期中,或者说作为一种趋势,经济社会是能够实现充分就业的,经济社会的失业率将处在非加速通货膨胀的失业率(自然失业率)水平。用图10-7来讨论短期菲利普斯曲线不断移动,从而形成长期菲利普斯曲线的过程。

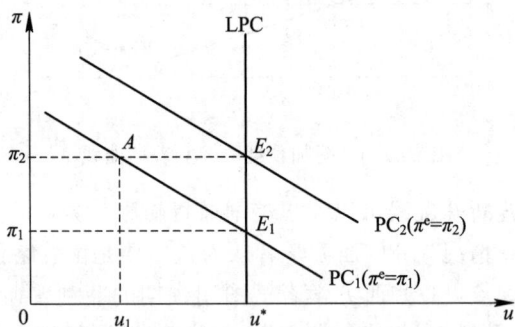

图 10-7 短期和长期菲利普斯曲线

图10-7中假定某一经济处于自然失业率u^*,通货膨胀率为π_1的点E_1。若政府采取扩张性的需求管理政策,提高了总需求,导致通货膨胀率上升至π_2。短期内工人预期的通货膨胀率为π_1,而现在实际的通货膨胀率为π_2,高于预期的通货膨胀率使实际工资率下降。实际工资率的下降导致厂商对劳动的需求量增加,失业率减少为u_1。于是就会出现图10-7中短期菲利普斯曲线$PC_1(\pi^e=\pi_1)$所示的情况,失业率由u^*下降为u_1,而通货膨胀率则从π_1上升至π_2,经济处于点A处。

但这种情况并不会持久,经过一段时间后,工人们会意识到价格水平的上升和实际工资率的下降,这时他们便要求提高工资水平。与此同时,工人们会相应地将通货膨胀率预期从π_1调整到π_2。伴随着这种调整,实际工资率回到了原来的水平。相应地,企业由于生产成本的提高也会将生产和就业调整到原有水平,失业率又回到了原来的u^*。但此时经济已经处于具有较高通货膨胀率预期(π_2)的点E_2。

将以上过程重复,可以想象,由于工人不能及时改变预期,存在着失业与通货膨胀之间的短期替代关系,如图10-7中PC_1和PC_2等短期菲利普斯曲线。随着工人预期通货膨胀率的上升,短期菲利普斯曲线不断上移。从长期来看,工人预期的通货膨胀与实际通货膨胀是一致的，因此企业不会增加生产和就业，失业率也就不会下降，从而便形成了一条位于自然失业率处垂直的长期菲利普斯曲线 LPC。垂直于自然失业率水平处的长期菲利普斯曲线表明，在一段较长的时期内，并不存在失业与通货膨胀的替代关系。其政策含义是政府扩张性的需求管理政策在长期中不但不能降低失业率，还会使通货膨胀率不断上升。

➡ 本章小结

1. 失业率表示没有工作的人占劳动力的比例。失业可以分为摩擦性失业、结构性失业和周期性失业，或者分为自愿失业和非自愿失业。

2. 自然失业率是经济在稳定状态下的失业率，也是经济在正常时期的失业率，它取决于就职率和离职率。

3. 奥肯定律描述了失业与实际 GDP 的关系，即实际 GDP 相对于其潜在值每下降两个百分点，失业率就大约会上升一个百分点。

4. 失业的影响既有经济方面的，也有社会方面的。

5. 通货膨胀是指在一段时间内，多数商品和劳务的价格普遍而连续地上升的现象。根据通货膨胀的严重程度分为温和的通货膨胀、急剧的通货膨胀和恶性的通货膨胀。恶性通货膨胀严重影响到人们的生活，会出现剧烈的社会动荡，甚至会导致政权的更迭。还可以按照价格增长可否预期分为预期通货膨胀和不可预期通货膨胀。可预期的温和的通货膨胀对经济效益或是对收入和财富的分配几乎没有什么影响。在物价平稳的国家，不可预期的通货膨胀的影响就没有那么严重。按照通货膨胀的表现形式可划分为公开型、隐蔽型以及抑制型。

6. 通货膨胀的原因既可以从货币角度解释，也可以从总供给或总需求角度解释，还可以从经济结构角度解释。

7. 通货膨胀对一国的收入分配、产出和就业都会产生重要影响。

8. 短期菲利普斯曲线表明失业率与通货膨胀率之间存在替换关系。但长期菲利普斯曲线是垂直于自然失业率水平的，表明失业率与通货膨胀率之间不存在替换关系。

➡ 本章习题

一、选择题

1. 在充分就业的情况下，（   ）最可能导致通货膨胀。

A. 进口增加   B. 工资不变，但劳动生产率提高

C. 出口减少   D. 政府购买不变，但税收减少

2. 经济处于充分就业均衡时，（   ）。

A. 降低政府购买会使经济的通货膨胀率一直降下去

B. 在短期内降低名义货币供给的增长会降低通货膨胀率但不影响产量

C. 在短期内降低名义货币供给的增长会降低通货膨胀率和产量水平

D. 在短期内降低政府购买会降低通货膨胀率但不影响产量

3. 以下选项中，除（　　）外，均为通货膨胀的后果。

A. 债务人获得好处　　　　　　　　　　B. 相对价格变动

C. 企业主获得好处　　　　　　　　　　D. 减少政府税收收入

4. 通货膨胀会（　　）。

A. 使国民收入提高到超过其正常值的水平

B. 使国民收入提高或下降，主要看产生通货膨胀的原因

C. 使国民收入下降到超过其正常值的水平

D. 只有在经济处于潜在的产出水平时，才会促进国民收入的增长

5. "滞胀"用菲利普斯曲线表示，即（　　）。

A. 一条垂直于横轴的菲利普斯曲线　　　B. 一条长期存在的斜率为正的直线

C. 短期菲利普斯曲线的不断上移　　　　D. 一条长期存在的斜率为负的直线

二、计算题

1. 一个经济的失业率为 7.5%，劳动力中白人和黑人分别占 82% 和 18%，如果白人中的失业率为 6.5%，则黑人中的失业率是多少？

2. 假设某经济体在某一时期内有 1.9 亿成年人，其中 1.2 亿人有工作，0.1 亿人在寻找工作，0.45 亿人没有工作但也没有在找工作。试求：

(1) 劳动力人数。

(2) 劳动参与率。

(3) 失业率。

3. 某一经济体符合菲利普斯曲线 $\pi = \pi_{-1} - 0.5(u - 0.06)$。试问：

(1) 该经济体的自然失业率为多少？

(2) 为使通货膨胀减少 5 个百分点，必须有多少周期性失业？

三、案例分析题

在 20 世纪 80 年代，阿根廷年通胀率平均达到 450%，1990 年初之前的 12 个月其通胀率更飙升至 20000%。在这种情况下，经济活动的主要目的只是避免通胀吞噬一切。一位阿根廷商人约格这样描述道："通胀使你终日战战兢兢。我们公司所在的产业只能给你 4～5 天的赊账。人们不再关心生产力乃至技术，保护流动资产比包括技术在内的长期目标更重要，尽管你希望两者兼顾。这是通货膨胀不可避免的恶果，即货币疾病。你的钱分崩离析，就像癌症。你得过且过。当通货膨胀率超过每天 1%，你别无选择。你放弃计划，只要可以支撑到周末就会感到满足。然后我就会待在公寓里阅读有关古代板球比赛的书籍。人均而言，目前我们比 1975 年贫穷 25%。真正的受害者是你看不见的穷人、老人和年轻人。他们被赶出大型火车站……那些人是阿根廷生活中的弃儿，像大海的浪花。"

阿根廷的高通胀终于出现一个充满希望的转机。1989 年刚刚当选总统的梅内姆宣布了反通胀计划。此外，它还支持许多以市场为导向的经济改革，包括在 1991 年初任命由哈佛大学培养的经济学家卡瓦洛为经济大臣。在 20 世纪 90 年代初期，通胀已降为每年 30% 左右。

结合该案例说明阿根廷通货膨胀的性质及其影响。

第十一章　经济周期与经济增长

【知识目标】

理解经济周期的含义与阶段特征；了解经济周期的类型、原因；掌握经济增长的内涵和特征；理解经济增长的源泉。

【能力目标】

能够运用理论解释现实中的经济增长现象。

【案例导读】

世界历史上的经济危机

★ 1637 年郁金香狂热

17 世纪，曾经的欧洲金融中心、东方贸易霸主——荷兰，因一个小小的郁金香球茎竟然导致了其世界头号帝国的衰落。自 1634 年开始，郁金香已成为当时投机者猎取的对象，投机商大量囤积郁金香球茎以待价格上涨。在舆论鼓吹之下，人们对郁金香表现出一种病态的倾慕与热忱。1636 年，以往表面上看起来不值一钱的郁金香，竟然达到了与一辆马车、几匹马等值的地步。直至 1637 年，郁金香球茎的总涨幅已高达 5900%！当有一天，一位外国水手将那朵球茎（一位船主花 3000 金币从交易所买来的）就着熏腓鱼像洋葱一样吞下肚后，这个偶然事件引发了暴风雨的来临。一时间，郁金香成了烫手山芋，无人再敢接手。郁金香球茎的价格也一泻千里，暴跌不止，这被认为是世界近现代经济史上的第一次投机泡沫。

★ 1720 年南海泡沫

1720 年倒闭的南海公司给整个伦敦金融业都带来了巨大的阴影。17 世纪，英国经济兴盛。然而人们的资金闲置、储蓄膨胀，当时股票的发行量极少，拥有股票还是一种特权。为此南海公司觉得赚取暴利的商机，与政府交易以换取经营特权，因为公众对股价看好，促进当时债券向股票的转换，进而反作用于股价的上升。1720 年，为了刺激股票发行，南海公司接受投资者分期付款购买新股的方式。投资十分踊跃，股票供不应求导致价格狂飙到 1000 英镑以上。公司的真实业绩严重与人们预期背离。后来因为国会通过了《反金融诈骗和投机法》，内幕人士与政府官员大举抛售，南海公司股价一落千丈，南海泡沫破灭。

★ 1929 年大崩溃

根据 1920 年到 1939 年美国制造业指数阶段的变化分析，从 1920 年开始，美国制造业飞速发展了 10 年。制造业保持了超过 6% 的增长速度。但制造业发展过快、规模过大，经济增长过于依赖投资，形成结构扭曲。整个宏观经济形成生产–消费相互强化的循环机制，同时也形成了过热状态，过度扩张虚拟经济，过于乐观看待股市，无意识当中进入一种疯狂状态，对经济发展存在的一系列问题和潜在危机因素已经浑然不觉。这时，美联储采取了过于严厉的紧缩政策。1929 年 8 月 9 日，美联储根据宏观经济过热情况，将利息提高到

6％，将证券交易商的利率由 5％提高到 20％，使当时投机商们顷刻间陷入了资金短缺状态，只好逃出股市。1929 年 10 月 24 日，在历经 10 年的大牛市后，美国金融界崩溃了，股票一夜之间从顶峰跌入深渊。股指从 363 最高点跌至 1932 年 7 月 40.56 点，才宣告见底，最大跌幅超过 90％，直至 20 年后的 50 年代才恢复到原来高点。

这次危机造成美国经济在 1929—1933 年间下降 30％，失业率从 3％升至 25％，达到 5000 万人，数以千计的人跳楼自杀，8812 家银行倒闭，上千亿美元财富付诸东流，生产停滞，百业凋零，经济危机加上大萧条时间持续长达 10 年之久。

★ 1987 年黑色星期一

1987 年上半年，美国股市继续上涨，市盈率达到 23 倍，而指数在 6 个月里上涨了 30％，8 月 25 日，道琼斯工商指数达到了 2722.42 点。随后，因为不断恶化的经济预期和中东局势的不断紧张，令人担心的消息开始充斥市场，包括贸易逆差、伊朗冲突和货币贬值。10 月 16 日，市场急跌 109 点。10 月 19 日，星期一，亚洲市场开盘即暴跌，而稍后开盘的美股延续暴跌，道琼斯工商指数在一日之内跌掉了 22.6％，标准普尔指数也下跌了 20％。1987 年 10 月 19 日被称为"黑色星期一"。这个股市大崩溃，至今仍让人余悸犹存，其震撼力量是难以估计的。

★ 1997 东南亚金融危机

自 1997 年 7 月起，爆发了一场始于泰国，后迅速扩散到整个东南亚并波及世界的东南亚金融危机，使许多东南亚国家和地区的汇市、股市轮番暴跌，金融系统乃至整个社会经济受到严重创伤，1997 年 7 月至 1998 年 1 月仅半年时间，东南亚绝大多数国家和地区的货币贬值幅度高达 30％～50％，最高的印尼盾贬值达 70％以上。同期，这些国家和地区的股市跌幅达 30％～60％。据估算，在这次金融危机中，仅汇市、股市下跌给东南亚国家和地区造成的经济损失就达 1000 亿美元以上。受汇市、股市暴跌影响，这些国家和地区出现了严重的经济衰退。

★ 2008 年次贷危机

2002 以来美国利率先降后升，房地产市场却先热后冷，导致大批蓝领阶级陷入房贷陷阱。次贷危机是由美国次级房屋信贷行业违约剧增及信用紧缩问题而于 2007 年夏季开始引发的国际金融市场上的震荡、恐慌和危机。为缓解次贷风暴及信用紧缩所带来的各种经济问题，稳定金融市场，美联储几月来大幅降低了联邦基金利率，并打破常规为投资银行等金融机构提供直接贷款及其他融资渠道。美国政府还批准了耗资逾 1500 亿美元的刺激经济方案，另外放宽了对房利美、房地美（美国两家最大的房屋抵押贷款公司）等金融机构融资、准备金额度等方面的限制。

在美国房贷市场继续低迷、法拍屋大幅增加的情况下，美国财政部于 2008 年 9 月 7 日宣布以高达 2000 亿美元的可能代价接管了濒临破产的房利美和房地美。2008 年 9 月 21 日，在华尔街的投资银行接二连三地倒下后，美联储宣布把现在只剩下最后的两家投资银行，即高盛集团和摩根士丹利两家投资银行全部改为商业银行，这样可以靠吸收存款来渡过难关。历史在 2008 年 9 月 21 日这一天为曾经风光无限的华尔街上的投资银行画上了一个惊人的句号，"华尔街投资银行"作为一个历史名词消失了。不仅在金融界，美国金融危机的爆发，也使美国包括通用汽车、福特汽车、克莱斯勒三大汽车公司等实体经济受到很大的冲击，实体产业危在旦夕。很快，美国金融海啸也涉及全球，影响了全世界。

第一节 经济周期

一、经济周期的含义与阶段

(一) 经济周期的含义

经济周期(Business Cycle),也称为商业周期、景气循环,它是指经济运行中周期性出现的经济扩张与经济紧缩交替更迭、循环往复的一种现象。经济周期是国民总产出、总收入和总就业的波动,是国民收入或总体经济活动扩张与紧缩的交替或周期性波动变化。

在市场经济条件下,企业家们越来越多地关心经济形势,也就是"经济大气候"的变化。一个企业生产经营状况的好坏,既受其内部条件的影响,又受其外部宏观经济环境和市场环境的影响。一个企业,无力决定它的外部环境,但可以通过内部条件的改善来积极适应外部环境的变化,充分利用外部环境,并在一定范围内改变自己的小环境,以增强自身活力,扩大市场占有率,因此作为企业家对经济周期波动必须了解、把握,并能制订相应的对策来适应周期的波动,否则将在波动中丧失生机。

(二) 经济周期的阶段

经济周期可以分为四个阶段:繁荣阶段、衰退阶段、萧条阶段、复苏阶段,如图 11-1 所示。两个大阶段:上升(扩张)阶段与下降(收缩)阶段。两个转折点:顶峰和谷底。经济波动以经济中的许多成分普遍而同期地扩张(扩张阶段由复苏、繁荣组成)和收缩(收缩阶段则由衰退、萧条组成)为特征,持续时间通常为 2~10 年。现代宏观经济学中,经济周期发生在实际 GDP 相对于潜在 GDP 上升(扩张)或下降(收缩或衰退)的时候。每一个经济周期都可以分为上升和下降两个阶段。上升阶段也称为繁荣,最高点称为顶峰。然而,顶峰也是经济由盛转衰的转折点,此后经济就进入下降阶段,即衰退。衰退严重则经济进入

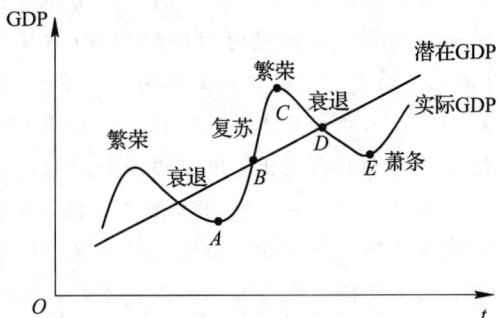

图 11-1 经济周期阶段

萧条,衰退的最低点称为谷底。当然,谷底也是经济由衰转盛的一个转折点,此后经济进入上升阶段。经济从一个顶峰到另一个顶峰,或者从一个谷底到另一个谷底,就是一次完整的经济周期。现代经济学关于经济周期的定义建立在经济增长率变化的基础上,指的是增长率上升和下降的交替过程。

经济周期波动的扩张阶段是宏观经济环境和市场环境日益活跃的季节。这时,市场需求旺盛,订货饱满,商品畅销,生产趋升,资金周转灵便。企业的供、产、销和人、财、物都比较好安排。企业处于较为宽松有利的外部环境中。

经济周期波动的收缩阶段,是宏观经济环境和市场环境日趋紧缩的季节。这时,市场

需求疲软，订货不足，商品滞销，生产下降，资金周转不畅。企业在供、产、销以及人、财、物方面都会遇到很多困难，企业处于较恶劣的外部环境中。经济的衰退既有破坏作用，又有自动调节作用。在经济衰退中，一些企业破产，退出商海；一些企业亏损，陷入困境，寻求新的出路；一些企业顶住恶劣的气候，在逆境中站稳了脚跟，并求得新的生存和发展，这就是市场经济下优胜劣汰的企业生存法则。

【知识拓展】

中国经济周期问题

在周期理论中，很多人把经济周期分为四个阶段，即复苏、扩张、收缩、萧条。但是对于周期的起始阶段则有很大的分歧。有人以经济发展不能继续扩张或维持原状而发生跌落进入收缩阶段为始点，目的在于强调周期形成的三个基本过程，即失调、调整和协调。有人认为，中国经济周期波动的典型方式是从经济增长加速开始（复苏），逐步进入过热阶段（高涨），遇到资源和结构限制不得不实行紧缩（收缩），并经过一定时期的调整（停滞）再进入下一周期。持此观点的人强调，中国经济周期的阶段分析有自己的特点，如果说市场经济条件下的周期理论是要着重分析为什么会衰退，那么，中国的经济周期波动首先要由高涨的原因来说明。还有人认为，中国的经济运行存在着五种状态，即过热、热、适度、冷、过冷。一般来说，每个周期都存在着热、适度、冷三个阶段，过热和过冷不一定会在每个周期中出现。应当指出，经济周期的阶段分析在宏观经济的预警预报中有着重要的作用，将经济运行分为红灯区、黄灯区、绿灯区、蓝灯区，就是按此进行的。

在具体描述的基础上，理论界对中国经济周期波动的类型做了一些概括分析。有人认为，中国经济周期更为本质的特征是非商业周期，除个别时期外，物价和就业几乎不受产量波动的影响，表现为短缺型周期（波峰波谷年份的供求差几乎一样）、工业倾斜型波动（工业波动大于农业，重工业的波动更大）和封闭型波动。很多人将此称为计划周期或政治周期。以上概括基本反映了改革前的周期特征，不能反映改革后，特别是改革中期以后的情形。最近有人提出，中国的经济周期正在从计划周期转向商业周期，认为随着改革的推进及其效应的积累，中国经济运行的制度背景和微观基础发生了变化，其总量态势也与以前有所不同。一方面，由于效率的改进和潜在生产能力的提高以及价格结构的调整，经济增长的资源约束渐趋宽松；另一方面，由于预算约束的硬化，经济增长开始受到来自需求方面的约束，再加上预期因素的作用和国际经济波动的影响，这一切就使中国经济周期波动的性质和特征发生了变化。不过政府主导型经济的影响还相当强大。

（节选自中国社会科学院经济研究所张曙光研究员的文章《关于中国经济周期的特征问题》）

二、经济周期的类型

按照周期波动对经济发展的影响程度及发生时间的长短，将经济周期划分为以下四种类型。

（1）短周期（小周期或次要周期）。短周期长度为3～4年，由英国统计学家约瑟夫·基钦（Joseph Kitchin）提出，称为"基钦周期"。一般认为，它主要是由企业库存投资的变动而产生的。

（2）中周期（大周期或主要周期）。中周期长度约为8～10年，是由法国经济学家克莱门特·朱格拉(Clement Juglar)提出，称为"朱格拉周期"。他认为危机是经济社会不断面临的三个连续阶段中的一个，这三个阶段是繁荣、危机和清算，危机是由繁荣造成的不平衡状态的结果，这三个阶段反复出现就形成了周期现象。一般认为，这一周期是由固定投资波动而产生的。

(3) 中长周期。中长周期长度为15～25年，由美国统计学家和经济学家西蒙·史密斯库兹涅茨(Simon Smith Kuznets)提出，一般认为，这种周期是由建筑投资的循环变动引起的，故也称其为"建筑周期"。

(4) 长周期。长周期长度为45～60年，由前苏联经济学家尼古拉·康德拉季耶夫(Nikolai Kondratieff)提出，称为"康德拉季耶夫周期"。对这种长周期形成原因的解释有很多种，如人口的增加、地理上的新发现、新资源的开发、战争等，但技术进步和革新可能是产生长周期的主要原因。

熊彼特认为每一个长周期包括六个中周期，每个中周期包括三个短周期，其中短周期40个月，中周期9～10年，长周期50～60年，并以创新为标志，将第二次世界大战以前的200年划分为三个长周期。

根据经济收缩的不同含义，经济周期又可分为以下两种类型：

(1) 古典周期或传统周期(Classical Cycle)。它是指国民经济活动的绝对水平有规律地出现上升或下降的交替和循环。在古典周期的经济扩张阶段，国内生产总值表现为正增长，在经济收缩阶段，国内生产总值表现为负增长。

(2) 增长周期或现代周期(Growth Cycle)。它是指国民经济活动的相对水平有规律地出现上升或下降的交替和循环。在经济扩张阶段，国内生产总值仍然表现为正增长，但在经济收缩阶段，国内生产总值不再表现为绝对量下降，而是表现为增长速度滞缓，或者说经济增长速度小于充分就业的增长速度。

三、真实经济周期理论

20世纪80年代，挪威经济学家芬恩·基德兰德(Finn Kydland)和美国经济学家爱德华·普雷斯科特(Edward Prescott)提出了真实商业周期理论(Real Business Cycle Theory)，二人因在有关宏观经济政策的时间一致性难题和商业周期的影响因素等问题的研究中所做出的杰出贡献而获得2004年的诺贝尔经济学奖。

真实经济周期理论认为，经济周期是均衡现象，主要是由一些对经济持续的实际冲击引起的。实际冲击包括大规模的随机技术进步或生产率的波动，这种波动引起相对价格波动，理性的经济当事人通过改变他们的劳动供给和消费来对相对价格波动做出反应，从而引起产出和就业的周期性波动。按照他们的分析，经济周期波动的根源是实际因素，其中特别值得注意的是技术冲击。经济在随机性的技术冲击的作用下，通过劳动供给的跨时替代机制，引起就业与产出的波动。当出现技术进步时，经济就跳跃到更高的起点增长；若技术恶化或下降，经济将出现衰退，因而经济波动是在完全竞争环境下生产者和消费者对技术冲击进行调整的最优反应。经济周期在很大程度上表现为经济基本趋势本身的波动，而不是经济围绕基本趋势的波动，不存在市场失灵，具有帕累托效率，因此旨在熨平经济波动的政府干预只能改善一部分人而不是所有人的福利水平。

真实经济周期理论属于自由放任的新古典宏观经济学派，多年来在经济学中一直风头正健。以基德兰德和普雷斯科特为代表的真实经济周期理论向凯恩斯主义各派发起全面挑战，并取得了开创性成果。

1. 经济周期的性质

凯恩斯主义各派把宏观经济分为长期与短期。他们认为，在长期中决定一个国家经济状况的是长期总供给，即长期中的生产能力，长期总供给取决于一个国家的制度、资源和技术，长期中的经济增长是一个稳定的趋势，称为潜在的国内生产总值或充分就业的国内生产总值。短期中的经济状况取决于总需求。经济周期是短期经济围绕这种长期趋势的变动，或者说短期经济与长期趋势的背离。如果把各年的经济状况用实际国内生产总值来表示，长期的趋势用潜在的或充分就业的国内生产总值来表示，经济周期就是这两种国内生产总值的背离。

真实经济周期理论否定了把经济分为长期与短期的说法，他们认为，在长期和短期中决定经济的因素是相同的，既有总供给又有总需求，因此人为地把经济分为长期与短期是无意义的。由此出发，经济周期并不是短期经济与长期趋势的背离，即不是实际国内生产总值与潜在的或充分就业的国内生产总值的背离，经济周期本身就是经济趋势或者说是潜在的或者充分就业的国内生产总值的变动，并不存在与长期趋势不同的短期经济背离。

在凯恩斯主义经济学中，有经济增长理论与经济周期理论之分，前者研究长期问题，后者研究短期问题。但在真实经济周期理论中，经济增长与经济周期是一个问题，所以真实经济周期理论实际上并不仅仅是经济周期理论，它本身就是完整的宏观经济理论。

2. 经济周期的原因

经济周期的原因一直是经济学家研究的中心，到现在为止已有几十种理论。这些理论大体可分为内生论和外生论两种。内生论阐述了经济周期产生于经济体系内的原因。外生论则阐述了经济周期产生于经济体系外的原因。凯恩斯主义经济周期理论属于内生论，真实经济周期理论属于外生论。

凯恩斯主义各派尽管对经济周期原因的解释并不完全相同，但都认为经济周期表明市场调节的不完善性。这就是说，在短期中如果仅仅依靠市场调节，出现周期性波动就是必然的，因此经济周期是市场经济固有的，依靠市场机制不可能消除或减缓。或者说，经济周期源于市场机制的不完善性。

真实经济周期理论认为，市场机制本身是完善的，在长期或短期中都可以自发地使经济实现充分就业的均衡。经济周期源于经济体系之外的一些真实因素的冲击，这种冲击称为外部冲击，引起这种冲击的是一些实实在在的真实因素，因此这种理论称为真实经济周期理论。市场经济无法预测这些因素的变动与出现，也无法自发地迅速做出反应，故而经济中发生周期性波动。这些冲击经济的因素不产生于经济体系之内，与市场机制无关，所以真实经济周期理论是典型的外因论。

真实经济周期理论把引起经济周期的外部冲击分为引起总供给变动的供给冲击和引起总需求变动的需求冲击。这两种冲击又有引起有利作用、刺激经济繁荣的正冲击（或称为有利冲击）以及引起不利作用、导致经济衰退的负冲击（或称为不利冲击）之分。有利的冲击如技术进步，这种冲击刺激了投资需求；不利的冲击如 20 世纪 70 年代的石油危机，对供给产生不利影响，类似"9·11"这样的事件也可以归入不利冲击。国内外发生的各种事件都可以成为对经济大大小小的外部冲击，但其中最重要的是技术进步。在引起经济波动的外部冲击中，技术进步占三分之二以上。值得注意的是，真实经济周期理论把政府宏观经济政策也作为引起经济波动的外部冲击之一。

外部冲击如何引起经济周期呢？以技术进步来说明。假定一个经济处于正常的运行之中，这时出现了重大的技术突破(如互联网的出现)。这种技术突破引起对新技术的投资迅速增加，这就带动了整个经济迅速发展，引起经济繁荣，技术是决定经济的重要因素之一，所以这种繁荣并不是对经济长期趋势的背离，而是经济能力本身的提高。但新技术突破不会一个接一个，当新技术突破引起的投资过热过去之后，经济又趋于平静。这种平静也不是低于长期趋势，而是一种新的长期趋势。20世纪90年代美国经济繁荣与以后的衰退证明了这种理论。经济中这种大大小小作用不同的外部冲击无时不有，所以经济的波动也是正常的，并非由市场机制的不完善性所引起。

3. 稳定经济的政策

对经济周期原因的不同理论分析得出了不同的稳定经济政策。凯恩斯主义各派在政策上也不无分歧，但都坚持短期宏观经济需要稳定，也可以通过宏观经济政策来实现稳定，所以他们都主张国家用财政政策和货币政策来干预经济。国家干预是他们的基本特点。

真实经济周期理论认为，既然经济周期并不是由市场机制的不完善性所引起的，就无需用国家的政策去干预市场机制，只要依靠市场机制经济就可以自发地实现充分就业的均衡。它们说明了由外部冲击引起的周期性波动不可能由政府政策来稳定，而要依靠市场机制的自发调节作用来稳定。只有市场机制才会对经济波动做出自发而迅速的反应，使经济恢复均衡。例如，技术突破引起的投资热带动了整个经济繁荣，这时资源紧张会引起价格上升，价格上升就可以抑制过热的经济，使之恢复正常状态。市场机制的这种调节是反时的，经济不会大起大落。

相反，政府的宏观经济政策往往是滞后的，由于政府不可能做出正确的经济预测，政策本身的作用有滞后性，加之政府政策难免受利益集团的影响。决定者信息不充分，对经济运行的了解有限，因此政策不可能像决策者所预期的那样起到稳定作用。宏观政策的失误往往作为一种不利的外部冲击而加剧了经济的不稳定性，并且政策限制了市场机制正常发挥作用。用政府干预代替市场机制破坏了经济稳定和经济本身自发调节的功能。

四、经济周期波动的原因

关于经济周期原因的解释，有外生经济周期理论与内生经济周期理论两种。前者用非经济因素来解释经济周期，而后者则用经济因素来解释经济周期。

(一) 外生经济周期理论

外生经济周期理论认为，经济周期的根源在于经济体系之外的某些因素的变动，如太阳黑子、战争、革命、选举、金矿或新资源的发现、科学突破或技术创新等。

1. 太阳黑子理论

太阳黑子理论把经济的周期性波动归因于太阳黑子的周期性变化。因为据说太阳黑子的周期性变化会影响气候的周期变化，而这又会影响农业收成，而农业收成的丰歉又会影响整个经济。太阳黑子的出现是有规律的，大约每十年左右出现一次，因而经济周期大约也是每十年一次，该理论由英国经济学家杰文斯（W.S. Jevons）于1875年提出。

2. 创新理论

创新（Innovation Theory）是奥地利经济学家J·熊波特提出用以解释经济波动与发展的一个理论。创新是指一种新的生产函数，或者说是生产要素的一种新组合。生产要素新组合的出现会刺激经济的发展与繁荣。当新组合出现时，老的生产要素组合仍然在市场上存在。新老组合的共存必然给新组合的创新者提供获利条件。而一旦用新组合的技术扩散，被大多数企业获得，最后的阶段——停滞阶段也就临近了。在停滞阶段，因为没有新的技术创新出现，因而很难刺激大规模投资，从而难以摆脱萧条。这种情况直到新的创新出现才被打破，才会有新的繁荣出现。

总之，该理论把周期性的原因归之为科学技术的创新，而科学技术的创新不可能持续出现，从而必然有经济的周期性波动。

【知识拓展】

约瑟夫·阿洛伊斯·熊彼特（Joseph Alois Schumpeter，或译为熊彼德，1883年2月8日至1950年1月8日），美籍奥国经济学家，当代资产阶级经济学代表人物之一。其终生与凯恩斯之间的瑜亮情结是经济学研究者中的一个热门讨论题目，虽然他的经济学说并不如凯恩斯在生前就获得很大的回响，但研究者都认为他对于经济学科的思想史有很大的贡献。

熊彼特以创新理论解释资本主义的本质特征，解释资本主义发生、发展和趋于灭亡的结局，从而闻名于资产阶级经济学界，影响颇大。他在《经济发展理论》一书中提出创新理论以后，又相继在《经济周期》和《资本主义、社会主义和民主主义》两书中加以运用和发挥，形成了以创新理论为基础的独特的理论体系。创新理论的最大特色就是强调生产技术的革新和生产方法的变革在资本主义经济发展过程中的至高无上的作用。但在分析中，他抽掉了资本主义的生产关系，掩盖了资本家对工人的剥削实质。

在《经济周期》及有关书刊中，他提出了经济周期理论。他认为，一种创新通过扩散，刺激大规模的投资，引起了高涨，一旦投资机会消失，便转入了衰退。由于创新的引进不是连续平稳的，而是时高时低的，这样就产生了经济周期。

熊彼特认为，创新就是建立一种新的生产函数，把一种从来没有过的关于生产要素和生产条件的新组合引入生产体系。在熊彼特看来，作为资本主义"灵魂"的企业家的职能就是实现创新，引进新组合。所谓经济发展，是指整个资本主义社会不断地实现新组合。资本主义就是这种经济变动的一种形式或方法，创新是不断地从内部革新经济结构的一种创造性的破坏过程。他凭借创造性毁灭的理论阐释了经济增长的真正根源——创新。

3. 政治性周期理论

外因经济周期的一个主要例证就是政治性周期。政治性周期理论把经济周期性循环的原因归之为政府的周期性的决策（主要是为了循环解决通货膨胀和失业问题）。政治性周期的产生有三个基本条件：

（1）凯恩斯的国民收入决定理论为政策制定者提供了刺激经济的工具。

（2）选民喜欢高经济增长、低失业以及低通货膨胀时期。

（3）政治家喜欢连选连任。

（二）内生经济周期理论

内生经济周期理论强调经济波动是由经济体系内部的因素引起的，但并不否认外生因素对经济的冲击作用。它认为经济周期源于经济体系内部——收入、成本、投资在市场机制作用下的必然现象。

1. 纯货币理论

纯货币理论主要是由英国经济学家霍特里(R. Hawtrey)在 1913—1933 年的一系列著作中提出的。纯货币理论认为货币供应量和货币流通度直接决定了名义国民收入的波动，而且极端地认为经济波动完全是由银行体系交替地扩张和紧缩信用造成的，尤其是短期利率起着重要的作用。现代货币主义者在分析经济的周期性波动时，几乎一脉相承地接受了霍特里的观点。但应该明确肯定的是，把经济周期循环唯一地归结为货币信用扩张与收缩是欠妥的。

2. 投资过度理论

投资过度理论把经济的周期性循环归因于投资过度。由于投资过多，与消费品生产相对比，资本品生产发展过快。资本品生产的过度发展促使经济进入繁荣阶段，但资本品过度生产从而导致的过剩又会导致经济进入萧条阶段。

3. 心理理论

心理理论和投资过度理论是紧密相连的。该理论认为经济的循环周期取决于投资，而投资大小主要取决于企业主对未来的预期，但预期是一种心理现象，而心理现象又具有不确定性，因此经济波动的最终原因取决于人们对未来的预期。当预期乐观时，增加投资，经济步入复苏与繁荣；当预期悲观时，减少投资，经济则陷入衰退与萧条。随着人们情绪的变化，经济也就周期性地发生波动。

4. 消费不足理论

消费不足理论的出现较为久远。早期有西斯蒙第和马尔萨斯，近代则以霍布森为代表。该理论把经济的衰退归因于消费品的需求赶不上社会对消费品生产的增长。这种不足又根据源于国民收入分配不公所造成的过度储蓄。该理论一个很大的缺陷是，它只解释了经济周期危机产生的原因，而未说明其他阶段，因而在周期理论中，它并不占有重要位置。

第二节　经济增长

一、经济增长与经济发展

（一）经济增长

经济增长是指人均国民收入的增长，经济增长程度可以用增长率来描述。美国统计学家和经济学家西蒙·史密斯·库兹涅茨(Simon Smith Kuznets)在 1971 年接受诺贝尔经济学奖时所做的演说《现代经济增长：发现和反映》中，曾给经济增长下了这样一个定义："一个国家的经济增长，可以定义为给居民提供种类日益繁多的经济产品的能力长期上升，这种不断增长的能力是建立在先进技术以及所需要的制度和思想意识之相应的调整基础上的"。

经济增长这一定义有以下三层含义：

（1）经济增长就是实际国内生产总值的增加。如果考虑到人口的增加，经济增长就是人均实际国内生产总值的增加。

（2）技术进步是实现经济增长的必要条件。在影响经济增长的诸因素中，技术进步是第一位的。一部经济增长的历史，就是一部技术进步的历史。

（3）制度与意识形态的调整或变革是经济增长的充分条件。一方面社会制度与意识形态的变革是经济快速增长的前提。例如，私有产权的确立是经济增长的起点和基础。只有在制度与意识形态的调整基础上，技术才能极大地进步；另一方面，新的经济制度的出现使交易费用降低时，分工将进一步细化，促进经济增长。

（二）经济增长的基市特征

（1）实际GDP的增长率超过各种投入的增长率，表明技术进步在经济增长中起着十分重要的作用。

（2）资本存量的增长超过就业量的增加，导致人均资本占有量的增加。

（3）实际工资明显上升。工资在GDP中的比重虽有所上升，但非常微小。

（4）实际利率与利润率没有明显的上升或下降趋势，尽管在经济周期中它们会急剧变动。

（5）资本-产出比率下降，这显然是技术进步的作用。因为若技术既定，根据边际报酬递减规律，资本-产出比率应该上升。

（6）储蓄在国民收入中的比重比较稳定，发达国家为10％～20％，美国在1980年以后大幅度下降，为6％。

（7）社会结构与意识形态迅速改变。例如，教育与宗教的分离、城市化、民主化、法制化、政治生活的公开化、居民生活的科学化等不仅是经济增长的结果，也是经济进一步增长的条件。

（三）经济发展

经济发展是一个国家摆脱贫困落后状态走向经济和社会生活现代化的过程。经济发展不仅意味着国民经济规模的扩大，更意味着经济和社会生活素质的提高，所以经济发展涉及的内容超过了单纯的经济增长，比经济增长更为广泛。

就现代经济而言，发展的含义相当丰富复杂。发展总是与发达、与工业化、与现代化、与增长交替使用。一般来说，经济发展也包括三层含义：

（1）经济总量的增长，即一个国家或地区产品和劳务的增加构成了经济发展的物质基础。

（2）经济结构的改进和优化，即一个国家或地区的技术结构、产业结构、收入分配结构、消费结构以及人口结构等经济结构的变化。

（3）经济质量的改善和提高，即一个国家和地区经济效益的提高、经济稳定程度、卫生健康状况的改善、自然环境和生态平衡以及政治、文化和人的现代化进程。

如果说经济增长是一个"量"的概念，那么经济发展就是一个比较复杂的"质"的概念。从广泛意义上说，经济发展不仅包括经济增长，还包括国民的生活质量以及整个社会各个不同方面的总体进步。总之，经济发展是反映一个经济社会总体发展水平的综合性概念。

二、经济增长的源泉

对于经济增长的源泉，不同的经济学家常有不同的看法。亚当·斯密强调分工、专业化生产与国际贸易中的绝对优势；李嘉图强调比较优势与自由贸易；马克思和恩格斯以及熊彼特强调创新；索洛等人强调生产要素；贝克尔和舒尔茨则强调教育与人力资本；在新经济增长理论中，罗默和卢卡斯强调内生性增长，特别是规模报酬递增在经济增长中的贡献，其实质是强调内生性技术创新；诺斯等人强调制度创新对经济增长的作用；最近，鲍默尔在新书中强调自由市场机制是资本主义经济增长的关键。

一般来说，经济增长的源泉主要有四个：人力资本、自然资源、资本和技术进步。可以根据总量生产函数来研究增长的源泉：$Y = AF(L, K, R)$。其中，Y 代表总产量；K 代表资本；L 代表劳动；A 代表技术；R 代表自然资源。由总量生产函数可以看出，经济增长的源泉是资本积累、自然条件的改良、劳动素质的提高或人力资本的积累与技术进步。

1. 人力资源

劳动力的数量与质量是决定一国经济增长的重要因素，尤其是劳动力的质量或素质，如劳动者的生产技术水平、知识水平与结构、纪律性以及健康程度是决定一国经济增长最重要的因素。一个国家可以购买最先进的生产设备，但是这些先进的生产设备只有拥有一定技术受过良好训练的劳动者才能使用，并使它们充分发挥效用。提高劳动者的知识水平与生产技能，增强他们的身体素质与纪律意识，将极大地提高劳动生产率。一般来说，在经济增长的开始阶段，人口增长率较高，这时，经济增长主要依靠劳动力数量的增加。而经济增长到了一定阶段，人口增长率下降，劳动时间缩短，这时，就要通过提高劳动力的质量或人力资本的积累来促进经济增长。

2. 自然资源

自然资源也是影响一国经济增长的重要因素。一些国家，如加拿大和挪威，就是凭借其丰富的自然资源，在农业、渔业和林业等方面获得高产而发展起来的。但在当今世界上，自然资源的拥有量并不是取得成功的必要条件。许多几乎没有自然资源可言的国家，如日本，通过大力发展劳动密集型与资本密集型的产业而获得经济发展。

3. 资本

资本分为物质资本和人力资本。物质资本又称为有形资本，是指设备、厂房、基础设施等存量。人力资本又称为无形资本，是指体现在劳动者身上的投资，如劳动者的文化技术水平、纪律性与健康状况等，因此这里的资本是指物质资本，包括厂房、机器设备、道路以及其他基础设施等。

资本积累是经济增长的基础。英国古典经济学家亚当·斯密曾把资本的增加作为国民财富增加的源泉。现代经济学家认为，只有人均资本量的增加，才有人均产量的提高。许多经济学家都把资本积累占国民收入的10％～15％作为经济起飞的先决条件，把增加资本积累作为实现经济增长的首要任务。西方各国经济增长的事实表明，储蓄多从而资本积累多的国家，经济增长率往往是比较高的，如德国、日本等。

4. 技术进步

技术进步在经济增长中的作用，主要体现在生产率的提高上，使得同样的生产要素投入量能提供更多的产品。随着 K、L、R 投入的增加，产出虽然也增加，但由于其 MP 递减，经济增长的速度会日益减慢，而技术水平的提高可以使一国的经济快速增长。

技术进步在经济增长中有着十分重要的作用。据罗伯特·默顿·索洛（Robert Merton Solow）估算，在 1909—1940 年美国 2.9％ 的年增长率中，由技术进步引起的增长率为 1.49％，即技术进步在经济增长中所做出的贡献占 51％ 左右，而且随着经济的发展，技术进步的作用越来越重要。

上述分析，隐含着现存的社会政治经济制度和意识形态符合经济增长的要求的假定。一个社会只有在具备了经济增长所要求的基本制度条件，有了一套能促进经济增长的制度之后，上述影响经济增长的因素才能发挥其作用。战后许多发展中国家经济发展缓慢的原因并不是缺乏资本、劳动或技术，而是没有改变他们落后的制度。

第三节　经济增长模型

经济增长模型指的是经济增长的理论结构，它所要说明的是经济增长与有关经济变量之间的因果关系和数量关系。对经济增长的不同理论分析构成了不同的经济增长模型。本节主要介绍两个著名的经济增长模型，即哈罗德-多马经济增长模型和新古典经济增长模型。

一、哈罗德-多马经济增长模型

1. 哈罗德-多马经济增长模型的假定

英国经济学家哈罗德与美国学者多马几乎同时提出自己的经济增长模型。由于两者在形式上极为相似，因此称为哈罗德-多马模型。两者的区别在于哈罗德是以凯恩斯的储蓄-投资分析方法为基础，提出资本主义经济实现长期稳定增长模型；而多马模型则以凯恩斯的有效需求原理为基础，得出与哈罗德相同的结论。哈罗德-多马模型考察的是一国在长期内实现经济稳定的均衡增长所具备的条件。

本节所讨论的基本形式的哈罗德-多马模型的假定条件包括：

（1）不存在货币部门，并且价格水平不变。

（2）劳动力按不变的、由外部因素决定的速度 n 增长，即 $\dfrac{\mathrm{d}N/\mathrm{d}T}{N} = n =$ 常数。

（3）社会的储蓄率，即储蓄与收入的比率不变，若 S 为储蓄，s 为储蓄率，则 $S/Y=s$ ＝常数（Y 为收入）。

（4）社会生产过程只使用劳动 N 和资本 K 两种生产要素，且两种要素不能互相替代。

（5）不存在技术进步。

根据假定条件（4），生产函数可以写为

$$Y = Y(N, K) = \min(VK, ZN) \tag{11.1}$$

式中，$V=Y/K$ 为产出-资本比；$Z=Y/N$ 为产出-劳动比；V 和 Z 为固定的常数。

2. 产出和资本

根据上面的说明，由 $V=Y/K$，得

$$Y = VK \tag{11.2}$$

对公式（11.2）关于时间 t 求微分，得

$$\frac{dY}{dt} = V\frac{dK}{dt} \tag{11.3}$$

公式（11.2）说明，经济中供给的总产出等于产出-资本比乘以资本投入。公式（11.3）则说明，总产出随时间的变化率由产出-资本比和资本存量变化率（投资水平）决定。

另外，在只包括居民户和厂商的两部门经济中，经济活动达到均衡状态时，要求投资等于储蓄，即

$$I = S \tag{11.4}$$

根据假定条件 $S=sY$，而 $I=\dfrac{dK}{dt}$，故公式（11.4）可转化为

$$\frac{dK}{dt} = sY \tag{11.5}$$

将公式（11.5）代入公式（11.3）中，则

$$\frac{dY/dt}{Y} = Vs \tag{11.6}$$

公式（11.6）就是在资本得到充分利用条件下总产出的增长率所必须满足的关系。在 V 和 S 都为常数的条件下，公式（11.6）的解为

$$Y = A e^{Vst} \tag{11.7}$$

式中，A 为常数；t 为时间；e 为数学中自然对数的底数（e≈2.718）。

为了进一步认识公式（11.6）所示的增长率的意义，将公式（11.2）代入公式（11.5）中，并对其进行整理，得

$$\frac{dK/dT}{K} = Vs \tag{11.8}$$

比较公式（11.6）和公式（11.7）可知，为了使资本得到充分利用，总产出 Y 与资本 K 必须同步增长，其增长率由储蓄率和产出-资本比确定。按照哈罗德的说法，这一增长率被称为有保证的增长率，记为 G_w，即 $G_w=Vs$。至此，已建立了资本得到充分利用时经济增长的条件。

3. 产出与劳动

根据假定条件，劳动力增长率为 $\dfrac{dN/dt}{N}=n=$ 常数。另外，根据生产函数式（11.1），在

充分就业情况下，总产出和劳动力的关系为

$$Y = zN \tag{11.9}$$

在参数 z 为常数的情况下，公式(11.9)意味着总产出必须与劳动力同步增长。事实上，对公式(11.9)关于时间 t 进行微分，则

$$\frac{\mathrm{d}Y}{\mathrm{d}t} = z\frac{\mathrm{d}N}{\mathrm{d}t} \tag{11.10}$$

用公式(11.9)除以公式(11.10)，得

$$\frac{\mathrm{d}Y/\mathrm{d}t}{Y} = \frac{\mathrm{d}N/\mathrm{d}t}{N} = n \tag{11.11}$$

公式(11.11)就是劳动力充分就业时经济增长的条件。这一条件的含义是，如果要使经济实现充分就业的均衡增长，总产出的增长率必须等于劳动力的增长率。哈罗德将这一增长率称为自然增长率，记为 G_N，即 $G_N = n$。

4. 经济均衡增长的条件

为了得到哈罗德-多马模型均衡增长的条件，先考察生产函数式(11.1)的等产量线，如图 11-2 所示。

从图 11-2 中可以看到，为了生产 Y_1 的产出水平，该经济需要 N_1 单位的劳动力和 K_1 单位的资本，均衡点为 E_1。如果该经济有 N_a 单位的劳动力和 K_1 单位的资本，那么该经济的产出水平也只能是 Y_1。在这种情况下，一些劳动力会因缺乏生产性资本不能从事生产而处于失业状态。同样，如果该经济只有 N_1 单位的劳动力，而拥有 K_b 单位的资本，其最大产出水平仍然为 Y_1。在这种情况下，大量生

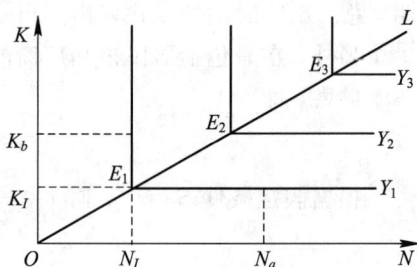

图 11-2 哈罗德-多马条件

产性资本又会因劳动力不足而被闲置。显然，要使经济中所有的生产投入（劳动和资本）都被充分利用的条件是图 11-2 中通过原点的直线 L 上的 E_1、E_2 和 E_3 等点。

根据本节前面的讨论，为了使经济中资本和劳动力都得到充分利用，总产出的增长率必须满足的条件是，有保证的增长率 G_w 等于自然增长率 G_N，即

$$G_w = G_N \tag{11.12}$$

由于 $G_w = Vs$，$G_N = n$，故上式又可写为

$$Vs = n \tag{11.13}$$

公式(11.13)被称为哈罗德-多马均衡增长条件。如果这一条件不能满足，如 $G_N > G_w$，则失业率就会上升；反之，如果 $G_w > G_N$，则会出现大量资本闲置。

在哈罗德-多马模型的框架下，公式(11.13)给出了保证经济均衡增长、产出资本比 V、储蓄率 s 和劳动力增长率之间的内在联系。哈罗德认为，由于储蓄率、产出-资本比率和劳动力增长率这三个因素分别由不同的因素决定，因此在现实中没有任何经济机制可以确保 G_w 等于 G_N。更何况，即使由于偶然原因，$G_w = G_N$，使经济处于均衡增长路径上，但一旦出现某种扰动，有保证的增长率就会越来越偏离自然增长率。换言之，即使存在均衡增长路径，但该路径也是不稳定的。从一定意义上说，哈罗德-多马模型可以用来解释一些非均衡增长的现象。

哈罗德-多马模型作为一种早期的增长理论,虽然具有简单、明确的特点,但该模型关于劳动和资本不可相互替代以及不存在技术进步的假定也在一定程度上限制了其对现实的解释。在西方经济增长理论的文献中,经济学家几乎公认,美国经济学家罗伯特·索洛在20世纪50年代后半期所提出的新古典增长理论是20世纪50、60年代最著名的关于增长问题的研究成果。下面介绍新古典增长理论。

二、新古典增长理论

新古典经济增长理论在放弃了哈罗德-多马模型中关于资本和劳动不可替代以及不存在技术进步的假定之后,所做的基本假定包括:① 社会储蓄函数为 $S=sY$。其中,s 为参数的储蓄率。② 劳动力按一个不变的比率 n 增长。③ 生产的规模收益不变。

在上述假定③,并暂时不考虑技术进步的情况下,经济中的生产函数可以表示为人均形式,即

$$y = f(k) \tag{11.14}$$

式中,y 为人均产量;k 为人均资本。图 11-3 表示了生产函数式(11.14)的内容。

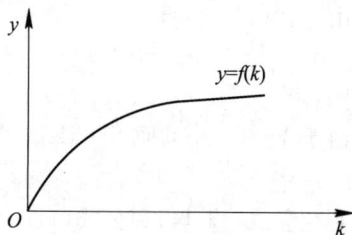

图 11-3 人均产量曲线

从图 11-3 中可以看出,随着每个工人拥有的资本量的上升,即 k 值的增加,每个工人的产量也增加,但由于报酬递减规律,人均产量增加的速度是递减的。

根据增长率分解式,在假定②和不考虑技术进步的条件下,产出增长率就唯一地由资本增长率来解释。下面就来较细致地考察资本和产量的关系。

一般而言,资本增长由储蓄(或投资)决定,而储蓄又依赖于收入,收入或产量又要视资本而定。于是,资本、产量和储蓄(投资)之间建立了如图 11-4 所示的相互依赖的体系。

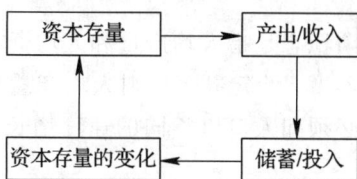

图 11-4 资本、产量和储蓄之间相互依赖的体系

在上述体系中,资本对产出的影响可由集约化的生产函数式(11.14)或图 11-4 来描述。资本存量变化对资本存量的影响是明显的和直观的,无需进一步说明。产出对储蓄的影响可以由储蓄函数来解释,因此在上述体系中,需着重说明储蓄对资本存量变化的影响。

1. 新古典增长模型的基本方程

在一个只包括居民户和厂商的两部门的经济中,经济的均衡条件可以表示为

$$Y = C + I$$

将上式表示为人均形式,则

$$Y/N = C/N + I/N \tag{11.15}$$

将公式(11.15)动态化,并利用公式(11.14),则

$$f[k(t)] = \frac{C(t)}{N(t)} + \frac{I(t)}{N(t)} \tag{11.16}$$

由于 $k(t) = \frac{K(t)}{N(t)}$，对这一关系求关于时间的微分，得

$$\frac{dk(t)}{dt} = \frac{1}{N^2}\left[N \cdot \frac{dK}{dt} - K \cdot \frac{dN}{dt}\right] \tag{11.17}$$

利用 $\frac{dN/dt}{N} = n$ 和 $\frac{dK}{dt} = I$，公式(11.17)可表示为

$$\frac{1}{N} = \frac{dk}{dt} + nk \tag{11.18}$$

由公式(11.15)得

$$\frac{Y - C}{N} = \frac{I}{N}$$

由于 $Y - C = S$，而 $S = sY$，上式可写为

$$sY/N = I/N \tag{11.19}$$

利用公式(11.14)和公式(11.19)，公式(11.19)可表示为

$$sf(k) = \frac{dk}{dt} + nk \tag{11.20}$$

公式(11.20)便是新古典增长模型的基本方程。这一关系式说明，一个社会的人均储蓄可以分为两个部分：① 人均资本的增加，即为每一个人配备更多的资本设备，这被称为资本的深化。② 每一增加的人口配备每人平均应得的资本设备 nk，这被称为资本的广化。总而言之，在一个社会全部产品中减去被消费的部分之后，剩下的便是储蓄；在投资等于储蓄的均衡条件下，整个社会的储蓄可以被用于两个方面：一方面给每个人增添更多的资本设备，即资本深化；另一方面为新出生的每一个人提供平均数量的资本设备，即资本广化。

2. 稳态分析

在新古典增长理论中，所谓稳态是指人均产量和人均资本都不再发生变化的状态。按照稳态的含义，如果人均资本不变，给定技术，则人均产量也不变。尽管人口在增长，但为使人均资本保持不变，资本必须和人口以相同的速度增长。在假定技术不变时，按新古典增长理论的假定，则有

$$\frac{dY/dt}{Y} = \frac{dN/dt}{N} = \frac{dK/dt}{K} = n$$

换言之，当经济中的总产量、资本存量和劳动力都以速度 n 增长，并且人均产量固定时，就达到了稳态。

理解基本方程式(11.20)和稳态含义更好的方式是图形分析，如图 11-5 所示。图 11-5(a)中的 $f(k)$ 曲线为产量曲线。曲线上每一点都表示一个与按人口平均的资本相对应的人均产量。例如，当按人口平均的资本为 k_1 时，人均产量为 y_1。曲线 $sf(k)$ 为储蓄曲线，它表示与每一按人口平均的资本相对应的人均储蓄量。图中的直线 nk 为通过原点且斜率为 n 的直线。

根据基本方程式(11.20)及 nk 线和 $sf(k)$ 曲线的关系，可以作出图 11-5(b)，即 L 曲线。当 $sf(k)$ 高于 nk 时，$sf(k) - nk > 0$，这时有 $dk/dt > 0$，与此相对应，L 曲线位于横轴

的上方；当 $sf(k)$ 低于 nk 时，则 $dK/dt<0$，与此相对应，L 曲线位于横轴的下方；当 $sf(k)$ 等于 nk 时，即 $sf(k)$ 曲线与 nk 线相交时，$dk/dt=0$，L 曲线与横轴相交。

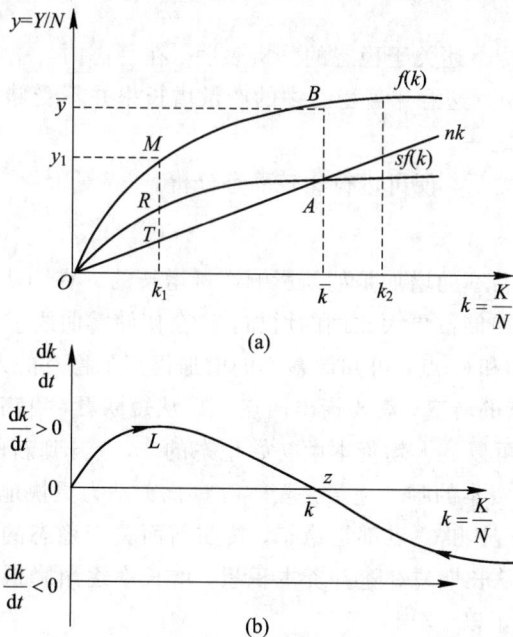

图 11 - 5　稳态的图示

按照上面关于稳态的说明，当 $dk/dt=0$ 时，经济便处于稳态，这对应于图 11 - 5(a)中的 A 点和图 11 - 5(b)中的 z 点，因此在新古典增长理论中，稳态的条件可表示为

$$sf(k)=nk \tag{11.21}$$

在图 11 - 5 中，由稳态条件确定的人均资本为 $\bar{k}$。为了进一步理解稳态的含义，考虑 k 不等于 $\bar{k}$ 的情况，假定实际的 k 值小于 $\bar{k}$，由图 11 - 5 可知，得

$$sf(k)>nk$$

即

$$\frac{sf(k)}{k}>n \tag{11.22}$$

又因为 $f(k)=y=\dfrac{Y}{N}$，$k=\dfrac{K}{N}$，公式(11.22)可写为

$$s\frac{Y}{N}\cdot\frac{N}{K}=s\frac{Y}{K}>n \tag{11.23}$$

在不存在折旧的情况下，根据 $sY=S=I=dK/dt$，公式(11.23)可写为

$$\frac{dK/dt}{K}>n$$

上式表明，如果当实际的 k 小于 $\bar{k}$ 时，资本的增长率将大于劳动增长率。换言之，这时资本比劳动增加得快，即人均资本在增加。从基本方程式(11.20)可知，当 $sf(k)>nk$ 时，有 $dk/dt>0$，即随着时间的推移，人均资本将会增加。以上分析表明，只要人均资本低于稳态所要求的水平时，经济中会有一种机制使人均资本不断增加，直到达到稳态所要求的水

平为止。类似地，当人均资本大于稳态所要求的水平时，则人均资本将不断减少，直到达到 $\bar{k}$ 所表示的水平为止，因此人均资本 k 总是趋向于稳态值。与此相对应，人均产量也趋向于均衡值 $\bar{y}$。

需要特别指出的是，上述关于稳态的分析表明，在稳态时，总收入以与人口相同的速度在增长，即增长率为 n。这意味着稳态中的产量增长率并不受储蓄率的影响。这是新古典增长理论的重要结论之一。

在完成了稳态分析之后，便可进行比较静态分析。

3. 储蓄率的增加

图 11-6 显示了储蓄率的增加是如何影响产量增长的。在图 11-6 中，经济最初位于 C 点的稳态均衡。现在使储蓄更大比例的增加，这会使储蓄曲线上移至更高的位置。这时新的稳态为 C'，比较 C 和 C' 点，可知储蓄率的增加提高了稳态的人均资本和人均产量。

对于从 C 点到 C' 点的转变，需要指出两点：① 从短期看，更高的储蓄率导致了总产量和人均产量的增加，这可以从人均资本由初始稳态的 k_0 上升到新的稳态中的 k' 这一事实中看出。因为增加人均资本的唯一途径是资本存量比劳动力更快地增长，进而又引起产量的更快增长。② 由于 C 点和 C' 点都是稳态，按照前面关于稳态的分析，稳态中的产量增长率是独立于储蓄的，从长期看，随着资本积累，增长率逐渐降低，最终又回到人口增长的水平。图 11-7 概括了以上分析。

图 11-7(a)显示了人均收入的时间路径。储蓄率的上升导致人均资本上升，从而增加了人均产量，直到达到新的稳态为止。图 11-7(b)则显示了产量增长率的时间路径。储蓄率的增加导致资本积累，从而带动了产量的一个暂时性的较高增长。但随着资本积累，产量的增长最终会回落到人口增长率的水平上。

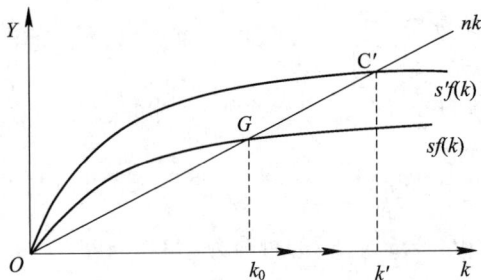

图 11-6　储蓄率增加的影响

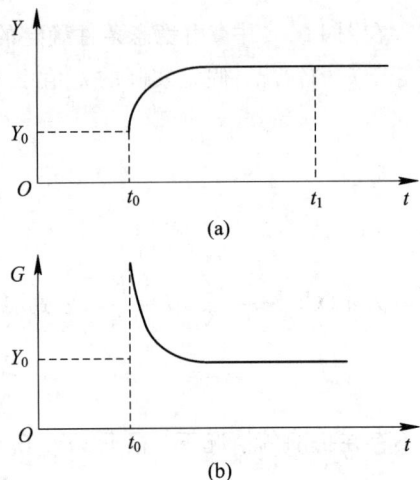

图 11-7　人均收入和产量增长率的时间路径

4. 人口增长

新古典增长理论虽然假定劳动力按一个不变的比率 n 增长，但当把 n 作为参数时，就可以说明人口增长对产量增长影响，如图 11-8 所示。

在图 11-8 中，经济最初位于 A 点的稳态均衡。现在假定人口增长从 n 增加到 n'，则图 11-8 中的 nk 线便移动到 $n'k$ 线的位置，这时，新的稳态均衡为 A' 点。比较 A' 点和 A 点，可知人口增长率的增加降低了人均资本的稳态水平（从原来的 k_0 减少到 k'），进而降低了人均产量的稳态水平。这是从新古典增长理论中得出的又一重要结论。西方学者进一步指出，人口增长率上升引起的人均产量下降正是许多发展中国家面临的问题。两个有着相同储蓄率的国家仅仅由于其中一个国家比另一个国家的人口增长率高，就会有非常不同的人均收入水平。

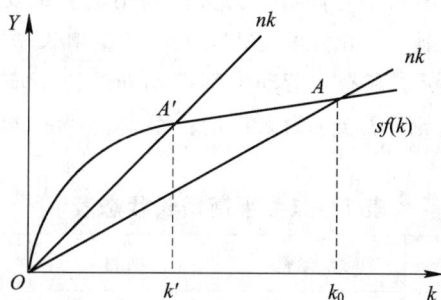

图 11-8 人口增长对产量增长的影响

对人口增长进行比较静态分析的另一个重要结论是，人口增长上升提高了总产量的稳态增长率。理解这一结论的要点在于掌握稳态的真正含义，并且注意到 A' 点和 A 点都是稳态均衡点。

5. 考虑技术进步时的稳态

到目前为止，对新古典增长理论的论述都没有涉及技术进步。事实上，如本节开始所述，考虑技术进步正是新古典增长理论不同于哈罗德-多马模型的重要之处。下面就来论述考虑到技术进步时的稳态分析。

在宏观经济中，考虑到技术进步时的总产量，生产函数可以写为

$$Y = f(K, N, A) \tag{11.24}$$

式中，A 为技术状况。一般地，Y 与 A 具有正向关系，即给定资本和劳动，A 的增加（技术状况的改进）将带来产量的增加。

在增长理论中，为了便于分析技术进步，常将生产函数写为

$$Y = f(K, NA) \tag{11.25}$$

式中，NA 为劳动与技术状况的乘积。这种考虑技术状况的方法据说更容易考察技术进步对产出、资本和劳动之间关系的影响。

如果将 NA 称为有效劳动力，则技术进步意味着增加了经济的有效劳动力。在这种考虑之下，公式（11.25）所示的生产函数表示产出是由资本 K 和有效劳动力 NA 两个要素决定的。

对于生产函数式（11.25），若 Y 为 K 和 NA 的一次齐次函数时，可将其表示为

$$y = f(k) \tag{11.26}$$

式中，$y = \dfrac{Y}{NA}$ 被称为有效人均产出；$k = \dfrac{K}{NA}$ 被称为有效人均资本。

前面的第一部分和第二部分的分析在相当程度上适用于这里的静态分析。为了避免重复，下面着重说明特殊之点：

(1) 考虑到技术进步时的稳态是指使有效人均资本和有效人均产量均为常数的状态。在稳态时，总产出将按有效劳动力 NA 的增长率增长。

(2) 由于有效劳动力被定义为 NA，即劳动力 N 与技术状况 A 的乘积，因此有效劳动力 NA 的增长率为劳动增长率与技术进步增长率之和。

(3) 将上述(1)和(2)综合在一起，可知在稳态时，总产出的增长率由劳动力增长率和技术进步率之和决定，这一增长率与储蓄率无关。利用这一重要结论，并注意到人均产量被定义为总产量与劳动力之比，得出在稳态时，人均产量增长率取决于技术进步率。

由于在稳态时，产出、资本和有效劳动力都按相同的比率增长，故这种稳态也被称为平衡增长状态。根据以上讨论，若 g_N 为人口增长率，g_A 为技术进步增长率，则平衡增长的特征如表 11-1 所示。

表 11-1 平衡增长状态表

项目	增长率	项目	增长率
有效人力资本	0	劳动	g_N
有效人均产量	0	资本	g_N
人力资本	g_A	产量	$g_N + g_A$
人均产量	g_A	有效劳动	$g_N + g_A$

由于在稳态时产出增长率仅依赖于劳动力增长率和技术进步率，因此储蓄率的变化并不影响产出的稳态增长率。然而，储蓄率的增加却能增加稳态的有效人均产出水平。

此外，新古典增长理论还暗含这样一点，即如果国与国之间有着不同的储蓄率，则它们会在稳态中达到不同的产出水平。但如果它们的技术进步率和人口增长率都相同，那么它们的稳态增长率也将相同，这就是趋同论点。

6. 考虑到人力资本的分析

新古典增长理论还可以扩展到对人力资本的分析，这里仅做简要说明。

在一定的假定之下，考虑人力资本时的生产函数可以表示为

$$\frac{Y}{N} = f\left(\frac{K}{N}, \frac{H}{N}\right) \tag{11.27}$$

公式(11.27)表明，人均产量水平既取决于人均实物资本 K/N，又取决于人均人力资本 H/N。在其他条件不变时，随着人均人力资本的提高，经济中平均劳动技能水平在提高，这意味着更多的工人能够操作复杂的机器设备，更多的工人能够更快地适应新的生产任务，所有这些都带来了更高的人均产出水平。

考虑人均资本后，可得出：① 关于实物资本积累的结论仍然成立，即增加储蓄率可以增加稳态的人均实物资本，进而也会增加稳态的人均产出水平。② 通过教育和在职培训等方式进行的人力资本投资的增加也增加稳态的人均人力资本，进而增加人均产量。上述两点描述了人均产出决定更为真实的景象。在长期，人均产量依赖于社会储蓄多少和教育支出多少。

　　既然人力资本和实物资本都是人均产出的决定因素，那么两者中哪一个更重要呢？对于这一问题，西方一项有影响的研究表明，在实物资本方面的投资和在教育方面的投资对产出的决定所起的作用大致相同。

➡ 本章小结

　　1. 经济周期是指经济运行中周期性出现的经济扩张与经济紧缩交替更迭、循环往复的一种现象，包括衰退、萧条、复苏和繁荣四个阶段。

　　2. 经济周期分为短周期、中周期、中长周期以及长周期。熊彼特把这四种周期结合在一起，他认为在经历短周期的同时也在经历着其他更长的周期，这也许是研究经济周期所处位置的重要理论和判断长期趋势的思路。

　　3. 真实经济周期理论认为，市场机制本身是完善的，在长期或短期中都可以自发地使经济实现充分就业的均衡。真实经济周期理论把引起经济周期的外部冲击分为引起总供给变动的供给冲击和引起总需求变动的需求冲击。

　　4. 关于经济周期原因的解释，外生经济周期理论用非经济因素，如太阳黑子、技术创新、政治因素来解释经济周期；内生经济周期理论则认为经济周期源于经济体系内部，是收入、成本、投资在市场机制作用下的必然现象。

　　5. 经济增长是一个经济体经济产量的增加。经济发展是一个国家摆脱贫困落后状态走向经济和社会生活现代化的过程。经济发展不仅意味着国民经济规模的扩大，更意味着经济和社会生活素质的提高。

　　6. 经济增长主要来源于人力资本、自然资源、资本和技术四个要素。

　　7. 哈罗德-多马经济增长模型认为经济的增长路径是不稳定的，增长率随储蓄率增加而提高，随资本-产出比扩大而降低。

　　8. 在新古典增长模型中，储蓄率的增加不会影响稳态增长率，但确实能提高收入的稳态水平，人口增长率的上升增加了总产量的稳态增长率。在新古典增长模型的稳定状态下，人均收入增长率仅仅由外生的技术进步率决定。

➡ 本章习题

一、选择题

1. 在下列选项中，（　　）是提高增长率的最好方法。

A. 发现新的自然资源供给　　　　　　B. 发展新技术

C. 提高人口增长率　　　　　　　　　D. 增加出口

2. 经济增长的最佳定义是（　　）。

A. 投资和资本量的增加

B. 由于要素供给增加或生产率提高而使潜在的国民收入有所提高

C. 实际国民收入在现有水平上有所提高

D. 人均货币收入的增加

3. 假如要把产量的年增长率从 4% 提高到 6%，在资本-产量比等于 3 的前提下，根据哈罗德增长模型，储蓄率应达到（   ）。

A. 18%　　　　　B. 25%　　　　　C. 27%　　　　　D. 30%

4. 根据新古典增长模型，n 表示人口增长率，δ 表示折旧，每个劳动力资本变化等于（   ）。

A. $sf(k)+(\delta+n)k$ 　　　　　　B. $sf(k)+(\delta-n)k$

C. $sf(k)-(\delta+n)k$ 　　　　　　D. $sf(k)-(\delta-n)k$

5. 根据新古典增长模型，人口增长率的上升将（   ）。

A. 提高每个劳动力资本的稳态水平

B. 降低每个劳动力资本的稳态水平

C. 对每个劳动力资本的稳态水平没有影响

D. 以上情况都有可能

二、计算题

1. 已知资本-产量比率为 4，按照哈罗德-多马模型，为了使实际增长率达到 7%，社会合意的储蓄率应为多少？

2. 假设某国经济的总量生产函数 $y=k^{1/2}$。其中 y 和 k 分别表示人均产出和人均资本。如果折旧率为 4%，储蓄率为 28%，人口增长率为 1%，技术进步速率为 2%。试求：

(1) 该国稳定状态产出是多少？

(2) 如果储蓄率下降到 10%，而人口增长率上升到 4%，其他条件不变，那么该国新的稳定状态产出是多少？

3. 在新古典经济增长模型中，生产函数为 $y=f(k)=4k-0.4k^2$，人均储蓄率为 0.5，设人口增长率为 4%。试求：

(1) 使经济均衡增长的 k 值。

(2) 黄金分割律所要求的人均资本量。

三、论述题

1. 随着人类社会的进步，经济不断得到增长，人们的生活水平也不断得到提高，获得越来越丰富的物质生活享受。在经济增长同时，社会也产生了许多发展问题，如对自然环境的破坏、资源的不断枯竭、物种的灭亡等。于是，有西方学者基于此提出了经济增长极限论，甚至指出世界正面临毁灭的到来。请你谈谈对经济增长极限论的看法。

2. 改革开放以来，中国经济一直保持较高且稳定的增长率，虽然对统计数据的可靠性一直存在争议，但世界银行、IMF 等国际权威组织认可了中国经济增长率的准确性。试谈谈新古典增长理论对中国经济增长的指导意义。

第十二章　宏观经济政策

【知识目标】

明确宏观经济政策的目标；了解财政政策工具；了解银行制度和货币政策工具。

【能力目标】

能够判断国家各时期实行经济政策的类型；能够辩证看待经济政策的运用及其局限性。

【案例导读】

2016年中国宏观经济政策着力点

2015年中国经济取得了很大的成绩，表现在经济增长处于合理区间，就业基本稳定，经济结构不断优化，但也开始面临一个问题，即通缩压力加大。造成2015年通缩压力加大的原因主要有三个方面：一是国内产能过剩的加剧。2015年因房地产投资急剧减速，产能过剩加剧，企业平均设备利用率下降到新低。二是国际输入性影响加剧。2015年受美联储加息预期及中国经济放缓影响，全球大宗商品价格再次暴跌。三是人民币汇率2015年阶段性高估，导致进口商品价格进一步下跌。2015年美联储加息前，人民币加入SDR是一个窗口期，人民币跟随美元保持了强势，实际有效汇率阶段性升值较多。

★ **财政政策**

为了稳增长、增效益、防风险，要进一步加强积极财政政策在扩大需求方面的直接作用，防止经济增速下滑过快。为了加强积极财政政策在扩大需求方面的作用，重点可放在加强积极财政政策对投资、生产、收入、消费等四个领域的作用，以引导、启动和扩大相关市场的需求。在投资领域，加强以基础设施建设为主的公共产品投资。在生产领域，完成营改增，降低制造业增值税税率。在收入领域，重点要加强财政在国民收入再分配中的重要作用。结合扶贫攻坚工程，通过必要的减税、调整支出结构、加强转移支付等方式，直接或间接地加快中低收入者的收入增长。在消费领域，财政要在改善消费市场相关基础设施、降低相关交易成本、打通有关流通环节等方面发挥重要的作用。

积极财政政策要着眼于算总账，并显著加大实施的总力度，提振市场信心。2015年一般公共预算支出虽然大幅回升，但土地出让金收支显著下滑，地方投融资平台由过去几年的快速扩张逐渐走向规范。2016年积极财政政策要着眼于算总账，要综合考虑提高赤字率，增发地方专项债券与发行专项金融债，推进营改增，下调土地出让金，调控国企利润，规范地方投融资平台等多方面因素对财政政策在扩张和紧缩两个不同方向上的总影响，要显著加大积极财政政策的总力度。

★ **货币政策**

为了应对经济下行压力和通货紧缩压力，2016年应继续实施结构宽松的货币政策，支持和配合积极的财政政策，保持流动性合理充裕和社会融资规模适度增长。发达经济体中遇到通货紧缩需要实施宽松的货币政策，我国因为前几年在 4 万亿刺激计划实施过程中，货币宽松比财政宽松的力度更大，因此目前这个阶段要防止货币政策过度宽松导致的资产泡沫，只能实施一些结构宽松的货币政策，防止货币政策过度宽松使流动性流向虚拟经济。2016 年应加强利率、存款准备金率和汇率政策的协调配合，保持货币政策的灵活适度。

总之，2016 年要在适度扩大总需求的同时，着力加强供给侧结构改革。只有把政策着力点推进到位，才能实现 2016 年中国经济的平稳增长，否则压力会比较大。预计 2016 年中国投资仍然保持 10％左右的稳定增长，房地产投资难以有明显反转，消费将保持平稳增长，进出口持续负增长，CPI 持续小幅正增长，PPI 持续下降进入第 5 年，可能有 4％左右的负增长，GDP 平减指数持续小幅负增长，2016 年通货紧缩压力仍会持续。希望能够通过加大需求侧和供给侧的政策力度，尽快摆脱通货紧缩压力。

（资料来源：摘自《上海证券报》，2016 - 3 - 1）

第一节　宏观经济政策概述

宏观经济政策是指国家或政府为了增进整个社会经济福利而制定的解决经济问题的指导原则和措施。它是国家或政府为了达到一定的经济目的而对经济活动有意识、有计划的干预。按照西方经济学理论的界定，宏观经济政策目标就是宏观经济政府最终要达到的目的，主要包括充分就业、物价稳定、经济增长和国际收支平衡等四大目标。为达到这些目标，国家或政府出台的各种政策手段必须相互配合，协调一致。

一、宏观经济政策的目标

1. 充分就业

充分就业是指包含劳动在内的一切生产要素都以愿意接受的价格参与生产活动的状态。充分就业包含两种含义：一是指除了摩擦失业和自愿失业之外，所有愿意接受各种现行工资的人都能找到工作的一种经济状态，即消除了非自愿失业就是充分就业；二是指包括劳动在内的各种生产要素都按其愿意接受的价格，全部用于生产的一种经济状态，即所有资源都能得到充分利用。

失业意味着稀缺资源的浪费或闲置，从而使经济总产出下降，社会总福利受损，因此失业的成本是巨大的，降低失业率，实现充分就业就成为宏观经济政策的首要目标。

2. 经济增长

经济增长是指在一个特定时期内经济社会所生产的人均产量和人均收入的持续增长，包括维持高经济增长率；培育经济持续增长的能力。

经济增长通常用一定时期内实际国内生产总值年均增长率来衡量。经济增长会增加社会福利，但并不是增长率越高越好。这是因为经济增长一方面要受到各种资源条件的限制，不可能无限地增长，尤其是对经济已经相当发达的国家来说更是如此；另一方面，经济增长也要付出代价，如造成环境污染，引起各种社会问题等。

3. 物价稳定

物价稳定是指物价总水平的稳定。一般用价格指数来衡量一般价格水平的变化。价格稳定不是指每种商品价格的固定不变，也不是指价格总水平的固定不变，而是指价格指数的相对稳定。价格指数又分为消费物价指数、批发物价指数和国民生产总值折算指数三种。

物价稳定是允许保持一个低而稳定的通货膨胀率。所谓低，是指通货膨胀率在 1%～3% 之间；所谓稳定，是指在相当时期内能使通货膨胀率维持在大致相等的水平上。这种通货膨胀率能为社会所接受，对经济也不会产生不利的影响。

4. 国际收支平衡

国际收支平衡具体分为静态平衡、动态平衡、自主平衡和被动平衡。静态平衡是指一个国家在一年的年末，国际收支不存在顺差也不存在逆差；动态平衡，不强调一年的国际收支平衡，而是以经济实际运行可能实现的计划期平衡周期，保持计划期内的国际收支均衡。自主平衡是指由自主性交易即基于商业动机，为追求利润或其他利益而独立发生的交易实现的收支平衡；被动平衡是指通过补偿性交易，即一国货币当局为弥补自主性交易的不平衡而采取调节性交易以达到的收支平衡。

二、宏观经济政策目标之间的矛盾与协调

以上提到的宏观经济政策的四大目标并不是相互一致的，要实现上述目标，政府必须使各种政策手段相互配合，协调一致。另外，政府在制定政策时，不能追求单一目标，而应该综合考虑，否则会带来经济上和政治上的副作用。因为经济政策目标相互之间不仅存在互补性，也存在一定的冲突。宏观经济政策之间的矛盾表现为以下几个方面：

（1）物价稳定与充分就业的矛盾。两者之间通常存在着一种此高彼低的交替关系，体现在菲利普斯曲线上。中央银行需要根据当时的社会经济条件，寻求物价上涨率和失业率之间某一适当的组合点。

（2）物价稳定与经济增长的矛盾。如果刺激经济增长，就应促进信贷和货币发行的扩张，结果会带来物价上涨和通货膨胀；为了防止通货膨胀和物价上涨，需要采取信用收缩的措施，这会对经济增长产生不利的影响。

（3）物价稳定与国际收支平衡的矛盾。若本国发生通货膨胀，其他国家的物价稳定，在一定时期内购买外国商品便宜，会导致本国输出减少，输入增加，使国际收支恶化。

（4）经济增长与国际收支平衡的矛盾。随着经济增长、就业人数增加和收入水平提高，对进口商品的需求通常也会相应增加，从而使进口贸易增长得更快，其结果是出现贸易逆差，导致国际收支情况恶化。

因为宏观经济政策的四大目标之间既有统一性，又有矛盾性，所以宏观经济政策几乎不可能同时实现四个目标。于是就出现了政策目标的选择问题，重点是确定各目标在具体历史环境下的主次地位和先后顺序。当然，政府还必须考虑到政策本身的协调和时机把握问题。上述这些因素都会影响宏观经济政策的有效性，即关系到政府政策目标实现的可能性和实现的程度。政府在制定经济目标和经济政策时要突出重点，进行整体性的宏观战略安排。

三、宏观经济政策工具

宏观经济政策工具是达到经济目标的手段和措施，不同的宏观经济政策工具可以达到不同的政策目标。常用的宏观经济政策工具有需求管理政策、供给管理政策、国际经济政策。

1. 需求管理政策

需求管理是要通过对总需求的调节，实现总需求等于总供给，达到既无失业又无通货膨胀的目标。在有效需求不足的情况下，也就是总需求小于总供给时，政府应采取扩张性的政策措施，刺激总需求增长，克服经济萧条，实现充分就业；在有效需求过度增长的情况下，也就是总需求大于总供给时，政府应采取紧缩性的政策措施，抑制总需求，以克服因需求过度扩张而造成的通货膨胀。

2. 供给管理政策

供给管理是通过对总供给的调节来达到一定的政策目标。供给学派理论的核心是把注意力从需求转向供给。在短期内影响供给的主要因素是生产成本，特别是生产成本中的工资成本。在长期内影响供给的主要要素是生产能力，即经济潜力的增长。

供给管理政策主要包括收入政策、指数化政策、人力政策和经济增长政策。具体分述如下：

（1）收入政策。收入政策是指通过限制工资收入增长率从而限制物价上涨率的政策，因此也称为工资和物价管理政策。之所以对收入进行管理，是因为通货膨胀有时是由成本（工资）推进造成的。收入政策的目的是制止通货膨胀。它有三种形式：① 工资与物价指导线。根据劳动生产率和其他因素的变动，规定工资和物价上涨的限度，其中主要是规定工资增长率。企业和工会都要根据这一指导线来确定工资增长率，企业也必须据此确定产品的价格变动幅度，如果违反，则以税收形式惩戒。② 工资与物价的冻结。政府采用法律和行政手段禁止在一定时期内提高工资与物价，这些措施一般是在特殊时期采用，在严重通货膨胀时也被采用。③ 税收刺激政策。税收刺激政策就是以税收来控制增长。

（2）指数化政策。指数化政策是指定期地根据通货膨胀率来调整各种收入的名义价值，使其实际价值保持不变，主要有：① 工资指数化。② 税收指数化，即根据物价指数自动调整个人收入调节税等。

（3）人力政策。人力政策又称为就业政策，是一种旨在改善劳动市场结构，以减少失业的政策，主要有：① 人力资本投资。由政府或有关机构向劳动者投资，以提高劳动者的文化技术水平与身体素质，适应劳动力市场的需要。② 完善劳动市场。政府应该不断完善和增加各类就业介绍机构，为劳动的供求双方提供迅速、准确而完全的信息，使劳动者找到满意的工作，企业也能得到其所需的员工。③ 协助工人进行流动。劳动者在地区、行业和部门之间的流动，有利于劳动的合理配置与劳动者人尽其才，也能减少由于劳动力的地区结构和劳动力的流动困难等原因而造成的失业。对工人流动的协助包括提供充分的信息、必要的物质帮助与鼓励。

（4）经济增长政策。经济增长政策主要有：① 增加劳动力的数量和质量。增加劳动力数量的方法包括提高人口出生率、鼓励移民入境等；提高劳动力质量的方法有增加人力资本投资。② 资本积累。资本的积累主要来源于储蓄，可以通过减少税收，提高利率等途径来鼓励人们储蓄。③ 技术进步。技术进步在现代经济增长中起着越来越重要的作用，因此促进技术进步成为各国经济政策的重点。④ 计划化和平衡增长。现代经济中各部门之间协调的增长是经济本身所要求的，国家的计划与协调要通过间接的方式来实现。

3. 国际经济政策

国际经济政策是对国际经济关系的调节。现实中每一个国家的经济都是开放的，各国经济之间存在着日益密切的往来与相互影响。一个国家宏观经济政策目标中国际经济关系的内容，即国际收支平衡。不仅如此，其他目标的实现不仅有赖于国内经济政策，也有赖于国际经济政策。

第二节　财政政策

财政政策是政府对经济进行宏观调控的主要手段之一。它是一个国家的政府为了达到预期的宏观经济目标而对财政收入和支出所作出的决策。显而易见，财政政策是通过改变财政收入与支出来影响宏观经济的，使宏观经济达到理想状态的一种宏观经济政策。

一、财政政策工具

财政政策工具是指运用改变政府收入和政府支出来达到调节宏观经济的手段。政府收入主要包括税收和公债；政府支出主要包括政府购买和转移支付。

（一）税收

税收既是西方国家政府收入的主要来源之一，也是国家为了实行其职能按照法律预先规定的标准，强制地、无偿地取得财政收入的一种手段。税收依据不同的标准可以进行不同的分类：

（1）根据课税对象的不同，税收可分为财产税、所得税和流转税三类：① 财产税是指对纳税人的动产和不动产课征的税收。许多国家对财产的赠予或继承征税，有些国家还对纳税人的净财产（资产减去负债）征税，称之为个人财产税。② 所得税是指对个人和公司赚取的所得课征的税收。在西方政府税收中，所得税占有的比例较大，因此其税率的变动对社会经济生活会产生巨大的影响。③ 流转税是对流通中的商品和劳务的交易额课征的税收。增值税是其中主要的税种之一。

（2）根据收入中被扣除的比例，税收可分为累退税、累进税和比例税三类：① 累退税是指税率随征税客体总量增加而递减的税收。② 比例税是指税率不随征税客体总量变动而变动的税收，即按一个统一的税率比例从收入中征收，多适用于流转税和财产税。③ 累进税是指税率随征税客体总量增加而增加的税收。西方国家的所得税大部分属于累进税。这三种类型的税收通过税率的变动反映了赋税的负担轻重和税收总量的关系，因此税率的高低以及变动的方向对经济活动，如个人收入和消费、企业投资、社会总需求等都会产生极大的影响。

一般说来，通过增加政府税收，可以抑制总需求从而减少国民收入；反之，通过减少税收，则能够刺激总需求进而增加国民收入，因此在需求不足时，可以采取减税措施来抑制经济衰退；在需求过旺时可采取增税措施抑制通货膨胀。税收作为一种财政政策工具，它既可以通过降低税率也可以通过变动税收总量来实现宏观经济政策目标。

（二）公债

公债是政府向公众举债的债务，或者说是公众对政府的债权，是政府运用信用形式筹集财政资金的一种特殊形式。

当政府税收不足以弥补政府支出时，就会发行公债，使公债成为政府财政收入的又一组成部分。它不同于税收，是政府运用信用形式筹集财政资金的特殊形式，包括中央政府的债务和地方政府的债务。中央政府的债务称为国债。政府借债一般有短期债、中期债和长期债三种形式。短期债务一般通过出售国库券取得，主要进入短期资金市场（货币市场），利息率较低，期限一般为3个月、6个月和1年三种。中长期债一般通过发行中长期债券取得，期限1年以上5年以下的为中期债券，5年以上的为长期债券。美国长期债券最长的为40年。中长期债券利息率也因时间长风险大而较高。中长期债券是西方国家资本市场（长期资金市场）上最主要的交易品种之一。

政府公债的发行，一方面能增加财政收入，影响财政收支，属于财政政策；另一方面又能对包括货币市场和资本市场在内的金融市场的扩张和紧缩起重要作用，影响货币的供求，从而调节社会的总需求水平，因此公债也是实施宏观调控的经济政策工具之一。

（三）政府购买

政府购买是指政府对商品和劳务的购买，如购买军需品、警察装备用品、政府机关办公用品、付给政府雇员报酬、各种公共工程项目支出等。

因为政府购买有商品和劳务的实际交易，是一种实质性支出，所以它会直接形成社会需求和购买力，是国民收入的一个组成部分，因此政府购买支出是决定国民收入大小的主要因素之一，其规模直接关系到社会总需求的变化。政府购买支出的变动对整个社会总需求水平起到举足轻重的调节作用。在总需求水平过低时，政府可以通过提高购买支出水平，如增加公共工程项目支出，增加社会整体需求水平，以促进经济稳定发展；反之，当总需求水平过高时，政府可以采取减少购买支出的政策，降低社会总需求，以此来抑制通货膨胀，因此变动政府购买支出水平是财政政策的有力手段之一。

（四）政府转移支付

政府转移支付是另一种政府支出。它与政府购买不同，政府转移支付是指政府的社会福利等支出，如卫生保健支出、收入保障支出、退伍军人福利、失业救济和各种补贴等方面的支出。政府转移支付是一种货币性支出，政府在付出这些货币时并无相应的商品和劳务的交换发生，是一种不以取得商品和劳务作为交换的支出，因此政府转移支付不能算作国民收入的组成部分，它所作的仅仅是通过政府将收入在不同社会成员之间进行转移和重新分配，全社会的总收入并没有变动。由此可见，政府对农业的各项补贴也被看做政府转移支付的构成内容。

既然政府转移支付是政府支出的重要组成部分，因此政府转移支付也是一项重要的财政政策工具。一般来讲，在总需求不足时，失业会增加，这时政府应增加社会福利费用，提高转移支付水平，从而增加人们的可支配收入和消费支出水平，社会有效需求因而增加；在总需求水平过高时，通货膨胀率上升，政府应减少社会福利支出，降低转移支付水平，从而降低人们的可支配收入和社会总需求水平。除了失业救济、养老金等福利费用外，其他转移支付项目，如农产品价格补贴也应随经济风向而改变。

二、财政政策的分类

综上所述，财政政策的工具是多种多样的，主要包括调整政府的税收和支出两个方面。根据调节的方式不同，财政政策可以分为自动的财政政策和相机抉择的财政政策。

（一）自动的财政政策

自动的财政政策是指利用财政政策工具（政府税收和支出政策）与经济运行的内在联系来自动调节国民经济运行的财政政策，即发挥财政政策工具自动稳定器的作用来缓和社会总需求带来的经济波动，维持经济稳定增长。财政政策的这种自动稳定器效应无需借助外力就可以直接产生调控效果，财政政策工具的这种内在的、自动产生的稳定效果，随着社会经济的发展自行发挥调节作用，不需要政府专门采取干预行动。财政政策的自动稳定器效应主要表现在以下几个方面。

1. 税收的自动变化

税收特别是个人所得税和公司所得税是重要的稳定器。在经济萧条时期，国民收入水平下降，个人收入减少，在税率不变的条件下，政府税收会自动减少，而人们的可支配收入也会因此自动地少减少一些，虽然萧条时期的消费和需求有一些下降，但会下降得少一些。在累进税制下，表现得尤为明显。例如，在累进税制的情况下，由于经济萧条会引起收入的降低，使某些原来属于纳税对象的人下降到纳税水平以下，另外一些人也被降到较低的纳税等级，因此个人缴纳的税收因为国民收入水平的降低而减少了，政府税收下降的幅度会超过收入下降的幅度，从而起到抑制经济萧条的作用。反之，在通货膨胀时期，失业率较低，人们收入会自动增加，税收会因个人收入的增加而自动增加，使得个人可支配收入由于税收的增加少增加一些，从而使消费和总需求自动增加得少一些。在实行累进税制情况下，经济的繁荣使人们收入增加，更多的人由于收入的上升自动地进入到较高的纳税等级。政府税收上升的幅度会超过收入上升的幅度，从而使通货膨胀有所收敛。另外，公司所得税也具有同样的作用。

2. 政府转移支付

政府转移支付主要包括政府的失业救济金和其他的社会福利支出。在经济出现衰退和萧条时期，由于失业人数增加，符合领取失业救济金的人数增加，政府转移支付也会自动增加，这使得人们的可支配收入会增加一些，从而起到抑制经济萧条的作用；反之，当经济过热产生通货膨胀时，由于失业率降低，符合领取失业救济金和各种补贴的人数减少，政府的这笔支出也会因此减少，从而自动地抑制可支配收入的增加，使消费和总支出减少。这种内在的自动稳定器在一定程度上可以起到降温和遏制通货膨胀的作用。

3. 农产品价格维持制度

在经济萧条时期，国民收入水平下降会导致价格水平降低，农产品价格也将下降，政府为了抑制经济的衰退，依照农产品价格维持制度，按支持价格收购农产品，使农民收入和消费维持在一定水平上，不会因国民收入水平的降低而减少太多，也起到刺激消费和总需求的作用。当经济繁荣时，由于国民收入水平提高使整体价格水平上升，农产品价格也因此上升，这时政府减少对农产品的收购并售出库存的农产品，平抑农产品价格，无形中抑制了农民收入的增加，从而降低了消费和总需求水平，起到抑制通货膨胀的作用。

总之，在经济扩张时期，税收自动增加，失业保险、贫困救济等转移支付自动减收，有助于抑制经济过热；反之，在经济衰退期，税收自动减少，各项转移支付自动增加，有助于缓和经济的衰退。因此税收、政府转移支付的自动变动和农产品的价格维持制度在一定程度上对宏观经济运行起到了稳定的作用，成为财政政策的自动稳定器和防止经济大幅度波动的第一道防线。同时，各种自动稳定器也不能充分调节社会总需求，其对经济的自动稳定作用有限，政府在经济出现波动时还需采取相机抉择的财政政策调节经济。

（二）相机抉择的财政政策

相机抉择的财政政策是指政府根据对经济状况的判断而做出财政收支调整的财政政策。相机抉择的财政政策不再始终维持政府预算的基本平衡，只要所实施的财政政策能为实现充分就业、物价稳定、经济增长和国际收支平衡等宏观经济目标服务，政府预算的暂时性失衡是允许发生的。相机抉择的政策可以分为扩张性财政政策和紧缩性财政政策：① 扩张性财政政策是指政府通过减税或增加政府支出来刺激投资和消费，增加社会总需求，促进经济增长，扩大社会就业的财政政策。由于减税和增加政府支出通常会造成财政赤字，因此扩张性财政政策也称为赤字财政政策。② 紧缩性财政政策是指政府通过增税或减少政府支出来抑制投资和消费，减少社会总需求，抑制经济过快增长，消除通货膨胀的财政政策。由于增税、减少政府支出通常会造成财政盈余，因此紧缩性财政政策也称为盈余财政政策。

但究竟什么时候采取扩张性财政政策、什么时候采取紧缩性财政政策，应由政府对经济发展的形势加以分析权衡，斟酌使用。这样一套经济政策就是凯恩斯主义的相机抉择的"需求管理"。由于凯恩斯分析的是需求不足型的萧条经济，因此他认为调节经济的重点要放在总需求的管理方面。凯恩斯主义认为，当总需求水平过低，产生衰退和失业时，政府应采取刺激需求的扩张性财政政策措施；当总需求水平过高，产生通货膨胀时，政府应采取抑制总需求的紧缩性财政措施。简言之，要"逆经济风向行事"。

三、财政政策效应

财政政策效应是指财政政策变化对其余经济变量的冲击，主要是指对利率和产出的冲击。财政政策主要包括政府购买支出、税率和转移支付等政策手段，其中转移支付的改变可以看做是自发税收的反方向调整，因此增加转移支付就意味着减少自发税收。

假定经济中存在着失业，这时政府可以采取扩张性的财政政策。当政府增加购买支出时，IS 曲线向右平移，产出水平会增加，如图 12-1 所示。假定经济的初始状态处于 E_1

点，利率水平为 i_1，产出水平为 Y_1，政府为解决就业问题决定扩大基础建设规模，增加政府购买，因此 IS 曲线由 IS_1 平行移动到 IS_2，假定利率不变，在无"挤出"的状况下，产出将会由 Y_1 增加到 Y_2。

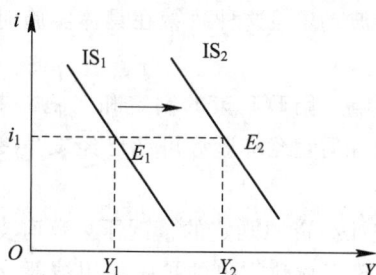

图 12-1　无"挤出"的财政政策效应

但是 IS-LM 模型表明，产出和利率水平是由产品市场均衡和货币市场均衡共同决定的，因此不能简单地认为 IS 曲线的移动就会决定产出的变化，应该把 IS 曲线与 LM 曲线纳入到一个框架内进行考虑。如果考虑到货币市场，总产出的增加会引起货币交易性需求和预防性需求的增加，而货币需求的增加会引起利率的上升，利率上升会对私人投资产生挤出效应，从而使总产出的增加有所减少。同时 IS 曲线向右移动时会使 AD 曲线也向右移动，在原来价格水平上总需求增加，过度需求将使物价水平上升。物价水平上涨又会使 LM 曲线向左移动，从而带动 IS 曲线向左移动，使产出增加进一步减少，因此从总的效果来看，扩张性的财政政策使利率水平上涨，总产出增加，均衡就业量上升。

从图 12-2 可以看出，经济初始状态处于 E_1 点，均衡利率水平为 i_1，均衡产出为 Y_1，扩张性的财政政策使得 IS 曲线由 IS_1 移动到 IS_2，利率水平上升到 i_2，"挤出"效应最终使得总产出扩大到 Y_2 而不是扩大到 Y_3。减税也可以产生与增加政府购买同样的效果，但是如果政府只是暂时性的减税，消费者如果意识到自己的收入增加只是暂时性的，那么消费就可能不会增加，也就无法实现税收政策的预期目标，因此只有持久性的减税才可以使 IS 曲线右移，从而增加总产出。

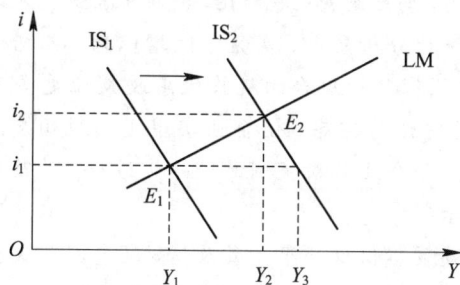

图 12-2　有"挤出"的财政政策效应

以上是从扩张性财政政策的角度阐述了财政政策的效应，如果经济过热，政府也可能采取紧缩性的财政政策来给经济降温。例如，物价水平过高，或者需求过于旺盛，政府就会采取紧缩性的财政政策，减少政府购买，提高税率，这样就会使 IS 曲线左移，从而使价格水平回落，达到稳定经济的目的。

四、财政政策的局限性

从理论上讲，通过积极的相机抉择的财政政策的实施，国民经济能够实现无通货膨胀的充分就业，减少经济的剧烈波动，但这种政策在具体实施时也存在一定的困难。具体影响如下：

（1）滞后效应对政策的影响。财政政策的制定和实施需要提出方案、讨论和实施，有很多中间环节，在经历这些过程后，经济形势可能已经发生变化，从而影响宏观经济政策的发挥，甚至带来相反的效果。

（2）挤出效应的影响。在社会资源既定的情况下，政府支出扩大，争夺了私人投资的资源，也会抑制私人投资，使政府财政支出的扩张作用被部分或全部抵消。

（3）社会阻力的影响。由于经济政策的实施会给不同经济利益体带来影响，所以在执行过程中会遇到不同阶层和集团的抵制，从而使政策目标难以实现。

【案例研究】

2016 年我国的财政政策

★ 减税降费激发市场活力

近年来，经济下行压力加大，我国推进供给侧结构性改革，在宏观政策方面，一直强调积极的财政政策要加力增效。提高赤字率、减税降费、盘活存量资金、调整优化支出结构……一系列措施形成了积极财政政策的"组合拳"。

增加赤字、扩大支出是积极财政政策的常用工具，而给企业减税降费同样是积极的财政政策，尤其是全面推开营改增，是本轮积极财政政策的一大亮点。从 5 月 1 日起，营改增试点全面推开，预计全年减轻企业和个人负担将超过 5000 亿元。国家税务总局近日发布的数据显示，5 至 8 月份，新纳入试点的建筑业、房地产业、金融业、生活服务业累计减税 486 亿元，税负下降 13.45%。1 至 8 月份，营改增整体减税共计 2493 亿元。

新纳入试点的四大行业能否都实现税负下降，一直是社会关注的焦点，其中金融业尤受关注。通过采取过渡性措施，对试点运行中反映集中的问题及时出台补充政策等，5 至 8 月份，金融业实现增值税 1013.19 亿元，与缴纳营业税相比，减税 108.35 亿元，税负下降 9.66%。

北京市西城区国税局统计分析显示，实施营改增以来，包括金融业在内的各个行业税负下降呈逐步加大趋势。"国家陆续出台的税收优惠政策让更多营改增企业享受到改革红利，同时，通过税务机关的宣传与辅导，使企业实现进项税额应抵尽抵、增值税链条日趋完整。随着政策的不断完善和企业对新税制的进一步适应，营改增的减税效果将不断放大出来。"该局相关负责人表示。

今年以来的降税降费政策不仅仅局限于营改增，还包括扩大企业研发费用加计扣除范围，取消、停征和归并一批政府性基金，扩大相关政府性基金和 18 项行政事业性收费的免征范围，阶段性降低企业社保缴费费率和住房公积金缴存比例等。这些政策的实施，大大减轻了企业的负担，提升了企业竞争力，促进了产业结构调整优化。

★ 加速支出推动经济增长

适当提高赤字率以及财政支出速度加快、力度加大，是今年实施积极财政政策呈现出来的另一突出特点。

经全国人大批准，2016 年新增地方政府债务限额 11800 亿元，其中一般债务 7800 亿元，专项债务 4000 亿元，比上年增加 5800 亿元。截至 9 月底，全国地方已经发行新增地方政府债券 11347 亿元，占全年新增限额的 96.2％。此外，自通过发行政府债券置换存量债务工作启动以来，全国地方累计完成发行置换债券 7.2 万亿元。

"2016 年地方政府新增债券资金，主要用于重大公益性项目支出。各地积极采取措施，用好用足新增地方政府债券资金，推进供给侧结构性改革，对实现经济稳增长、实体经济去杠杆、经济社会事业补短板发挥了重要作用。"财政部有关负责人近日表示。

前三季度的财政支出进度罕见地超过了序时进度。据统计，前三季度全国一般公共预算支出 135956 亿元，同比增长 12.5％，为年初预算的 75.2％，超过序时进度（75％）。

在主要支出项目中，重点民生领域的增长速度较快，例如，教育支出 19684 亿元，增长 13.3％；社会保障和就业支出 16780 亿元，增长 14.6％；医疗卫生与计划生育支出 10164 亿元，增长 21.1％；城乡社区支出 15657 亿元，增长 34.1％；住房保障支出 4614 亿元，增长 22.7％。

推广政府和社会资本合作模式（PPP）是今年积极财政政策的另一重要抓手。据财政部最新统计，9 月末地方全部入库项目 10471 个，总投资额为 12.46 万亿元，入库项目正在加速落地，落地率稳步提升。

【延伸阅读】

我国改革开放以来实施财政政策情况

1. 1979—1984 年：这一阶段总体上执行的是宽松的财政政策。

2. 1985—1997 年：随着财政体制改革，地方政府财政实力的增强，地方政府投资过度，经济出现"一放就活"、"一活就乱"的怪圈，经济过热的症状越来越明显，因此这一阶段执行的是适度从紧的财政政策。

3. 1998—2003 年：这一时期我国告别了短缺经济，供需失衡、产品相对过剩，经济出现了明显的通货紧缩，宏观调控开始由过去以治理通胀转变为治理通缩。在政策取向上，实行了积极的财政政策。

4. 2003—2007 年：随着东南亚金融危机影响的逐步降低，中国经济走上了持续高速增长的轨道。为了使经济能够又快又好地增长，中央实行了稳健的财政政策。

5. 2008 年至今：随着美国次贷危机的爆发，在出口额大幅下降的背景下，中央政府为了刺激经济增长，提出了扩大内需的施政方针，表现为积极的财政政策。

第三节　货币政策

货币政策是指中央银行通过控制货币供应量来调节利率进而影响投资和整个经济以达到一定经济目标的经济政策。凯恩斯主义认为，货币政策和财政政策一样，也是通过调节国民收入以达到稳定物价、充分就业的目标，实现经济稳定增长。两者不同之处在于，财政政策直接影响总需求的规模，这种直接作用没有任何中间变量；而货币政策还要通过利率的变动来对总需求发生影响，因而是间接地发挥作用。

货币政策可分为扩张性的货币政策和紧缩性的货币政策。扩张性的货币政策是通过增加货币供给来带动总需求的增长。货币供给增加时，利息率会降低，取得信贷更为容易，因此经济萧条时多采用扩张性货币政策。反之，紧缩性货币政策是通过削减货币供给的增长来降低总需求水平，在这种情况下，取得信贷比较困难，利率也随之提高，因此在通货膨胀严重时，多采用紧缩性货币政策。

一、货币与银行制度

1. 货币

货币是从商品中分离出来固定地充当一般等价物的商品；货币是商品交换发展到一定阶段的产物。货币的本质就是一般等价物，具有价值尺度、流通手段、支付手段、贮藏手段、世界货币的职能。

通常货币供应量划分为三个层次：流通中的现金（M_0），即在银行体系以外流通的现金，居民手中的现钞和企事业单位的备用金；狭义货币（M_1），即现钞加上商业银行活期存款；广义货币（M_2），即狭义货币加银行存款中的定期存款、储蓄存款、外币存款等。流通中的现金、狭义货币和广义货币之间的关系可用下式表示

$$M_0＝现金$$
$$M_1＝M_0＋企事业单位活期存款$$
$$M_2＝M_1＋企事业单位定期存款＋居民储蓄存款$$

在这三个层次中，M_0与消费变动密切相关，是最活跃的货币；M_1反映居民和企业资金松紧变化，是经济周期波动的先行指标，流动性仅次于M_0；M_2流动性偏弱，但反映的是社会总需求的变化和未来通货膨胀的压力状况，通常所说的货币供应量主要是指M_2。

2. 银行制度

银行制度是指在这一制度中各类不同银行的职能、性质、地位、相互关系、运营机制以及对银行的监管措施所组成的体系，是一个国家金融制度的一个重要组成部分。我国实行的是单一的中央银行制度，即以中央银行为核心，以中央银行、商业银行和金融机构共同构成银行体系。但是影响货币供应量的主要是中央银行和商业银行。

1）中央银行的主要职能

（1）发行的银行。中央银行代表国家发行纸币，根据市场情况调节货币供应量。

（2）银行的银行。中央银行执行票据清算的职能，接受商业银行的存款，为商业银行发放贷款，监督和管理商业银行，调节货币流通。

（3）国家的银行。中央银行代理国库收存款，代理国家发行公债，并对国家提供贷款。

2）商业银行的职能

（1）信用中介。信用中介是商业银行的基本职能。商业银行通过吸收存款将社会闲置资金聚集起来，通过贷款将其投向需要货币资金的企业和部门。

（2）支付中介。商业银行为客户办理与货币收付有关的技术性业务。

（3）变货币收入和储蓄为货币资本。商业银行能把社会各主体的货币收入、居民储蓄集中起来再运用出去，扩大社会资本总额，加速社会生产和流通的发展。

（4）创造信用流通工具。商业银行在信用中介的基础上，通过存贷款业务的开展创造

派生存款。同时，商业银行通过发行支票、本票、大额定期存款单等信用工具，满足了流通中对流通手段和支付手段的需要，节约了与现金流通相关的流通费用。该职能是现代商业银行所特有的，成为国家干预经济生活的杠杆。

【知识拓展】

银行创造货币的机制

在金融体系中商业银行具有创造货币的功能，原因是在金融体系中只有商业银行才允许接受活期存款，并可以签发支票，从而具有了创造货币的能力。商业银行创造货币应具备两个基本的前提条件：第一，准备金制度；第二，非现金结算制度。只有满足这两个条件，银行才具有创造货币的功能。

假定商业银行系统的法定存款准备金率为20%，由于某种原因商业银行新增1000万元的存款，1000万元新增货币究竟最终会增加多少银行存款呢？这里必须有两个假定：① 无论企业还是个人，都会将一切货币收入全部以活期存款的形式存入银行，不能将一分钱的现金放入自己的口袋中。② 银行接受客户的存款后，除法定存款准备金外，全部贷放出去，没有超额存款准备金的存在。在这种情况下，客户甲将1000万元存入A银行，银行系统因此增加了1000万元的准备金，A银行按法定存款准备金率保留200万元准备金存入自己在中央银行的账户，其余800万元全部贷放出去。得到这800万元贷款的客户乙将全部贷款存入与自己有业务往来的B银行，B银行得到了800万元的存款，在留足160万元的法定存款准备金并将其存入自己在中央银行的账户以后，将剩余的640万元再贷放出去。得到这640万元的客户丙又将全部贷款存入与其有业务往来的C银行，C银行留下其中的128万元作为法定存款准备金而把其余512万元再贷放出去。如此反复，各商业银行的存款总额即为

$$1000+1000\times0.8+1000\times0.8^2+1000\times0.8^3+1000\times0.8^4+\cdots$$
$$=1000(1+0.8+0.8^2+0.8^3+0.8^4+\cdots)$$
$$=\frac{1000}{1-0.8}$$
$$=5000(万元)$$

贷款总和为

$$800+640+512+\cdots$$
$$=1000(0.8+0.8^2+0.8^3+0.8^4+\cdots)$$
$$=4000万元$$

从以上的例子可以看出，存款总额(用 D 表示)同原始存款(用 R 表示)及法定存款准备金率(用 r_d 表示)三者之间的关系是

$$D=\frac{R}{r_d}$$

或者

$$\frac{1}{r_d}=\frac{D}{R}$$

从该例中可以看出，这笔原始存款如果来自于中央银行增加的一笔原始的货币供给，而中央银行新增的这笔原始货币供给流入公众或企业手中并转存在支票账户上，就使活期

存款总额即货币供给量扩大为新增原始货币供给量的 $\frac{1}{r_d}$ 倍，$\frac{1}{r_d}$ 倍数被称为货币创造乘数，如果用 k_m 表示货币创造乘数，则

$$k_m = \frac{1}{r_d}$$

上式表明货币创造乘数等于法定存款准备金率的倒数，它表示增加一美元存款所创造出的货币的倍数。另外，根据存款总额 D 同原始存款 R 及法定存款准备金率 r_d 的关系，货币创造乘数又可表示为

$$k_m = \frac{D}{R}$$

由此可见，货币的供给不能仅看到中央银行最初发行了多少货币，而必须更为重视派生存款或派生货币，即由于货币创造乘数的作用使货币供给量增加了多少，这种增加被称为货币的创造。货币创造量的大小，不仅取决于中央银行新增的货币量，而且取决于法定存款准备金率，法定存款准备金率越大，货币创造乘数越小；反之，法定存款准备金率越小，货币创造乘数越大，两者呈反比关系。这是因为法定存款准备金率越大，商业银行吸收的每一轮存款中，保留的法定存款准备金所占存款的比例越大，可用于贷款的份额越小，由于贷款又转化成下一轮的存款，因而造成下一轮的存款就越少。

以上对于货币创造乘数的分析实际上隐含有两个假定：第一，商业银行没有超额储备，商业银行将客户的存款在扣除了法定存款准备金后全部贷放了出去。第二，银行客户将一切借款都存入银行，经济活动中所发生的支付皆以支票形式进行。但是在实际经济运行中，往往这两个假定都难以满足。

首先，商业银行如果找不到合适的贷款对象，或厂商由于预期利润率低于市场贷款利率而不愿借款，诸如此类原因都会使银行的实际贷款小于其贷款能力，实际贷款小于其贷款能力的差额，即没有贷放出去的款项就是超额存款准备金，也就是中央银行规定的法定存款准备金要求以外的准备金（用 ER 表示）。超额存款准备金与全部存款的比率称为超额存款准备金率（可用 r_e 表示），法定存款准备金与超额存款准备金之和形成了银行的实际存款准备金，法定存款准备金率加上超额存款准备金率就是银行的实际存款准备金率。当存在超额存款准备金率后，货币创造乘数就不再是 $\frac{1}{r_d}$（法定存款准备金率的倒数），而是变为

$$k_m = \frac{1}{r_d + r_e}$$

上式表明，货币创造乘数成为实际存款准备金率的倒数，这时，派生存款总额为

$$D = \frac{R}{r_d + r_e}$$

法定存款准备金和超额存款准备金都是一种漏出，不能形成银行的派生存款，两者在存款总额中所占比重越大，银行的货币创造乘数越小，派生存款总额越少，因此货币创造乘数不但与法定存款准备金率有关，还与超额存款准备金率有关，所以市场贷款利率（用 r 表示）越高，银行越不愿多留超额存款准备金，因为准备金不能给银行带来利润，故市场利率上升，导致超额存款准备金率下降，从而实际存款准备金率下降，货币创造乘数变大。另外，商业银行向中央银行的借款利率即再贴现率也会影响超额存款准备金率。再贴现率

上升，意味着商业银行向中央银行借款的成本增加，商业银行为此将自己多留准备金，超额存款准备金率提高，从而提高了实际存款准备金率，货币创造乘数变小。

其次，在现实经济生活中，每一位银行客户需要保留一部分现金。假如客户将得到的贷款没有全部存入银行，而是抽出一定比例的现金，这就是所谓的现金漏损。现金漏损指的是银行客户从得到的贷款中提留一部分用于交易的现金。现金漏损会导致货币创造乘数的减小，因为现金与准备金一样不能形成派生的存款。如果用 r_c 表示现金在存款中的比率，即漏现率，则存在超额存款准备金和现金漏出时的货币创造乘数为：$k_m = \dfrac{1}{r_d + r_e + r_c}$，可见，货币创造乘数变小了。

从以上例子中我们还可以清楚地看到，最初新增的这 10 000 元货币被客户存入银行后成为以后派生存款的基础，也就是说，非银行部门如果将其持有的货币存入银行，则商业银行的超额存款准备金就会增加，这就为以后的货币创造提供了基础。因此将这种能带来存款扩张的货币称之为基础货币，基础货币包括公众持有的通货与商业银行持有的超额存款准备金以及商业银行存入中央银行的法定存款准备金总额。由于基础货币会派生出货币，因此是一种高能量的或者说活动力强大的货币，又被称为高能货币或强力货币。其具体可表示为

$$高能货币 = 准备金 + 流通中的现金$$
$$= 商业银行在中央银行的存款（法定存款准备金）$$
$$+ 商业银行的库存现金（超额存款准备金）$$
$$+ 流通中的现金$$

如果用 C_u 表示流通中的现金，R_d 表示法定存款准备金，R_e 表示超额存款准备金，H 表示高能货币，则 $H = C_u + R_d + R_e$，这是商业银行借以扩张货币供给的基础。另外，因为货币总供给是通货（C_u）与活期存款（D）之和，即严格意义上的货币供给 M_1，即 $M = C_u + D$，则

$$\frac{M}{H} = \frac{C_u + D}{C_u + R_d + R_e}$$

把上式等号右边的分子与分母同除以活期存款（D），则

$$\frac{M}{H} = \frac{\dfrac{C_u}{D} + 1}{\dfrac{C_u}{D} + \dfrac{R_d}{D} + \dfrac{R_e}{D}}$$

式中，$\dfrac{C_u}{D}$ 代表漏现率 r_c；$\dfrac{R_d}{D}$ 表示法定存款准备金率 r_d；$\dfrac{R_e}{D}$ 表示超额准备率 r_e，所以上式又可表示为

$$\frac{M}{H} = \frac{r_c + 1}{r_d + r_e + r_c}$$

式中，$\dfrac{M}{H}$ 就是货币创造乘数。上式表明，货币创造乘数与法定存款准备金率、中央银行的贴现率、市场借款利率、漏现率有关。这就是说，货币供给是基础货币供给、法定存款准备金率、中央银行的贴现率、市场借款利率、漏现率的函数，这些因素都可以归结为准备

金对货币供给变动的影响，因为准备金是银行创造货币的基础。中央银行正是通过控制准备金的供给来调节整个经济体系的货币供给的。

二、货币政策工具

货币政策工具，又称为货币政策手段，是指中央银行为实现货币政策目标所采用的政策手段，包括常规性货币政策、选择性货币政策工具和补充性货币政策工具。

1. 常规性货币政策

西方国家中央银行多年来采用的三大政策工具，即法定存款准备金率政策、再贴现政策和公开市场业务政策，这三大传统的政策工具有时也称为三大法宝，主要用于调节货币总量。

1) 法定存款准备金率

法定存款准备金率是以法律形式规定商业银行等金融机构将其吸收存款的一部分上缴中央银行作为准备金的比率。20 世纪 30 年代大危机后，各国普遍实行了法定存款准备金制度，法定存款准备金率便成为中央货币供给量的政策工具。对于法定存款准备金率的确定，目前各国中央银行都根据存款不同而有所区别。一般地说，存款期限越短，需要规定较高的存款准备金率，所以活期存款的法定存款准备金率高于定期存款的法定存款准备金率。

（1）法定存款准备金率政策的效果。

① 法定存款准备金率是通过决定或改变货币乘数来影响货币供给的，即使准备金率调整的幅度很小，也会引起货币供应量的巨大波动。

② 即使商业银行等金融机构由于种种原因持有超额准备金，法定存款准备金的调整也会产生效果，如果提高准备金比率，实际上是冻结了相应的超额准备金，这在很大程度上限制了商业银行体系创造派生存款的能力。

（2）法定存款准备金政策的局限性。

① 法定存款准备金率调整的效果比较强烈，调整对象对整个经济和社会心理预期都会产生显著的影响，所以不宜作为中央银行调控货币供给的日常性工具。

② 法定存款存款准备金对各种类别的金融机构和不同种类的存款的影响不一致，因而货币政策效果可能因这些复杂情况的存在而不易把握。

2) 再贴现政策

再贴现政策是指中央银行对商业银行持有未到期票据向中央银行申请再贴现时所做的政策性规定。再贴现政策一般包括两方面的内容：一是再贴现率的确定与调整；二是规定向中央银行申请再贴现的资格。

前者主要着眼于短期，中央银行根据市场资金供求状况，调整再贴现率。能够影响商业银行借入资金的成本，进而影响商业银行对社会的信用量，从而调节货币供给的总量。同时，再贴现率的调整在一定程度上反映了中央银行的政策意向，起到一种告示作用，提高再贴现率意味着有紧缩意向；反之，则意味着有意扩张。在传导机制上，若中央银行调高再贴现率，商业银行需要以比较高的代价才能从中央银行获得贷款，商业银行就会提高对客户的贴现率或提高放款利率，其结果就会使信用量收缩，市场货币供给量减少。若中央银行采取相反的措施，则会导致市场货币供给量的增加。

（1）再贴现政策的效果。

① 再贴现率的调整可以改变货币总供给量。

② 对再贴现资格条件的规定可以起到抑制或扶持的作用，并能够改变资金流向。

（2）再贴现政策的局限性。

① 主动权并非只在中央银行，甚至市场的变化可能违背其政策意愿。因为商业银行是否再贴现或再贴现多少，取决于商业银行的行为，由商业银行自主判断、选择。如商业银行可通过其他途径筹措资金而不依赖于再贴现，则中央银行就不能有效控制货币供应量。

② 再贴现率的调节作用是有限度的，在经济繁荣时期，提高再贴现率也不一定能够抑制商业银行的再贴现需求；在经济萧条时期，调低再贴现率，也不一定能够刺激商业银行的借款需求。

③ 再贴现率易于调整，但随时调整引起市场利率的经常波动，使商业银行无所适从。与法定存款准备金率比较，再贴现率易加大利率风险，并干扰市场机制的动作。

3）公开市场业务政策

公开市场业务政策是指中央银行在金融市场上公开买卖有价证券，以此来调节市场货币量的政策行为。当中央银行认为应该增加市场货币供应量时，就在金融市场上买进有价证券，与一般金融机构所从事的证券买卖不同，中央银行买卖证券的目的不是为了盈利，而是为了调节货币供应量。

（1）公开市场业务政策的优越性。

① 主动性强。中央银行的业务政策目标是调控货币量而不是盈利，所以它可以不计证券交易的价格，从容地实现操作目的，即可以高于市场价格买进，低于市场价格卖出，业务总能做成，不像再贴现政策那样被动。

② 灵活性高。中央银行可根据金融市场的变化进行经常连续的操作，如果力度不够，可以随时加大。

③ 调控效果和缓，震动性小。由于这项业务以交易行为出现，不是强制性的，加之中央银行可以灵活操作，因此对经济社会和金融机构的影响比较平缓，不像调整法定存款准备金率那样震动大。

④ 影响范围广。中央银行在金融市场上买卖证券，如果交易对方是商业银行等金融机构，可以直接改变它们的准备金数额；如果交易对方是公众，则间接改变公众的货币持有量，这两种情况都会使市场货币供给量发生变化。同时，中央银行的操作还会影响证券市场的供求和价格，进而对整个社会投资和产业发展产生影响。

（2）公开市场业务政策的局限性。

① 中央银行必须具有强大的、足以干预和控制整个金融市场的金融实力。

② 要有一个发达、完善的金融市场，并且市场必须是全国性的，市场上证券种类齐全并达到一定规模。

③ 必须有其他政策工具的配合。

2. 选择性货币政策工具

随着中央银行宏观调控作用重要性的增强，货币政策工具也趋向多样化。除上述调节货币总量的三大主要工具外，还增加了对某些特殊领域的信用活动加以调节和影响的一系列措施。这些措施一般都是有选择地使用，故称之为选择性货币政策工具，以便与传统的一般性政策工具相区别。选择性货币政策工具主要有以下几种：

（1）消费信用控制。消费信用控制是指中央银行对不动产以外的各种耐用消费品的销售融资予以控制。在消费信用膨胀和通货膨胀时期，中央银行采取消费信用控制能起到抑制消费需求和物价上涨的作用。例如，对分期付款方式购买耐用品时的首次付款规定最低比例，规定消费信贷的最长期限等。

（2）证券市场信用控制。证券市场信用控制是指中央银行对有关证券交易的各种贷款和信用交易的保证金比率进行限制，并随时根据证券市场的状况加以调整，目的在于控制金融市场的交易总量，抑制过度投机。例如，规定一定比例的证券保证金比率。

（3）不动产信用控制。不动产信用控制是指中央银行对金融机构在房地产方面放款的限制性措施，以抑制房地产投机和泡沫。例如，对房地产贷款规定最高限额、最长期限及首次付款和分摊还款的最低金额等。

（4）优惠利率。优惠利率是指中央银行对国家重点发展的经济部门或产业所采取的鼓励性措施。例如，出口工业、农业等重点发展的经济部门或产业，规定较低的贷款利率。

（5）预缴进口保证金。预缴进口保证金是指中央银行要求进口商预缴相当于进口商品总值一定比例的存款，以抑制进口过快增长。预缴进口保证金多为国际收支经常项目出现逆差的国家所采用。

3. 补充性货币政策工具

除以上常规性、选择性货币政策工具外，有时还运用一些补充性货币政策工具对信用进行直接控制和间接控制。具体定义如下：

（1）信用直接控制工具是指中央银行依法对商业银行创造信用的业务进行直接干预而采取的各种措施，主要有信用分配、直接干预、流动性比率、利率限制、特种贷款。

（2）信用间接控制工具是指中央银行凭借其在金融体制中的特殊地位，通过与金融机构之间的磋商、宣传等指导其信用活动，以控制信用，其方式主要有窗口指导、道义劝告。

三、货币政策的效应

在 IS - LM 框架下简单介绍货币政策的效应。如果经济中存在失业，或者经济低迷，物价水平偏低，中央银行都可以采用扩张性的货币政策来增加货币的供给。根据前面的知识可知，货币供给的增加会使 LM 曲线右移，利率下降，产出增加。LM 曲线右移也会使 AD 曲线右移，在原有的价格水平上出现过度需求，物价水平上升。物价水平的上升又会使 LM 曲线左移，使 IS 曲线也向左移，这使利率上升，从而产出减少。总体来说，扩张性的货币政策会使产出增加，物价水平上升，利率下降，名义工资上升，实际工资下降，就业增加。如果反过来思考，经济发展过热，价格过高，甚至存在比较严重的通货膨胀，那么中央银行可以减少货币供给，与上述过程相反，物价水平会下降，利率会上升，达到稳定经济的目的。从图 12-3 来分析，经济初始状态处于 E_1 点，均衡的利率水平为 i_1，产出水平为 Y_1。扩张性的货币政策使得 LM 曲线由 LM_1 移动到 LM_2，均衡的利率水平降到 i_2，产出水平上升到 Y_2。

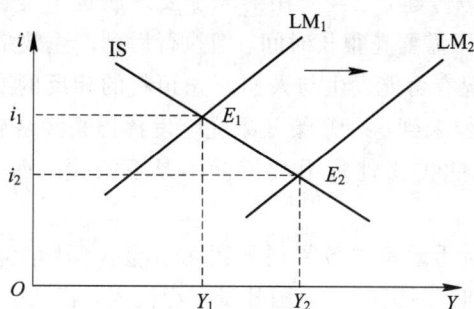

图 12-3　货币政策的效应

四、货币政策的局限性

西方国家实行货币政策，通常是为了稳定经济，减少经济波动，但在实践中也存在一些局限性。

（1）在通货膨胀时期实行紧缩性的货币政策效果可能比较显著，但在经济衰退时期，实行扩张性的货币政策效果就不明显。由于厂商对经济前景普遍悲观，即使中央银行松动银根，降低利率，投资者也不肯增加贷款而从事投资活动，银行为安全起见，也不肯轻易贷款。特别是由于存在着流动性陷阱，不论银根如何松动，利息率都不会降低，因此货币政策作为反衰退的政策，其效果就相当微弱。在西方有些学者把货币政策制止通货膨胀的效果比喻为马用缰绳拉车前进，意思是说效果很好，然而他们却把货币政策促进繁荣的效果比喻为马用缰绳使车后退，即政策很难发生作用。

即使从反通货膨胀的角度来看，货币政策的作用也主要表现为反对需求拉上的通货膨胀，而对成本推进的通货膨胀，货币政策的效果就很小。若物价的上升是由工资上涨幅度超过劳动生产率上升幅度引起的或是由垄断厂商为获取高额利润引起的，则中央银行欲通过控制货币供给来抑制通货膨胀就比较困难。

（2）从货币市场均衡的情况来看，通过增加或减少货币供给来影响利率，必须以货币流通速度不变为前提。如果这一前提不存在，货币供给变动对经济的影响就要打折扣。在经济繁荣时期，中央银行为抑制通货膨胀需要紧缩货币供给，或者说放慢货币供给的增长率，但此时公众一般会增加支出，而且当物价上升快时，公众不愿把货币持在手中，而是希望尽快花出去，因此货币流通速度会加快，在一定时期内 1 美元也许可完成 2 美元交易的任务，这无异于在流通领域增加了一倍货币供给量。这时即使中央银行把货币供给减少一半，也无法把通货膨胀率降下来。反过来说，在经济衰退时期，货币流通速度下降，这时中央银行增加货币供给对经济的影响也可能被货币流通速度下降所抵消。由此可见，若货币流通速度加快或放慢，那么用变动货币供给量的办法来影响利率、投资和国民收入的货币政策效果就会受到影响或打折扣。

（3）货币政策的外部时滞也会影响政策效果。中央银行变动货币供给量，需通过影响利率来影响投资，然后再影响就业和国民收入，因而货币政策作用要经过相当长一段时间才会得到充分发挥。尤其是市场利率变动后，投资规模并不会很快发生相应变动。利率下降后，厂商扩大生产规模需要一个过程，利率上升后，厂商缩小生产规模更不是一件容易的事，已经在建的工程难以停建，已经雇用的职工要解雇也不是轻而易举的事。总之，货币政策即使在开始采用时不需要花很长时间，但执行后到产生效果却要有一个相当长的过程，在此过程中，经济情况有可能发生与人们原先预料的相反的变化。例如，经济衰退时中央银行扩大货币供给，但未到这一政策效果完全发挥出来经济就已经转入繁荣，物价已开始较快地上升，则原来的扩张性货币政策就不是反衰退，而是更进一步加剧了通货膨胀。

（4）在开放经济中，货币政策的效果还要因为资金在国际上流动而受到影响。例如，一国实行紧缩性货币政策时，利率上升，国外资金会流入，若汇率浮动，则本币会升值，出口会受到抑制，进口也会受到刺激，从而使本国总需求比在封闭经济情况下有更大的下降；若实行固定汇率，则中央银行为使本币不升值，势必抛出本币，按固定汇率收购外币，于是货币市场上本国货币供给增加，使原先实行的紧缩性货币政策效果大打折扣。

货币政策在实践中存在的问题远不止这些，但仅从这些方面来看，货币政策作为平抑经济波动的手段，作用也是有限的。

【延伸阅读】

我国改革开放以来实施货币政策情况

1. 1984—1997年：这一时期货币政策主要针对通胀进行治理。

2. 1997—2002年：1997年东南亚金融危机之后，世界经济进入了通货紧缩阶段，我国货币政策重点转向扩大内需，实行了稳健的货币政策。

3. 2003—2007年：这一时期，国民经济迎来新的一轮扩张，通胀压力逐渐增大，货币政策的基调进行了转变，实行紧缩的货币政策进入主导阶段。

4. 2008年至今：为了最大限度地降低世界金融危机对我国经济的影响，为实现扩大内需保增长的需要，实行了稳健的货币政策。

第四节　财政政策与货币政策的混合使用

一、财政政策和货币政策的异同

1. 财政政策和货币政策的相同点

（1）货币政策与财政政策是政府干预社会经济生活的主要工具，它们共同作用于本国的宏观经济方面。

（2）它们都着眼于调节总需求，使之与总供给相适应。

（3）它们追求的最终目标都是实现经济增长、充分就业、物价稳定和国际收支平衡。

2. 财政政策和货币政策的不同点

（1）政策的实施者不同。财政政策由财政部门实施；货币政策由中央银行实施。

（2）作用过程不同。财政政策的直接对象是国民收入再分配过程，以改变国民收入再分配的数量和结构为初步目标，进而影响整个社会经济生活；货币政策的直接对象是货币运动过程，以调控货币供给的结构和数量为初步目标，进而影响整个社会经济生活。

（3）政策工具不同。财政政策使用的工具一般与政府的收支活动相关，主要是税收、国债及政府的转移支付等；货币政策使用的工具通常与中央银行的货币管理业务活动相关，主要是存款准备金率、再贴现率、公开市场业务等。

（4）两种政策的影响范围不同。财政政策的实施要通过一段时间才能实现，其影响范围更大一些；货币政策由中央银行制定，其影响范围相对小一些。

二、财政政策和货币政策的配合

为达到某个既定的政策目标，决策者既可以选择货币政策，也可以选择财政政策。由于财政政策和货币政策都各具自己的特点和局限性，因此决策者就面临着如何选择宏观政策工具，并使之相互协调和配合的问题。在具体实施过程中会有以下四种配合模式。

（一）双扩张政策

扩张性财政政策，减少税收，能够扩大总需求，增加国民收入，但会引起利率上升，抑制私人投资，产生挤出效应，减少财政政策对经济的扩张作用；扩张性货币政策，抑制利率上升，扩大信贷，扩大企业投资，减少扩张性货币政策的挤出效应，扩大总需求，增加国民收入。双扩张政策的综合作用：同时运用扩张性财政政策和扩张性货币政策，比单纯运用扩张性货币政策或扩张性财政政策有着更大的缓和衰退、刺激经济的作用。

例如，双扩张政策适用于当大部分企业开工不足，设备闲置，劳动力就业不足，大量资源有待开发以及市场疲软等情况。

（二）双紧缩政策

当经济过热，发生通货膨胀时，实施紧缩性财政政策，减少政府支出，提高利率，以压制总需求，抑制通货膨胀，减少国民收入；实施紧缩性货币政策，减少货币供给量，减缓物价上涨。紧缩性财政政策在抑制总需求时，利率下降；紧缩性货币政策使利率提高，抑制企业投资，减少国民收入。两者配合使用将对膨胀的经济起到紧缩作用，不过这种政策组合若长期使用，将会带来经济衰退，增加失业。

例如，双紧缩政策适用于需求膨胀，物价迅速上涨；瓶颈产业对经济起严重制约作用；经济秩序混乱等情况。

（三）扩张性财政政策和紧缩性货币政策

扩张性财政政策有助于通过减税和增加支出克服总需求不足和经济萧条；紧缩性货币政策可以控制货币供给量增长，从而减轻扩张性财政政策带来的通货膨胀的压力。综合使用可以在刺激总需求的同时，抑制通货膨胀。

例如，扩张性财政政策和紧缩性货币政策适用于财政收支良好，财政支出有充足的财源；私人储蓄率下降；物价呈上涨趋势等情况。

（四）紧缩性财政政策和扩张性货币政策

紧缩性财政政策可以减少赤字，而扩张性货币政策则使利率下降，在紧缩预算的同时，松弛银根，刺激投资带动经济发展。

例如，紧缩性财政政策和扩张性货币政策适用于财力不足，赤字严重，储蓄率高，市场疲软等情况。

四种模式下的政策效应如表 12-1 所示。

表 12-1　四种模式下的政策效应

		财政政策	
		紧　缩	扩　张
货币政策	紧缩	社会总需求极度膨胀，社会总供给极度不足，物价上升幅度大。 主要目标是抑制通货膨胀。 政府减少支出、增加税收；提高利率，减少货币供给	通货膨胀与经济停滞并存，产业结构失衡，生产力布局不合理，公共事业和基础设施落后。 主要目标是刺激经济增长，同时降低通货膨胀。 减少税收、增加财政支出；提高利率，减少货币供给
货币政策	扩张	政府开支过大，但是企业投资并不多，生产能力和生产资源有增加的潜力。 主要目标是刺激经济增长。 政府支出减少、增加税收；降低利率，增加货币供给	社会总需求不足，生产能力和生产资源闲置，失业严重。 主要目标是解决失业和刺激经济增长。 减少税收、增加财政支出；降低利率，增加货币供给

西方经济学家认为，国家运用经济政策来干预经济生活，不是在任何情况下都需要的，而是当经济超出一定限度时才需要政府调控。运用宏观经济政策，不能过紧，也不能过松，而应该松紧配合，尽最大可能兼顾各个经济政策的目标。同时，由于财政政策和货币政策的特点，在选择财政政策和货币政策的搭配时，会使国内生产总值的组成比例发生变化，从而对不同阶层和不同利益集团的利益产生不同的影响。例如，实行扩张性货币政策会使利率下降，投资增加，因而对投资部门尤其是住宅建筑部门特别有利。但是，实行减税的扩张性财政政策，则有利于增加个人的可支配收入，从而可以增加消费支出。而同样是采取扩张性财政政策，如果是增加政府支出，如兴办教育、防止污染、培训职工等，则人们的受益情况又各不相同。正因为不同政策措施会对 GDP 的组成比例产生不同的影响，进而影响不同人群的利益，因此政府在做出配合使用财政政策和货币政策时，必须统筹兼顾，充分考虑各行各业、各个阶层的人们的利益如何协调的问题。

【延伸阅读】

八句话读懂供给侧改革

★ 供给侧出了问题

中国是制造业大国，但国人出国旅游却狂买马桶盖、净化器、奶粉……国内生产的粗钢每斤价格与"白菜"相差无几，产能过剩成了重大包袱，但精钢特钢却需大量进口。

★ "供给侧＋结构性＋改革"

用改革的办法推进结构调整，减少无效和低端供给，扩大有效和中高端供给，增强供给结构对需求变化的适应性和灵活性，提高全要素生产率，使供给体系更好地适应需求结构的变化。

★ 改革主战场

供给侧包含了劳动力、土地、资本、技术等要素，供给侧改革就是从这些"战场"发力，让资源从产能过剩产业流动到有高需求的新兴产业去。

★ 反思"三驾马车"

近年来投资回报率越来越低，各界都在反思已使用多年的"三驾马车"思路。要解决中国经济存在的中长期问题，传统的凯恩斯主义刺激药方有局限性，根本之道在于推进结构改革。

★ 改革五大任务

"去产能、去库存、去杠杆、降成本、补短板"，这15个字构成当前供给侧改革的重点任务，其中包括处置僵尸企业，化解房地产库存，防控金融风险，降低企业成本和补充供给短板等具体方面。

★ 培育新动能

加强供给侧改革是为了增强持续增长动力。当传统动能由强变弱时，需要新动能异军突起和传统动能转型，形成新的"双引擎"，才能推动经济持续增长。

★ 绝非新计划经济

中国要进行的供给侧改革绝不是要回到计划经济，其核心反而是放松管制，释放活力，让市场发挥更大作用，矫正以前过多依靠行政配置资源带来的要素扭曲。

★ 与供给学派大不同

西方经济学中的供给学派兴起的背景是20世纪70年代美英等国深陷高通胀、低增长的滞胀泥潭。反观当下的中国，并没有通货膨胀，经济增长有所放缓但远非停滞。供给学派给出的"药方"是私有化、减税、紧缩货币等，中国的供给侧改革是全面改革。

（资料来源：摘自《新华每日电讯》，2016－3－8）

本章小结

本章主要分析财政政策与货币政策的政策目标、政策工具及其运用，在此基础上用IS-LM模型分析了宏观经济政策的效应。

1. 宏观经济政策目标主要有四个方面，包括充分就业、物价稳定、经济增长和国际收支平衡。

2. 财政政策是一个国家的政府为了达到预期的经济目标而对政府收入、政府支出和公债水平所做出的决策。财政政策工具主要包括政府购买、转移支付、税收和公债等，其中转移支付与税收具有适应经济波动而自动增减并进而影响社会总需求的特点，被称为自动稳定器。

3. 货币政策手段主要是通过调节货币供应量来影响利率变动的，从而影响总需求，最终作用于经济。常见的货币政策工具主要有再贴现率、法定存款准备金率以及公开市场业务等。

4. 财政政策与货币政策可根据自身特点及对经济的影响不同而搭配使用。两种政策的搭配模式主要有双扩张政策、双紧缩政策和松紧搭配的政策组合。不同的政策搭配组合对经济的影响也不同。

本章习题

一、选择题

1.（　　）在经济中不具有自动稳定器的作用。

A. 累进税率制　　　　　　　　　　B. 政府开支直接随国民收入水平变动

C. 社会保障支出和失业保险　　　　D. 农产品维持价格

2. 中央银行在货币市场上卖出政府债券的目的是（　　）。

A. 收集一笔资金帮助政府弥补财政赤字　　B. 减少商业银行在中央银行的存款

C. 减少流通中基础货币以紧缩货币供给　　D. 通过买卖债券获取差价利益

3. 政府的财政收入政策通过（　　）对国民收入产生影响。

A. 私人投资支出　　　　　　　　　　B. 政府购买与税收

C. 个人消费支出　　　　　　　　　　D. 出口

4. 以下关于宏观经济政策目标说法错误的是（　　）。

A. 宏观经济政策的目标并不总是一致的

B. 政府能同时实现所有的宏观经济政策目标

C. 充分就业和价格稳定两个目标在一定程度上是相互矛盾的

D. 国际收支平衡能反映一国经济的稳定程度

5. 扩张性的财政政策对经济有下述影响（　　）。

A. 缓和了经济萧条，减少了政府债务

B. 缓和了经济萧条，但增加了政府债务

C. 缓和了通货膨胀，但增加了政府债务

D. 缓和了通货膨胀，减少了政府债务

二、判断题

1. 政府通过向公众发行公债筹集财政资金，这是一项有效的货币政策。（　　）

2. 政府提高转移支付支出可以减少失业现象。（　　）

3. 中国银行是我国中央银行核心金融机构。（　　）

4. 再贴现率是中央银行向商业银行的贷款利率。（　　）

5. 商业银行准备金是指商业银行的库存现金加上商业银行在中央银行的存款。（　　）

三、案例分析题

爆发于美国的"次贷危机"，从 2008 年下半年起对我国经济产生了重大影响。对此，我国政府决定实施积极的财政政策和适度宽松的货币政策，并明确提出了进一步扩大内需，促进经济增长的措施，总投资达到 4 万亿元，这些措施的实施产生了积极的效果。从 2009 年下半年，经过一段时期的下滑后我国经济快速反弹，逐渐摆脱危机的影响，带动 2009 年全年实现 GDP 增长 8.7% 的高目标，2010 年一季度更是达到 11.9%。

试用本章所学知识来阐释我国针对"次贷危机"治理政策的实施效果。